三全育人理念下的高校思政教学与学生管理工作创新路径研究

梅晨莹 李 璇 田 烨◎著

线装书局

图书在版编目（CIP）数据

三全育人理念下的高校思政教学与学生管理工作创新路径研究 / 梅晨莹, 李璇, 田烨著. -- 北京：线装书局, 2024.2
ISBN 978-7-5120-5997-9

Ⅰ.①三… Ⅱ.①梅… ②李… ③田… Ⅲ.①高等学校－思想政治教育－教学研究－中国②高等学校－学生－学校管理－研究 Ⅳ.①G641②G645.5

中国国家版本馆 CIP 数据核字(2024)第 054346 号

三全育人理念下的高校思政教学与学生管理工作创新路径研究
SANQUANYUREN LINIANXIA DE GAOXIAO SIZHENG JIAOXUE YU XUESHENG GUANLI GONGZUO CHUANGXIN LUJING YANJIU

作　　者：	梅晨莹　李　璇　田　烨
责任编辑：	白　晨
出版发行：	线装书局
地　　址：	北京市丰台区方庄日月天地大厦 B 座 17 层（100078）
电　　话：	010-58077126（发行部）010-58076938（总编室）
网　　址：	www.zgxzsj.com
经　　销：	新华书店
印　　制：	三河市腾飞印务有限公司
开　　本：	787mm×1092mm　　1/16
印　　张：	17.5
字　　数：	400 千字
印　　次：	2025 年 1 月第 1 版第 1 次印刷
定　　价：	68.00 元

前　言

新时代，高校思想政治教育坚持把立德树人作为根本任务，旨在解决培养什么样的人、如何培养人、为谁培养人这一根本问题，解决这一问题必须要做到习近平总书记所强调的全员育人、全过程育人、全方位育人。坚持"三全育人"来开展大学生思想政治教育，是培养合格的社会主义建设者和接班人、培养担当民族复兴大任的时代新人的内在要求，要坚持用习近平总书记新时代中国特色社会主义思想铸魂育人，形成全员育人、全过程育人、全方位育人的新格局。研究三全育人理念下的高校思政教学与学生管理工作创新路径有着重要的理论意义和实践价值。

大学生是我国重要的人才资源，大学生的健康成长与成才对于国家的发展来说具有重要的意义。高校是大学生重要的成长环境，学生管理也是高校管理中的重要内容。大学生要获得全面的发展，必须形成正确的价值观念，指导自己的行为。

《中共中央国务院关于加强和改进新形势下高校思想政治工作的意见》围绕新时代高校"培养什么人""怎样培养人"和"为谁培养人"的根本问题，全面部署和系统规划了"三全育人"的目标、原则、内容、要求、方法和举措，为准确把握新时代高校"三全育人"的科学内涵提供了根本遵循。"三全育人"体现了立德树人的内在要求，顺应了当今人才培养的发展趋势，契合新时期高校思想政治工作的发展规律。伴随着中国特色社会主义进入新的发展阶段，我国高等教育迎来了由大到强、从数量增长到内涵发展的历史性飞跃，高校人才培养面临着更新、更高的要求。创新推进高校"三全育人"，即全员育人、全方位育人和全过程育人，既是立德树人的客观需要，也有助于增强高等教育协同创新的理性自觉。

高校的思想政治工作在新时期面临很多新的挑战和新的课题。"三全育人"理念是对立德树人特点和规律认识的全面提升和进一步深化，在调查研究当前高职院校思想政治教育工作的现状、找准问题及原因的基础上，如何通过实践探索构建具有高职特色的"三全育人"体系，落实高职院校的立德树人根本任务，加强学校内涵建设，提升人才培养质量，把大学生思想政治教育融入人才培养的全过程，努力实现双主育人，促进思想政治工作创新发展，是我们面临的新课题。本书秉承"三全育人"理念不但能对高职学生的全面发展起到重要的作用，又能丰富和完善"十大育人体系"的内容，探索形成高校大学生思想政治工作的创新工作平台。

本文通过对高校思政教学与学生管理工作发展现状进行分析，肯定其取得的成绩，指出存在的主要问题，结合公共管理相关理论，为高校思政教学与学生管理工作的改进提出了对策和建议。全书一共分为九章，第一章为"三全育人"概述，"育人为本"教育思想的内涵与发展、"三全育人"理念的形成与发展和"三全育人"的内涵和特征；第二章研究了新时代高校"三全育人"运行机制，"三全育人"领导机制、"三全育人"协同机制以及"三全育人"保障机制；第三章分析了"三全育人"理念高校思政教学理论探索，"三全育人"理念在高校思政教学中的优势、"三全育人"理念融入高校思政教学的依据、"三全育人"理念下高校思政教学改革的路径；第四章为"三全育人"理念下高校课程思政建设，课程思政概述和高校课程思政建设路径；第五章研究了"三全育人"理念下高校思政教育活动，开展中华传统文化主题校园活动和以实践教学发挥红色文化资源价值；第六章探索了"三全育人"视域下高校思政教学革新的实践路径，高校思政教学模式革新、高校思政教学方法革新、高校思政教学内容革新、高校思政工作方式革新；第七章研究了三全育人理念下高校学生工作管理概述，高校学生工作管理的内涵、特点、目标、原则、面临的问题及其成因；第八章分析了三全育人理念下高校学生的管理手段研究，高校学生社区化管理与实践研究、高校学生社会实践化的管理与创新、高校学生管理工作的信息化建设研究、高校学生管理工作中的奖惩手段与创新和高校学生的法治化管理路径；第九章讨论了三全育人理念下高校学生工作管理创新趋势，"微时代"下高校学生工作管理创新措施、大数据时代高校学生工作管理创新探索、互联网技术在高校学生工作管理中的应用探索以及基于法治视角的高校学生工作管理改革探索。

  为了确保研究内容的丰富性和多样性，作者在创作过程中参考了大量理论与研究文献，在此向涉及的专家学者们表示衷心的感谢。

  最后，限于作者水平，加之时间仓促，本书难免存在疏漏，在此，恳请同行专家和读者朋友批评指正！

编委会

刘子帅　周丹丹　史诗沛
夏　迪　雷丹露　冷　娟
孙义轩

内容简介

本书以"三全育人"的基本概述为基础,重点讲述了育人工作是高校的基本功能和职责,涉及高校培养什么人、怎样培养人、为谁培养人这些根本问题,以及高校要坚持把育人工作贯穿教育教学全过程,实现全员育人、全过程育人、全方位育人,努力开创我国高等教育事业发展新局面等知识。本书作者结合多年的管理工作经验,充分考虑在当前复杂的世界经济政治条件下,大学生在行为模式、价值取向、心理发展、道德观念等方面出现的新变化、新特点,从高校学生工作管理的内涵及原则等方面,论述了我国高校学生工作管理的现状,对学生思想政治教育与高校学生工作管理的具体内容,及国外高校学生事务管理的理念和管理模式进行探究,提出了我国高校学生工作管理可以借鉴的经验,最后分析了我国高校学生工作管理的创新趋势。本书旨在帮助高校更好地开展育人工作,在发展理念上明晰育人工作"育什么人、如何育人、为谁育人"的问题,在实践层面上落实高校立德树人根本任务,构建道德浸润、能力拓展、精神激励有效融合的育人长效机制,激励学生奋发自强、立志成才、感恩奉献,不断提升高校育人工作的精准性和实效性,为全面建成小康社会、实现中华民族伟大复兴做出新的更大的贡献。

目 录

第一章 "三全育人"概述 (1)
    第一节 "育人为本"教育思想的内涵与发展 (1)
    第二节 "三全育人"理念的形成与发展 (9)
    第三节 "三全育人"的内涵和特征 (14)

第二章 新时代高校"三全育人"运行机制 (22)
    第一节 "三全育人"领导机制 (22)
    第二节 "三全育人"协同机制 (26)
    第三节 "三全育人"保障机制 (34)

第三章 "三全育人"理念高校思政教学理论探索 (41)
    第一节 "三全育人"理念在高校思政教学中的优势 (41)
    第二节 "三全育人"理念融入高校思政教学的依据 (43)
    第三节 "三全育人"理念下高校思政教学改革的路径 (44)

第四章 "三全育人"理念下高校课程思政建设 (51)
    第一节 课程思政概述 (51)
    第二节 高校课程思政建设路径 (55)

第五章 "三全育人"理念下高校思政教育活动 (61)
    第一节 开展中华传统文化主题校园活动 (61)
    第二节 以实践教学发挥红色文化资源价值 (63)

第六章 "三全育人"视域下高校思政教学革新的实践路径 (66)
    第一节 高校思政教学模式革新 (66)
    第二节 高校思政教学方法改革 (86)
    第三节 高校思政教学内容改革 (100)
    第四节 高校思政工作方式改革 (119)

第七章 "三全育人"理念下高校学生工作管理概述 (188)
    第一节 高校学生工作管理的内涵及特点 (188)

  第二节 高校学生工作管理的目标及原则……………………（191）
  第三节 高校学生工作管理面临的问题及其成因……………（192）

第八章 "三全育人"理念下高校学生的管理手段研究……………（198）
  第一节 高校学生社区化管理与实践研究………………………（198）
  第二节 高校学生社会实践化的管理与创新……………………（209）
  第三节 高校学生管理工作的信息化建设研究…………………（219）
  第四节 高校学生管理工作中的奖惩手段与创新………………（221）
  第五节 高校学生的法治化管理路径……………………………（238）

第九章 "三全育人"理念下高校学生工作管理创新趋势……………（253）
  第一节 "微时代"下高校学生工作管理创新措施………………（253）
  第二节 大数据时代高校学生工作管理创新探究………………（258）
  第三节 互联网技术在高校学生工作管理中的应用探究………（263）
  第四节 基于法治视角的高校学生工作管理改革探索…………（264）

参考文献……………………………………………………………………（267）

第一章 "三全育人"概述

"培养什么人、怎样培养人、为谁培养人"是习近平总书记始终高度重视的教育根本问题。全国高校思想政治工作会议开展以来,习近平总书记提出一系列重要论断,多次强调"实现全员全过程全方位育人"。"三全育人"是新时代推进育人理念和育人方式变革的重大命题,体现了立德树人的根本任务和"育人为本"的教育理念,扎根中国大地,融通古今中外,立足时代发展,面向未来世界。

本章以中西方"育人为本"教育思想的内涵和发展脉络为基础,梳理了"三全育人"理念的形成过程,阐述了"三全育人"的内涵和特征。

第一节 "育人为本"教育思想的内涵与发展

教育人类学家哈梅斯贝克指出:"所有的教育行为,都与人的概念有关。"探索教育的本质和教育区别于其他社会活动的前提性问题是思考人的发展特性及其规律。教育的本真诉求是育人,教育的内在使命是对人的关怀。教育的核心是"育人",教育通过"认识人","了解人",更好地完成"培养人"的实践活动。教育具有"为人"和"属人"品格,是以育人为本的教育理念的基础。因此,从本质上讲,教育的终极目的就在于使人成之为人,真谛在于"育人",以人为出发点和最终归宿。古今中外的教育思想,无不蕴含着"育人"的价值理念和目标。"人"不仅是教育的起点,也是教育的归宿。中国正处于特殊的社会转型期,时代的进步和社会的发展对人的各方面素质都提出了更高的要求。以人为本的社会发展理念深入人心,为人的转型提供了历史条件和现实基础。育人是教育得以存在并不断向前发展的内在动力,教育理应秉持自身育人的内在使命,坚持以人为本的人学立场,积极落实教育中的以人为本理念,真正把人的发展放在首位,既要以培养"完整的人""全面发展的人"为本质要务,积极实现人的转型,也要促进社会的发展、进步。

一、"育人为本"的内涵解读

对"育人为本"的概念解读，应建立在对"教育"内涵的解读上。由于文化的差异，中西方对教育的解读存在语境上的差异。西方教育经典中，教育主要是"引出"之意，暗含教育的内发性，对个体的影响建立在"引导"的基础上。赫尔巴特也认为，教育是从"训育"和"牵引"两词而来。因此，教育是以一定的价值目标为导向，运用一定的教育内容和手段，把潜藏于人身上个体的东西"引导"出来的过程。在中国的文化背景下，"教育"是使人"向善"。《说文解字》中说"教，上所施，下所效也""育，养子使做善也"。《孟子·尽心上》中说"得天下英才而教育之"，是"教育"第一次出现在古籍中。但中国古代一般用"教"或"学"来指称"教育"，且二者存在一定的差异。到了19世纪末20世纪初，随着日本教育类著作的翻译和介绍，"教育"一词逐渐取代传统的"教"与"学"成为一个基本的概念。由此可见，无论是中国还是西方，"教育"与"教"都有本质的区别，"教育"一词更多强调"使人向善"的内涵，而"教"更多是一个中性词，是一种技术层面的体现。"教育"更多是以"教"为载体，"育"为指向，"教"仅仅是手段和外在的表现形式，"育"才是根本目的。另外，教育者的"教"也蕴含着对受教育者的"育"。通过受教育者的自我建构，实现对其矫治引导。教育"虽然是一种外部施加影响的过程，但主题却是促进、改善受教育者主体建构、自我改建的实践活动的过程"。

教育是融价值引导与价值构建为一体的育人活动，"育"是教育的本质展现，"育人"是教育的本职任务，是教育自产生之时起就具有的内在特质，因此"育人为本"是教育的目的要求。"育人为本"是教育的基本价值立场与本真价值样态，"育人"是教育的首要任务，表现了教育的基本价值诉求，回答了"教育何以称其为教育"的本质问题。"育人为本"凸显了教育作为一种专门培养人的、带有价值引导与价值建构的实践。

"教育的原点"即育人，意味着教育要以"育人为本"。教育所回归的"人"，是"现实的、单个的社会存在，个体既是一个独立的分子，又作为社会共同体中有机的组成而存在"。"育人为本"强调教育应当站到"人"的立场上来，以人的生成、完善为基本出发点，将人的发展作为衡量的基本尺度，用人自我生成的逻辑去理解和运作教育。从教育的原点出发，以育人为实践指向，以培养"完整的人"为终极目标的一种价值理念，是敦促教育回归实践本质的一种价值使命。"育人为本"坚持以人为本的人学立场，关注具体教育情境中的现实的人，以"育人"为核心，通过"育"这一中介性实践，实现人成为人的目标。同时，以人的可塑性为前提，以培养"完整的人"为归宿，极力彰显人的主体性，强调"教"与"育"融为一体。

社会科学发展观的核心与本质是"以人为本"，体现了建构和谐社会的基本价值理念，表现了人的价值主体性与实践能动性，突出人在社会发展过程中的历史地位与目的，是人类社会发展的最高价值原则，肯定人的生存与发展，以惠及人的需要和发展为终极的理想追求。"育人为本"是"以人为本"在教育领域的体现。人是教育的对象，教育面对的是处于发展中的、有自身发展差异性的人。培养人是教育的根本所在，教育的专职任务在于"育人"，既体现了教育本真的实践行为，又体现了教育的价值指向。教育正是以"育人"为根本，以"以人为本"为基本的价值取向，才能通过培养人的实践，实现教育存在与发展的目的。由此，"育人为本"和"以人为本"的价值理念，从根本上服从于培养人的教育实践目标。

"育人为本"最本真的意涵坚持以"育人"为本体，以"人"为价值核心，既关涉教育的"起点"，也反映教育的实践归宿与精神品格。首先，"育人为本"体现了以"育"为教育的实践规定，在学校教育中，"育人"应当是学校教育工作的根本和最终归宿。以"育"为实践指向，开展各项教育教学工作。其次，以"人"为教育的价值核心，作为"人之所以为人"的基本权利与尊严的教育，是近代以来人类进步的结果。教育"要以人的方式对待人，培育理性而自由的主体"，这是教育之为"教育"的人性准则。再次，以"育人"为教育之"本"，教育是"属人"的实践活动，其根本出发点和最终归宿是培养现实的、完整的、全面发展的人。可见，教育的原点和根本就是"育人"。教育、人和社会三者的矛盾统一于"育人"的实践中，教育的转化功能的着眼点首先是"育人"，它通过人的"社会化"来达到"化社会"的目的。最后，作为教育使命的"育人为本"，在社会转型期，不仅对人的素质发展要求提高，而且对教育的价值期待也变得强烈。能否不懈地坚持"育人"的内在使命，信守"育人为本"的宗旨，始终把人的成长放在首位和内在的价值目标，是教育之为教育的标尺。由此，"育人为本"构成了教育历久弥新的根本准则，也应当成为评估教育改革与发展的重要价值依据。

二、"育人为本"思想的发展脉络

对历史上"育人"思想进行简要梳理后发现，无外乎两条主线：一个是"人"，主要关注在教育中各时期对"人"如何认识及培养什么样的人；一个是"育"，主要关注各时期"育"的方式及指导思想。

（一）中国教育史中的"育人思想"

先秦时期诸侯争霸，社会动乱，却带来了百家争鸣、思想繁荣的文化盛况。各家各派的学说中都有关于教育的论述。《学记》中记载，"君子如欲化民成俗，其必由学乎""玉不琢，不成器；人不学，不知义"，概括了教育与人、教育与社会的关系，隐含着不同的"育人思想"。孔子充分肯定教育的作用，认为教育在促进社会和人的发展中起关键作用，提倡"有教无类，因材施教"等原则。孔子十分重视教师的作用，强调教师自身的道德修养和职业道德对学生的影响，提倡"学而不厌，诲人不倦""以身作则"等。教学过程重视学生的主动性，提倡"不愤不启，不悱不发，举一隅不以三隅反"，要深入了解学生的情况，善于启发诱导。孟子的教育思想建立在"性善论"的基础上，"人皆可以为尧舜"，教育的作用在于扩充"四心"，肯定个体发展的可能性，强调内心的体认反省，培养具有浩然之气的"大丈夫"人格。

荀子认为人性恶，对人的天性若不加以控制和引导，人性中有趋向"恶"的可能，教育的作用在于"化性起伪"。他认为教育和后天的环境共同决定一个人是好还是坏。荀子重视教师的地位和作用，从社会赋予教师的社会地位出发强调尊师，"尊师"则"国兴、法度存"，"贱师"则"国衰、法度坏"。在对教育的认识上，虽然儒家思想对"人性"的认识不同，但都非常重视人自身的修养，通过教育实现人格的完善。

墨子认为教育对人思想作用如同染丝，"染于苍则苍，染于黄则黄，所入者变，其色亦变"。教育在于培养"贤士"或"兼士"，以备担当治国利民的职责。墨子以"兼爱""非攻"为教，同时重视文史知识的掌握及逻辑思维能力的培养，注重实用技术的传习，重视思维的发展，注意逻辑概念的启迪。道家强调顺应自然之性而不是人为的限制，"法自然"，反对教条和人为。

王充认为，大多数人生下来是"中人"，中人之性可以通过教育使之定型。统治者应该重视教育，发挥教育在"治国化民"中的重要作用。王充认为，教育的目标是培养"文人"和"鸿儒"，即杰出的政治人才和学术人才，教育应以培养具有创造精神的学术人才作为最高理想。

韩愈提倡尊师重道。他认为，"人非生而知之者"，所以"学者必有师"，教师的任务在于"传道、授业、解惑"，选择教师首先要参考"道"，"道之所存，师之所存"。师生之间的地位是相对的，可以转换的，"弟子不必不如师，师不必贤于弟子。闻道有先后，术业有专攻"。

朱熹是宋代理学的集大成者，他重视教育对于改变人性的作用，学校教育的目的在于"明人伦"。他说："古之圣王，设为学校，以教天下之人……必皆有以去其气质之偏，物欲之蔽，以尽其伦，以复其性，而后已焉。"朱熹在总结前人教育经验和自己教育实践的基础上,根据对人的心理特征的初步认识,把教育分为"小学"和"大学"两个阶段,并提出了相应的教学任务、内容和方法。道德教育是朱熹教育思想的重要内容,他认为"德行之于人大矣……故古之教者,莫不以是为先"。德行不仅可以修身,还可以推而广之去治人、治国。所以,朱熹认为道德教育的方法包括立志、居敬、存养、省察、力行。

王守仁和朱熹一样,都将"理"作为思想的出发点和世界的本源,用以维护封建统治。王守仁认为,教育的作用是"不假外求,求理于吾心,致良知"。"致良知"就是去除物欲对"良知"的蒙蔽,使人本心上的良知得以发现,也就是他认为的"明其心"。他认为,应该坚持"随人分限所及"的教育原则,即因材施教,根据儿童发展程度及接受能力,恰到好处地施教,同时教学应该留有余地,使得儿童"精神力量有余"。

维新运动时期,大批仁人志士为教育奔走呼号,他们大力改革科举,兴办学堂,将教育作为救国救民的良药。康有为继承了中国古代重视教育的传统,提出"欲任天下之事,开中国之新世界,莫亟于教育",通过与西方国家的教育进行比较,提出"夫才智之民多则国强,才智之士少则国弱"。他主张,重教育、开民智,废八股、改科举,学西学、派游学。他的教育思想开风气、促解放,对后世引进四方教育学说、教育制度,都起到了很大的导向作用。

蔡元培先生的教育思想是中国传统文化的精华与西方现代文明相结合的产物。在"教育培养什么样的人"的问题上,他提出教育要培养具有"完全人格"的个人,"完全人格"是他要培养的自由、民主、平等等社会新人的目标。为实现"完全人格"的培养,他提出了"五育"并重、和谐发展的教育方针。蔡元培是第一位提出国民教育、实利主义教育、公民道德教育、世界观教育和美感教育"皆今日之教育所不可偏废"的教育思想家。蔡元培针对封建教育无视学生特点,违背自然、压抑、禁锢、束缚个性而提出"尚自然,展个性"的教育主张。他主张教育独立,推行"思想自由、兼容并包"的办学原则。他认为,大学是研究高深学问的学府,大学的办学原则是思想自由、兼容并包,实行教授治校等。

杨贤江是早期在中国系统传播马克思主义教育思想的理论家。他明确以马克思主义的唯物史观为理论基础,分析教育在社会中的地位与作用,认为教育属于"观念形态的劳动领域之一,学校是赋予劳动力以特种资格的地方"。杨贤江一向关怀青年,主张教育应注重青年身心的全面发展,使青年成为一个"健全的完人"。"健全的完人"要有强健的体魄和精神,有工作的知识及技能,有服务人群的理想和才干。帮助青少年树立正确的人生观是教育的头等大事。

陶行知的教育思想大致可以概括为"一个理论,三大原理,四种精神"。"一个理论"即生活教育理论。"三大原理"是"生活即教育""社会即学校""教学做合一"。"四种精神"是"爱满天下"的大爱精神,"捧着一颗心来,不带半根草去"的奉献精神,"敢探未发明的新理,敢入未开化的边疆"的创造精神,"千教万教教人求真,千学万学学做真人"的求真精神。陶行知认为,新教师不重在教,重在如何引导学生去学。对于教育,要有信仰心、责任心、同理心,要有开辟精神和试验精神。对学生,陶行知说,"学"字的意思,是要自己去学,并不是坐而受教;"生"的意思,是生活或者生存。将二字放在一起,就是自主地学会生活,就是学习人生之道。陶行知认为,理想的新学校是以生活为中心,不只是在书本上下功夫;师生共同生活,彼此感化;以健康的生活和教育为出发点;学校与社会生活息息相通;人人具有高尚的生活精神,以学生发展为本等。而新教育的功能是改良个人之天性,养成团队合作的好习惯,传承优秀的文化,成就教师自己的事业。新教育的目的是养成"自主、自立和自动"的国民。新教育的标准是"自新、常新、全新"。他主张创造的儿童教育,教育要解放儿童的创造力。他还提出"六大解放",即解放小孩子的头脑、眼睛、双手、嘴、空间和时间,进一步培养儿童的创造力。

(二)西方教育史育人思想回顾

古希腊是西方文明的源头,其教育思想在文明发展史上也占据重要地位。西方教育史的"育人思想",要从"古希腊三哲"说起。苏格拉底的教育思想是以其哲学思想为基础的。"善"是苏格拉底哲学思想的核心,把人作为有思想、有理性的动物来看待。人应本着良心和理智去活动,把追求善和美德作为人生在世的目的。苏格拉底认为,教育目的是造就治国人才,是挖掘、发展人的美德和善性。在论及美德与知识的关系时,他提出"美德即知识",美德和善可以通过教育、学习各种知识而获得。人的天赋虽然各有差异,但是都应该通过教育获取知识、完善美德。在教育方法上,苏格拉底提出"产婆术",也称"苏格拉底法",是一种以师生共同谈话、共同探讨问题而获得知识的问答式教学法。这种方法强调以学生为主体,注意调动学生的主动性和积极性,促使学生独立思考问题,锻炼学生的思维能力,从而辩证地、具体地看待问题。柏拉图的哲学思想与他的老师苏格拉底一脉相承。

他将世界分为现象世界和理念世界。认识不是对万物存在的现象世界的感知,而是对理念世界的回忆。柏拉图的哲学思想体现在教育上,他认为教育是改造人性、陶冶情操、实现理想国的唯一手段,教育应为国家培养哲学家和军人,主张国家对教育的控制权和管理权,采取公养公育的方法培养人才,柏拉图第一次提出了从学龄前教育至高等教育无所不包的教育制度体系。柏拉图认为,知识是对理念的认识,学习就是回忆。理念世界是永恒不变、绝对真实、完美无缺的,只有认识理念世界，才能获得可靠的、真实的知识，学习是重要的途径，学习的过程就是回忆的过程。"灵魂在取得人形以前，就早已在肉体之外存在着，并且具有知识……通过使用各种感觉官能重新得到原来具有的知识，那么，我们称为学习的过程，实际上不就是恢复我们固有的知识吗？那些所谓学习的人后来只不过在回忆，而学习只不过是回忆。"亚里士多德的教育思想与他的政治思想紧密结合在一起，他认为教育就是为城邦培养具有德行的公民，为政治服务。他反对家庭教育，认为教育应该是由城邦统一施行的整体。根据亚里士多德的"灵魂论"，凡有生命的地方就有灵魂，包括理性的灵魂、动物的灵魂、植物的灵魂，教育的核心内容就是促进公民的德、智、体的全面和谐发展，相应的就需要有智育、德育和体育三方面的训练。他提出儿童年龄分期，强调教育应当遵循儿童发展的自然顺序。他认为，在教育儿童时，应该把功夫用在他们的习惯方面，然后再及于理性方面，我们必须首先训练其身体，然后启发其理智。

"古希腊三哲"均把理性视为人的本质，主张从理性的角度出发寻求人的价值。到了中世纪，宗教占有主导地位，教育思想具有浓厚的神学色彩，强调神性，理性服从于信仰，教育的目的是培养"宗教人"。一直到文艺复兴时期，才出现了以人文主义为核心的人文主义教育思想。

洛克开创性地将新生儿的心灵形象地比喻为白板，认为儿童在受到经验影响之前就显示出个体差异。洛克认为，"为自己的孩子提供良好的教育是父母非常重要的职责和应该关注的事情，社会福利和国家的繁荣昌盛也都非常需要教育"，并认为"人们在举止和能力方面存在的差异是由于他们所接受的教育不同引起的"。洛克关注的教育问题是特殊阶级成员的教育——是一种"绅士"教育。洛克认为，"美德应当是教育的主要目标，因此家庭教师应该将美德放在教学活动的中心位置"。洛克重视身体健康的重要性，宣称男童的身体健康和心理健康之间存在相互依赖的关系，"健康之精神寓于健康之身体"。理性在洛克的思想中扮有非常重要的角色，他认为儿童应该能克制个人嗜欲，修身养性，培养顺从的性格，在逆境中"苦其心智，劳其筋骨"，达到身体健康强壮与精神饱满安适的良好状态。

夸美纽斯是世界上第一个伟大的现代教育理想主义者，他认为，教育是普遍的，适合社会中所有的孩子，每一个秩序井然的人类居住区，都应该提供学校。教育作为一项人权应由所有人分享。教育体系应该保证年轻人在所有学科中得到教育，这种教育能够使年轻人有知识、美德和虔诚。教育是把"所有事物教授给所有人的教学艺术"，教育必须以可靠的、令人愉快的、有趣及完整的方式进行，"这样才能得到真正的知识、公认的道德，以及最深的虔诚"。夸美纽斯对宏观的教育体系，中观的教育组织和教学方法，到微观的课堂教学都提出了有建设性的、实用的意见和建议。他的教育法方案认可了能够使每个人都有足够的机会获得自身发展的一种权利。

卢梭提出了自然主义教育，他认为"出自造物主之手的东西，都是好的，而一到了人的手里，就全变坏了"。卢梭将人类的教育来源划分为三类，即或受之于自然，或受之于事物，或受之于人，教育者的首要任务是尽最大可能让三种教育形式和谐发展，这意味着教育者应该遵循自然教育规律。教育应该首先理解儿童的权利，要克服"普通教育"引导儿童关注他们的责任带来的驯服和顺从。对于童年时期的教育，卢梭主要的教育方法就是不干预，反对任何以未来生活为幌子而阻碍了儿童天性发展的童年时期的教育。教育的目标是幸福，儿童教育应该由儿童的需求引起，应该来源于儿童天性或者他们的倾向性。在教学方法上，剔除正规语言教学中的道德说教，主张从经验和观察中学习。

裴斯泰洛齐是卢梭教育思想的真正继承者，他一直在践行《爱弥儿》中的教育思想，将教育的对象面向真正的贫苦大众。他认为，教育在帮助个人获得社会地位并积极参与民主政治团体活动的过程中起关键的作用，教学是推动人发展的一个过程。有效的教学秘笈是让授课内容与特定年龄段的儿童能力水平保持一致，制订适合儿童能力发展的有组织的授课计划，提倡以学习者心理为主的教学方法。在尊重学习者心理发展的同时，试图重塑从感觉经验转变为理解力的自然发展过程，这一教学法的核心是"直观"概念，是所有知识和经验获得的基础。他呼吁现代意义上的政府"教育授权"，知识必须具有实用价值，必须为国民的个体生活提供有益的帮助。他强调教育三分的观点，即体育、智育和德育三种教育应该得到和谐发展。裴斯泰洛齐认为，教育的最终目标是为儿童的独立做准备，为他们未来的生活而量身定做。他的教育思想既包括高尚的道德，也包括实用主义内容。

苏霍姆林斯基的教育思想饱含着对学生的爱和人道主义精神，认为学校的任务就是培养全面、和谐发展的合格公民和幸福的人，使学生德育、智育、体育、劳动教育、美育这五个方面得以和谐发展。他认为要实现这一培养目标，必须改善教育过程，实施"和谐教育"。"和谐教育"思想重视将教育同创造性的生产劳动相结合，课上与课下相结合，校内与校外相结合，影响学生发展的各种教育力量相结合，学生受教育过程与自我教育过程相结合等。"和谐教育"追求的目标是，学生在以上这些因素和谐共存的状态中得以全面发展。教师在"和谐教育"实施过程中扮演指导者和学生朋友的双重角色，同时处理好学生的理论学习与实践活动，学生各种才能的发挥，学生情绪和情感动力的问题。他的"和谐教育"观念是"全面发展"理论的重要组成部分。

杜威是实用主义教育流派的代表人物，他认为"教育即生活""教育即生长""教育即经验的改造""学校即社会"。教育是儿童生活的过程，最好的教育是从生活中学习、从经验中学习，教育是要给儿童提供生活的条件。在《民主与教育》

一书中,杜威认为"教育的目的是要使个人能够继续他的教育,不是要在教育历程以外去寻觅别的目的,把教育作为别的目的的附属物",即教育就是它本身的目的。"从做中学"是杜威教育理论中的另一重要观点,他主张学校教育应该摆脱死板的传统教学方法而创造出社会化的生活环境,使儿童具有天赋的社交、制造、表现等本能。

西方的教育思想以苏格拉底为源头,关注人自身的存在和价值,教育不仅要培养身心和谐、真善美之人,还要为人的发展构建理想社会,弘扬个性,培养人的创新精神和独立思考的能力。中国古代的教育思想以孔子为源头,从社会视角出发,以道德任务和维系社会关系为教育的重点,重视伦理道德教育,培养"君子"的品格。中西方的育人思想既有特定的历史文化背景,也是社会发展的体现,为新时代育人理念奠定了基础。

第二节 "三全育人"理念的形成与发展

"三全育人"理念不是亘古就有的传统思想,也不是从国外吸收借鉴的理论,而是我国政治、经济及教育发展到一定阶段的产物,是与我国国情相适应的特有教育理念。社会主义发展进入新阶段,"三全育人"理念契合时代需要、人才成长需要、社会发展需要,理念不断成熟完善,实践不断探索深化。

一、"三全育人"理念的形成

"三全育人"的历史发展轨迹,体现了我国政治经济教育文化的大背景。"三全育人"理念的演变过程可大致划分为五个历史时期。

(一) 初步萌芽期 (1949—1966年)

教书育人古已有之。韩愈曾说:"师者,传道、授业、解惑也。"韩愈强调了老师的工作职责,即传授知识和本领、解答疑惑。新中国办学伊始就秉承教书育人的古风,并且根据新的历史条件赋予它新的内涵。"三全育人"理念在中华人民共和国成立初期便有了初步萌芽。当时国家百废待兴,新中国的建设对人才的需求非常迫切,以毛泽东为核心的党的第一代中央领导集体意识到教育的重要性和迫切性,对中国的旧教育制度进行了改革,确立了新中国成立初期"民族的、科学的、大众的文化教育"地位。1950年8月2日至11日,中国教育工会第一次全国代表大会在北京召开,在与会代表的倡议下,会议提出了"教书育人,管理育人,服务育人"的口号。这个口号的提出,是教育改革的一次历史性的超越,也是对教育模式探索的一种新尝试。它比"教书育人"理念所包含的内容更丰富,也更全面。新中国成立初期也正是以这种教育口号为导向,培养了一大批参与国家建设的栋梁之材。1957年,毛泽东在《关于正确处理人民内部矛盾的问题》中指出"思想政治工作,各个部门都要负责任。共产党应该管,共青团应该管,政府主管部门应该管,学校的校长教师更应该管",这里实际上就有了全员育人思想的萌芽。

(二) 曲折幻灭期 (1966—1977年)

20世纪六七十年代,由于国家建设进入了曲折迷惘期,导致我国的教育事业也陷入了动荡和混乱之中,这一时期的教育事业基本处于停滞状态。这一时期,办学一度中断,学校及其教育设施遭到严重破坏。许多小学下放到村,中学下放到公社办学,国家支持减弱,教学质量下降。这一阶段采取的精简课程、缩短学制、弱化考试、学工学农等政策措施对教育产生了深远的不利影响。这一时期以阶级斗争为纲,"育人思想"发生了极大的偏离。

(三) 复苏中探索期 (1978—1998年)

党的十一届三中全会之后,以邓小平为核心的党的领导人进行拨乱反正,正本清源,抛弃了"两个凡是"和以阶级斗争为纲的错误方针,重新确立了实事求是的思想路线,教育界又重新提出和恢复了之前的教育原则和理念,如教书育人等。邓小平同志强调,"教育是一个民族最根本的事业",倡导全党全社会树立"尊重知识、尊重人才"的观念,教育工作重点是恢复正规学校学历教育,兴起补文化补学历热潮,加快扭转专业人才青黄不接、劳动力素质偏低的局面。70年代中后期,教育战线逐步形成"教书育人,管理育人,服务育人"的共识。1982年,党的十二大把教育作为实现20年国民经济翻两番的重要保证,首次把教育放在现代化建设战略重点位置。1983年,邓小平同志提出"教育要面向现代化,面向世界,面向未来",为开辟中国特色社会主义教育发展道路定下了重要基调。教育要培养"有理想、有道德、有文化、有纪律"的社会主义"四有新人"。党的十四大确定我国经济体制改革的目标是建立社会主义市场经济体制,随着经济体制、政治体制和科技体制改革的深化,必须建立起与经济体制、政治体制和科技体制相适应的新的教育体制,只有这样才能适应经济和社会发展的要求。1992年,党的十四大报告提出:"我们必须把教育摆在优先发展的战略地位,努力提高全民族的思想道德和科学文化水平,这是实现我国现代化的根本大计。"1993年,中共中央、国务院发布《中国教育改革和发展纲要》。1994年召开改革开放以来第二次全国教育工作会议,确立到2000年基本普及义务教育和基本扫除青壮年文盲的国家级目标,分区规划分步实施,赋予地方政府更多管理义务教育和职业教育的权责,形成财政投入为主、分担学习成本、多渠道筹措经费的体制,建立贫困学生资助体系，倡导社会捐集资助学，鼓励社会力量办学，探索中外合作办学。1996年10月，党的十四届六中全会后，为了深化"三育人"活动，大力推进教师队伍建设和精神文明建设，中国教育工会四届七次常委会决定，在全国开展以加强师德建设为中心的"树师表形象，创文明校风，为实现跨世纪宏伟目标做贡献"活动，使得"三育人"活动向新的深度和广度发展，组织全国十大"师德标兵"评选活动，为教育战线精神文明建设起到良好的推动作用。

（四）蓬勃发展期（1999—2011年）

1999年，中共中央、国务院颁布了《关于深化教育改革，全面推进素质教育的决定》，这是从社会主义现代化建设全局和战略的高度，对我国面向新世纪的教育改革和发展做出的重要部署。江泽民在全国教育工作会议上提出，要以培养学生的创新精神和实践能力为重点，努力造就"有理想、有道德、有文化、有纪律"的德育、智育、体育、美育等全面发展的社会主义事业建设者和接班人。它不仅为我国的教育目标指明了新方向，即从应试教育转向素质教育，同时也对我国的教育模式提出了新的要求。如提出"要更新旧的教育观念，改革对教书的理解"，教书不仅指传授学生书本知识，还应培养学生的创新精神和实践能力，同时"素质教育还应加强师德教育，提高教师的能力和水平是"三全育人"工作新的工作内容"。2004年8月26日，中共中央、国务院发出《关于进一步加强和改进大学生思想政治教育的意见》（后简称中央16号文件），提出了进一步加强和改进大学生思想政治教育的指导思想、基本原则、主要任务和有效途径，提出了一系列新思想、新思路、新举措，如"坚持与育人相结合""坚持教育与管理相结合""坚持教育与自我教育相结合"等基本原则，通过"服务育人，管理育人""主动占领网络思想政治教育新阵地"等促进大学生全面发展。中央16号文件是新时期党中央、国务院下发的加强和改进大学生思想政治教育文件，它标志着党和政府在新的历史条件下深化了对大学生思想政治教育的重要性及科学性的认识。2004年11月20日，时任中共中央政治局常委李长春出席广东大学生思想政治教育工作座谈会，提出要"牢固树立教书育人、育人为本、德智体美、德育为先的观念"，把思想政治教育贯穿到学校工作的全过程，做到全员育人、全过程育人、全方位育人。2005年1月17日，胡锦涛同志在全国加强和改进大学生思想政治教育工作会议上明确指出，"加强和改进大学生思想政治教育是一项涉及方方面面的系统工程""各高校要努力形成党委统一领导，党政群团齐抓共管，全体教职员工全员育人，全方位育人，全过程育人的工作机制"。这是党中央第一次在会议上明确提出"三全育人"的口号。

(五)成熟完善期(2012年至今)

党的十八大以来,习近平总书记高度重视立德树人在教育中的重要地位和作用,多次强调要坚持把立德树人作为根本任务,培养德智体美劳全面发展的社会主义建设者和接班人。2016年,召开全国高校思想政治工作会议,习近平总书记在会上强调:把思想政治工作贯穿教育教学全过程,开创我国高等教育事业发展新局面。高校思想政治工作关系高校培养什么样的人、如何培养人及为谁培养人这个根本问题。要坚持把立德树人作为中心环节,把思想政治工作贯穿教育教学全过程,实现全程育人、全方位育人,努力开创我国高等教育事业发展新局面。2018年5月,教育部办公厅发布《关于开展"三全育人"综合改革试点工作的通知》,决定委托部分省(区、市)、高校和院(系)开展"三全育人"综合改革试点工作。经报送单位推荐、专家审议遴选等程序,委托北京市等5个省(区、市)、清华大学等10个高校、北京师范大学教育学部等50个二级院(系)开展首批"三全育人"综合改革试点。2019年1月2日,教育部办公厅公示了第二批"三全育人"综合改革试点单位遴选结果。在这一阶段,"三全育人"模式构建实施的途径和方式更全面,并根据新形式提出了新举措,研究的范围也更广泛。2018年9月,习近平总书记在全国教育大会上指出,"思想政治工作是学校各项工作的生命线,各级党委、各级教育主管部门、学校党组织都必须紧紧抓在手上"。2019年3月18日,习近平总书记在人民大会堂主持召开学校思想政治座谈会,强调用新时代中国特色社会主义思想铸魂育人,贯彻党的教育方针,落实立德树人的根本任务,体现了党对思想政治工作的高度重视。以党的十八大为契机,再次强调教育立德树人的根本任务,高校思想政治教育的重要性和紧迫性,将"三全育人"理念真正落到实处,通过试点单位的实践探索为引领,各省市和高校开展"三全育人"活动,这一理念开始成熟完善。

二、"三全育人"理念的推进与落实

思想政治工作是我国高校的特色。思想政治工作是高校各项工作的生命线,也是办好我国高校的优势。习近平总书记高度重视教育,十分关心高校思想政治工作,2016年以来在全国教育大会、全国高校思想政治工作会议、学校思政课教师座谈会上多次做出重要讲话,围绕落实立德树人根本任务,坚持社会主义办学方向,加强党对教育工作的全面领导,提高学生思想政治素质,加强教师队伍建设,推动高校思想政治工作改革创新,培养德智体美劳全面发展的社会主义建设者和接班人,提出了一系列高瞻远瞩的新思想新观点。2016年12月,习近平总书记在全国高校思想政治工作会议上强调指出:"要坚持把立德树人作为中心环节,把思想政治工作贯穿教育教学全过程,实现全程育人、全方位育人,努力开创我

国高等教育事业发展新局面。"这为新时代加强和改进高校思想政治工作提供了基本遵循。深入研究"三全育人"内涵，积极构建"三全育人"的思想政治工作大格局，对于落实立德树人根本任务具有重要意义。

2018年5月，教育部办公厅发布《关于开展"三全育人"综合改革试点工作的通知》，要求各地要分类开展"三全育人"综合改革试点工作，从宏观、中观、微观三个层面，着力构建一体化育人体系。确立试点改革的总体目标是以习近平新时代中国特色社会主义思想为指导，坚持和加强党对高校的全面领导，紧紧围绕立德树人根本任务，充分发挥中国特色社会主义教育的育人优势，以理想信念教育为核心，以社会主义核心价值观为引领，以全面提高人才培养能力为关键，切实提高工作亲和力和针对性，强化基础、突出重点、建立规范、落实责任，一体化构建内容完善、标准健全、运行科学、保障有力、成效显著的高校思想政治工作体系，使思想政治工作体系贯通学科体系、教学体系、教材体系、管理体系，形成全员全过程全方位育人格局。以新思政观引领改革，构建一体化育人体系，打通育人"最后一公里"。主要任务是强化高校思想政治工作领导体制，完善高校思想政治工作统筹协调落实机制，创新高校思想政治工作实施体系，加大高校思想政治工作保障力度，改进高校思想政治工作评价管理规范。该通知以习近平新时代中国特色社会主义思想为指引，全面贯彻落实全国高校思想政治工作会议精神，深入学习贯彻习近平总书记在北京大学师生座谈会上的重要讲话精神，推动实施高校思想政治工作质量提升工程。通知要求坚持育人导向和问题导向，分类型开展"三全育人"综合改革试点工作，建设"三全育人"综合改革试点区、综合改革试点高校、综合改革试点院（系），按照"重点突破、标准引领、数量从严、质量从优"的原则，从工作基础、能力意向、条件保障等角度，通过专家论证和实地考察等方式，择优确定一批委托开展试点工作单位。在这一工作的推动下，高校思想政治工作呈现新气象，"三全育人"工作新格局逐步形成。为深入贯彻落实习近平新时代中国特色社会主义思想，贯彻落实党的十九大和十九届二中、三中、四中全会精神，学习贯彻习近平总书记关于教育的重要论述，加快构建高校思想政治工作体系，努力培养担当民族复兴大任的时代新人，培养德智体美劳全面发展的社会主义建设者和接班人，2020年4月，教育部等8部门印发《关于加快构建高校思想政治工作体系的意见》，从理论武装、学科教学、日常教育、管理服务、安全稳定、队伍建设、评估督导等七个方面，加快构建目标明确、内容完善、标准健全、运行科学、保障有力、成效显著的高校思想政治工作体系，推动形成"三全育人"工作格局。高校思政工作"三全育人"工作新格局逐步形成。十三五时期，全面实施高校思想政治工作质量提升工程，在8个省（区、市）、25所高校、92个院系开展"三全育人"综合改革试点。各省（区、市）、各高校在相关政策的引导下，组织开展"三全育人"改革试点，取得了卓越的成绩。

第三节 "三全育人"的内涵和特征

"三全育人"重心在"全"，核心在"育人"，通过育人范围、时间维度、空间维度的扩展和融合，营造立体、全方位的教育格局，培养有健全人格和全面素质的时代新人。这一理念具有时代性、发展性、创新性，有力推动了高校思想政治教育工作的开展和育人体系的完善。厘清"三全育人"理念的内涵、特征，是开展育人工作的前提。

一、"三全育人"的基本内涵

所谓"三全育人"是指全员育人、全过程育人、全方位育人。"三全育人"内涵丰富，兼具理念引领和实践导向。具体来说，"全员育人"强调的是育人支持系统，是最具能动性的育人要素，包括学生本人、家庭成员、学校教职员工、社会力量等；"全过程育人"强调的是育人的时空轨迹，是最具可塑性的，从时间上来看包括从学生入学到毕业，从空间上来说包括对学生开展教育、管理、资助帮扶等各个环节；"全方位育人"强调育人成效的全面性，既包括第一课堂、第二课堂、网络空间等立体育人场域，也包括德育、智育、体育、美育、劳育的全面育人指向。

（一）全员育人

全员育人，强调的是施教者的范围。对学生进行思想政治教育，不仅是学校的事，家庭、社会乃至学生自身都是思想政治教育的施教者。"全员育人"指高校全体教职工都应该参与育人工作，强化育人意识和育人责任，自觉将育人要求和育人要素落实到各群体、各岗位上去，通过多种途径对大学生进行思想政治教育。这里的"全员"既包括党员领导干部、思想政治理论课教师、辅导员班主任、心理健康教育教师、就业指导教师等党建和思想政治工作队伍，也包括直接对学生进行知识教育的全体专业课教师，以及间接对学生产生价值影响的管理教辅人员和后勤服务人员等，同时也应涵盖学生自身、校友和校外人士，形成全学校、家庭、社会、学生"四位一体"的育人共同体。

从学者们关于"三全育人"的内涵阐述方面看，全员育人的要素是人，强调育人主体由"单"变为"全"，拓宽范围，与学生成长相关的群体都要有育人意识，承担育人职责，发挥育人作用。教师的本职是教书育人，既要向学生传播科学文化知识、正确的思想、真理，又要塑造学生的品格、品行、品位，帮助学生健康成长、成人。无疑，教师已成为全员育人的主体。而对育人对象产生教育影响的不仅包括学校的教师主体，还有学校的管理、服务岗位上的教职工和学生群体，及以父母为中心的血缘关系的亲属团体和社会主体。由于传统思想中过分强调教师"传道、授业、解惑"的职责和任务，忽视了其他主体对学生成长的影响和引导，导致对学生的思想政治引导过多集中于学校、课堂，形式单一，效果有限。"全员育人"扩大了育人范围，形成育人共同体，客观上也推动了社会成员道德意识的加强。

（二）全过程育人

全过程育人是从时间维度提出的育人要求，强调大学生的思想政治教育是一个贯穿始终的过程。将立德树人的要求融入学校教育教学、学生成长成才、教师成长发展的全过程，建立大学生从入学到毕业、就业的全过程育人环节，甚至是推进至大中小学一体化发展，建立长时段、可持续、贯穿式的育人链条。从学生一进校门到毕业，从每个学期开学到结束，从双休日到寒暑假，学校都应精心安排思想政治教育，不能出现空白点，思想政治教育要贯穿大学生就学全过程。

全过程育人，强调遵循学生成长规律，体现了对大学生阶段特点及心理变化的关注。人的身心发展具有顺序性、阶段性和特殊性等特征，不同年级学生的身心发展、学习需求、思想道德具有不同特征，新生更关注大学生活的适应，大三、大四的学生更关注就业、升学等，应该对不同阶段的学生开展不同类型的思想教育工作，针对学生的特点和需求，有的放矢，既强调学生从基础教育到高等教育的衔接性和持续性；又强调遵循学生成长规律，深入研究学生身心发展特点，做好阶段性育人工作；强调教育内容、方法、载体等要素的适当选择、灵活运用，使育人主体和育人对象达成思想上的交流、情感上的共鸣，使育人对象在德智体美劳方面得到全面发展。

（三）全方位育人

全方位育人是从空间维度提出的育人要求。全方位育人，是指形成从上到下的纵向育人空间，通过多种有效的教育方式和手段，形成由内而外的横向育人空间。打通校内校外、课内课外、线上线下等通道，充分利用各种教育资源和载体，将思想政治教育渗透到课堂教学、科学研究、学生管理和社会实践等各方面，实现育人工作的协同联动。具体来说，全方位育人就是以立德树人为中心，使育人主体协同配合，充分利用各种育人资源、育人要素，营造有利的育人环境，带领学生走入各种含有育人功能的环境中，使学生德智体美劳等各方面得到全面发展。

全方位育人具有丰富的内涵，包括教育教学思维方法的立体性，教育教学方式与手段的多样性、层次性，教育教学内容的全面性、系统性与整体性等。教育教学思维方法的立体性是强调在思想政治教育过程中，要教育学生多角度、全方位，全面、整体、综合地看问题，就是要跳出点、线、面的限制，能从上下左右、四面八方去思考问题的思维方式，也就是要"立起来"思考问题。教育教学方式和手段的多样性是强调要充分运用各种方式和手段开展思想政治教育工作，教育教学的方式和手段既不能过于单一，也不能过于落后与守旧。教育教学方式和手段的层次性是强调我们在思想政治教育工作中使用的方式和手段要有系统性和层次性，针对不同的教育对象和不同的教育内容要选择不同系统和层次的方式和手段，不能随意使用。教育教学内容的全面性、系统性与整体性强调思想政治教育的内容应该是全面的、成体系的，而且能相互联系成为一个整体，而不是片面的、碎片化的，甚至相互割裂、相互孤立的。

从对"三全育人"的内涵剖析可以看出，"三全育人"作为一种教育理念，并不局限于德育这个范畴，而是指在整个教育过程中，教育者对受教育者进行的一种立体的、全方位的教育。从宏观层面来说，"三全育人"是党和国家推进新时代高校思想政治工作的战略性方针。教育部做出"三全育人"综合改革试点的工作部署，既是对高校思想政治工作规律的深刻总结，也是从落实高校立德树人这一根本任务出发，围绕"如何育人"这一主题进行的全局思考、系统设计、整体推进。将"三全育人"上升为教育政策方针，主要是着眼于完善和优化教育行政部门和高校现行的育人政策设计，从政治方向、政策导向和价值取向上要求高校积极推行"三全育人"改革，将"三全育人"贯穿办学治校各领域、教育教学各环节、人才培养各方面，构建"十大育人"体系。

从中观层面来说，"三全育人"是指高校从责任主体、经费支持、队伍建设、制度保障、评价监督等方面构建的思想政治工作体制机制。高校是否建立了科学、合理、务实、有特色的"三全育人"体制机制，并将其贯穿学科体系、教学体系、教材体系、管理体系建设中，关乎"三全育人"的氛围营造、路径选择、格局形成和成效取得。高校是落实"三全育人"的中枢系统，只有充分发挥高校"三全育人"体制机制的功能，才能统一育人共识、整合育人资源、形成育人合力。

从微观层面来说，"三全育人"侧重于指导高校教师将这一理念及方法贯穿教育教学全过程。只有高校教师从思想深处意识到自己应尽的育人职责，将"三全育人"的理念自觉融入工作中，并深入把握"三全育人"的方法论要领，"三全育人"才能落到实处。因此，从这个意义上讲，"三全育人"的精髓在于其先进的理念价值和方法论意义，形成"三全育人"格局，关键是理念要深入人心、方法要深得要领。

二、"三全育人"的核心要义

三全育人是一项系统工程,"三全育人"重心在"全",要求实现"教"与"育"、"管"与"育"、"服"与"育"的融合贯通,这是其深刻的内在含义。

(一)育人为本,致力于培养有健全人格和全面素质的时代新人

育人为本是教育的生命和灵魂,是教育的本质要求和价值诉求。育人为本的教育思想,要求教育不仅要关注人的当前发展,还要关注人的长远发展,更要关注人的全面发展;不仅要关注被育之人、育人之人,还要关注所服务之对象——国家和人民,为国家服务、为人民服务,不断满足国家和人民群众的需要。"育人为本、德育为先"是实施教育的主导思想。

高等教育作为最高层次的国民教育,集中代表了一个国家的发展水平和潜力,肩负着人才培养、科学研究、社会服务、文化传承创新、国际交流合作的重要使命。其中人才培养是高等教育安身立命的根本所在。伴随中国特色社会主义进入新时代,我国高等教育迎来了从"大"到"强"、从规模增长到质量提升的历史飞跃,高校人才培养面临着新的更高的要求。如何建立同党和国家事业发展要求相适应、同人民群众期待相契合、同我国综合国力和国际地位相匹配的世界一流高等教育,培养大批拥护中国共产党领导和我国社会主义制度、立志为中国特色社会主义奋斗终身的有用人才,是新时代我国高等教育发展面临的重大问题。对此,习近平总书记指出,必须把社会主义建设者和接班人作为教育工作的根本任务和教育现代化的方向目标,努力构建德智体美劳全面培养的教育体系,形成更高水平的人才培养体系。

(二)体现高等教育立德树人的内在要求

"三全育人"理念是在新时代背景下,对大学生全面培养和高校思想政治教育工作的全面思考。虽然"育人"之中必然地包含了生活和生产的知识教育,但就"三全育人"而言,其重心所在则是育人之"德"。这里的"德"是广义的,不仅包含了个人修身自律的品德,营造良好家教家风之私德,还包括遵守社会优良生活和生产秩序之公德,乃至关心国家和民族命运、推动国家和民族发展的大德。因此,这里"德"离不开对人生价值的选择,离不开看待世界和社会的立场、观点和方法。从根本意义上说,"三全育人"所要育的"德",就是要在思想观念层面培育教育对象树立正确的世界观、人生观和价值观,培育教育对象切实把握好其成长成才和成人的人生"总开关"。

深入贯彻和落实党的教育方针以及立德树人的目标,不仅是党的十九大报告中十分重要的要求,更是新时代下高校教育发展的前进方向。世界一流大学的核

/ 17 /

心是为社会培养出一流的人才。推进高等教育"三三全育人",归根结底是要把立德树人融入思想道德教育、文化知识教育、社会实践教育各环节,贯穿基础教育、职业教育、高等教育各领域,体现在学科体系、教学体系、教材体系、管理体系各方面,全员、全过程、全方位锻造堪当民族复兴大任的时代新人。

(三) 构建跨时空、全领域、全要素的人才培养体系

我国不断推进现代化教育进程,不仅是为社会源源不断输送创新型发展人才的重要举措,更是实现人才强国和人力资源强国的重要内容之一。创新人才教育培养作为《国家教育事业发展"十三五"规划》中的重要内容,其人才培养模式的转变既满足了人民群众的需要,也是社会经济发展提升的关键突破口。工业4.0时代的到来,让我国高校的人才教育培养模式面临前所未有的挑战。传统的教育教学方法及人才培养模式已经不能满足当前社会的发展和变革。因此,只有以创新人才培养模式为主导,将课堂教育教学内容进行深化,并不断对高校教学方式方法进行优化和创新,才可以为高校提供和营造更加有力的环境。与此同时,在创新人才模式的构造过程中,还需要进行不断的完善和细化,在互联网信息技术大背景的依托下,通过大数据及人工智能等增加高校课堂的个性化和人性化教学,积极将互联网与高校人才培养教育进行促进和融合,继而提升高校教育教学质量,为高校提供多样性的发展可能。

"三全育人"提倡全员、全过程、全方位的育人体系,坚持"十体系联动",构建课程育人、科研育人、实践育人、文化育人、网络育人、心理育人、管理育人、服务育人、资助育人、组织育人的"十大"育人体系,实现了育人资源共享、育人力量汇聚,体现了对人才培养体系的创新,通过构建跨时空、全领域、全要素的立体、复合人才培养体系和模式,健全人才培养机制,保证人才培养效果。

(四) 满足人民群众对教育的共性和个性需要

教育是现代社会中人们的最大需要之一。教育发展必须不断满足人民群众日益增长的科学文化教育需要,特别是要满足人民群众渴望子女接受优质教育的需要,切实保障人民群众及其子女接受良好教育的权益,努力办好让人民满意的教育,办好让人民满意的学校,让教育发展的成果惠及全体人民,真正体现出发展为了人民、发展依靠人民、发展成果由人民共享。让所有人都能够享有公平的受教育机会是教育最崇高的理想。教育公平是社会主义教育的本质要求。保障人人享有公平的受教育权利和机会,使全体人民学有所教,是教育工作义不容辞的责任。教育的最高境界是满足每个人的个性需要和他们的期望。1994年,联合国教科文组织通过的《萨拉曼卡宣言》首次提出了"全纳教育"的概念,就是为每个人提供一个有效的教育机会,同时符合每个学生或学习者不同的需求,也就是要

让每个人获得他所需要的有效的学习机会。"三全育人"的教育理念要求教育既要了解社会和文化的多样性，也要了解每个人、每个学生都有着不同的个性，使教育能够满足每一个学生的需求和他们的期望。

三、"三全育人"的特征

"三全育人"既是教育理念，也是行动指南。要牢牢把握新时代"三全育人"的理论特征和时代价值，在树立理念、掌握方法上下足功夫，把握"三全育人"的特征，构建"三全育人"体制机制，形成"三全育人"人才培养格局。

（一）实践性："三全育人"是对高校育人现实问题的有力回应

当前，高校育人工作还存在诸多现实问题，既有思想认识问题，也包含具体实践问题，既有方式方法问题，也有体制机制问题，核心的问题还是"围绕学生、关照学生、服务学生"的育人意识不强。一直以来，高校育人工作主要由学生思想政治工作者和思想政治理论课教学工作者两支队伍来承担。较而言，高校其他教职工群体的育人主体责任是模糊不清的，他们在承担育人责任方面也没有行之有效的考核方式。这势必导致高校中不同程度地存在"重教书、轻育人""重管理、轻育人""重智育、轻德育""重科研、轻教学"的现象。在全过程全方位育人方面，由于过度依赖上述两支队伍，高校育人资源整合、育人方式转变、育人意识提升、育人时空拓展都滞后于人才培养需求。此外，由于育人的协同效应较弱、载体和方法欠缺，高校"三全育人"工作亟待从供给侧进行改革，以实现与需求侧的契合发展。"三全育人"理念是回应以上现实问题的钥匙，新时代"三全育人"理念的核心价值在于厚植"人人育人、时时育人、处处育人"的工作意识，增加科学育人的供给，以回应思想政治工作需求侧的新变化。

（二）发展性："三全育人"内涵随着育人环境的改变不断丰富

在国际国内形势深刻变化，不同思想文化交流交融交锋，社会思潮多元多样多变的时代背景下，高校的育人环境发生了深刻变化。新形势下高校的育人资源更加丰富，育人要素更加多元，育人过程更加复杂，育人空间极大拓展。首先，在全员育人方面，除了校内承担育人职责的所有教职工应主动参与育人工作，高校还应积极调动各种社会力量参与支持育人工作，形成协同育人格局。其次，在全过程育人方面，思想政治工作有向前延伸、向后拓展的发展态势，教师不只是在课堂上育人，学生也不只是在学校受教育，思想引领要贯穿教师教育教学和学生成长成才的全过程。最后，在全方位育人方面，育人的时空场所被不断拓展，线上线下、课内课外、校内校外都要聚焦"如何更好育人"这一主题。就高校而言，不同学科的授课教师、从事管理和服务的工作人员，是否置身于"育人"之事外？无疑，这是需要特别予以避免的。

（三）创新性："三全育人"是新思政观引领下的高校思想政治工作改革

"思想政治工作绝不是单纯一条线的工作，而应该是全方位的，无处不在、无时不在的。"育人工作需要全员参与、全过程贯穿、全方位渗透，需要在新思政观的引领下进行综合改革。要从中国特色社会主义教育是知识体系教育同思想政治教育相结合这一基本认识出发，坚持两者的辩证统一，科学认识和把握思想政治教育工作的定位，整合各方育人资源，把促进学生成长成才作为学校一切工作的出发点。各地区、各学校乃至各院系，应该针对各自的特殊性，从学生的视角、学科的视角、工作任务和职能的视角，创新"三全育人"的开展路径和实施办法，突出重点，彰显特色。

四、"三全育人"的意义

"全员育人、全过程育人、全方位育人"德育机制的实践有助于发挥学校、家庭、社会在教书育人、管理育人、服务育人方面的作用，有助于学生的全面发展和综合素质的提升。高校"三全育人"工作是一项富有创新性和创造性的工作体系，在立德树人的教育细化中，将社会主义核心价值观进行有效融入，才可以将教育理论根植于高校教学课程中，促使其落地生根并枝繁叶茂。这也是全面培养创新型社会主义接班人的重要内容。"三全育人"体现了立德树人的内在要求，顺应了人才培养的发展趋势，契合了思政工作的发展规律，对努力构建德智体美劳全面培养的教育体系，形成更高水平的人才培养体系意义重大。加强党对教育工作的全面领导，统筹协调家庭、学校、政府、社会各方面育人责任，具有十分深远的意义。

第一，建立"三全育人"德育机制是立德树人的根本要求。青年兴则国家兴，青年强则国家强。大学生担负着实现中华民族伟大复兴的责任与使命。近年来，很多高校围绕学生成长成才开展了一系列工作，但对以学生为中心的"三全育人"理念的重要性认识不足，重知识讲授、忽视人格塑造的现象仍然存在，"三全育人"格局尚未完全形成。

第二，建立"三全育人"德育机制是我国高等教育政策调整的必然要求。党的十八大以来，国家提出培养技能型人才和高素质劳动者的要求，"三全育人"机制适应了新形势下高等教育人才培养模式改革的要求，有助于各高校加快转型，提高人才培养质量，为实现中华民族伟大复兴的中国梦和"两个一百年"奋斗目标提供坚实的人才保障和智力支持。

第三，建立"三全育人"德育机制是大学生成长成才的时代要求。当代大学生具有新的时代特点与性格特征，获取知识和信息的途径从书本、课堂拓展到了微信、微博等新媒体，教师的权威面临挑战，学校已不再是学生获得知识的唯一场所。社会的多元化给学生带来了深刻影响，部分学生自理能力比较差、自控能力差、心理素质不高，极易产生思想和心理问题。

第四，建立"三全育人"德育机制是高校实现转型发展的客观要求。当前，我国高校在实现规模扩张的同时，越来越关注质量提高和内涵建设。育人是大学的核心，德育是一项系统工程，需要动员和整合学校、社会、家庭、学生等各方面的力量，形成德育合力。

"三全育人"是新时代党和国家从培养社会主义建设者和接班人的战略高度出发对高等教育提出的重大命题。作为新时代高等教育发展的创新理念和实践模式，"三全育人"不仅反映了党和国家对教育本质和教育规律的深化认识，也是对"培养什么人、怎样培养人、为谁培养人"这一根本问题的生动解答，体现了高等教育立德树人的内在要求，顺应了人才培养的发展趋势，契合了高校思想政治工作的发展规律。

第二章 新时代高校"三全育人"运行机制

随着中国特色社会主义进入新时代,我国社会的主要矛盾已经转化为人民群众日益增长的美好生活需要和不平衡不充分的发展之间的矛盾。在此背景下,推进教育教学全过程,实现全程育人、全方位育人,全面发展素质教育,培养社会主义建设者和接班人,是新时代赋予教育战线的神圣使命。

在全国高校思想政治工作会议中,习近平强调,要坚持以"立德树人"为中心环节,将思想政治工作贯穿教育教学全过程,努力开创我国高等教育事业发展新局面。《关于加强和改进新形势下高校思想政治工作的意见》围绕新时代高校"培养怎样的人""怎样培养人""为谁培养人"的根本问题,全面部署和系统规划了全员、全过程、全方位"三全育人"的目标、原则、内容、要求、方法和举措,为我们构建新时代高校"三全育人"的运行机制提供了根本遵循。要保证新时代高校"三全育人"的目标和任务得以真正实现,就必须建立以领导机制为核心、协同机制为主体、保障机制为支撑的运行机制,只有构建上述"三位一体"的运行机制,才能助力新时代高校"三全育人",才能办好中国的高等院校,也才能为全面建设社会主义现代化国家提供源源不断的人才供给和智力支持。

结合第四章的新时代高校"三全育人"现状、存在问题及影响因素,本章着重从领导机制、协同机制和保障机制三个方面,对高校"三全育人"的运行机制进行详细论述。

第一节 "三全育人"领导机制

高校构建"三全育人"工作体系,深入实施"三全育人"工作,是一个庞大的系统工程,涉及全校各个层面及各个条线的工作,覆盖面广、参与单位和人员多,纷繁复杂,需要建立强有力的统一领导机制,保障"三全育人"工作的顺利推进。

一、高校"三全育人"领导机制的概念分析

领导是在一定条件下，指引和影响个人或组织，实现某种目标的行动过程。《中国共产党普通高等学校基层组织工作条例》明确规定"高等学校实行党委领导下的校长负责制"，这就从体制上确定了党委在高校事业发展中处于核心地位，对高校的各项工作实行统一领导。

各高校的"三全育人"工作，要努力建立由党委统一领导、党政群团齐抓共管、全体教职员工共同参与的领导机制和工作机制。这其中，党委是学校"三全育人"工作的领导核心，它对"三全育人"工作的领导主要是对学校发展大政方针的领导，负责研究涉及"三全育人"工作的重大问题，制定学校"三全育人"规划及政策，并组织、协调相关部门和单位开展"三全育人"工作。需要指出的是，"三全育人"模式中的全员育人，并不是主次不分、责任大小不分，也不是全体教职员工都来平分育人任务，而是在育人队伍内部有一个体系和不同的分工，是在党委领导下的全体教职员工通力协作的一种育人体系。

二、高校"三全育人"领导机制构建的必要性

（一）构建"三全育人"领导机制是高校育人工作坚持正确政治方向的必然要求

坚持办学的正确政治方向是新时代高校工作的根本要求。办好中国的高等院校，必须高扬马克思主义伟大旗帜，坚持习近平新时代中国特色社会主义思想，全面贯彻党的教育方针，树牢"四个意识"，彰显"四个服务"，坚持以学生为中心的发展思想，探索为社会发展和人类文明做出贡献的大学之道，为在世界网络中建设中国特色世界一流大学贡献中国智慧和中国方案，使中国特色社会主义成为高校最鲜亮的底色和最强大的底气。

因此，对培养什么样的人、怎样培养人，高校负有极端重要的责任，而履行这一责任的根本原则便是坚持正确的政治方向。对高校的"三全育人"工作而言，必须坚持正确的政治方向，以党的先进理论和路线方针政策指引全员育人、全方位育人及全过程育人，保证育人工作沿着正确的道路前进。而要做到这一点，就必须建立一个以党委为核心的统一的领导机制。值得指出的是，高校普遍实施党委领导下的校长负责制，这就决定了党委在"三全育人"体系中的核心地位。

（二）构建"三全育人"领导机制是高校育人工作顺利有序实施的

现实需要

高校"三全育人"是一个复杂的系统工程。《高校思想政治工作质量提升工程实施纲要》规划了课程育人、科研育人、实践育人、文化育人、网络育人、心理育人、管理育人、服务育人、资助育人、组织育人等十个方面的育人体系，这"十大"育人体系基本上覆盖了高校的所有管理、教学、科研、后勤等工作，覆盖了几乎所有的条线、部门和岗位。要想推动"三全育人"这一庞大体系的有效运行，必须明确各层级、各部门、各岗位的角色和职责，并建立既相互分工又密切协作的工作格局，工作量和难度非常大。

通过发挥党委的领导核心作用，加强对"三全育人"工作的统一指挥和协调，凝聚人心、汇聚力量，推动实现纵向上不同管理层级之间的上下联动，以及横向上各部门、岗位之间的各司其职和相互协作，从而形成统一、高效、有序的"三全育人"工作格局，保障高校的"三全育人"工作能够落地生根、开花结果，为中国特色社会主义现代化事业培养更多高素质的建设者和接班人。

三、高校"三全育人"领导机制构建的实现方式

在"三全育人"实施方面，高校领导班子要发挥领导和带头作用，实行重大问题统一部署，各二级党组织和基层党组织负责贯彻落实。要从上往下抓党建，树师德，学理论，重实践，强调知行合一。同时，要严肃党内政治生活，营造风清气正的环境，把严的意识、严的态度、严的标准贯穿到高校党的建设各个方面和具体的工作实践中去，以党建促进人才培养，为新时代高校"三全育人"提供强大的组织保障。

首先，高校党委是学校各项事业的领航人，要把"三全育人"思想贯穿于办学治校之中，切实担当起从严治党的主体责任。要根据新时代的特点，紧密围绕高校自身的实际情况以及当代大学生的价值观和身心发展规律，把方向、管大局、作决策、保落实，确保高校始终成为坚持党的领导的坚强阵地。一是坚持社会主义办学方向，丰富新时代党建工作的内涵，明确党建工作的重心，把党建工作落实到立德树人这一根本任务上来，用习近平新时代中国特色社会主义思想教育和引导广大师生投入到"三全育人"工作中。二是精准定位谋划学校事业发展，牢固树立"以人为本""以生为本"的理念，科学决策、民主决策，从质量立校、人才强校、文化兴校、品牌铸校等多个方面，指导学校的发展战略制定，指引办学方向。三是将顶层设计与问题导向相结合，要坚持把破解学校发展不平衡、不充分的问题作为目标指向，强化改革创新的动力和能力，抓好顶层制度设计，精准施策，不断采取有效举措，强化发展优势、补齐问题短板，以育人为导向着力破解学校各个工作领域中存在的突出问题。四是构建"四位一体"责任体系，高校

党委要认清内外部环境发展的趋势，主动应对经济和社会发展的新变化、新需求和新挑战，科学制订符合自身情况的发展目标和行动方案，做好长远布局和谋划，合理制定下属各党总支落实上级党建工作的责任制度。要重点部署、严抓落实，对学校事业发展的重点领域和关键环节进行党建情况督导检查，并对没有落实到位的进行严格督办、限期整改。需要强调的是，党委书记作为党建工作的第一责任人，在思想上务必要高度重视，充分意识到身上担子的分量，在抓好党建和"三全育人"工作的谋划布局方面，坚决不当甩手掌柜，以务实的态度、措施和作风，亲自部署重要工作，关注重大问题和重点环节，加强对党建工作和"三全育人"工作的统一领导，优质高效抓好执行落实。

其次，在"三全育人"实施过程中，党支部作为党的基层组织，同样也肩负着重要使命，必须按照"七个有力"的标准，即教育党员有力、管理党员有力、监督党员有力、组织师生有力、宣传师生有力、凝聚师生有力、服务师生有力，努力探索有效提升基层党支部组织力和战斗力的路径。各党总支要制定落实下属各党支部的党建工作责任制和"三全育人"工作责任制，发挥党组织引领作用，形成一级抓一级、层层抓落实的责任链条，使全体党支部书记都要承担主体责任压力。此外，在建设规范化党组织的基础上，要深入挖掘和培育"三全育人"示范性党总支、党支部，精心打造一批"三全育人"工作有载体、有特色、有成效的红旗支部，使其在省内外具有一定的影响力和知名度。

再次，党支部书记是党建工作的舵轮老手，其根本任务是引导教师党员在攀登科研高峰的过程中发挥党员的先锋模范作用，攻坚克难，成为言传身教的践行者，带动师生积极参与教育教学改革工作，不断培育高质量人才。在"三全育人"落实方面，党支部书记需要做到以下"五个坚持"：一是坚持方向引导。在党支部建设中首先要坚定正确的政治方向，通过常态化的思想政治理论学习，教育和引导广大党员教师不断增强党员意识、加强党性锤炼、提高党性修养。二是坚持政治引导。在教师通过教学和科研等活动实施育人的过程中，要强调政治要求，引导教师坚定政治立场和原则，加强对学生的价值观引领和塑造。三是坚持示范引导。要关心广大教师的思想状况，积极引导他们抵制错误思想和言论，坚守意识形态的主阵地，激励他们在"三全育人"工作中发挥主体作用和榜样作用。四是坚持机制引导。要建立健全科学化、人性化的服务机制，引导教师以健康的心态传播先进思想和理论知识，促进学生健康成长。五是坚持创新引导。要创新党建工作方式，引导教师将党建工作与业务工作有机融合，全方位地做好育人工作。

最后，"三会一课"制度是党的组织生活的基本制度，是党的基层支部必须长期坚持的一项重要制度，同时也是健全党的组织生活、严格党员管理以及加强党员教育的一项重要制度。所谓"三课一会"，是指定期召开支部党员大会、支部委员会、党小组会，按时上好党课。贯彻执行该项制度，有利于加强党支部建设，提高基层党组织的凝聚力和战斗力。在"三会一课"这样的制度安排下，党员可以对重大问题进行民主评议，并常态化地学习党的路线方针政策、时事政治等，提高政治觉悟。同时，可以在"三会一课"中有机融入"三全育人"工作的有关学习讨论，凝聚共识，探索有效的育人路径。

第二节 "三全育人"协同机制

"三全育人"即"全员育人、全过程育人、全方位育人"，它是以立德树人为根本，多主体、多环节、多要素、多层次的一种综合性育人模式，旨在把所有的育人力量和资源积极地调动起来，通过内外部各种要素之间的物质、信息交换，借力各方，推动育人系统稳步向前发展。从"三全育人"的本质来看，这一思想高度契合了德国科学家赫尔曼·哈肯提出的发挥系统内部和各子系统之间的协同性可以提升整个组织的功能和稳定性的协同理论。

在推动"三全育人"过程当中，各方面的协同扮演着十分重要的角色，育人的主体力量、各个环节和资源平台之间必须团结协作，形成协同机制。将"三全育人"协同机制作为促进高校思想政治教育总系统与各教育子系统之间协同配合的理论基础，是立德树人、培养德智体美劳全面发展的社会主义接班人和建设者的重要途径。

一、高校"三全育人"协同机制的概念分析

"三全育人"理念与赫尔曼·哈肯的协同理论在核心观念、动力来源两个维度上呈现出高度一致性。首先，两者均是以系统论和整体论作为核心观念发展起来的。协同理论认为所有的生命都密切相关，从单细胞生命开始，到复杂高端的人类，所有生物体之间都在复杂系统之中直接或间接地相互联系。而"三全育人"理念更加强调高校的育人工作需要基于整体性和多元性的视角，不能简单地依靠某个要素来进行育人工作，而是要调动所有相关的要素并凝聚成为一个有机的整体。其次，两者推动总体目标实现的动力，均来自系统内不同要素之间的协同配合。协同理论的出发点和落脚点都在于"协同"，协同系统内所有资源向着目标合作发力。就"三全育人"理念而言，其动力的关键在于"全"，强调协同全员、参与全过程、把握全方位，整合分散的育人资源，以同向同行的育人力量实现育人目标。"全员全过程全方位"一体化育人格局，包括课程育人、科研育人、实践育人、文化育人、网络育人、心理育人、管理育人、服务育人、资助育人、组织育人等"十大"育人体系。

传统的"三育人"体系根据工勤技能岗位、专业技术岗位和管理岗位,明确了课程育人、管理育人、服务育人的责任主体。此外,科研育人的直接责任主体是以科研为事业的广大教师,间接责任主体是高校科研管理人员,其以"培养学生至诚报国的理想追求、敢为人先的科学精神、开拓创新的进取意识和严谨求实的科研作风"为基本目标,以"科研管理育人、科研活动育人、科研评价育人"为基本着力点。实践育人的责任主体是党团组织,对大学生而言主要是团组织,还包括专任教师、辅导员、班主任、学生干部等。总体来看,实践育人涉及的责任主体较多,需要建立健全各类主体之间的协同机制,与课程育人之间相互支持、有机衔接、互为促进,做到德育与理论知识学习相结合,二者不可偏废。文化育人的直接责任主体包括校园网站、广播台、党委宣传部等。网络育人的责任主体大致有两类,一是校园网络的管理者和生产者,负责防控与清扫各种"网络垃圾",提供健康有趣、富有启迪性的校园"网络文化产品",并整合各类资源,尽量满足师生的合理诉求。二是辅导员、专业教师与学生队伍,负责及时回应并引导网络舆论,构建与传统育人相呼应的协同机制。心理育人的主要责任主体是心理咨询师,做好学生的心理干预和疏导工作。资助育人的直接责任主体是辅导员,负责精准、有效地资助学生的成长。组织育人的主要责任主体是高校的党团、社团和班级组织,把思想政治教育贯穿各项工作和活动,促进学生全面发展。

综上可知,"十大"育人体系对应着高校的人才培养体系的主要方面,也与社会的人才管理机制相一致。从系统论的角度看,只有"三全育人"体系中各子系统内部及并行系统间相互协调配合,围绕育人目标共同发力,才能产生"1+1>2"的协同效应。

高校"三全育人"协同机制是指高校以制度为支撑,充分协调"三全育人"系统内部及其子系统之间的关系,使育人系统高效、有序地运作。从"三全育人"的内涵来看,其包含全员育人的主体要素、全过程育人的时间要素及全方位育人的空间要素三个部分。因此,高校"三全育人"协同机制的概念也相应地涉及三个层面:一是教育主体协同,这是高校"三全育人"协同机制的出发点、落脚点及核心内涵;二是教育过程协同,教育主体要想发挥协同作用,必须在运行过程中稳步推进,长期进行;三是教育资源协同,教育过程协同为教育主体协同构建了时间维度,而教育资源协同则为教育主体协同建立了空间维度,以校内外及"三全育人"的各子系统为载体,将教育资源充分融合、有效利用,惠及更多的教育主体。

二、高校"三全育人"协同机制构建的必要性

(一)大学生精神需求和教育供给间的矛盾是构建"三全育人"协

同机制的根本要求

在优越的物质生活中成长起来的当代大学生，对于美好生活的需求已经不仅仅局限于对物质生活的追求，而是更加关注社会公平正义、民主法治、生态美好、自我价值实现等非物质性需求。罗纳德·F.英格尔哈特曾经说过，经济繁荣降低了人们对物质追求的欲望，人们的价值观正从物质主义价值观即经济和物质安全至上的价值观，转向后物质主义价值观即注重自我表现和生活质量的价值观，而且越是年轻的一代，后物质主义价值观所占的比重就越大。从物质需求到精神需求的转变，促使当代大学生更主动地去追求人生价值、存在感和意义感，而外在客观环境与其内在主观意志的结合，将会进一步激发他们的精神诉求。

从现实情况来看，高校思想政治教育作为满足大学生精神需求的重要载体之一，存在供不应求的矛盾。而要解决这个矛盾，需要进一步通过重新确定思想政治教育目标，不断改进教育过程、方式和方法等，来增加思想政治教育的有效供给，以更好地满足大学生对美好生活的需求。正如《国家中长期教育改革和发展规划纲要（2010—2020年）》中指出的那样，"要关注学生全面发展与个性发展的统一，关注学生不同特点和个性差异，发挥每一个学生的优势潜能，关心每个学生，促进每个学生主动地、生动活泼地发展，尊重教育规律和学生的身心发展规律，为每个学生提供适合的教育"。落实习近平总书记提到的"三全育人"理念，就是要通过有效整合校内外的各类育人资源，构建相应的"三全育人"机制，实现育人主体、时间、空间三个维度的有机协同，因地制宜地拓展教育供给，形成人人、时时、处处的良好育人格局，满足大学生的个性化、特色化的精神文化需求，促进他们的全面、自由和健康发展。

（二）学生的道德理性与网络文化间的矛盾是构建"三全育人"协同机制的现实要求

"网络文化是一种完全不同于传统文化认知与判断的一种新型文化样态，它承载着信息化时代科技革命和产业变革背景下一个国家的价值理念、社会的生产方式和公民的精神样态。"主流意识形态与社会思潮在网络空间的碰撞中形成的网络文化生态，在很大程度上影响着大学生的成长。实践中，在媒体格局、舆论氛围、目标受众、传播方式等方面已经发生重大变化的新形势下，如何更好地重视学生、服务学生和引导学生，增强他们自主构建道德理性的能力，成为当前高校面临的重要而又深刻的一个现实课题。

在人人、时时、处处的良好育人环境中，面对网络文化给大学生道德理性带来的负面影响，可以通过运用"把关人"理论加强育人网络化建设，运用两次传播理论培养"意见领袖"，运用议程设置理论建立与学生的对话机制，运用沉默螺旋理论形成强大的正向网络舆论等有效举措，培育形成积极的、充满正能量的网络舆论氛围，引导学生形成正确的道德评价、道德判断和道德选择，从而培育大学生积极、正确的道德观念。通过培养和提高大学生的道德理性能力，引导他们在鱼龙混杂的网络文化中树立符合主流意识形态的正确价值观念，从而实现高校立德树人中的"德育"这一根本目标。

（三）思政教育现代化与传统教育间的矛盾是构建"三全育人"协同机制的必然要求

传统高校思想政治教育的育人主体，主要集中于负责思想政治理论课的专业教师和一线辅导员，育人主体较为单一，在育人角色方面缺位现象较为突出。同时，育人部门主要集中于学生处、团委、马克思主义学院等部门和单位，虽各司其职，但存在条块分割、协同度不高等弊端。随着思想政治教育治理体系和治理能力现代化的发展，只有转变传统的教育理念、教育方法、教育主体及教育机制等，才能跟上国家推进治理体系和治理能力现代化的步伐。"思想政治教育治理是指对思想政治教育活动的统筹谋划和综合推动，主要解决抓什么、如何抓等问题，集中体现为思想政治教育政策文件。而思想政治教育治理能力主要是指思想政治教育政策的执行水平，体现为推动政策执行的能力。实现思想政治教育治理能力现代化，就是要提升思想政治教育政策的执行水平。"习近平总书记"三全育人"理念从育人主体、育人过程、育人方位三个方面，为推动实现高校思想政治教育治理体系和治理能力的现代化提供了科学指引。

"面对新时代的新机遇和新挑战，高校要合理运用系统论的方法开展育人工作，围绕立德树人这一高等教育的根本任务，从整体出发调动各方可利用的力量和资源，明确全员育人、全过程育人、全方位育人的价值功能和逻辑关系，建立三全育人协同育人机制。"为了有效避免传统思想政治教育存在的角色缺位和条块分割等问题，建立全面、动态、开放的思想政治教育体系，必须深入贯彻"三全育人"的理念，充分激发各级各类育人主体的作用，调动各种育人资源，并构建相应的协同机制，促进思想政治教育治理体系和治理能力现代化水平的不断提高。

综合来看，贯彻落实"三全育人"理念，构建"三全育人"协同机制，是一个系统性工程，需要各高校结合自身情况，不断增强体制创新和机制变革的能力；需要高校转变传统的教育、管理和服务等条块分割、独立运行的模式，整合建立跨越不同领域、部门、学科等的协同体系；更需要高校在建立内部协同育人机制的同时，解放思想，与相关政府部门、其他高校、用人单位和家庭等有机协同，形成内外协同的育人合力。

三、高校"三全育人"协同机制构建的实现方式

（一）建立教育主体协同机制，实现全员有责、全员尽责的全员育人

1.明确主体

"三全育人"，关键在于全员育人，实施全员育人的基本前提就是要精准界定教育主体。思想政治教育主体论认为，教育者和教育对象都是思想政治教育过程的主体，各教育主体基于培养目标，坚持责任分担、资源共享、优势互补等原则，协同发展并共同提升人才培养质量。搭建"管理主体—实施主体—接受主体—支持主体"为内容的教育主体模型，不仅可以转变思想政治教育工作仅是思想政治课教师、辅导员责任的传统认知，而且还能够进一步明确高校内部各部门、各成员之间的责任。从管理到实施，然后到接受，最后到支持，各个主体之间相互依存、互为支持，共同推动高校思想政治教育的良性发展。

2.强化意识

"三全育人"的理念是辩证统一的，其重要前提是全员育人。全员育人主体层面的"人人育人"，则要求各高校的全体教职员工都要增强育人意识，牢记自身肩负的育人使命，深入开发各自岗位中的育人元素，对学生进行积极的思想引领，将高校思想政治教育的责任落实到全员。

3.落实责任

在高校党委的坚强领导下，党政干部要主动担负起思想政治协同育人工作的统筹部署、政策落实、组织协调等重要职责；共青团干部则要充分发挥党的后备军的力量，配合党政干部做好相关工作；专业课教师要担负起教书育人的职责，将思想政治教育落实到课堂中，扎实做好课程思政，并通过课外实践活动，将理论知识的传授和精神引导、价值引领相结合，不仅重视对学生专业知识技能和科学精神的培养，同时也注重对学生行为规范的引导和思想品质的培养。

（二）建立教育过程协同机制，实现时时用力、久久为功的全过程育人

1.构建课程育人的协同机制

习近平总书记强调："要用好课堂教学这个主渠道，思想政治理论课要坚持在改进中加强，提升思想政治教育亲和力和针对性，满足学生成长发展的需求和期待，其他各门课都要守好一段渠、种好责任田，使各类课程与思想政治理论课同向同行，形成协同效应。"目前，高校的育人课程主要包括思政课、专业课和通识类课程。从育人的角度来看，高校更加关注思政课及思政课教师队伍在育人过程

中的优化配置和合理利用，但对专业课和通识课程在思想政治方面的育人价值却不够重视。事实上，将不同的教育主体局限于特定的活动范围内，看起来似乎分工合理，实际上这会割裂整体高校课程育人系统，制约了高校协同育人的效果。

强化高校育人工作，必须"从高等教育育人的本质要求出发，不能仅仅就思政课谈思政课建设，而应围绕课程改革的核心环节，充分发挥课堂教学在育人中的主渠道作用，着力将思想政治教育贯穿于学校教育教学的全过程"。要深入整合思想政治理论教育方面的相关课程资源，建立起课程思政和思政课程的协同机制。但同时我们也要看到，课程思政是一项系统性工程，需要坚持科学理念和系统思维，通过科学、翔实的规划及高效的实践加以推进。这需要高校和老师共同探讨，建立完善的课程思政与思政课程相辅相成的新课程育人体系，通过深入挖掘，把思想政治价值与专业理论知识一起深深植入学生的心中，提高人才培养质量，满足学生的个性化需求，促进学生的全面、健康发展。此外，学校还要重视通识类课程的育人作用，让学生可以按照自己的兴趣自由选课。"通识教育可以培养学生的批判性思考能力和经过训练的好奇心，以及一些特殊的技能，使学生成为约翰·亨利·纽曼所说的可以自信地适应任何职位，并且有能力去掌握任何学科"，从而促进学生更好地发展。

2.构建管理育人的协同机制

管理育人的主要内容是高校结合规范管理的严格要求及润物细无声的教育方式，强化教学规章制度建设、群体公约体系建设、干部队伍和教师管理考核及各类管理人员的能力建设，全面推进依法治教，强化科学管理对育人的保障功能。管理育人要求高校管理部门的相关人员在工作中展现良好的职业道德和职业精神，以立德树人为导向，充分践行育人宗旨，贯彻落实好立德树人的根本任务。

在建设管理育人机制的过程中，首先，要注重推进高校的法治建设和制度建设，以大学章程为导向，以完善内部治理体系为核心，坚持法治精神和法治思维，逐步建立完善的高校制度体系；不断加强师生员工维权制度建设，充分发挥党团组织、行政组织、学生会等组织的民主监督作用。其次，持续加强干部队伍建设，重点抓好干部队伍的思想、能力、作风等方面的建设，着力打造一支政治清廉、能力优良、作风过硬的干部队伍。再次，认真抓好教师队伍建设，主要包括以下四个方面：一是要做好思政课教师队伍建设，以政治要强、情怀深远、思维创新、视野宽广、严于律己、人格正直等核心素质为目标，不断深化思政课教师队伍建设。二是要做好辅导员队伍建设。"辅导员身处育人一线，在'三全育人'中应承担起整合协同、落地生根、跟踪反馈的角色作用。"要将物质激励与精神激励相结合，激发辅导员的工作积极性和主动性。三是要做好专业课教师队伍建设。逐渐提高专业课教师的育人责任感和专业素养，使其有效掌握育人的内容、手段和方法，将思政教育与专业知识教育有机结合，发挥专业课教师在教学过程中的育人作用。四是要做好行政教辅管理人员队伍建设。行政教辅管理人员在高校的日常管理和运营工作中的作用不可或缺，担负着组织、管理、服务、教育学生等多重角色，应充分关注他们的心理诉求和合理需求，提高他们的育人使命感和育人水平。

3.构建服务育人的协同机制

所谓服务育人，旨在把服务积极融入高校"三全育人"工作的总体格局中，将服务育人工作贯穿于学校的教学、科研、管理等各个工作环节，大力提高服务质量，并通过推动"服"与"育"二者的有机融合，实现学校内部的各个部门之间，以及学校与社会之间的协同联动，打造完善的一体化育人体系。首先，需要加强服务育人的顶层设计，在全校范围内积极营造浓厚的服务育人意识，明确服务育人的总体目标和分目标，确立有效的服务育人举措及可以调动的服务育人资源等。其次，加强服务育人队伍建设。要通过人才引进与培养相结合，抓好服务育人所需要的专业化人才队伍建设，增强相关人员的工作使命感、服务育人意识和服务育人能力。再次，要积极提升服务管理工作的科学化和法制化水平。要结合实际，不断创新服务管理的理念，丰富服务资源，努力拓展服务的功能和领域，尽可能改善学生的服务体验，最大限度地满足学生日益增长的对美好校园生活的需要。

（三）建立教育资源协同机制，实现处处着力、处处有力的全方位育人

1.打造思想政治教育信息共享平台

思想政治工作无处不在、无时不有，高校要充分运用所处场合、所用载体、合理方式来做思想政治工作。应针对校园内外、课堂内外及网络内外的全方位育人需求，建立"一站式"高校育人模型，搭建高校思想政治教育的信息共享平台。

搭建高校思想政治教育信息共享平台，不仅能够有效解决高校内部各部门之间存在的"信息孤岛"问题，而且还可以有效促进校园内外、课堂内外及网络内外三大空间资源的快速调动。对于高校思想政治教育信息共享平台，就校园内外维度来看，校外的家庭系统和社会系统都能够通过平台准确获取教育资源及相关拓展信息，促进高校培养计划的执行；就课堂内外维度而言，在利用课堂积极开展课程思政的同时，学生可以借助共享平台中的大学生思想政治教育课程栏目，在时间空间方面实现自主选择；就网络内外维度而言，共享平台集聚了丰富多样的内容，能够有效地弥补线下教育资源的不足，拓展学生的视野，开辟网络思政的阵地，并采用"互联网+思政"的思维，打造明朗清净的思想政治教育环境。

建立高校思想政治教育信息共享平台，旨在以网络空间为介质，打破学校和外界之间的空间边界，解决大学生思想政治教育面临的资源整合难及信息获取难的问题。因而，在搭建这一平台时，应当对接学校内外部所有相关单位的网络信息资源，链接不同载体平台上的思想政治教育文章，并整理和汇总多种思想政治教育信息，坚决防止多平台分散设置。同时，由于信息共享平台具有社会公共性的特点，所以需要充分考虑社会公众的需求，为校外的家庭、社会设置单独栏目，广泛收集校内外人员关于"高校—家庭—社会"协同育人方面的意见及建议，实现平台资源的全社会共享，而不是仅仅被高校等少数群体所享有。此外，鉴于平台运行的专业性，需要大力培养业务素质优秀并善于协同合作的平台运作队伍，努力将平台技术人员的技术优势与教育工作人员的思想教育优势有机结合，发挥协同效应，促进平台的有序运行。

2.建立校际协同育人机制

随着我国高等教育事业的快速发展，校际合作已成为高等教育发展的一种新常态，有力地促进了教育资源的流动与共享。就"三全育人"而言，也需要构建校际协同育人机制，实现学校之间育人资源的共享和合作共赢。首先，学校之间要友好协商，建立科学、合理的协同育人制度和合作机制，以保障协同育人工作的顺利进行。其次，学校之间要合作建立协同育人的信息共享平台。在平台的模式设计方面，可以结合各个学校的现实情况，灵活选择线上、线下及线上线下混合等不同育人模式，推动实现校际育人工作的相互融合，达到共赢的目标。

3.建立校企协同育人机制

从现实情况来看，高校和企业之间存在着信息、资源等方面的不对称，制约了校企合作的顺利进行，也影响了协同育人工作的开展。实践证明，完善的校企协同育人机制能够充分利用企业拥有的独特育人资源，实现校企双方的优势互补，帮助学校更好地实施"三全育人"工作，因此非常有必要建立校企协同育人机制。一方面，要实现校企之间的观念协同。观念是行动的先导，校企双方只有在育人观念方面达成共识，协同育人工作才可能得以深入推进。另一方面，要实现校企之间的模式协同。在协同育人开展之前，需要构建有效的校企协同育人模式，促进企业从人才需求者向人才培养者的转变。再次，要实现校企之间的保障协同。从本质上来看，校企协同育人是一个双赢的合作，高校在从企业获得资金、前沿知识、实践平台等方面支持的同时，也要针对企业的人才需求，邀请企业参与人才培养方案的制订和完善，为企业发展提供高质量的人才供给。最后，校企之间的育人合作还要争取获得相关政府部门和行业协会的支持。"校企合作是一个循序渐进且错综复杂的系统工程，通过不断探索，使政府+企业+行业与学校在合作中寻求最佳利益结合点，有效地实现多方共赢和共同发展，促进协同育人的可持续。"

4.建立家校协同育人机制

育人不仅是学校的责任,也是家庭的责任,家庭在育人中也扮演着重要的角色。因此,学校和家庭之间能否形成协同育人的合力,对学生的全面、健康发展至关重要。虽然高校教育和家庭教育的育人主体不同,育人场所也相互分离,而且在育人理念、内容、媒介和方法等方面也存在差异,但两者的育人对象和育人目标都是一致的,就是促进学生的成长成才。因而,高校和家庭之间应在协同育人方面达成共识,发挥各自的育人优势,相互信任和支持,为社会培养身心健康、素质全面的优秀人才。

第三节 "三全育人"保障机制

新时代高校创建的"三全育人"体系是一种契合时代发展要求、顺应国家创新型人才培养目标的教育理念与育人模式。目前,"三全育人"体系的运行面临着一系列现实的困难与挑战,具体表现在育人主体、育人模式、育人环境等几个方面。因此,"三全育人"保障机制的建立具有十分重要的现实意义,高校应该构建由高校、政府、社会三方共同参与的符合我国国情的"三全育人"保障机制,以期实现高校"三全育人"体系建设的规范化、可持续和高质量发展。

一、高校"三全育人"保障机制的概念分析

"保障机制"是"机制"在以功能作为依据的基础上进一步划分出来的一个概念。所谓机制,它是一个工作系统的组织或部分之间相互作用的过程与方式。而保障机制,则主要指为管理活动提供物质与精神条件的机制。换言之,就是以维护事物良好运行为目标而采取的一系列现实与精神上的措施。

正确认识"三全育人"保障机制的内涵,是有效开展高校育人保障工作的基本前提之一。目前,关于什么是高校"三全育人"保障机制尚未达成共识。高校"三全育人"体系的发展规律决定着其质量不仅与高校的内部运行情况有关,而且还会受到学校外部的政治、经济与文化等多种因素的影响。因此,结合对保障机制内涵的理解,可以将高校"三全育人"保障机制界定为:为实现高校全员、全过程、全方位育人的目标,确保高校的育人质量,统筹高校的内外部资源,依靠必要的组织机构把一系列有关"三全育人"的质量管理活动严密组织起来而形成的一个有机整体,是"三全育人"保障系统的结构与运行机理。具体而言,主要包括政策扶持机制、人才队伍保障、经费投入支持等方面。

"原则"是在开展任何工作时都需要遵循的基本准则,那么构建"三全育人"

保障机制也应当遵循相应的原则，主要包括四个方面：一是要遵循整体性原则。"三全育人"体系是由多个要素构成的一个整体，在开展相关工作时需要基于整体性和系统性的视角进行考虑。首先要对高校内部育人要素的主体作用予以高度重视，同时也要将外部的育人要素融入"三全育人"体系之中。实际上，不管是校内还是校外，其内部都包含多个育人要素，因此要树立整体意识，并深入剖析各部分之间的关联，从而有助于实现育人目标。二是要遵循协同性原则。通过不同育人要素之间的相互协作和渗透，促进整个育人系统内部的各要素之间实现优势互补，发挥系统的最大功能。三是要遵循动态性原则。"三全育人"保障机制涉及的相关因素均具有不稳定性的特点，它们是动态地组合在一起的，所以需要用变化和发展的眼光来看待和解决整个保障机制构建和运行过程中可能会出现的新情况、新问题，决不能将思维方式和行为模式固化。四是要遵循创新性原则。在完善保障机制的过程中，要不断地传承传统的有效教育方法，并总结和探索新的教育方法，同时还要学习借鉴其他学科或社会领域进行机制建设的成功经验，进而丰富和发展保障机制建设的方法。

二、高校"三全育人"保障机制构建的必要性

（一）构建"三全育人"保障机制是高校工作协调高效开展的现实要求

习近平总书记在北京师范大学"四有"好老师重要讲话中强调，今天的学生就是未来实现中华民族伟大复兴中国梦的主力军，广大教师就是打造这支中华民族"梦之队"的筑梦人，要打造一支有理想信念、有道德情操、有扎实学识、有仁爱之心的"四有"好老师队伍。因此，教师本身要与时俱进，不断加强理论知识学习，完善教育教学方法，尤其是面对思想异常活跃的"95后""00后"，传统的填鸭式教育模式已经很难再调动他们的学习积极性和主动性。因此，高校的育人工作要想得以顺利、有效开展，就需要在目前的教育基础上对一些不合时宜的教育方式方法进行革新，大胆尝试体验式、感悟式、实践式、情景式等现代教学方式，鼓励学生积极、深入地参加思想道德教育，自觉提升思想品德修养，从而真正实现"三全育人"。

通过各种调研发现，在"三全育人"政策的具体实施过程中，部分高校往往忽视了诸如后勤、管理、安保等方面工作的重要作用，上述工作亟待加强。邓小平同志曾指出，"后勤工作的任务，就是要为科研工作、教育工作服务，要为科研工作者和教育工作者创造条件，使他们能够专心致志地从事科研、教育工作"。心理咨询保障在学生个性越发凸显的今天尤为重要，尤其是在新冠肺炎疫情发生以

来，面对学校的疫情防控常态化管理，有一部分学生感到不适应、不理解，尤其是对于那些喜欢钻牛角尖的学生，必须及时介入心理咨询，积极疏导他们的思想，助力学校的疫情防控工作，为新时代高校"三全育人"保驾护航。生命重于泰山，把广大青年学生的生命安全和身体健康放在第一位，"有了人就有了一切"。近年来，校园安全事件时有发生，需要进一步压实学校安保人员的责任，做好安全保障。特别是在疫情防控期间，靠前工作的学校门卫成为保护校园安全的第一道程序，他们的工作非常辛苦，并存在一定的风险，必须得到尊重。

在新时代高校"三全育人"保障机制中，经费保障也是十分重要的一环。跟进经费保障，做好这项支撑性工作，仍然是一项重要使命。有的高校办学经费并不充裕，教室设备、宿舍环境、校园建设等方面还不够完善，学生的整体满意度低，教师在搞好教学与科研的同时，还要整理报表、汇编材料，造成杂事多待遇低、疲于应付的局面，无法真正做到"三全育人"。因此，国家、地方不仅要加大高校思政工作的经费支持，还要加大学校各项育人工作项目的经费支持。习近平总书记曾在基层考察时指出，各级党委和政府要满腔热情关心教师，让广大教师安心从教、热心从教、舒心从教、静心从教，让广大教师在岗位上有幸福感、事业上有成就感、社会上有荣誉感，让教师成为让人羡慕的职业。

（二）构建"三全育人"保障机制是提高高校人才培养质量的客观要求

习近平总书记在党的十八大报告的讲话中，以及在2014年5月4日北京大学师生座谈会上的讲话中，曾多次指出教育的根本任务就是"立德树人"，当代高校思想政治教育工作的开展就要以"育人为本，德育为先"的理念为根本。因此，高校在教育过程中不仅要将德育与智育放在同等重要的地位，更要将立德树人的目标摆在人才培养的首要位置，要时刻铭记习近平总书记提出的"德是首要、是方向"的理念，并且将此理念贯穿于高校教育的全部过程，使社会主义核心价值观的内涵真正渗透到大学生的心里，使大学生既乐于求知、勤奋好学，又有社会责任感，能够"修好公德、私德"，使大学生在学习科学文化知识的同时，具有高尚的思想道德素质，从而促进大学生全面成长成才。

与过去传统的育人模式不同，高校"三全育人"体系的内涵更加丰富，其运行模式也更加复杂，并且会随着时代的发展进步而不断地进行演变和深化。当前，我国高校"三全育人"体系的建设已到达深入推进的阶段，未来有着光明的发展前景，因此，高校"三全育人"保障机制的构建与完善对于提升高校立德树人的质量具有重要作用。

保障机制的构建，是确保高校"三全育人"工作体系化、系统化和规范化的关键，同时也是保证高校"三全育人"工作取得良好成效的关键。高校"三全育人"保障机制在高校育人过程中是否能够取得实效，很大程度上取决于高校的育人理念能否科学、合理地传授给学生，也取决于学生是否能够理性、客观地接受。因而，教育主体在实施育人的过程中，要制定科学合理的教育目标，创新教书育人工作的方式和方法，不断改进育人环节；学校也要大力加强大学生的心理健康教育，培养学生健康高尚的人格。

（三）构建"三全育人"保障机制是高等教育改革与经济社会协调发展的必然要求

改革开放以来，随着经济和社会发展水平的不断提高，发展过程中的矛盾和问题也逐渐显现，这些问题体现在社会、经济、生活的各个方面，例如，物质文明与精神文明发展存在差距以及发展过程中呈现出一些不平衡、不充分、不协调的态势。国家面对发展中不断出现的新问题提出了协调发展的理念，指出协调发展就是要以协调保障理念为指导，全面推动经济社会实现有序、和谐、健康的发展，弥补过去孤立、片面地看待和解决问题的不足，从全局和整体的视角出发来提升发展的整体效能。在推进我国社会主义现代化事业全面、深入发展的过程中，"协调保障"这一理念显得更加重要。因此，在高度重视高校思想政治教育的同时，要将"协调保障"的理念贯彻落实到"三全育人"的理论研究和实践活动之中，使"三全育人"体系内部的各要素之间能够相互协作、互相支持，确保"三全育人"工作能够取得实实在在的成效。

高校的"三全育人"保障机制是通过组织一系列与育人相联系的质量管理活动，严密组织形成的一个有机整体，主要涉及政策扶持、人才建设、经费支持等几个方面。通过对这些方面的问题进行细致分析和认真改进，不仅能够保障高校日常教育教学活动的顺利进行，而且也可以为高校"三全育人"体系的建设和完善提供可靠的支撑。

当前，深入开展高校"三全育人"工作，已经成为高等教育高质量发展的一个基本要求，能够有效地培养学生的综合素质，更好地满足经济和社会发展对人才的需求。事实上，高校的育人质量不仅是衡量高等教育内涵式发展成效的核心指标，也是我国高等教育大众化发展的生命线。构建"三全育人"保障机制，是对高等教育如何保障并提升人才培养质量和水平的正确探索，客观上也可以促进高等教育领域改革的不断深化，推动高等教育的现代化、高质量发展。

三、高校"三全育人"保障机制构建的实现方式

要建立以保障机制为支撑的"三全育人"运行机制，高校就要在政策落实、

人才队伍及经费供给等方面下足功夫。

（一）政策保障

1. 健全管理制度

首先，顶层设计至关重要。高校要遵循国家"三全育人"要求，结合自身实际，制定适合本校的"三全育人"工作目标和实施方案。其次，应构建和完善高校"三全育人"领导小组工作机制，由校党委主要领导牵头，明确各参与单位的分工与职责，建立党委统一领导、院系具体负责、党政群齐抓共管的良好工作机制。最后，需要建立健全"班主任—辅导员—学业导师"三位一体的管理机制，积极鼓励学业导师参加班主任组织的活动，与辅导员之间相互支持，形成优势互补。

2. 完善监督制度

高校"三全育人"工作的开展，涉及的领域非常广泛，人员关系也很复杂，需要完善相应的监督制度以保障"三全育人"工作的有效落实。一方面，健全监督制度有利于快速、真实地反馈日常工作中的状态信息，有利于对突发事件进行防控，从而避免出现重大问题；另一方面，监督制度的执行也有利于充分发挥"三全育人"相关主体的育人合力，保障"三全育人"的工作成效。

3. 强化自我建设

学生只有通过自身的努力奋斗，才能取得最大的成就。但人天生拥有惰性，很多事情难以做到持之以恒，但是如果能够制定规则、形成制度，就可以有效地激发学生的内在动力，保障育人效果。构建较为完善的自我管理机制，能够推动学生实现对自身的管理与约束，在平时的学习与生活过程中逐渐适应并实现自我管理和自我服务，从而形成良好的思想道德，养成良好的行为习惯，促进自身的全面、健康发展。

4. 优化制度规范

毋庸置疑，教师在"三全育人"体系中的作用至关重要。因此，不断健全教师的考核机制，逐步完善考核和激励方式，将教师参加的思政活动与其薪酬福利、职称评审、职位晋升、评奖评优相结合，有利于提高教师队伍的师德水平、育人动力和育人能力。从操作层面来看，通过建立相应的评价与奖惩体系，选用表现优异的教职工担任班主任和学业导师等，有助于"三全育人"工作的稳步推进。

（二）人才队伍保障

1. 坚持正确政治方向，做先进思想文化的传播者

思想决定行动，思路决定出路。习近平新时代中国特色社会主义思想是马克思主义中国化的最新理论成果，是指引改革复兴的行动指南，对更好引领党和国

家事业发展意义重大。高校人才队伍必须用习近平新时代中国特色社会主义思想武装头脑，牢固树立"四个意识"，不断增强"四个自信"，切实做到"两个维护"，这是队伍建设的首要政治要求。同时，高校人才队伍建设必须以社会主义核心价值观为价值引领，引导高校教师以德立身、以德施教，唱响主旋律，弘扬正能量，做先进思想文化的传播者和践行者。

2.坚守政治信仰，做党执政的坚定支持者

高校教师作为党的教育工作者，要始终坚持党的领导，使高校成为坚持党的领导的坚强阵地。因此，每一名高校教师都要坚守政治信仰，提高自身的思想政治水平，在日常的教学、科研和育人过程中，能够坚持不懈、始终如一地传播党的理论和路线方针政策，抵制不良社会思潮，加强对学生的主流意识形态教育，坚决维护党的地位，弘扬时代主旋律。

3.坚持教书育人，做学生健康成长的领路人

教育从本质上来说，一方面是教，即"上所施下所效也"；另一方面是育，即"养子使作善也"。因此，高校教师作为教育工作者，要坚持教书和育人相统一，把教书和育人看成一个整体。在教育学生系统掌握理论知识的前提下，高校教师应以"德育"为重，不仅让学生懂得做事、做人的道理，更要让学生学以致用，做学生健康成长的指导者和引路人，为社会培养一个个"大写"的人才。

4.投身科研事业，做勇攀科研高峰的探路者

高校作为知识创造、传承和应用的主阵地，不仅要适应经济和社会发展的需求，更要引领经济和社会发展的方向。因此，面对来自高校外部及高校自身的诸多挑战和问题，高校教师要有担当精神和使命感，勇于直面挑战。积极呼应时代发展的需求，关注经济和社会发展的前沿性问题，大胆采用新思路、新工艺、新技术和新方法，力争取得开创性成果，推动经济和社会发展。

5.坚守廉洁自律，做身正为范的践行者

高校廉洁文化价值取向的核心是清廉不污，同时兼顾品行方正、节俭朴实、勤勉律己、诚信守法的要求。之所以同时提出自律与廉洁，主要是出于"学术权力规制的高校廉洁文化建设要与学术自由和学术自治在精神上相一致"的考虑，而且这也与道德自律的要求相一致。因此，高校人才队伍要树立正确的价值观和权力观，不断提升自律意识，坚守道德底线，确保权力在阳光下运行。

（三）经费保障

落实"三全育人"工作，需要调动全校资源、开展大量工作，因此就需要充分的资金支持及经费保障，高校应当合理、高效地利用资金资源，保障育人工作。高校必须坚持"三全育人"的工作理念，以"十大"育人体系为核心，加强育人

经费保障，深入谋划解决学校思想政治工作发展存在的不平衡、不充分等问题，有效促进知识教育、能力培养及价值塑造的有机统一，打通"三全育人"工作的"最后一公里"。

高校需要加大"三全育人"方面的资金投入，设立"三全育人"专项资金，做到专款专用，确保资金只能用于思政工作、培育学生成长成才方面，为"三全育人"体系提供坚强的经费保障。设立专门的预算科目，设立党建与思想政治教育专项研究课题和课改课题，支持思想政治工作队伍结合工作实际开展理论与实践研究。

1.争取国家经费扶持

高校需要积极争取国家的财政拨款和政策支持，以此来作为学校"三全育人"建设工作的基本经费保障，国家也应该充分发挥财政资金的引导作用，建立并运行高校"三全育人"建设专项经费拨款机制，支持高校育人工作的建设和发展，使高校能够得到强有力的经费支撑。同时，高校也需要努力争取国家有关政策扩大收费自主权来增加自身的事业收入，从而提高"三全育人"建设经费的投入和保障水平。国家应考虑适当放宽高校的收费自主权，使高等教育差别定价这一全新的筹资方式在"三全育人"建设经费筹集中发挥巨大的作用。

2.争取当地政府经费支持

实践证明，地方财政拨款是很多高校尤其是地方高校"三全育人"建设经费保障的坚强后盾和有力支撑。因此，高校应当积极与当地政府建立密切联系，多层次、多渠道开展合作项目，争取地方财政对高校发展经费的更大支持，为"三全育人"工作的开展提供更充足的经费保障。同时，地方政府也应从支持高校发展、全面提高人才培养质量的角度，加强对高校"三全育人"工作的支持力度，逐渐增加"三全育人"建设配套经费的投入总额，建立健全对高校办学及"三全育人"建设经费支持的长效机制。

3.高校自身筹措经费

打铁还需自身硬，无须扬鞭自奋蹄。高校自身始终是"三全育人"体系运行经费保障中最为关键的角色。因此，高校需要加快转变陈旧观念，紧跟时代发展的步伐，树立开放办学理念，不断增强与其他科研院所、高校、企事业单位及国际一流大学等的交流合作，努力成为国内外资金、技术、人才集聚的平台，积极拓展办学经费的筹措渠道，减少对各级政府财政拨款的依赖程度，逐步形成一套行之有效的"三全育人"运行经费筹措和投入保障机制，并确保经费来源的合法化和制度化。

第三章 "三全育人"理念高校思政教学理论探索

高校思想政治教育"三全育人"并非产生于偶然,而是对育人工作现实状况的反映,服务于立德树人根本任务,遵循高校思想政治工作基本规律,应对高校教育主要矛盾转化,提升培育时代新人工作水平。本章主要介绍"三全育人"理念的概念,及其对高校思政教学的指导意义,最后指出了"三全育人"理念融入高校思政教学的依据。

第一节 "三全育人"理念在高校思政教学中的优势

2016年,全国高校思想政治教育工作会议明确提出了"要坚持把立德树人作为中心环节,把思想政治工作贯穿教育教学全过程,实施全程育人、全方位育人"。同时在2018年,全国宣传思想工作会议中也提出要把培养堪当民族复兴大任的时代新人作为新时代做好宣传思想工作的重要使命和职责。从这个意义上讲,基于"三全育人"的视域对大学生思想政治教育存在的问题予以分析十分必要。

"三全育人"理念适应了新形势的需要,整合教育资源,以学生为中心的教育模式提高人才质量,为实现"两个一百年"的奋斗目标提供了教育支持。

一、育人的整体性,协调各方力量形成教育合力

"三全育人"的整体性在于形成教育合力。新时代是中华民族日益走上世界舞台中央的新时代,随着社会的发展,信息日益多元化,中西方文化不断交流碰撞,新时代的育人环境变得复杂而多样。为了新时代的青年一代思想阵地不被腐蚀和侵占,高校必须牢牢抓紧学生的思想,但是仅仅靠思想政治教育者还远远不够,必须通过多种途径齐抓共管。首先,新时代高校"三全育人"的整体性就在于育人工作不仅依赖思想政治教育工作者,还包括校内的所有人员共同育人,形成全

员育人格局。其次,"三全育人"的整体性在于校内校外联动育人。大部分高校仅限于校内育人,与外界联系较少,这并不能充分发挥育人主体的育人功能。新时代高校"三全育人"要求注重校内和校外互通互动、共同育人。育人主体扩展为学校、家庭和社会多方参与,通过共同配合、相互协调,不断挖掘育人资源、不断拓宽育人渠道,从而形成有机联动,最终凝聚成巨大的教育合力,不断提高育人成效。

二、育人的全程性,全程跟进各阶段教育的关键点

人的思想是多变的也是可塑的,育人的过程其实就是塑造人的过程。新时代是实现中华民族伟大复兴中国梦的新时代,因而必须注重高等教育人才的培养,促使高校能够不断为社会和国家输送优秀人才。新时代高校"三全育人"理念中的全程育人,遵循了人的思想品德发展形成的规律,要求长期全程跟进育人工作,不同的阶段采用不同的教育内容及方式,这使得育人工作在时间上得以延伸。

从入学时期到在读时期再到毕业时期,甚至是毕业后的很长时间内高校育人工作仍在持续跟进。根据不同的育人阶段,抓好受教育者成长的关键点,能更好地保证受教育者顺利完成学业并且成人成才,不断提高高等教育人才培养的质量。

三、育人的全面性,促进受教育者全面发展

人的全面发展是高校育人工作的出发点和落脚点,也是全人类教育事业追求的终极目标。新时代,为了夺取新时代中国特色社会主义伟大胜利,全面建设社会主义现代化强国,建设高等教育强国,也为了满足和尊重人的发展需求、社会的发展需要,高校"三全育人"提倡素质教育,将思想政治教育融入德、智、体、美等教育,注重各方面协调发展,培养全面发展的人才。这种育人的全面性,能够提高学生的科学文化素质、思想道德素质及各种能力,促进受教育者全面而协调地发展。思想政治工作绝不是单纯一条线的工作,而是全方位的,无处不在、无时不在的。

因而,"三全育人"也强调从人员调动和时间维度、空间维度多层次开展全方位育人工作,通过高校、家庭、社会、受教育者自身等多方配合协调教育力量,整合教育资源,采用多种方法和手段,形成线上线下、课上课下、全方面、宽领域的全方位育人局面。这种全方位育人是高校育人工作全面性的体现,利于全面培养人和培养全面发展的人。

第二节 "三全育人"理念融入高校思政教学的依据

一、系统性理论

我国系统思想有着悠久历史，主要反映在朴素自然观里，如对万物本原的认识、自然系统的认识等，都是为了解决自然现象、社会现象出现的问题。

人的思想品德结构是一个系统，当主体内在因素与客体因素在实践基础上相互作用、相互协调，才能使其达到社会所要求的状态。那么，在开展思想政治教育工作时，教育者就要使教育对象在其身心素质发展的基础上，借助教育内容、方法、载体等各种客体因素，包括环境因素，使它们朝着思想政治教育的根本目的和立德树人根本任务同向作用，让教育对象的思想品德达到社会所要求的标准。思想政治教育也是一个系统，要使它发挥最大的效果，就要充分考虑所有影响思想政治教育效果的因素：教育者、受教育者、教育介体、教育环境等，而这正是"三全育人"：全员育人、全过程育人、全方位育人的理论依据所在。同样，"三全育人"也是一个整体，整体中的部分相互联系、密不可分，但每个部分又发挥着不同的作用。作为前提基础的"全员"育人要形成统一育人意识，凝聚育人力量，共同承担育人职责；作为必要依托的"全过程"育人要使全员重视和利用思想政治工作，关注育人对象身心发展的每个阶段、每个环节，以落实立德树人的根本任务；作为拓展保障的"全方位"育人要使全员既重视和利用思想政治工作关注育人对象身心发展的每个阶段和环节，又重视和利用这个整体之外的每个阶段和环节来协同落实立德树人根本任务。只有全员育人、全过程育人和全方位育人中的"全员""全过程"和"全方位"相互作用、相互协调，"三全育人"整体才能达到平衡的状态，发挥育人效果，使思想政治教育实际工作达到预期效果。

二、学生投入理论

学生投入首先是一个概念，与此对应的还有学校投入、教师投入、家长投入等。到目前为止，对于学生投入的定义暂无定论。因为如何定义学生投入，就意味着如何理解学生投入，决定它对不同交流的使用程度。以乔治·库为代表的学者将学生投入定义为"学生全身心地投入到有目的教育活动中的时间、精力，以及教育组织投入到教育实践中的努力"。在这里，学习投入与学习组织即学校紧密相连，它通过有同伴支持的学习者、教师以及教育机构达成。学生投入可以减少学生对学习的厌倦、疏远以及辍学行为。在学生投入的研究中，涌现出了具有不同侧重点的学生投入模型，使学生投入的研究更进一步发展。

三、教育的双主体理论

教育的双主体理论认为教育者和受教育者都可以作为教学过程的主体。它不同于传统的思想政治教育中"教育者是主体，受教育者是客体"的教学理念，它打破了教师讲、学生听的教学方式，而是在教学过程中将学生也作为教学活动的主体，也就是说学生可以作为课堂知识的传授者。在课堂上，教师和学生可以平等地进行交流，师生双方可以在实践教学活动中进行平等有效的思想交流和知识共享，用这种方式来实现教学的目标。教育活动的效果取决于师生在互动过程中是否有效，这是双主体理论的特征。教学过程是师生之间双向互动的过程，这不仅是教育者发挥主导作用并对受教育者产生教育影响的过程，而且也是受教育者受到教育影响并进行自我教育的过程。因此，在整个教学过程中，实现师生双向平等的交流与互动，建立更加融洽的师生关系，可提高学生语言表达和分析总结的能力，也可以使思想政治理论课更接地气、顺应时代潮流、更加有效。

"师生双主体"的教学方式方法在"三全育人"理念下的高校思政课堂教学中很好地得到了体现。在对学生进行实践教学的理论铺垫时，教师通过对理论知识的深入分析讲解，引导学生理解和掌握与实践教学相关的马克思主义基础理论知识和党史、国史、改革开放史、社会主义发展史。在学生骨干宣讲时，学生骨干以自己的独特视角和讲解方式将在实践教学基地的所见所闻所思所感与同学交流、讨论。在此过程中，学生成为教育活动的主体，学生可以充分发挥其主观能动性，锻炼学生全面发展的能力，丰富学生的思想，拓宽学生眼界，促进知识的升华，提高师生互动的有效性，促进师生的共同进步和发展，思想政治教育理论课不再是枯燥无味的纯理论课程，而是能够发挥学生主体性、融入情感共鸣、具有亲和力和针对性的课程。

第三节 "三全育人"理念下高校思政教学改革的路径

一、构建高校"三全育人"思政教育联动机制

在"三全育人"理念下，思想政治教育人员在这里就不单单是思政教师了，除其之外还包括了行政人员、服务人员、家庭成员以及其他所有和受教育者有接触的人员，全体育人者在这个机制中完成好自己的任务，扮演好自己的角色，传授好符合主流价值观的理想信念。也正是由于"全员"的参与，才让这个机制不再是片面的、静止的、孤立的，而是能动的，符合事物发展规律的。

（一）立体构建"三全育人"联动机制

"三全育人"联动机制最终要实现的是在高校构建起思想政治教育时空观，以"全程育人"为时间维度，以"全方位育人"为空间维度，通过"全员育人"的能动作用将三者合理地连接到一起，构成立体的三维空间。

1.以全员育人实现全程育人

"全程育人"犹如一条时间线，"全员育人"犹如线上的点，点可以动成线，亦可丰富线的宽度和广度。高校的"全程育人"是在时间上对高校学生进行全天候思想政治教育，"全程育人"在时间发生频次上可以分为常规的育人和特定时间的育人，常规的育人是思想政治教育可以持续开展的基础，包括思想政治理论课的日常思想政治教育、辅导员日常谈心谈话、专业课思想引领、团课党课等；特定时间的育人是思想政治教育入心入脑的关键，主要包括入学教育、择业就业教育、假期安全教育、毕业生价值观教育等。不论是常规教育还是特定时间的教育，全部教育人员都应该各司其职地完成教书育人任务，实现每一个点在线上的能动作用，充分发挥好育人作用。

2.以全程育人构建全方位育人

"全方位育人"是空间上的育人，"全程育人"是时间上的育人，脱离时间而存在的空间是不可能的，育人也是如此，在各个方面做好全程育人，以每一层面的"全程育人"构建起立体的"全方位育人"。要想真正实现以全程育人构建全方位育人，要有完整的机制保障，自上而下，细致安排，将每一方面的育人在特定时间展开，并时刻以思想政治理论课为主阵地，根据大一、大二、大三不同阶段制定侧重点不同的育人举措，切实落实好不同方面的不同制度，让学生真切感受到高校"三全育人"工作的无死角和长效性。

（二）改善"三全育人"联动机制运行方式

1.构建全员育人机制

"全员育人"作为高校"三全育人"联动机制中的重要层面，应从两个方面建立联动机制，一是学校层面要建立各职能部门、教辅部门以及党政部门所有员工共同配合的齐抓共管的教育机制；二是校外层面要建立家庭、学校、社会的联动机制，全面做好各个层面的教育工作，真正实现齐抓共管。

2.构建全过程育人机制

"全程育人"作为高校"三全育人"联动机制中时间上的构建，是进一步加强和完善高校"三全育人"联动机制的关键，但是"全程育人"需要更多的教育人员花更多的时间去构建，因此应该突出重要时间节点的教育，使得最终的教育效果可以事半功倍，提升教育人员的育人获得感和幸福感。从时间轴上看，对高校的学生从入学到毕业都应该给予高度重视。

3.构建全方位育人机制

"全方位育人"代表的是"三全育人"联动机制中的空间育人维度，可以说，它是三者中最难构建、最为复杂的。"全方位育人"有着丰富的内涵，比如，教育教学方法方式的多样性、教育教学思想的创新性、教育教学内容的全面性以及教育教学过程的层次性等。以高校为例，从学生踏入校园那一刻起，学校就要求他们在注重技能培训的同时，要用比正常大学生少一年的时间学习专业课，更要兼顾学习思想政治教育，树立坚定的理想信念和远大的政治抱负。而高校在"全方位育人"层面就是要利用各种有效的教育教学办法实现这一目标，将高校学生培养成为"德艺双馨"的新时代中国特色社会主义接班人。

二、以立德树人的目标引导育人共同体

目标既是一项工作的出发点又是落脚点，有了目标，工作才会有动力。同样，开展"三全育人"工作，要知道工作的动力是什么。"三全育人"工作重点是育人，根本目标是立德树人，它也是全社会共同的育人目标。为此，高校要深刻把握立德树人与"三全育人"的本质联系。首先，立德树人与"三全育人"的工作出发点和目标都相同。立德树人与"三全育人"立足社会发展需要，围绕培养什么人、为谁培养人和如何培养人来做人的工作，因此工作出发点是培养人。两者的工作目标是培养德智体美劳全面发展的人，为实现中华民族伟大复兴培养社会主义建设者和接班人。其次，立德树人是目标导向，"三全育人"是具体要求。立德树人是我国教育的根本任务，从国家发展需要角度指出"树什么人"、为人"立什么德"，是开展"三全育人"工作的方向标。"三全育人"贯彻落实立德树人的具体要求，具体回答了"怎样树人"和"怎样立人之德"的问题。最后，立德树人内在包含着"三全育人"。立德树人是教育的根本任务，也就是社会、家庭和学校共同的任务。社会各部门、各单位，各级各类学校和每个家庭都要有立德树人的共识，在学生学习教育的每个阶段以及生活等各个方面，引导学生树立正确的思想道德观念、政治观念和价值观点，进而形成正确的世界观、人生观和价值观，即举全员之力，充分利用社会大环境、区域小环境、发展的新环境，衔接、持续地将立德树人贯穿到基础教育和高等教育中，使学生在德、智、体、美、劳等各方面得到全面发展，这正是"三全育人"的内涵。以立德树人的目标引导育人共同体，就要发挥思想政治工作的统领作用，明确党的教育方针，以全面理解立德树人的内涵为思想基础，深刻把握立德树人与"三全育人"内在联系为推动力，统筹社会、家庭和学校之力，持续推进育人工作，强化育人工作内容的衔接性，优化、利用育人环境，使育人工作中的各要素相互协调，同向发力。

三、全面细化育人举措，畅通内外衔接

将立德树人贯穿到教育教学全过程，贯穿到基础教育、职业教育、高等教育各领域，实现全员全过程全方位育人，就要统筹各方面育人要素，使其相互配合、协同推进，以构建"三全育人"共同体。

首先，协同育人力量，提升育人执行力。学校开展育人工作，需要校内所有师生承担育人职责，发挥育人作用，还需家庭和社会的协同配合，以立德树人为共同目标，引领学生树立正确的人生观、世界观和价值观。因此，要健全校内外育人沟通、监督机制，围绕"十大育人体系"在育人资源利用、育人作用发挥情况方面共享信息，共同探讨、解决问题；学校与家庭、社会要围绕是否正确引领学生的思想价值观互相交流、监督，在此基础上，学校综合考查校内外育人目标是否一致、育人内容是否相互承接、育人效果是否持续深化，综合考察学生对知识与价值关系的认知程度，集思广益共同解决育人过程中的问题，优化育人内容、改进工作方法、创新工作载体。

其次，整合、共建优势育人资源，实现资源共享。校内物质文化和精神文化就包含育人导向的资源，包括良好的学风、师德师风、校风、内含寓意的标志性建筑物等，以及"十大育人体系"各方面的育人资源；校外有各种爱国主义教育基地、中华文化教育基地等；家庭有家风、家训等，这些育人资源要按照育人内容的不同，分门别类地整合，同时开发网络育人资源，实现基础教育到高等教育育人资源的有效利用与共享。大中小学要充分利用线上育人资源，与线下资源形成优势互补，有选择地连接其他地区育人资源，实现不同地区育人资源互通共享；要结合地方特色，共建育人资源，注重用好家庭资源，实现校内外育人资源的对接补充。

最后，覆盖全场域，促进互通融合。实现"三全育人"，落实立德树人根本任务，需要各部门、各主体"守好一段渠""种好责任田"，全面抓住影响育人效果的场域，实现各方面的有效互通、协同衔接。一是要推进课内外衔接。课堂教学是教书育人的主渠道和主阵地，通过多样、丰富的内容及传统和现代方式、载体，帮助学生理解知识，内化于自己的知识体系之中。还需要课外教学活动来帮助学生深化对课堂教学内容的认识，达到理性的高度，同时付诸实践。这需要学校各部门、各岗位的育人主体协同社会、家庭结合课堂教学内容，共同探讨通过校园文化活动、教学体验、社会实践、志愿服务等活动形式，带领学生亲身体会以帮助他们深化认识，引导他们付诸实践，逐步形成良好的行为习惯、品德素养。二是要推进在校与假期的衔接。学生在校学习是有组织、有目的、有针对性的，而假期学习除了定量的课业任务就得靠自主学习。

各级各类学校要根据各年级学生身心成长特点、教学目标、假期时间，设置合理、多样的实践主题，联系家庭、社会育人主体共同引导学生独立完成。小学阶段注重劳动意识和动手能力的培养，引导他们养成良好的生活习惯、主动帮助他人的行为意识；中学阶段注重知识技能的学习、运用，引导他们逐步养成认真负责、吃苦耐劳、自立自信的品质，以及乐于助人、服务社会的情怀。大学阶段注重就业、创业和升学，结合学科和专业特点积极开展实习实训、专业服务、科研培训、社会实践、勤工助学等，引导学生重视新知识、新技术、新工艺、新方法的应用，创造性地用理论指导实践，解决实际问题，促使他们提升学术、专业、职业素养，积累工作经验，以提升就业、创业和继续学习能力，树立正确的择业观，使其在实现个人价值的同时具有奉献社会的精神。

四、以系统的制度体系固化育人共同体

制度建设是学校"三全育人"工作顺利进行、取得实效的重要举措。各级各类学校要着力进行育人工作制度建设，确保育人共同体持续协同开展"三全育人"工作，贯彻落实立德树人根本任务。

（一）建立健全责任制度

围绕立德树人根本任务，从中央部署到地方推进，再到学校落实，各层级需要按照各自的"三全育人"工作方案，领任务、担责任。人事部门要根据各部门职责、各岗位职责，将育人职责要求纳入其中，明确责任主体、责任落实和追究。省级层面育人工作要按照中央的要求，在抓各级各类学校党组织建设、思想政治工作、校党委工作等方面，将评选各类学校、各单位、各组织"三全育人"先进集体和宣传"三全育人"工作、先进典型事迹，以及加强指导规范的工作任务落实到各职能部门，明确责任主体、责任落实和追究。学校层面以校党委为领导的"三全育人"工作组，要明确党政部门对"三全育人"工作的意识形态指导、宣传教育责任；明确人事部门要建立与"三全育人"内容要求相融合的岗位考核制、年终考核制；明确各职能部门、各教学单位承担"十大育人体系"的责任，建立与岗位职责相融合的工作制度；明确教师指导学生党建团建、社团活动、科研和文体竞赛等方面的责任制。总之，明确全体教职工育人职责，实现时时处处育人、事事处处担责。

（二）建立健全考评制度

育人工作做得好不好、有没有效果，需要通过考评制度进行定量和定性分析，以实现信息有效反馈，及时发现问题，适时解决问题，来加强和改进思想政治工作，激励学校育人主体积极主动承担育人责任、发挥育人作用，促进学生的全面

发展，最终达到检验育人工作成效的目的。

首先，确立考评主体。考评育人工作首要的就是弄清楚谁来考评、考评谁的问题。考评学校育人工作，需要省级层面、学校师生参与，考评对象就是学校全体师生。省级主管"三全育人"的工作部门要对各级各类学校育人工作进行考评，同时学校要对校内各部门、各单位和每一育人主体的育人情况进行考核。这两个方面的考评既要看教职工做了什么，又要看学生收获了什么。

其次，确立考评目标和内容。"三全育人"工作的根本任务是立德树人，具体而言就是培养德智体美劳全面发展的社会主义建设者和接班人。

无论是省级层面的考评还是学校自身的考评，都要以这个根本任务和具体目标为出发点和落脚点。省级层面要着重围绕学校是否将立德树人贯穿到办校治学、人才培养等各方面的内容进行考评。学校要立足"十大育人体系"，围绕学生身心健康发展，从学生是否在学习、生活、工作等方面得到帮助和引导来考评教学、管理和服务部门的教职工是否结合岗位特点，承担育人责任，发挥育人作用。既要考评教师教的情况，如教育内容、教育方法、教育态度、育人工作量等，又要考评学生学的情况，如思想状况、行为变化等。既要考评育人工作的整体，也要考评育人工作的部分。

再次，制定考评时间计划表。结合学校党政工作、教务工作和"三全育人"工作实施方案，可有季度考核、学期考核、特定时期考核以及年度考核。如入学教育、重大节日、社会热点事件、考试周、就业升学等单项育人方面考评周期就可短些，而班风、学风、校风，学生的综合素质、教师的综合素质等方面则需全面考评，这些工作的成效不是立竿见影的，需要经过长期、全面的考察，才能进行有效的考评。

最后，形成考评模式。发挥"三全育人""全"的作用，就要将育人考评工作融到学校教学、管理、服务等各项工作中，就要将育人考评工作贯穿到教职工选聘晋升、职称评审、工作考勤、评优表彰等其他方面工作中，以及贯穿到学生评奖评优、入团入党、学生干部评选等方面工作中。按照全员、全过程、全方位的要求，面向全校师生，采用线上和线下问卷调查法、访谈和随机听课等多种方法相结合的方式，本着公开、公正、透明的原则进行考评，并公布考评结果。要充分利用考评结果来加强、完善和改进育人工作的方方面面，对于遵循立德树人内涵要求、师德师风建设要求，遵守职业道德、履行岗位职责的教职工给予工资待遇方面的物质奖励或精神奖励，反之则实行退出机制，教职工不再担任现有职务，对于党员教职工则根据党内法规进行相应的纪律的处分。

（三）完善各项保障制度

各级各类学校要始终贯彻立德树人内涵要求，为长久地做好"三全育人"工作，就需要建立各项保障制度以推动育人工作深远持久地进行，强化学校全体教职工的育人意识，牢记育人职责。

第一，要有政策保障。要保证育人工作从基础教育到高等教育的衔接性和持续性，就需要确保在教师培养、培训，各层级教师流动、人才培养、信息资源共享流通，教学科研指导等方面，既要有省级层面的统一政策支持，也要有学校特色的政策支持。

第二，要有软硬件保障。要使学校师生在育人工作中受到潜移默化的影响，就要有目的、合理地设置校园基础设施、标志物、建筑物等使其充分发挥育人功能；利用社会资源为师生搭建设备齐全的科研、竞赛、文体等实践活动场所，联通多样技术支撑的平台；充分利用已有设施、场所，打造含有育人功能的环境，以此来优化师生的精神世界、陶冶知趣情操，促进师生共同发展，积极主动维护育人环境，发挥育人作用。

第三，要有经费保障。学校开展育人工作，需要经费支持。省级层面的经费支持可由学校进行申请，依照相关规章制度进行拨付，或者鼓励学校自主利用社会资源获取经费支持。学校要针对党建、思想政治工作、课程思政、思政课程等含有育人内容和功能的教学科研工作，设立专项经费。依据育人项目和教学科研申报级别、工作量、工作成果，设立不同额度的专项经费，以此来鼓励深化育人研究工作，进而为提升育人工作成效提供有效的资金保障。

第四章 "三全育人"理念下高校课程思政建设

与"思政课程"相比,"课程思政"则强调通过课堂教学这个主渠道,发挥课程的育人化人功能,使思想政治教育贯穿教育教学整个过程,形成各类课程、活动、环节与思想政治理论课的协同效应。"三全育人"背景下,高校思政工作的创新,需要在完善思政课程教学改革的基础上,大力推进课程思政化建设。本章主要探讨的就是高校课程思政建设的现状及有效路径。

第一节 课程思政概述

一、课程思政的内涵

结合课程思政的政策来源依据与政策社会需求、时代背景,我们应运用马克思主义理论和方法,紧扣高校立德树人根本任务,紧密结合立德树人思想所包含的政治方向与社会主义事业接班人的培养目标,在确立这一根本性的、方向性的重要前提后,再来得出课程思政在新时期的特定、本质内涵。结合上述政策文本及政策社会背景分析所得出的结论,本书将课程思政的内涵定义为:课程思政就是高校为了落实立德树人根本任务,以实现培养社会主义建设者和接班人的根本目标,在对学生传授学科专业知识的同时,广泛开展以拥护中国共产党的领导为核心的政治认同教育,为学生建构一个与思想政治理论课同向同行的课程环境。

二、课程思政内涵界定的意义

(一)明确了"思政"的内容和目标价值

实施课程思政的过程中,不是不可以在课堂教学中继续开展一般道德层面的德育教育，而是重点要强调当前高等教育立德树人根本任务所体现的坚决拥护党的领导、培养社会主义事业接班人的政治目标，把这一关系"为谁培养人"根本命题作为课程思政培养时代新人的主要价值追求，这是与"课程德育"理念有着本质上的区别的。高等教育立德树人之"德"主要是围绕大学生的政治方向培养，而德育指的是一般意义上的个人道德、职业道德、社会公德等。德育教育对全社会成员均有教育意义，也就是公德和私德是针对全体国民的共同倡导和一般道德要求。而课程思政所体现的立德树人为"大德"，是建立在公德和私德基础上的，无论是职业院校的应用型人才还是普通本科院校的专业人才，无论是专科生、本科生还是研究生，都必须具备的政治方向、政治品德，这就是课程思政"思政"的本质内容和价值意义。

（二）对高校教师的思想政治水平提出了新要求

在高等教育现实环境中，师德师风一般是指教师的职业道德、个人品德，也就是传统意义上的师德只强调公德和私德，特别是一些高校、一些行业应用性较强的专业，一部分教师直接来源于社会从业者，比如医学类、艺术类等专业；还有很多高校的教师都有出国学习、从业的经历，但存在缺少教学经验、教师执业培训不到位、对教师职责理解不到位等问题，导致在实施课程教学过程中，部分教师认为只要不产生教学事故，把专业知识讲解清楚，课堂内外都注意教师形象，守住师德底线，就是课程思政教学的落实。也就是认为，不违法、不违规、不违背基本道德就是良好的师德师风；也有些高校的教学管理者认为，教师只要把课上好，就是在落实课程思政。而通过对课程思政内涵的科学界定，即强调课程教学中应贯穿的政治认同教育功能，我们就必须始终坚持教师"教书与育人"双重职能的有机结合，也就是不仅仅是要求广大教师要把课上好、把书教好，更要体现知识传授与知识运用方向的统一。教师要在履行和维护师德师风的前提下，通过政治理论学习和课程思政实施培训，做到对党的领导、政治道路与政治体制真学、真懂、真信，从而身体力行、潜移默化地影响学生，实现课程思政的"思政"隐性教育，真正做到"润物无声"。这一过程同时也是高校教师通过不断学习和教学运用，实现自身政治素养和育人能力提升的动态发展过程。

三、高校课程思政建设的问题

（一）对课程思政理念缺乏统一认识

首先，德育之"德"与立德树人之"德"存在混淆。学校管理者层面，校领导对课程思政立德树人的方向、目标等认识较为明确，具体将"德"的内涵深化为职业道德、生命价值与奉献、友爱的人文关怀。但是，政治认同与职业道德、个人道德有共通更有相异之处，尤其是随着当代政治生活的发展，国家政治这一层次与具体的社会道德及个人层次、个人意识中的道德准则是有着本质区分的。

其次，推行课程思政的自觉性不够。有调查发现，教师在日常教学中已存在通过表达或举例对国家、社会或人生的看法来教育学生的现象，但在具体落实课程思政教学改革的实践中，经常性开展价值观宣教的教师比例不足一半，且集中在部分学院。无可避讳的是，现实环境中实施课程思政的主要动机是实现学科评估相应指标、示范课程建设、上级督导及发现问题后的补充或整改，缺乏实施课程思政自主性、自觉性，多数是被动、被要求实施。另外，考核、评估的指标化往往导致教师内生动力受损，教师主观实施的积极性、自觉性大受影响。还有，专业教师本身良好的、自觉的价值教育出发点及愿望却不得不妥协于较为繁重的专业教学和科研任务，主观开展课程思政的自觉性、能动性被"硬性工作""硬性任务"挤占。正如我们在对某大学专业课教师访谈过程中，某教师所言的"上课都来不及"。也是由于对课程思政教学理念的本质内涵、目标意义把握不够、领会不深，导致了认识不到位、不充分，在实际实施过程中就会自觉性不够。

（二）中层组织架构缺少权责细分

党委宣传部负责全校的思想政治工作，教务处是课程思政教学改革的管理部门，马克思主义学院是课程思政教学改革的指导部门。在落实层面，党委宣传部确实通过组织全校性的相关理论学习来开展课程思政引领；教务处也发挥了课程思政的管理职责，对二级学院贯彻落实明确提出了相应要求；马克思主义学院一方面受邀指导各二级学院开展课程思政，另一方面也时刻围绕课程思政与宣传部、教务处保持协同会商机制。宣传部的思想宣传、舆论宣传，教务处的日常教学运行、学科建设，马克思主义学院的思想政治理论课教学等都是学校工作体系内相对艰巨、繁重而且非常重要的工作任务，因此尚未明确宣传部下属哪一科室来贯彻课程思政、教务处谁来具体管理课程思政、马克思主义学院到底由谁来负责。

国内高校在推进实践过程中也都明确了课程思政上层管理层级即高校党委的主体责任，党委之下由分管校领导负责，然后确立一主要部门来牵头负责管理，比如，学校教务处负责、马克思主义学院引领、二级学院自行组织三种实践模式有着各自的优缺点，孰优孰劣暂难考量。但是，在制度安排和运作实践中，仍然无法确定高校课程思政中层组织架构内的教务处做什么、马克思主义学院做什么、二级院系该承担什么责任，甚至在学校党委的宣传部门、学生工作部门、统战部门的分工协调过程中厘不清各自职责，责任共担往往会造成相互推诿。因此，高校内部的课程思政组织体系构建、党委之下的责任主体明确、部门间的协同机制仍需确立和完善。

再到二级学院中层组织层面，由于多数高校的二级学院党组织负责同志如分党委、党总支、直属党支部书记并不直接分管教学，多数管理干部出身的基层党组织负责人并不参与教学，导致现实中二级学院党组织负责人对教学、教学管理没有足够的话语权，对所在院系的任课教师也没有直接管理权限。部分分管教学的二级学院副院长不是中共党员，有的是民主党派。所以，二级学院课程思政落实存在着三方面的问题：一是党建引领课程思政教学不够，党组织领导课程思政教学改革没有抓手，尤其是对非党员教师的课程思政落实需要加强指导和管理；二是教师，尤其是自然科学学科教师的政治素养、政治觉悟需要得到切实有效的提升；三是由于学校学科属性、专业背景、教师学习背景导致教师教学过程的管理难度较大，二级学院对教师缺少真正有效的教学实施管理、约束机制。

（三）课程思政协同思政课程推进程度不平衡

1.学校与学校之间的不平衡

地区之间的差距以及学校之间的差距可以说是一个长期存在的差距，但是我们不能因为差距存在的长期性而放弃改变差距、缩小差距的愿望和努力。差距的存在既有客观原因，有主观原因，其中主观原因占着主导地位。当人们思想停留在传统的观念时，行为就会按部就班，就会安于现状，反之，观念更新及时，发展就会步入良性轨道，甚至实现超常规发展。改革开放40多年来的实践充分证明，中国经济社会能够实现跨越式的发展，最为重要的原因之一就是不断更新发展观念。高校的发展同样适用这种道路，高校的发展快慢同样受制于思想观念，国内近几年来崛起的不少高校就得益于观念更新。比如，华中科技大学（原华中理工大学）作为一所以理工科学类见长的院校，20世纪90年代开始，高度重视人文教育，在全国高校率先推进人文素质教育，实现理工与人文的融合，学校在短短的时间内快速发展起来，跻身全国高校第一方阵。总体来看，在推进"课程思政"以及实现"课程思政"与思政课程协同的过程中，目前存在着学校与学校之间的不平衡。

2.学院与学院之间的不平衡

"课程思政"推进在学院（系）与学院（系）之间的不平衡，主要有以下几方面表现。一是重视程度不平衡，有的学院（系）重视，行动迅速，有的学院（系）不太重视，行动迟缓；二是推进力度不平衡，有的学院（系）积极响应中央要求和学校部署，采取得力措施鼓励和激励教师开展"课程思政"理论和实践探索，"课程思政"的责任主体——教师的责任意识、创造意识得到充分发掘；而有的学院（系）停留在一般号召、一般布置，没有拿出有效的激励措施，"课程思政"的责任主体——教师的责任意识、创造意识没有激活，"课程思政"推进举步维艰。

三是推进的成效不平衡，思想上重视、措施上得力的学院（系）能够获得较多的项目、经费等资源，从而产出较多的"课程思政"成果；而思想上不重视、措施上不到位、行动上迟缓的学院（系）在项目、经费、成果等方面相形见绌；等等。

（四）操作性不够，效果难以评估

某大学出台了《推进课程思政工作实施方案》，作为工作方案而言，其相关落实安排及组织保障是全面的，具有引导各学院、各部门开展课程思政的全校层面推进意义，而且以校级文件的形式来发布，具有一定的权威性和强制执行性。但在操作层面，学校和二级院系尚未出台在"人、财、物"及"权"等方面的具体实施细则。

一些高校虽然出台了本校的课程思政实施制度，但制度的推行仅停留在文件的文字中和会议精神的传达上，没有具体的实施措施。学校出台的制度一般为全校层面的工作总体安排，往往造成了"口号化""条块化"和"运动化""无序化"。例如，大连大学出台的《课程思政实施办法》中包含指导思想、工作目标、主要举措及实施保障四个方面。然而在举措和保障两个本应重点布置的工作方面却缺少相应权责细化和任务分解，实施保障条款中虽然成立了校领导牵头的领导小组，而小组如何落实课程思政、怎样推行课程思政均无制度安排。"党委宣传部、教务处、人事处、学生处、马克思主义学院等部门和学院"的协同联动，既没有路线图，也无可操作性的、需要协同的具体事项。该办法提出了工作考核任务，但方案中却没有实施评价的相应条款。因此，由于学校课程思政制度缺乏操作性，缺失评价体系，在实际落实过程中会造成课程思政缺少应有实施支撑并影响实践的长期性。

第二节 高校课程思政建设路径

一、校党委重视，做好顶层设计

高校"课程思政"教育理念是国家对教育的要求，需要学校干部的落实。校党委的职责之一是宣传和执行党的路线，"课程思政"作为国家提倡的教育理念，代表党中央的意见，因此"课程思政"需要通过校党委的带动促使其在高校的落实与推动。

值得注意和分析的案例是：2019年9月，南京大学将2019级新生的思政课安排在伦理教育馆，这一教学活动在校内外产生强烈反响，多家媒体予以关注和报道，报道主题主要为"南京大学一堂无声的思政课"。这种具备一定舆论反响的教学活动，是思政课教学，还是专业课开展课程思政，仍值得探究。对此，南京大学党委书记的评价是："此类事迹是学校师生开展课程思政的宝贵源泉，这种教育是无声的，更是神圣的，它不需要说教，却很自然地让师生在默默感动中记住作为从业者、师者的初心。"

此外，二级院系是学校落实教学工作的主要单位、具体负责部门，是人才培养工作的基本实施平台。同样，二级院系也是学校深入推进课程思政教学改革的直接负责部门。高校各学院党委要发挥好引领作用，组织各支部、系部按照这一总体框架做好思政育人工作，做到党建与业务有机融合，并利用线上和线下的各教工党支部组织生活、各系部例行业务工作会议组织教师学习，做到"教育者先受教育"。各高校应指导各教工党支部、各系部有针对性地收集并推送适合指导学生思想提升的材料给各教学团队，作为思政素材的有益补充。

此外，各高校还应鼓励教师积极发现、主动发掘课堂内外的思政素材，并将分享素材和教学成果作为各科目的教学研讨内容加以落实。在师资指导方面，如南京大学某学院于2018年10月选派学工教师参加上海"深化课程思政的路径与方法高级研究班"学习，回校后实施传达。该学院邀请马克思主义学院两位副教授到学院交流课程思政工作，分别就课堂思政的概念、如何在专业教学中开展课堂思政，以及课堂思政的意义和注意事项进行阐述。

二、多方联动，推进"三全育人"

如果说党建引领侧重于纵向引导，那么多方联动则更多地体现为横向拓展。首先，多方联动发挥了党员教师的先锋模范作用，使他们在系部层面的业务学习和集体研讨时，影响并带动非党员教师提升自身的思政素养。党支部定期组织全系部进行理论学习，有计划、有层次地把《高等学校课程思政建设指导纲要》和《关于进一步推进"三全育人"综合改革实施方案》所要求的课程思政建设的目标要求与内容重点传达给全体教师。理论学习注重学习效果，以确保思政工作要点的普及从党建层面向非党员教师辐射。其次，在全方位育人层面，多方联动强调教育者的言行在德育育人中的重要作用，这主要反映在行动育人方面。高校应引导教师树立"身正为范"的师德模范意识，使他们在与学生的日常交往、第二课堂、第三课堂等环节发挥道德素养的影响作用，以引导学生树立正确的价值观与道德观。最后，多方联动注重科研育人的辐射作用。高校应激励教师在教学与科研方面齐头并进，以此向学生实施无声的职业道德教育。在一定意义上，教师科研水平的高低和成果的多寡，对学生的影响是深层次的。高校要鼓励教师积极投身科研和教研，力求以优异的研究成果感染学生。教师要在其位谋其政，这样对其他教师也能形成示范效应。

三、发挥教师育人主体作用

教师作为高校开展育人工作的主体，对于"三全育人"教育模式的开展担负着重要责任，起着重要的作用。教师是高校育人工作部分的支柱，是极其重要的组成，教师的育人工作能否顺利开展，可以说是决定着开展"三全育人"教育模式成败的关键。而要发挥好教师的主体作用，就要坚定教师信念，提高教师政治素质和理论水平。

（一）坚定教师育人信念

发挥教师主体作用，要坚定教师的育人信念，使教师正确理解育人工作，真正做到教书育人。坚定育人信念，就是要使教师从思想观念和价值观念上认同"三全育人"工作，让教师理解担负起育人工作，并不是给他们增加了额外的负担，相反，开展育人工作还会对其教育教学研究起到积极作用。深度挖掘本门专业课程中所蕴含的思想政治教育元素，一方面，可以加深专业课教师对于本专业课程的研究和理解；另一方面，也为专业课教师的研究拓展了一个新的领域，使课程研究更具有全面性。教书育人是教师的责任，也是教师这份职业最崇高最伟大之处，教书同育人是一个整体，二者不可分离。教师教学要做到教书育人，而不是将二者相分离。只教书不育人，教师的工作只完成了一部分，只有做到在课堂上既传授知识，又能够将育人工作渗透于课堂之中，让学生潜移默化中接受育人教育，教师工作才能够称得上是圆满、称职地完成。课堂是实现"三全育人"的重要阵地，教师是完成育人工作的关键所在。教师首先要有坚定的育人信念，拥有自觉的育人意识，育人工作才能够顺利进行，"三全育人"才能够取得预期效果。

（二）提高教师政治素质和理论水平

教师只有拥有较高的思想政治素质和理论水平，才能够担负起灵魂的工程师和文明的传承者的责任。发挥好教师主体作用，就要做到切实提高教师的政治素质和理论水平。只有教师具有较高的政治意识和政治素养，才能培育出具有良好的政治素质和政治意识的社会主义事业接班人。强调理论与实践相结合，打破了传统思想政治教育模式中教育方式单一的局限，实现了育人方式的创新。同时，三全育人强调建立管理育人、教书育人和服务育人的全方位格局，打破了传统思想政治教育模式课堂空间的局限，将思想政治教育空间由课堂这一点，拓展到覆盖了整个高校的面，实现了育人空间的创新。

四、打通专业壁垒，实现协同育人

思政课教师与专业课教师间要打通学科壁垒，专业课教师在思政课教师的带领下要积极主动承担起育人责任，共同挖掘不同专业课程中蕴含的学术成果、学科资源，并努力将其转化为育人资源，实现专业课程与思政课程的同频共振，从而形成协同效应。思政课教师与专业课教师通过集体备课、教学研讨等形式不断丰富课程内容，构建课程体系。例如，武汉大学开展马克思主义理论学科与其他学科的教学协同，形成马克思主义理论学科协同创新体系。其中开设的"测绘学概论"是一门具有代表性的专业课程，在课堂上，由多名测绘学界的教授和两院院士组成教师团队，每周一堂课，每位专家一个专题，教授在生动讲授测绘方面的专业知识中穿插爱国教育，在测绘知识中承载着价值观教育，打破专业壁垒，形成协同效应，使爱国教育在学生中内化于心。上海高校的"中国系列"选修课程正是立足于中国实践、立足于讲好中国故事、立足于帮助学生坚定"四个自信"，立足于引导学生学习"四个正确认识"，回答大学生普遍关注的社会热点问题，将各学科中蕴含的学术资源转化为育人资源进行的课堂教学，既提升了学生的综合素质和理性思维能力，也提高了学生的思想觉悟，从而提高了高校的思想政治教育水平。长沙理工大学积极推进和落实专业课"课程思政"理念，在立德树人过程中，使各门专业课程同频共振。学校党委书记、党委副书记、副校长、各专业课教师、思政课教师组成教师团队，纷纷进入课堂，每位教师负责几个课题，在向学生传授知识的同时根植理想信念教育。例如，在讲到车路协同技术时向学生传递正确的消费观、交通安全意识和环保意识，激励学生刻苦学习、脚踏实地，为实现中华民族伟大复兴的中国梦而努力拼搏。

打通专业壁垒，就是实现"课堂思政"和"思政课堂"同向并行，这也是为了实现全程育人、全员育人、全方位育人而存在的，并不仅仅是为了实现在课堂中进行思想政治的教学，因此要构建育人共同体，主要的方法是把专业课、思政课的教师组织在一起，创建一个能够互助互补、将优势最大化的育人共同体。育人共同体中的每个部分都要承担各自的职能，从而实现育人的目标。例如，专业课教师主要是实现思想政治教育的渗入，思政课教师主要是对学生的世界观、人生观和价值观进行指引，辅导员主要是负责对学生定期进行相应的心理辅导和成长成才的关怀，相关部门主要是为确保以"思政课程"为核心的同向同行运行机制可以顺利地运行，帮助打造思想政治教育共同体。

第一，专业课程教师要和思想政治理论课教师达成一致，形成合作关系。不管是专业"课程思政"，还是思想政治理论课都属于大学生思想政治教育中不可或缺的组成部分，这两者之间本来就是互相合作和互相补充的关系。两者之间的合作一方面，能够推动专业"课程思政"的发展；另一方面，还能够促进思想政治理论机制的重新创立和创新。而且，这两者的合作还能够促进学校教学材料的研发、专业性"课程思政"专项材料的研发、思想政治教育实际工作平台系统的研发等。

第二，要按照教学工作状况，形成互相联动以及合作关系。思想政治理论课程以及专业课教师都开始以教学方案规划、教学行动实践措施等为基础开展合作，一方面能够推动专业"课程思政"教学的深层次发展，另一方面还能增加思想政治教育形态体系的具体内容。在教学结束后进行的合作反省思考，有利于两者完善后期教学计划，改善课程机制和具体内容。

第三，根据教师的专业学识素养，形成互动合作的状态。两者之间所形成的互动合作形态，在思想政治理论教师看来，可以加强科学文化内涵、拓宽知识范畴、优化知识逻辑，有利于教学计划的进行。在专业课程中融入思想政治教育，显而易见地可以加强知识以及经验方面的思想政治理论课教师的道德水准。从专业课程教师的角度来看，伙伴性质的合作方式一方面可以加强他们的思想道德政治水准，另一方面还可以完善他们的教学规划机制，改善教学水准形态。

第四，优化专业课教材内容设计。专业课教材是专业课课程中的重要部分，在专业课"课程思政"之下，专业课教材也必须要充分发挥其思想政治教育的作用。而要做到这一点，就必须要把握和利用专业课教材所具有的并能够起到思想政治教育作用的特点：

（一）专业课教材的严谨性

专业课因其专业性强的特点，要求在学习和研究中必须严谨，而专业课教材作为高校学生进行专业课学习的一块敲门砖，其内容的编排就必然要将严谨性放在突出位置，比如，自然科学类专业课教材中的研究数据、社会科学类专业课教材中的文字描述等，都需要秉承严谨精神方能保证教材的权威性。而这也会在一定程度上让学生感受到在专业学习和研究中严谨的重要性，从而强化学生在专业课学习和研究中的严谨意识。

（二）专业课教材的可读性

许多专业课教材只注重对专业理论知识的阐述，而忽略了将专业知识与学生普遍关心的问题相结合，趣味性不够、可读性不强。而要增强专业课教材的可读性，一方面要将专业内容与生活实际相结合。比如，自然科学类专业课教材可以在阐释专业理论知识的同时结合现实中的现象进行分析，让学生更真切地理解专业理论知识；社会科学类专业课教材可以结合一些社会热点话题，从专业角度引发学生的思考。另一方面要将专业精神、职业道德等元素融入专业课教材之中。

比如，将专业领域的名人专家的生平经历进行介绍，重点突出其精神品质，让学生在学习专业知识的同时也能够寻找到自己的榜样。

（三）专业课教材的进步性

当今世界在不断发展之中，专业课程所涉及的专业领域研究也在不断深入，并迈上一个又一个新的台阶。专业课教材作为高校学生了解专业领域的一个重要窗口，其涉及的专业内容也必须紧跟时代、与时俱进，不断更新。这就要求专业课教材在阐释专业领域知识技能相关内容的同时，将现阶段专业领域研究的前沿成果和方向展现给学生，让学生能够充分了解当前专业领域的发展情况以及未来前进方向，从而让学生能够在学习专业知识技能的同时寻找自身的兴趣点和突破点，激发学生的开拓创新意识。

五、科学全面的保障体系和支撑机制

科学全面的保障体系和支撑机制是建立"课程思政"工作长效机制不可缺少的环节。

第一，高校要完善教学体系，即修订培养方案，构建科学合理的"课程思政"教学体系，完善课程体系设计，做好教材规划，形成循序渐进的育人结构。知识的传授要适应国家建设的需要，思政教育要适时，要通过立德来实现全面树人。

第二，高校的管理体系要体现出对政治思想和价值引领的监督。在教学督导查课、领导干部听课、"好课堂"评选等常规工作中，高校应融入课程思政考查项目，并在教学大纲中明确思政要点和对应章节；教师在日常教学中应有机融入思政元素。

第三，高校要及时提供智力支持，互学互鉴共享，拓展教师思政教学视野。

第四，教师要提升思政教学技能。高校应安排观摩课，并利用示范课的引领功能，把思政教学做到精细入微。

第五，高校要发挥典型示范作用。高校应鼓励、带动全体教工对标争先，做思政教学的典范。此外，高校可以设立奖励来表彰思政工作方面表现突出的教师。

第五章 "三全育人"理念下高校思政教育活动

实践育人是培育时代新人的题中应有之义，可开拓高校思政工作新视野，增强高校育人工作活力。"三全育人"背景下，高校思政教育实践育人重视程度达到新水平，内涵解读实现新突破，时代价值向深层发展。为突破实践活动流于形式、运行机制低效的问题，高校思政教育应坚持科学理论指导，落实实践活动，构建高效运行机制。基于此，本章主要介绍"三全育人"理念下高校思政教育实践活动。

第一节 开展中华传统文化主题校园活动

一、打造具有学校自身特色的品牌校园活动

结合中华优秀传统文化与校园品牌文化活动的德育功能，着力将优秀传统文化的时代价值深度融入大学生校园文化，打造具有学校特色和地缘优势的品牌校园文化活动，增强大学生对优秀传统文化的归属感和自主性，对推进大学生思想政治教育工作具有渗透作用。

传承经典，建立常态化活动机制。校园文化活动是大学生自我教育、自我管理、自我服务的主要渠道之一，具备一定的号召力和感染力，传承优秀传统文化经典，建立常态化的活动机制有利于大学生良好人文素养的养成。因此，高校应切实提升优秀传统文化在思政教育过程中的比重，积极开展"读原著·读经典"、传统文化主题教育践习、传统文化读本、非物质文化遗产进校园等品牌化活动。除此之外，更要积极引导大学生广泛参加"互联网+创业大赛""挑战杯"等科研类竞赛，鼓励文科学院学生围绕传统文化的延伸和发展申请立项，创造广泛持久、良好深入的学术氛围，实现中华优秀传统文化理论性和实践性的统一。同时，高

校还应做好后续跟踪工作,做好大学生思想方面的动态化管理,保证传统文化素养内化为大学生的身体力行。融合文体,健全理想信念养成机制。优秀传统文化与文体活动的融合有利于大学生养成正确的理想信念,在这一过程中也可凝聚成高校独一无二的核心价值理念。一方面,应聚焦大学生兴趣爱好关键点,积极开展文艺活动、社团嘉年华、羽毛球、篮球比赛等,全面多元地营造出和谐温馨的育人环境;另一方面,应紧密联系办学特色和现实发展,通过校训精神引领大学生树立拥护党和国家、慎独省察、求实创新、勇于担当等理想信念。

二、组织并开展宣传和践行儒家思想社团活动

在大学生校园生活中,社团活动已经发挥出日益重要的文化载体作用,在国家高度重视传统文化这一时代背景下,越来越多的高校筹建了传统文化社团。但是,传统文化与儒家思想并非完全统一的关系,前者所包含的内容更广,表现形式更为多样,而儒家思想只是其中的一类思想流派,并且仅属于道德文化范畴。因此,对大学生进行思想政治教育时需要突破儒家思想所包含的范围,将其进一步扩大至相关传统文化范畴中,然后成立相应的社团组织,增强对大学生的吸引力,扩大影响范围,并以此为支撑实现对儒家思想的广泛传播与渗透,为大学生提供更为有力的思想支持和价值引领。首先,在学生社团支撑下,通过宣传引导、组织相关活动等,实现对优秀儒家思想的广泛宣传与逐步渗透,形成对其他大学生的积极引导与吸引,特别是这种同学间的传播会形成更为有效的浸润和引导作用,促进大学生更为准确地理解优秀儒家思想,形成对该领域的一定兴趣,从而积极加入该社团;其次,通过社团组织相关活动,实现对优秀儒家思想的有益实践,并在实践过程中加以总结反思,实现"知"与"行"的高度统一,进一步理解、领会优秀儒家思想的精髓与魅力,从而增进对该思想的情感认知,形成更为积极的学习态度;最后,为实现对该社团的有力组织与引领,需要高校甄选在优秀儒家思想领域较有研究的学生组织教育者担任社团顾问,以实现对社团学生的及时引导,为他们讲解这一方面的难点和疑点,达到良好的解疑释惑目的,以克服他们在年龄和阅历方面的不足,以免他们在学习实践中出现偏差甚至错误的情况。

总之,要将优秀传统文化的时代价值与学校办学过程中的物质文化与精神文化紧密结合,在传统文化的创新性发展中凝练为历久弥坚的校园文化精神,进而更好地发挥传统文化的育人作用。

第二节 以实践教学发挥红色文化资源价值

习近平总书记曾强调:"重视思政课的实践性,把思政小课堂同社会大课堂结合起来。"对于课堂形式的改革,思政课的课堂不仅局限于室内,社会实践、室外教学也是适用的。将课堂学习发展到社会实践,对学生视野的开拓、社会的认知以及学生价值观的树立都有一定的促进作用。河北科技大学在进行思政课社会实践的方式上值得推广,该校带领本科学生到西柏坡对学生进行思想政治教育,将思政课堂扩展到红色基地的实践学习中,通过这一形式,学生对红色文化的理解更加深入,同时对于西柏坡精神有了更加直观的了解,对学生向革命先辈学习以及提升自身的道德修养发挥了重要作用。经过实践教学,会使学生加强对理论知识的重视,加强对理论知识的探索,增强对理论知识的深入理解。

红色文化资源属于社会主义先进文化的重要组成部分,随着经济与网络的不断发展,实现了不同文化思想的相互交汇。高校属于思想与知识的汇集中心,学生在步入高校的初期会受到多种思想理念的冲击,为了逐步改善学生的思维、生活以及道德理念,并突破思政教育工作的难点,应结合红色文化资源的相关内容,为高校思政工作提供新的教育思路,充分体现出红色文化资源的应用价值。

一、打造红色文化资源实践教育基地

高校积极打造红色文化资源实践教育基地,理由如下:第一,实践教育基地是实践教学的基本保障之一。建立红色文化资源的实践教育基地,能够拓宽教学题材、丰富育人内容、延展教学形式。第二,通过组织大学生前往实践教育基地重温红色历史、学习红色知识、领略红色精神、筑起红色信仰,既能够让红色文化资源成为实实在在可以"触摸"的对象,增强红色文化资源的现实感,也能够让大学生深刻认识到中华人民共和国的来之不易,以及实现"两个一百年"道路之长远。

高校推进红色文化资源实践教育基地建设要做到以下三方面。

第一,加强思想上的引导。一是要加强对高校决策层的思想引导。高校决策层要及时领会和把握党和国家领导人对红色文化资源的相关论述,认真理解国家对红色文化资源开发利用的相关政策;重视红色文化资源实践基地建设,鼓励相关职能部门和教学单位加强与红色实践教育基地联系、合作,为实践教育的开展规划预留专项资金,及时出台相关的保障性规章制度,做好红色实践教育基地建设的总体布局。二是要加强对育人主体的思想引导。离开育人主体去谈论红色实践基地建设是毫无意义的。要及时引导育人主体转变教学思维,积极接纳和领会

实践育人的优点，做到多种育人方式相结合；引导育人主体增强自身的红色文化资源底蕴，为红色实践教育的开展规划详细流程，避免出现实践教学形式高于内容的怪象。

第二，加强运用红色革命遗址、名人故居、红色博物馆、纪念馆等红色圣地作为实践教育基地。其一，要尽量选取距离较近的红色圣地。这样既可以为校方节省一定的开支，也更易于保障育人主客体的生命安全。当然，有条件的高校也可以酌情考虑"适当远行"。其二，签订合作协议。地方红色文化资源一般统属于政府的文旅部门管理，所以高校与政府部门必然存在协商谈判的过程。在此过程中，既要讲清楚合作的意图，也要考虑合作会给地方政府部门带来的附加工作量，以及在开展实践教育过程中可能产生的不当行为或后果消解等问题。派学校领导和育人主体前往意向合作的红色实践基地进行参观考察，推动合作协议的签订。

第三，与红色文化资源浓厚的地区共同开发和建立实践教学基地。红色文化资源浓厚的地区有些也是经济较为贫困且有待深度开发的区域。高校与红色老区共建实践教学基地，可以在开发和利用红色文化资源的同时为老区人民送上物力与人力的支持，如帮助红色老区规划产业布局、培训和输送管理人员等。共建红色实践教育基地创新了红色文化资源育人的社会参与机制，做到了高校与社会之间的良性互动、互利共赢。

二、组织红色主题鲜明的实践活动

充分地接触并体验红色文化资源，需要建立在完善的实践活动基础之上。高校的思政教育课堂需要与社会实践活动有机结合，拉近学生与红色文化资源之间的距离。与此同时，高校还需要针对思政教育课堂模式做出合理的调整，通过降低理论课堂的时间占比，将思政教育实践活动纳入整体的教学目标当中，扩大社会实践课程的时间与空间。另外，在安排社会实践活动的过程当中，需要加强与特殊时间节点以及节日之间的相互配合，并借助节日氛围，扩大红色文化资源的影响力度，充分地彰显出红色文化资源的价值，给学生带来更加深刻的影响，培养学生艰苦拼搏的精神。

总之，高校教育实践活动育人作为"三全育人"的重要载体，能够锻炼、提升人的技能，挖掘人的潜能，不断促进受教育者全面发展。高校实践育人的渠道主要为课堂实践教学和课外实践活动，但课内实践教学的局限性较大，所以高校的课内实践教学的形式、方法和内容应该更丰富多彩，比如，通过组织课堂演讲、案例分析会、辩论会、小品表演、电影观后感、模拟法庭等实践教学形式，激发学生的学习兴趣，提高课堂实践育人的成效。除了必要的课内实践教学，还要多组织课外的实践育人活动，特别是课余和假期空闲阶段，思想政治教育工作要主要以社会实践活动为主，鼓励学生参与重大项目的建设、社会调研活动，鼓励并帮助学生创业等。高校的社会实践活动要以学生自我管理、自我服务为主，鼓励学生参与志愿服务，青年志愿服务有利于学生在此过程中不断完善自我，在实践中学习和感受社会主义核心价值观，特别是在疫情防控期间，众多高校的学子敢于担当和奉献，在保证自身安全的情况下，积极参与疫情防控志愿服务工作，彰显了青年一代的奉献与担当，传播了正能量。

第六章 "三全育人"视域下高校思政教学革新的实践路径

高校思想政治教学是大学生价值观、人生观以及世界观形成的重要时期。高校思政课程理论与实践教学同样重要，其中实践教学是辅助思想政治理论教育的重要途径。本章从"三全育人"视角实施思政教学实践，对教学模式、教学方法、教学内容以及思政工作方式进行全方位的改革创新，实现对大学生政治素质的多方参与，在大学生全面发展过程中全程引导，从而辅助高校学生成为合格的社会主义接班人。

第一节 高校思政教学模式革新

一、家校社协同育人模式

高校三全育人建设能够将学校、家庭和社会涵盖其中，协调整合三者关系，将三者统一于三全育人模式之中。协调发挥三者作用，目标一致，相互配合。以学校教育为主导，家庭和社会配合学校工作。

就其目标而言，学校是育人的主阵地，是培育社会发展所需人才的主要场所，学校的一切工作最终目的都是培育社会发展所需要的人才，为社会发展所服务；家庭是社会的基本构成要素，家庭教育的目的是期望培育出符合社会发展要求，能够适应社会发展趋势的人才，家长所期望的望子成龙、望女成凤，都是希望子女将来能够适应社会发展潮流，成为对社会有用的人才。归根结底，家庭教育最终目的也是期望培育出符合社会发展要求的人，家庭教育也是为社会发展服务的；社会教育，本身就是社会为了培育出符合自身发展需要而进行的教育，社会教育本身就是为社会发展服务的。综上所述，不论学校教育、家庭教育还是社会教育，其最终目的都是为社会发展服务的，在目标上具有一致性。高校"三全育人"建设,在学校、家庭和社会这种教育目标一致性的基础上,更好地将学校、家庭和社会相统一,使三者教育作用的发挥具有系统性、层次性和针对性。在三全育人理念的指导之下,更好地发挥自身的教育实践作用,更好地实现教育效果,达到为社会发展服务、促进社会发展的最终目标。

就其相互配合而言,高校"三全育人"建设能够将三者资源有效整合,加以利用。学校在利用自身所包含的课程资源、校园文化资源等为育人载体的同时,还积极利用社会中的博物馆、文化基地等社会实践资源为育人载体,将理论与实践相结合。同时,学校教育对于优良家风的形成、良好家庭教育的实施起着重要指导作用。此外,学校在对学生实施教育的同时,也对家长进行教育,促进家长转变教育观念,注重家庭教育,形成良好的思想行为,在家庭中以身作则,形成优良家风。

发挥班主任、辅导员的积极引导作用,就要求班主任、辅导员经常与学生进行沟通,了解和关心学生日常生活,关注学生日常思想行为,以适合学生性格的方式对学生进行积极引导。

班主任、辅导员是与学生接触最多的人,负责学生的日常学习生活等各种事务,可以说是与学生交流最多的人,是最亲密的师长。因此,班主任、辅导员可以通过与学生日常建立的深厚感情为基础,积极发挥引导学生思想观念的作用。在日常生活中,多与学生交流,关心学生生活,了解学生思想状况。经常与学生谈心谈话,通过对学生日常生活的关怀来逐步渗透正确的价值理念,引导学生自觉抵制社会上的不良诱惑;同时,谈话形式选择也要注意,应采用适合当前学生性格的、温和的软形式与学生进行交流。要注重消除学生的紧张感,在温和平静的话语中指出学生个性所存在的问题,既要尊重学生的个性,也要尽量转变学生存在的错误观念,让学生自觉接受,逐步培育学生自我学习、自我管理和自我监督的意识,自觉约束自身,主动配合学校的思想政治教育工作。

二、依托微信平台打造网络思政教学模式

(一)基于微信平台的高校思政教学存在的问题

1.重视不够

微信公众平台作为网络自媒体发展的重要途径,其信息传播的范围已涉及社会的各个阶层,人们每天都被包围在各种各样的信息中,思想观念、生活、工作、学习都被潜移默化地影响着,高校学生更是微信平台最大的影响群体。但是,在传统教学观念和理念的影响下,高校思政课教学工作者对微信平台带来的全新的教学方法并不能完全接受,缺乏鼓励性政策的加入,使得微信平台的应用未能引

起高校的及时关注。一方面，微信平台是一个开放性的平台，其言论信息向公众群体公开透明。一些高校思政教育工作者对微信公众平台有些顾虑，担心自己的言论引起别人的误会，引发为笑话成为别有用心之人的谈资，因而在内心深处排斥这种公众平台教育。另一方面，高校学者普遍认为进行办学讲座、课堂授课才是思政课进行教育教学的主要交流方式。毛泽东曾讲过，能力上的恐慌比政治经济的恐慌更严重。而目前让这种恐慌存在的根源问题，正是由于高校教育工作者本身缺乏与时俱进、不断进步发展的正确的教育观念，教师的教育观念与社会发展明显不符。

在新媒体的环境中，高校存在思想政治课程难以跟得上时代的发展、教师改善创新思政课教学观念难以改变的情况，在这样的状况下，微信给我们的思政课教学带来的作用和优势很难引起高校和思政课教师的注意。在新媒体不断进步的时代背景下，高校和高校教师应该积极、主动地对思政课教学工作进行改革创新，不能随意地放弃这个阵地，一个科学的合理的高校思政课教育教学微信平台，建设是离不开对教育事业的重视与实践的。

2.教师队伍水平存在局限性

由于微信平台是互联网时代、新媒体平台的产物，其计算机和网络科学技术知识的构造，导致大部分高校思政课教育工作者受专业知识和技术上的影响，表现出诸多的窘迫和不适。

在当今的新媒体时代，多媒体教学、网络微信平台教学应用已经普及，这就要求思政课教师不仅要具备专业知识，还要紧跟时代的发展脚步，学习信息技术，掌握并熟练运用多媒体设备、微信平台运营技术等，促使这些先进设备的功效最大化。一些教师由于学科综合素质不高，缺乏系统化的基础知识体系，在现实的教育活动中，对新的教学方式存在抵触心理，不情愿、不积极地接受新的教学媒体平台，甚至不主动适应信息化的教学环境，面对信息化课堂教学呈现出消极的心理。教师薄弱的信息技术水平，导致其在面对某些复杂烦琐的多媒体教学设备操作时往往不得要领，在利用网络平台教学时有心无力，无法适应新时代的这种教学方法和教学模式。基于这种不良情况，教师在网络媒体平台上抄袭他人课件、教案来充当自己劳动果实的现象时有发生。更为严重的是，由于对媒体设备操作的不娴熟，引发课堂教学上的教学事故，这不仅对教学活动起不到锦上添花的效果，反而导致课堂教学无法正常进展，成为课堂教学的累赘。

对于年龄较大的教师，以往传统的教学方法已经深深扎根于他们的内心，对新鲜事物的接受能力有限。在思想上，他们不甘退出历史的浪潮，不愿意接受顺应时代变化的信息化教育，面对信息化时代的教育教学资源的重组、课程重构产生了自卑和恐慌的心理。万物皆有其两面性，信息技术给我们高校思政课教育教学带来的影响也有其两面性，我们要正视它的存在，利用好这一新技术，为思政课教育教学带来新的风采。

3.微信公众平台的关注量少、访问量低

高校思政课微信公众平台的关注量、访问量是通过关注、访问的次数反映出来的，是评价微信平台是否发挥有效作用的重要指标。它的关注量和访问量的多少，直接决定了高校思政课微信公众平台的命运。高校思政课微信公众平台关注量少、访问量低说明了它形同虚设、使用率不高，不被教育群体熟知，满足不了高校师生的需求，没有发挥其应有的作用。

高校思政课微信公众平台，因其传播的信息是理论性强、枯燥单一的内容，并且受其宣传力度的影响，高校学生接受思政课微信平台的意愿并不强烈。判断高校思政课教学微信公众平台是否有用的标志之一，就是看微信平台是否有影响力、关注的人数是否够多。因为只有关注的人数越多，在高校学生中起到的影响才越大，教育效果也才超发凸显。还有一部分大学生并不知晓该校拥有思政课微信公众平台，显然这是因为对微信公众平台的宣传不到位，致使微信公众平台关注量、访问量得不到提升。

4.微信平台自身存在的局限性

自2011年微信平台的兴起，至今只有十年的光景，所以就微信平台自身而言，其运用于高校思政课教学的实践，在国内也才刚刚起步，其各方面的发展还都并不健全和完善，仍然处于不断地调整提升、更新发展、升级换代过程之中。微信平台具有方便快捷、易于使用、用户自主选择性强等特点，同时，还具备沟通快速、传播力度大、非面对面交流、碎片化传播等功能。微信平台的这些特点，在成为它的优势的同时，在其发展不完善的条件下，也构成了自身特有的局限性。在利用微信平台传播信息的迅捷性时，也容易产生错误的信息，这些真假难辨的信息受其传播力度大的特点影响，能够迅速传播蔓延导致出现难以控制的局面。同时，这些难辨真伪的信息，容易快速左右人们的思想，甚至扰乱社会正常的公共秩序。微信平台最直接的影响人群是教师和学生，这些不利影响对高校思政课教育的权威性构成了巨大威胁和挑战，同时也对思政工作教育者提出了更高要求，微信平台自身的特点和局限性在客观上对高校马克思主义理论教育造成一定的消极影响。

由于在微信上的沟通是非面对面、非直接的接触，因而缺乏传统思政课课堂上的身体语言交流、姿态语言交流等。微信作为人与人之间的即时通信工具，主要的作用是在网络上聊天，而且聊天的内容过于口语化，没有系统性的规划，使得师生在交流过程中语言得不到准确的表达。部分使用者在语音交流过程中，沉浸在自己的思维里，而忽视了对象想要表达内容的深层含义，对语言的理解只停留在表面。

耗时长也是微信语音的一个弊端。一方在语音讲话时，另一方只能等待，或者是思考、回复前一条微信语音信息的内容。还有，如果一方成功发送了一条60秒的语音，接收者要再耗费60秒的时间去倾听。如学生A在教学过程中对某一问题的了解不够，教师为了使其明确并理解内容，通过微信语音进行交流，共发送了数百条语音信息，耗时将近1小时。因碎片化语音信息时长有限，一条微信语音信息只有不到60秒的时间，而由于高校思政课教学内容的复杂性，这60秒时间远远无法满足专业课教学的需要，因此会被打断成数十条、数百条的语音信息，这非常容易使学习资源片段化、碎片化、零散化。这种间断性、连贯性不强的语音信息，容易让学生在学习过程中分散注意力，失去学习方向，忽视知识的系统性和连贯性。

（二）基于微信平台的高校思政课教学模式的优化建议

1. 打造原创内容

自新媒体微信平台被广泛使用以来，人们在享受着微信平台给我们带来的无限内容、无限知识、无限乐趣的同时，也在不断谴责网上内容的肤浅、雷同和抄袭。从原创内容的本身内涵出发，是作者自己首创完成的作品、成果，不含抄袭、不含模仿，它的内容和形式具有独特的特点。原创来源于作者的内心，是灵感的激发。原创内容不仅仅只局限于文字作品，视频、声音、图片、表情包等都可以作为原创内容的素材。同时，在原来素材的基础上，通过自己的剪辑、加工、重组形成的新的内容，也是一种原创。

高校思政课教学内容受其课程性质的影响，在微信平台上推送的都是有关马克思主义理论教育相关的内容、政治经济方面内容，这些内容由于性质的限制，在内容编写上可发挥的余地不多，致使高校学生对这些内容兴趣度不高。那么，为了提高微信平台上思政课教学内容的吸引力，就要避免去模仿、抄袭、照搬其他微信公众号平台上的内容，避免出现相似和重复的内容，同时还要打造原创的有创新力和吸引力的思政课教育教学内容。

为了使微信平台呈现更具吸引力的内容，微信公众平台的创作者可以尝试收集志愿者、学生平常搜集的新颖素材，进行专业化的加工提炼，编写属于自己的文章推送到平台上，也可以在平台上推送学生原创的音乐、拍摄的视频、图片、抑或是学生自制的漫画等，这样不仅可以提高微信平台内容的原创性，而且可以提升推送形式的多样化。

原创内容具有鲜明的特点、新奇的内容，很容易博人眼球，也有助于平台关注量的提升，吸引更多的粉丝，进而微信公众平台的影响力也会逐步扩大。

2.拓宽思政课堂交流方式

新媒体的交流功能是最基本和最常用的功能之一，它利用网络和手机将信息进行交换互动，增加了信息的传播速度和效果，有利于信息交流者及时进行交流，其中以微信的社交功能最为代表。

一是微信群拉近群关系。思政课教师可以通过微信及时知晓学生的反馈信息，可以随时与学生畅谈，延长思想政治教育课堂的长度，以微信头像的方式与学生沟通，一改严肃的形象，亲近学生的同时拉近了师生距离。同时，教师可以在微信群内进行打卡、签到、定位设置，以新颖的方式调查学生上课情况，避免了因为点名而使学生产生厌恶情绪。

二是可以随时进行在线学习互动。运用微信平台，教师可以与学生进行思政内容的探讨，拓宽了思政课的时间和地点，有效地加强了思政课的辐射范围。高校思政课通过运用以微信为代表的新媒体，搭乘交流的顺风车，可以主动融入学生中间，了解学生关注的热点话题和时事政治，分享思政课内容，交流思政课的心得，传述思政课的体会，同时加深了师生间的友谊，思政课教学越来越受欢迎。许多学生在思想、意识方面遇到困惑时往往沟通无门，但思政课教师就在微信之中，可以对学生及时进行答疑解惑，帮助学生，避免他们误入歧途。运用微信平台可以有效地进行思政课线上的延伸教学，不断提升思政课的生命力和活力，也方便思政课教师以学生最愿意接受的方式进行教学的展开。

三是即时解决学生的思想问题。由于微信平台具有及时性的特点，思想政治教育者在实际教学中可能会不定时地接收到学生的咨询，因此思政课教师必须积极地去解决问题。新媒体时代，信息生活瞬息万变，不及时或者对学生的问题拖延解决，很可能导致学生在某一类问题上产生根本性理解错误或者造成选择上的偏颇，只有坚持及时性原则，把握解决问题的时效和时机，才能根本解决大学生的问题。利用微信平台，大学生在苦恼和不顺心时，可以通过微信与思政课教师交流沟通，思政课教师可以借此机会进行思想教育，通过感情的沟通、心理的理解和情感的共鸣，在关键时刻为大学生解决问题，可以获得事半功倍的效果，思想政治教育也能更好地发挥作用。

由此可见，微信平台不仅丰富了思政课教学，也使得思政课教师可以更好地与学生进行沟通，在交流中与学生成为朋友，把握学生的思想动态，及时地交流，如友人般地沟通，及时解决疑难，将思政教育在实际中更好地加以实施。

三、自媒体视域下的高校思政教学模式

（一）自媒体的概念

自媒体以其简单快捷的通信方式、"低门槛"的上手难度以及多元化的内容传播形式，使其在短时间达到了前所未有的受众青睐，深深融入人们的生活。丹·吉尔默在《圣何塞水星报》中第一次阐述了自媒体的相关概念，即一种通用术语，指用现代化、电子方式向不确定的多数人或特定的人传送标准化和非标准化信息的私人、民用、一般和自主的媒介载体形式。简单地说，自媒体是一种全新的表达内心、发表意愿的渠道和形式。以微博、抖音、美拍、微信等媒介进行动态分享和沟通，取代了传统的信笺或短消息等。

自媒体与传统媒体的明显区别在于它的自主化。任何人都有机会平等地在平台中发声，阐述自己的观点，分享自己的动态，记录自己的生活。信息以点对点的形式迅速铺开，所有用户都可以参与到自媒体平台的建设中来。而也正因其过度的自主性，加以网络虚拟环境的隐秘性，为信息监管增加了难度，致使网络舆论环境面临新的挑战。

（二）自媒体视域下大学生思政教育的特点

首先，在自媒体平台视域下的师生关系变得更加公平。在以往的思想政治教育过程中，教育主体掌控着绝对话语权，长此以往，由上至下的灌输式教育无形中会加深高校学生的逆反心理和抵触情绪，降低思想政治教育的效果。而新兴的自媒体载体可以在教师和学生之间建立起平等沟通的桥梁。借用微信、微博、QQ等软件，通过文字交流给彼此留有思考话语的空间，可减轻严肃沟通环境的压力，缓和紧张枯燥的教学气氛，从而使师生之间的交流可以更轻松愉快地进行，在不知不觉中，传递出思想政治教育的核心内容。

其次，自媒体载体的开放功能可使教育内容和形式更加丰富和具体。多平台个性化的信息发布有效地规避以往教学中存在的局限性，教育主体可以为学生提供更广泛前沿的一手资讯，并根据学生的个性爱好，合理安排授课内容以及相关引例和材料，这对提高学生对思想政治教育课的关注黏度有着深远意义。

最后，高校学生在使用自媒体介质进行学习的过程中，可以化被动为主动，极大地增强了学生学习过程的活跃度。这种方便而又具有针对性的学习方式，可以帮助学生养成良好的学习习惯和问题意识。

（三）自媒体视域下大学生思政教育应对策略

1.提升大学生自媒体素养教育

高校学生作为思想政治教育的教育客体，是国家未来的推动力，其主观意识

形态在思想政治教育工作中起着关键作用。对高校学生的素养提升教育应从多角度进行，大学生自身应该充分意识到树立主流意识形态的重要性。教育主体应与时俱进，在适当更新教育理念的同时也应进一步提升自媒体应用技能。校方也应积极开展相应课程以及相关交流活动，以起到推动作用。

高校学生应端正学习态度，积极学习马克思主义理论知识，用知识武装自己，提升自身明辨是非的能力。此外，也应与世界接轨，通过多种渠道了解时事政治，结合所学知识，多角度分析利弊，不要被事物的外表所蒙蔽，要透过现象看本质。

2.开展校园自媒体文化活动及相关课程

高校应从物质、精神两方面构建文化熏陶体系。在醒目之处用巧妙语言形式倡导正确世界观、人生观、价值观。构建电子图书馆平台，方便学生借阅，并在校方公众号多频次发送具有正确价值导向的资讯、热点事件、文案等。与此同时，充分了解年轻人兴趣爱好，采取快闪、校园广播等形式，设置巧妙剧本、组织集体活动，将优秀传统文化以新形式融入学生日常生活中，吸引更多学生参与到文化提升的活动中来。有些学校在此方面做得尤为突出，例如，多次举行大学生讲思政课比赛、组织学生开展"党史故事100讲"系列活动，弘扬红色经典文化，并由马克思主义学院牵头，力争保证"青年大学习""e支部""学习强国"等课程的学习质量。针对当今自媒体主流形势设置网络道德、法制宣传讲座，并将传统的大课分解为短视频形式的小课，将主要授课内容寓于微电影、访谈、短视频中，采用影像、实例相结合的形式，增强学生学习黏度。建立学习打卡积分制度，软硬兼施、刚柔并济，鞭策学生要时刻筑起心灵的堤坝。

3.加强道德自律，提高媒介素养

不管是在生活还是在学习中，高校大学生都应当严格地遵守法律并且约束自己做一个有道德素养的人，在自媒体平台下同样需要具备这种道德素质，就算是在虚拟社会中大学生也应当严格要求自己，让虚拟的网络环境变得有秩序。现在许多自媒体平台都逐渐推出了身份验证的功能设置，所以大学生在自媒体平台的交流和操作都会受到一定的要求与约束。大学生需要合理地去处理自媒体平台的一些问题，让自己成为现实社会以及虚拟社会的主人，在此过程中，学生会学习到自我管理的能力、学习的能力以及约束能力等。对于高校而言，需要给学生适当的思政专业知识上的帮助，对自媒体的使用应当建立严格的使用规范，这样学生可以更加深刻地了解到自媒体的使用方法，进而更好地使用。同时，也应当让大学生了解自媒体不正确使用的后果，培养学生对自媒体利弊的辨别能力，这样大学生才能通过自媒体在网络虚拟世界中得到最好的锻炼。

4.树立研究、使用自媒体的新观念

观念是实际行动的前提与导向，作为高校的思政教育课程教师应当认可自媒体的传播的有效性,对于思政课程来说,实现自媒体辅助教学是很有必要的,但是自媒体的到来对思政教学也是有影响的,高校思政教师应当担负起维持高校正常秩序的工作,在进行自媒体传播时做到很好地控制与把握。自媒体的传播途径在逐渐地增加,也在一步步变得更加的先进,在传播过程中随之而来的还有客观意义上的认知,越来越多的人认可自媒体的传播方式,也有越来越多的人参与其中,所以自媒体的传播方式已经受到了大众的广泛肯定。高校传统的思想政治传播已经不再能满足学生需求了,因为更科技化的自媒体形式已经诞生并被更多的人使用,现在比较普遍的就是微信、微博等社交工具,因而高校也应当采取这种自媒体传播途径来辅助思政教学。

5.提高思政教师自身综合素质

如今自媒体已经进入高校的教学中,作为高校的思政教学教师需要对这一理念加以重视,教师不能单纯地因为自媒体可能导致的不良的后果而一味地否定自媒体教学。高校思政教师需要从客观理性的角度去分析自媒体环境,要看到它有利的一面,并且主动地去研究自媒体,让自己的专业知识得到更好的拓展,吸收好的一面摒弃坏的一面。思政教师在教学时需要对大学生的心理等进行大概的研究,结合大学生的特征和喜好来进行教学,充分地运用自媒体进行辅助教学,这样大学生才能将思政课学好。

6.形成自媒体管理监督体系

高校以及思政教师需要让大学生对有关自媒体的法律以及道德规范有所了解,这其中会涉及大量的法律法规,包括公民应当严格遵守的宪法等,对于自媒体的诞生以及法律的保护需要国家高度的重视,为此国家也颁布了许多的法律条例,并且还在进一步完善中,鉴于此,高校也应当对自媒体的法律规范有严格的要求和管理体系,不管是在教学中还是管理中都应当有具体的标准,这样也就尽可能地避免了自媒体所带来的不良的信息内容,让大学生能够在一个完整并且健康的氛围下学习思政课程。

除此之外,高校还需要对大学生进行必要的道德规范要求,让大学生对自媒体有正确的认识,做到正确健康上网,这也是每个公民需要遵守的,希望互联网能在大家的努力下朝着健康绿色的方向发展,并且能够越做越好。高校大学生作为国家未来的栋梁更应该担此重任,做到文明上网,保持自媒体平台的健康。所以,高校需要让大学生认识到文明上网的重要性,给大学生灌输健康使用网络的意识,使大学生充分认可,这样一来大学生通过对自媒体的使用也能使自身得到锻炼,在社交能力上也能有所提高。高校还需要让大学生知道自己是自媒体道德传播的主力军,并且也是有义务进行道德传播的。

从传播的渠道来看,自媒体的传播可以有效地拉近教育工作者和大学生的距离,因为在虚拟环境中,双方身份平等、地位平等,交往的过程中隐蔽性也比较强,缩短了交流双方的心理距离,使学生在和教师交流的过程中没有太多的心理戒备。一方面,思想教育者没有太大的心理负担,可以采用多种形式的多媒体方式把声音和视频、图形等相结合,丰富高校思想教育的教学形式,充分调动学生的学习热情;另一方面,教师可以充分发挥自媒体的传播优势,把学生的生活、学习融为一体,通过调整教学手段和教学方式,增加政治思想教学的互动,解决大学生在生活和学习中遇到的问题,把自媒体当作高校网络教育的一块阵地。

7.完善校内自媒体运用的保障机制

为确保思政课的良好运行,发挥思政课的作用,学校各部门之间、师生之间可以加强交流合作,实现资源的有效交流和共享,以保证思政课教学工作的顺利实施。

(1) 各部门之间实现自媒体资源互通共享。一是设立专门的交流部门,加强硬件设施投入。为保障自媒体教学的良好运行,学校可以设立专门的交流部门和办公室,定期进行自媒体教学的交流。新媒体硬件设施由启用自媒体教学的专业教师进行自媒体运行的运营和管理,需要对思政课教师进行定期的技术培训和问题咨询;同时,专门的交流部门可以加强对自媒体教学实施在线把控,把握自媒体教学的内容和方式,确保思政课教师可以在良好的氛围中进行自媒体的学习和交流,确保思政课教学的顺利开展。

二是师生共建,加强与学生团体的合作。大学生是最擅长运用自媒体的团体,对新鲜事物把握,软件更新交替,大学生走在自媒体的最前沿。绝大部分学校都设立了自己的学生会,下设宣传等部门,许多院校还设立了自己有特色的活动机构和传媒团体,以沈阳师范大学为例,学校有大学生记者团、阳光直播室等学生团体,学生之间互相交流合作,运用自媒体收集学校最新消息和学生最为感兴趣的校园动态,并进行宣传。通常,这些团体的自媒体关注度较高,思政课教学可以与这些团体紧密联系,使思政课教师可以以较快的方式收集学生喜好和关注内容,并借助学生团体对思政课自媒体教学进行宣传,提高影响力,使之发挥思政课教学的最大优势。

三是学校对自媒体的影响加以重视。自媒体的影响力较强,传播内容和传播速度不受控制,对高校产生了深远的影响,尤其是对学校教育工作的开展有很大的影响,所以学校宣传部门应该引起重视。高校宣传部门应该从制度高度统一领导思政课教学,对思政课教学进行系统的要求和战略部署,并进行运用效果的检验。同时,高校辅导员是最直接与学生进行沟通的教师,是对学生进行思想政治教育的最后把关人,辅导员可以通过运用自媒体与学生进行沟通,这就要确保辅导员拥有较强的思想政治教育意识和自媒体运用的技术优势,使之既可以站在专业角度，也可以把握好自媒体态势，迅速融入高校学生生活和学习的方方面面，以朋友的角度答疑解惑，以观察员的身份为思政课提供素材，掌握学生动态，做自媒体运行的幕后力量，为思政课教学服务，确保思政课教学的良好运行。

自媒体带来了新的教学方法和内容，但仅依靠一己之力难以实现教育的整合，只有各方齐抓共建、各部门加强合作，扬长避短，充分发挥出整体大于局部的作用，同时优化内部结构，才能实现资源的有序互通，发挥自媒体应有的功效。

（2）加快形成高校新媒体运用的专业化技术保障。一是组建新媒体原创团队。借助新媒体的发展，信息可以迅速地被转载交流，一些思政课教师由于种种原因，导致思政课教学内容流于表面形式，只是对新媒体内容的借鉴参考，更有甚者对一些内容照搬照抄，学生出于无奈只能学习与自己学校或者实际不符的内容。比如，在线上展开教学，一些教师通过播放他人录好的课程应付自己的教学和学生，以至于效果不是很理想。新媒体尊重原创、尊重教学内容和教师的辛苦付出，若思政课教师独立完成新媒体教学较为困难，可以组建自己的团队，在收集教学内容、交流讲授内容、创作视频音频和新媒体的后期运营方面进行合作，尊重实际情况，将自己学校和班级及学生融入思政课教学，使教学内容对学生有吸引力，使思政课有创新力。经过专业的分工和加工，提高思政课程的原创性；多一些新鲜内容，拒绝一味地转载，提升新媒体的影响力。

二是鼓励思政课教师掌握新媒体相关知识。思政课课堂的效果如何还是要靠思政课教师的教学发挥。我们在构建一支新媒体专业团队的同时，仍然需要鼓励教师对每一堂思政课都能切实地掌握与新媒体相关的知识，可以让他们在思政课堂上灵活地运用各种新媒体与学生进行信息沟通和交流，及时更新课堂内容，了解学生的需要，使每一堂思政课都可以做到内容丰富，受到学生的欢迎。新媒体可以带来丰富的教学方式、新颖的内容，对思政课教师，尤其是年纪较长者，鼓励其由简单的新媒体知识开始学习，逐步过渡到深入运用，真正地使思政课可以与时俱进。

（3）构建高校思政课教学的网络监管机制。新媒体时代，学生运用网络进行新媒体交流的范围逐步扩大，大学生刚刚踏入校园这个小社会，对未知的好奇、对新鲜事物的喜好使得部分学生出现逃课、代课的现象，尤其是在思政课这种公共课堂上最为常见，这就要求教师运用学生最常用的新媒体创新思政课规范，从而形成思政课的新式监督，方便思政课教学的顺利开展。

一是创建新型思政课堂形式。不知何时，"点名"成了公共课程督促学生上课的必备形式，很多学生出于成绩的考虑，被迫人在课堂坐，思想在手机里游荡，对以思政课为代表的公共课不感兴趣、毫不在乎。思政课承担着立德树人的重要任务，长此以往，学生的思想便不能得到很好的提升。面对此种现象，思政课教师想了很多应对之策，比如，运用新媒体软件，进行刷脸上课或者是网络随机点名等，这些软件的运用在一定程度上缓解了单纯点名的尴尬。除此之外，思政课教师可以运用新媒体创新思政课的教学，不再反对学生带手机进入课堂，让手机成为思政课堂的辅助工具，运用新媒体设立监督打卡机制，通过定位定时让学生自己监督自己的学习，通过定点定式让学生运用手机进行思政课资料的查找。比如，思政课教师可以运用填字游戏，让学生自己查寻课堂内容，再通过手机将查找内容反馈到思政课的屏幕上，思政课教师只做查找内容的答疑解惑者。这些方式方法的创新，目的是运用新媒体，让学生自己监督自己，形成不点名却上课积极性极高、课堂效果极佳的思政教学模式。

二是监督教师的行为举止。思政课教师，首先要以身作则、为人师表，要有积极的意识形态，要有高尚的职业道德，教育学生形成正确的三观。在课堂上，一些思政课教师往往忽略了自己的责任和使命，对学生侃侃而谈之时，鄙俗之话尽露出来，学生对思政课教师的此种行为，不仅不敢表露出来，长久以往，会导致学生的行为向教师靠拢，思政课的初衷便丧失殆尽。新媒体、新监督，思政课教师团队可以运用新媒体进行思政课教师的行为监督，比如，开启语言监督机制，对思政课教师的语言内容进行检测，当然监督并不等于监视，只是在于规范。只有思政课教师以身作则，学生才能向老师学习，并以此规范自己。

三是构建学校新媒体监管机制。随着各大高校学生数量的增加，新媒体信息的传播影响给高校思想政治教育带来了极大的影响，仅仅依靠思政课来解决学生的思想政治教育问题力量远远不够。因此，高校应该坚持以新媒体管新媒体的原则，加强新媒体的宣传，运用新媒体进行教育，让更广泛的师生共同运用新媒体，积极引导师生在新媒体中遵守基本的思想道德素质，构建学校新媒体的监管机制，以思政课教学为基础，以思政课教师新媒体运用的信息为基本载体，以高校宣传部门为辅助，积极进行信息内容的发表、宣传，同时加大力度对校园内的微信、微博、抖音等新媒体软件进行舆情监督，加强网络安全的建设。

思政课作为公共课堂最典型的代表，应该不断与时俱进，创建新型课堂形式、构建新媒体监督机制，形成新的教学规范，让思政课更具有活力和亲和力，能够接受新媒体的检验。

8.创新高校思政课教学中新媒体的运用方式

（1）通过微博整合思政课教学的热点资源。微博是个大杂烩，海内海外、天文地理应有尽有，博古通今，包罗万象。微博热搜更是实时更新，深受大学生喜爱。所以，我们要正确运用热搜，将热搜变为知识宝库。高校思政课教师在进行教学时，面对微博热搜的琳琅满目，必须合理整合，而不是简单地杂糅在一起，要不断提升信息的辨识能力。

一是借助微博热搜资源，使思政课教学视角学生化。微博热搜资源丰富，高校思政课可以充分借助微博的优势，整合热搜资源，丰富思政课教学内容，扩展思政课教学信息，创新思政课教学形式，提升思政课教学吸引力。随着新媒体的发展，微博可以实时更新热搜榜，满足了大学生追求新鲜事物的心理，同时学生还可以在热搜下发表自己的看法，分享自己的感悟。思政课教师可以抓住微博的热搜资源，将其中的一些典型事例加到思政课教学中来，一方面，可以使教学内容紧跟社会发展，让学生在实际生活中更新自己的知识，增强辨别是非的能力；另一方面，可以使学生能够对新发事件坚持正确的看法，形成正确的判断，方便思政课主体教学内容的开展。

二是丰富思政课教学内容的资源库。微博内容丰富多彩，资源成千上万，其中不免出现与思政课教材不相吻合的内容。由于教材不是实时更新，很难做到及时更改，所以当热点资源与教材相悖时，学生便容易陷入困境，因此要整理并丰富思政教学的热点资源，将其与教学内容相互融合和呼应，以教材的内容为基础，对近期发生的事件进行讲解，升华到思想和价值的判断和选择，使学生形成正确的思想意识，对日后在学习、生活和工作中形成正确的马克思主义世界观有很大帮助。

三是与学科名师进行资源互动。微博是可以畅所欲言的交流场所，很多思政课名师均在微博开设了自己的账号，即时发布一些热点内容的感悟或者是自己最新的研究方向及关注方向。思政课教师可以不必在很久之后才能知道思政教育专家的思想内容，通过微博关注即时可实现，同时，可以通过私信的方式与专家进行沟通，进行学术交流，使得沟通不再需要等机会。微博的开放性拉近了普通思政课教师与思政教育专家的距离，可以鼓舞一批批青年思政课教师更加饱满地投入到思政课教学中来。

四是多学科并举，完善热点知识储备。微博的发展，使信息和知识可以迅速又全面地进行传播。思政课教师不仅仅是思政课理论知识的传播者，还要熟悉其他学科的基础知识，在思政课教学时要跨学科为学生讲解最新发生的信息所蕴含的思政思想。对于学习能力较强的大学生来说，简单的、表面的意思可能都能为之熟悉，但深层次的意思，还需要思政课教师加以引导。如今微博信息良莠不齐，如何让学生能够分清是非，强化思政课的效果，还需要思政课教师完善各学科知识，积极运用新媒体，正确对学生进行规范和引导。思政课教师可以运用微博，丰富自身的教育知识和储备，利用学科育人的影响，多学科并举实现信息内容的完善，使得思政课教师可以接受学生在课堂、学习和生活中的问题检验。

（2）借助直播提高思政课线上教学的效果。疫情发生以来，线上课堂成为与时间赛跑、教学任务正常进行的保证。基于不同地区的现状，钉钉、QQ会议、雨课堂、腾讯直播、爱课帮等新媒体直播软件借助"云"技术,使得思政课在"云"上进行直播授课,教师可以在线上直接给学生答疑,学生通过点播回放等方式可以深入反复进行知识点的学习,确保了学习进度的正常进行。为了更好地应对疫情的常态化状态,运用新媒体进行线上直播思政课教学可以进行以下几点尝试。

首先,可以建立"云"班级。疫情之初,多数教师都是通过手机或者"手机+电脑"的方式开展直播教学,部分教师还要对新媒体的直播软件进行摸索、尝试,加大了授课教师的任务量,授课形式也简单单一,效果也不尽如人意。为保证教学的良好进行,学校要利用"云"技术,充分利用新媒体直播软件的优势,由专业教师及时将任课教师及学生的信息导入直播软件,建立授课班级的基本信息库,为学校所有师生申请线上账号,并覆盖班级信息、教师信息和学生信息等基本情况,搭建打卡、授课、答疑、推送、发言等线上直播方法按钮,使教师和学生只需通过手机验证码便可以进入课堂进行线上的教学与学习,避免因为对软件的不熟悉而导致思政课教学效果的弱化。

其次,巧妙运用云课堂、雨课堂。线下思政教学运用新媒体引出云课堂、雨课堂与线上直播课相比较为突兀,缺乏连贯性。运用新媒体进行思政课线上直播,使得思政课可以更好地利用新媒体的优势进行教学的实践。将教学任务与一流大学相匹配,思政课教师可以巧妙运用优秀课件进行教学,学生可以通过精彩的线上思政课视频进行学习。鼓励学生与高水平学府学生进行习题的探讨与互动,避免了教师工作的重复,提高了教学质量的同时,使得学生可以接受和感受更好的学术氛围。邀请具有丰厚学识的教师与学生进行在线讲座与交流,可以突破时空的界限,展现学术成果,培养学生的科学精神。但要注意的是,思政课教师切勿一味地照搬照抄或者过度依赖云课堂、雨课堂的教学内容,要运用与班级情况、学生情况相符合的教学内容,让学生爱上线上思政课教学。

四、抛锚式思政教学模式

(一) 抛锚式教学模式的概念

"抛锚"的基本释义是将锚放置于水中使船停稳,现代生活将其含义引申至车辆因发生故障而停下,例如汽车抛锚。

"抛锚"作为一种教学模式,其含义与以上两种情形都不完全等同,是第二种的引申义。抛锚式教学模式也叫"实例式教学策略"或"基于问题的教学",顾名思义,那就是要有实例或者问题,如果给抛锚式教学模式做一个解释,那就是:教育者先以具有感染力的真实事件或问题为基础创设一个教学情境,待学生进入这一情境后,再通过自习—合作—自省的过程,完成对知识的自主建构。在这个过程中，问题被比喻为"锚"，而这个确定和建立情境的真实事件就是锚环境，而教育者把"锚"适时呈现给学生就被生动地比作"抛锚"。

不难看出，"锚"是整个教学实施过程的关键。因此，关于"锚"的含义我们需要明确把握两个方面的要素。

一是技术。技术的作用对象包括教育者和受教育者。一方面，教育者要依靠技术来创设逼真的教育情境，技术就是"逼真"的一个重要保障；另一方面，受教育者可以依靠技术，例如多媒体、互联网等，多次回顾教育情境，反复学习、不断整合、不断进行意义建构。

二是宏环境。宏环境就是抛锚式教学模式所强调的创设的真实情境的大时代背景。这里可以看出"锚"的内涵和外延，不仅是真实事件或问题，还可以包括一个情境且能引起学生的兴趣。从宏环境出发，学生能够通过"锚定"的问题，发展、思考并解决与"锚"类似或者相关的问题，即"知识迁移"。

（二）抛锚式教学模式在高校思政课堂中的运用

1.增强课堂组织能力

在运用抛锚式教学模式时，最有可能影响课堂秩序的一个环节就是"解锚"。良好的课堂秩序可以反映一个教师的课堂组织能力。显然，良好的课堂秩序并不意味着绝对的安静，绝对的安静有两种情况，一种是课堂的无趣，另一种就是权威型教师的课堂，无论哪一种都是与新课改理念相悖的。我们讲的有序课堂指的是"动中有序"，课上虽有活动，但是有一根无形的绳在牵着，就好比风筝，也就是所谓的"形散而神不散"。抛锚式教学模式是一个典型的活动型教学模式，因此对于教师课堂组织能力来说是一个考验。首先，教师应该训练自己的控场能力。大学生虽然已经是"成年人"，但终究不够成熟，需要教师的引导和管控，不可太过放纵，这就要求教师及时控场、适时控场。其次，如果教师控场能力较弱，那么在决定使用抛锚式教学模式之前，就必须做好更为充分的准备，备好教材，备好各环节所用的资料，充分的准备可以使教师更好地应对突发状况。最后，教师在完善课堂组织的过程中必须注意活动的设计与安排，注意调节课堂氛围。在实习的过程中笔者发现，部分同学极少参加课堂活动，原因主要有性格方面、课堂气氛等方面。这些问题除了分配小组成员去解决，教师在组织课堂活动的时候，也应该多点注意力给这些学生。

2.调动学生学习热情

热情是学习的强大推动力。要让学生对每一个科目都饱含高度的热情进行学习是不可能的，毕竟每个人的兴趣不一样、精力也有限，这就需要教师各显神通，利用自身独特的优势，结合学科特点来进行课程设计，从而调动学生的学习热情，其方法有：一方面，注意课堂氛围。教师作为课堂的主导者，应该主动调节课堂氛围，多数的政治课都被安排在上午最后两节或者下午，是学生最容易产生学习倦怠感的时段，教师可以用个"小锦囊"，里面可以有励志话语、笑话、才艺展示（可以是教师自己也可以是学生）等，来调动学生的积极性；另一方面，学习讲课技巧。大学思政课由于术语的学术性，容易让学生觉得难以理解，久而久之就会产生厌学情绪，这时候就要求教师讲课能够运用语言的艺术，用语幽默一些。近几年，各类学习文件、领导的讲话、主持人的用语，都比较"接地气""幽默"，作为高等思政课教师，可以多学习，最好能够"学以致用"。

3. 评价内容多元化

评价内容指的是评价的对象，传统的评价内容就是考试成绩。考试成绩固然重要，但除了考试成绩，评价的内容还可以多元化些，这也是我们教育改革的一个方向，是素质教育的目标。在抛锚式教学模式中，学生加入以后的环节均可作为评价的内容。"思锚"环节我们可以评价学生的自学成果，这个过程的评价需要在"解锚"的环节中进行检验，检验的方式可以是学生参与该环节的活跃度、发言的质量，因为该环节大部分的交流基础是"思锚"，即个人观点的表达；"解锚"是基于"思锚"的，但又超越"思锚"，原因是该环节不仅要表达个人观点，还包括观点的碰撞，这就考验同学关于个人观点的坚持或者妥协甚至是更改，最后形成一个统一的观点，这可以从侧面反映一个同学的团队合作能力；"用锚"环节就考验了学生的一个知识掌握情况以及迁移能力，这个可以通过做题的方式来掌握，可以是客观题也可以是主观题，还可以通过教师现场口头表达一个观点让学生来回答；"省锚"环节的评价就是看学生能否正确看待别人的评价以及正视自己，可以培养学生"自省"的能力以及一定的抗挫能力。

五、微电影实践教学模式

（一）微电影概述

微电影即微型电影，指的是时长一般在一小时以内且拥有完整情节的小型影片。微电影教学指的是教师在教学纲要的要求下，指导学生通过拍摄微电影的形式对相关知识进行研究与学习，并实现教学目标。

2020年由陈艳和谢伟光著、社会科学文献出版社出版的《微电影实践教学：高校思政课教学模式创新探析》一书，详细地介绍了微电影教学法，并探讨了其在高校思政教学中的应用，为高校思政课教学模式创新带来了新思路。该书共分为三个章节。第一章为理念篇，主要介绍思政理论课实践教学相关基础理论，包括内涵、特征、构成要素、基本规律等。第二章为思路篇，主要探讨微电影实践教学的内外条件、组织实施、评价机制和保障机制等内容，为其在高校思政课中的应用构建运行体系。第三章为操作篇，作者分享了一些微电影教学案例，并结合案例分析了高校思政教学可以借鉴的经验。

该书指出，作为一种信息传播载体，微电影可以作为多媒体教学形式应用于高校思政理论教学。除此之外，微电影教学法在思政实践教育方面也发挥着巨大作用。一方面，微电影教学有利于提升教学效果，从而实现思政教学模式的创新发展。微电影教学法要求教师对思政教学内容具有足够深的认识和了解，进而设置好"电影主题"，同时还要求大学生要充分发挥团队协作能力、交际能力、思辨能力等，完成组建剧组、编写剧本、选景拍摄和后期制作等一系列任务。教师和学生都可在思政教学中充分发挥自己的价值，实现思想能力提升。另一方面，微电影教学可有效激发大学生的学习潜能。在教学活动中，微电影教学法要求学生既是学习主体，也是创作主导，而教师仅仅作为指导者、辅助者，将学生原本的被动式学习转为主动式学习，让大学生在思政教学中的心态由"要我学"变为"我要学"。在微电影教学模式下，大学生既夯实了思政理论基础，也培养了自主学习能力、探索研究能力。

（二）微电影实践教学的特征

第一，成本低。思政课实践教学要想顺利完成，必须有一定的经费来做保障。一直以来，很多高校也都相继成立了思政课实践教学的专项资金，用来保障实践教学的顺利开展。但是在实际的运用过程中，总会出现经费不足，甚至挪作他用等一系列问题，导致实践教学不能按原计划进行，让教学效果大打折扣。例如，在参观革命圣地这种实践教学活动中，不仅会产生乘车费用、门票费用，有时甚至还会产生食宿费用。因此，整个实践教学活动中花费并不低，这就导致经费不足问题的出现。有些任课教师因经费不足，只能选择带学生去离学校近且免门票的红色圣地去进行参观和学习，这就大大限制了实践教学的开展。然而，思政课微电影实践教学不仅对实践的时间地点没有强制要求，对经费也没有过多的要求，甚至有时可以达到零成本。只需要一部手机就可以完成实践教学的全过程，其中包括微电影的拍摄、后期的剪辑、配音、字幕等，这一系列工作都可以用免费软件完成，这样就可以在很大程度上避免经费的牵绊，也可以调动更多的学生参与到思政课的实践教学中来，有助于高校思政课育人目标的完成。

第二，成效快。虽然开展高校思政课实践教学的方式有很多种，也取得了不少的成效。但有的思政课传统实践教学由于方式较为单一、教法较为老套，学生对此缺乏兴趣，所以容易存在"搭便车"的现象，进而出现部分学生的参与程度低、实践教学的育人成效不突出的问题。要想提高思政课实践教学的育人成效就需要革新实践教学的形式，采用大学生喜闻乐见的方式。这样一来，才会避免大学生对教学活动产生抵触情绪，使之真正参与到实践教学的活动中，才能更好地发挥实践教学的育人作用。思政课微电影实践教学紧跟时代潮流，站在短视频的风口上，满足大学生猎奇的心理，也是当代大学生短、精、快知识消费行为的代表。这种新颖的方式可以紧紧吸引大学生的眼球，让大学生乐于参与到这一过程中。随着主题的确定、剧本的撰写、中期的拍摄、后期的剪辑等一系列实践活动的推进，学生不仅深化了对思政课知识的理解，更加促进了各方面能力的提升，思政课的实效性明显增强。

第三，可复制。思政课微电影实践教学具有思政课传统实践教学所无法媲美的优点，即它有可复制性。思政课传统实践教学如参观革命圣地和重大事件纪念馆等都具有极大的地域限制，这类实践教学活动只能在红色资源丰富地区的高校开展，对红色资源相对贫瘠地区的高校有较少参考价值。而思政课微电影实践教学这一形式可以被绝大多数高校所运用，是一种通用的方式，具有很强的复制性。而且，高校教师和学生可以根据自身所掌握的理论知识和对社会热点问题的不同认识，来确定不同主题，使主题不仅具有与时俱进的特点，而且具有深刻内涵。思政课微电影实践教学在时间和地域上也相对自由，没有那么多的限制条件，且容易上手，具有简单易操作的特征。完成的优秀微电影作品，通过互联网的传播，会让更多的人关注到这种新型实践教学方式，为想尝试此方法的高校作出示范，最终可以让更多的高校师生从中受益。

第四，传播广。与高校思政课传统实践教学相比，思政课微电影实践教学有更广泛的传播性。具体原因有以下几点：首先，微电影以微小著称，它是新媒体时代特有的产物，是新鲜事物的象征。它主要依靠手机、平板电脑等移动媒体传播，同时具有浓厚的艺术气息和无穷的魅力，所以受到许多青年群体的青睐。其次，中国互联网信息中心发布的数据显示，中国网民的数量正在逐年上升，尤其是青年群体占比例巨大。

思政课微电影不仅可以在各大网站、QQ、微信公众号上观看，并且可以下载和转发。由于互联网的传播速度极快，这样一来，便可以不断扩大优秀思政课微电影的传播范围，增强传播效果。由于当代大学生生活在新事物层出不穷的时代，他们思维敏捷，想法新颖，他们有勇于表达自己想法的欲望和勇气。他们从自身的学习生活出发，能用自身的所观所感拍摄出具有生活化的思政课微电影，更能引起大学生这一群体的关注，从而引起大学生群体感情上的共鸣，最终润物细无声地发挥了思政课的育人作用。

（三）微电影在高校思政教学中的应用步骤

微电影在高校思政教育教学中的应用，需时刻遵循以人为本的原则、理论与实践相统一的原则、专业性与趣味性相统一的原则，以确保微电影教学法既能够吸引学生参与教学活动，又能达到预期教学目标。根据既有微电影教学实践研究，微电影在高校思想政治教育教学中的应用步骤如下。

一是统筹规划好微电影教学活动。教师首先要设置好微电影教学主题。主题的设置应当符合社会主义核心价值观，契合时代主题，并且以夯实思政理论、锻炼实践能力为目标。在商讨并明确微电影教学主题后，教师需制定具体的教学实施方案，其内容包括学生分组、时间规划、技术指导、经费支持、考评安排等。

二是扎实做好微电影创作实践。微电影创作过程是高校思政实践教学的关键环节，思政教学的育人目标能否完成，很大程度上取决于微电影创作过程中的各项任务是否被有效贯彻落实。高校教师应当注重微电影的创作过程，通过提供技术支持和专业指导，引导大学生扎实地推进微电影创作，完成剧本编著、影片剪辑、配文配乐等一系列创作任务。

三是完善好微电影的考核与评价。微电影制作完成后，教师应当对学生的微电影作品、创作过程记录和相关研究报告等进行综合评价，在肯定学生思政实践成果的同时，还要指出其在微电影创作中的不足之处，从而帮助其获得思想政治意识的提升。

（四）微电影实践教学模式在高校思政课的应用措施

1.教师尽快完成角色转变

目前，大部分思政课教师没有很好地转换自己的角色，导致两种情况的出现：一种是教师依旧是实践教学的主角，学生主体作用的发挥受限；另一种是教师没有扮演好守门员的角色，而是全权交给学生，导致学生自由度过大。要避免这两种情况的出现，就需要教师尽快转换自己的角色，发挥自己的主导作用。

一方面，教师要对思政课微电影实践教学有正确的认识，从思想上高度重视自己在实践过程中所充当的角色，认识到发挥自身主导作用的重要性，既不能大包大揽也不能放任自流，要抓牢自己手中的指挥棒，为学生的实践指明方向，尤其在思政课微电影选题方面，现在许多学生将思维固定在课堂所展示的优秀影片上，很难突破局限，导致影片内容缺乏创意；一部分学生又过多地将自己个人偏好应用于影片当中。为了解决选题问题，教师既不能忽略学生主体地位，也不能一味地放任学生自由选题，而应该由任课教师集体研讨、集思广益给出选题范围，让学生在指定范围进行选题。这样既尊重了学生，又保证了思政课微电影主题的正确性，让思政课微电影作品能够反映德行善举、传递人间大爱，有一定的育人价值。

另一方面，学校可以对优秀作品的指导教师进行精神或物质奖励，激发教师的主动性，让教师也能够参与到微电影制作中，用以身作则的行动来感染学生。也可以将思政课微电影实践教学的效果与教师的考评晋升挂钩，这样会提升教师对思政课微电影实践教学的重视程度，促使他们在实践中既积极主动地承担自己的责任，又能够从细节入手严格要求学生，端正学生态度。在实践中，思政课教师可以通过微信群或其他方式跟进学生，及时为学生答疑解惑，解决实践中所遇到的问题，把自己的主导作用发挥到极致。

2.教师提升自身综合素质

在指导学生时，教师需要不断提升自我，提高运用微电影开展教学的业务水平和综合能力。这样一来，有利于提高思政课微电影实践教学的实效。可以从以下几个方面入手：首先，教师要定期参加微电影制作的培训活动，在形式多样的培训活动中，教师可以紧跟时代步伐，汲取信息化教学的养分，逐步更新自己的知识库和技能库，让自己从微电影领域的"小白"成长为带领学生制作微电影的领头羊，为学生制作思政课微电影把关，促使思政课微电影从量多到质优的转变。其次，教师要走出校门走入其他高校的思政课微电影阵地进行参观，和其他教师积极进行交流研讨，学习思政课微电影实践教学的宝贵经验，为自己在指导学生思政课微电影实践教学时提供借鉴，以促使学生的思政课微电影作品逐渐克服剧情空洞、制作粗糙等问题，挤干思政课微电影实践教学的水分，使思政课精髓和微电影形式能够达到形神合一，学生收获满满。最后，思政课教师也可以以小组为单位，踊跃参加高校联合举办的针对思政课教师的思政课微电影大赛。以赛促学可以调动教师的实践积极性，只有教师投身思政课微电影的制作中，才可以完整体验整个实践过程，增强实战经验，提升自身实践能力，不至于在指导学生时只是纸上谈兵，而能抓住要害给学生提出具有可行性的建议。

3.激发学生的主体作用

如今，高校思政课面对的是与新媒体技术一同成长的"00后"的大学生，如河北大学的微电影教学法，恰恰符合"00后"大学生勇于创新、实现自我价值的思维特点，能够在微电影实践教学中发挥大学生的主体作用。学生可根据教师提供的微电影主题以大学生的校园学习和生活为素材，从青春梦想、职业生涯、校园生活、公德意识、社会热点等多个题材给以展现。大学生通过拍摄微电影可加强对社会主义核心价值观的深入理解、对时事热点问题的关注与思考，可以将理论知识内化于心外化于行，成为愉悦的学习者、平凡典范的树立者、创造幸福的体验者、马克思主义理论和新思想的传播者。

第一，运用微电影教学，激发学生的参与热情。在微电影实践教学中，部分思政课教师会提前对学生开展组织动员活动，介绍实践教学的重要性、作用和意义，明确主题及对微电影拍摄、制作培训，前期的动员活动契合了学生的兴趣需求，激发了学生的参与热情，实现了学生知识与行动的统一。而一部优秀微电影的完成需要学生自编、自导、自演，在这个过程中学生成为实践教学的主体，全程参与到整个实践教学中，能够充分展示学生的主体意识、创新意识，再一次激发大学生的参与热情。

第二，坚持"三贴近"原则，激发学生的积极性。"三贴近"原则就是要贴近实际、贴近生活、贴近大学生。调查显示，很多大学生都喜欢展现大学生活的微电影题材，说明大学生比较关心的问题还是从大学生自身为出发点，这就需要教学内容要与大学生的成长成才联系起来，运用微电影教学把理论知识讲到大学生的心里，激发大学生内在的强烈需求，充分调动大学生学习的积极性和主动性，自觉、主动地参与到教学中来。

第三，在微电影实践教学中培养大学生的团队精神。相当一部分大学生认为拍摄微电影能培养团队精神、合作意识，促进同学间的交流。学生利用一部智能手机、一台电脑就能制作完成一部微电影，但是在创作剧本、拍摄和制作微电影上，就需要学生合理分工、相互配合一起完成。学生在参与微电影实践教学的过程中，能够有效培养团队意识和团队精神。

学生参与微电影实践教学的过程不仅是对学生自身道德品格提升的过程，还能够促进学生之间的交流和沟通，锻炼学生的实践能力、创新能力，培养大学生的团队意识、吃苦耐劳精神，为大学生形成正确的价值观、正确的竞争协作观念、积极的人生态度、崇高的理想信念提供了可靠的保障，促进了大学生的综合素养的提升。

总而言之，作为一种新型教学模式，微电影教学与当下的大学生个性化学习需求相契合，具有一定的时代先进性。该书系统介绍了高校思政教学中的微电影教学法，对于我国高校思政教育发展具有一定的参考意义和指导价值。

第二节　高校思政教学方法改革

一、高校思政教学方法改革创新的原则

顺应教学理念的变革要求和"00后"大学生主导性需求的变化，高校思想政治理论课要达到塑根铸魂、立德树人的目标，在创新课堂教学模式的全过程中均应坚持如下五个原则。

(一) 主导性原则

虽然现阶段高校越来越强调适用于创新人才培养的专业化程度比较高的小班化教学，但思想政治理论课的教学仍然普遍采取大班授课模式，这就导致教学过程只能照顾到学生的普遍性需求。课程内容本身的强理论性和系统性，决定着教师要成为课堂的主导者，发挥着"以我为主"的主导作用。这种主导作用体现在从教材的选取、教学大纲的编制、教学内容的编排、教学讲授的过程到结果的评价与考核（特别是价值引领），均应以教师为主导。

(二) 主体性原则

主体性是从信息接收者的角度而言的。教学过程离不开作为知识信息传播者的教师，更离不开作为信息接收者的学生。教学过程在突出教师主导作用发挥的同时，更应该重视与尊重学生主体作用的发挥。这就要求教师要引导学生积极参与教学活动，并着力做到心中装着学生、过程依靠学生、方法教给学生、目标聚焦学生、一切为了学生。学生要善于开展自主学习、探究学习、创造性学习，有效培养自己的自主学习习惯和良好的学习迁移能力。

(三) 启迪性原则

思想政治理论课的任务并非单纯"拷贝式"地传播既有的理论知识，而是要启迪智慧、引领学生成长。因此，教师要在了解学生原有知识结构、认知图式、思维方式和语义解释框架的基础上，通过课堂教学模式的改革和课堂教学情境的创设，引导学生学会选择、学会学习，带着问题去思考、去发现，通过独立思考、独立感悟、自主探索，去获取新知识、新观点、新见解。教师要在有效组织驾驭课堂的前提下，切实尊重学生的主体地位，发扬课堂教学民主，创设探究式教学情境和宽松愉快的教学气氛，不断激发学生的学习热情与兴趣，引导学生大胆发表自己的独立见解，以期获得思想和智慧的启迪。

(四) 协同性原则

这一原则要求教师在教学过程中确立教与学共同体意识，主动带领学生共同合作，参与创设一定的环境与情景，充分发现、引导、调动学生的积极性，通过专题教学、案例教学、翻转课堂、微课等教学方法的创新与改革，激发学生的参与热情，发挥教师与学生两个主体的互动性、互益性和协同性，着力培养、发挥学生的主体意识、主体精神，提升学生的获得感，有效实现教学相长。

(五) 获得性原则

贯彻这一原则要求在教学过程中，教师要及时主动地研究学生、了解学生，努力避免那些理想化的、中看不中用的、中看中用但没法获得或需要投入大量资源的教学方式；要力戒照本宣科、囿于理论、不接地气、高高在上、受学生冷眼而无法有效激发学生兴趣的做法；要坚持以学生为中心的需求导向和问题导向，通过教学过程的组织与实施、教学方式的创新与改革，使学生在知识获得、情感涵养、品德养成、能力拓展、行为训练等方面获得新的长足的提升与发展。

二、搭建融媒网络思政教育平台

以上海海洋大学为例，信息学院积极整合各类文化传播媒体资源，搭建融媒网络思政教育平台，深化党团联动思想教育长效机制。经过实践发展，上海海洋大学信息学院逐渐形成以学生党员为引领，以点带面的覆盖全局的教育体系。同时，上海海洋大学信息学院结合国情、校史、院况和重大活动开展主题教育，以进一步凝聚全院师生为党育人、为国育才的共识，营造能担当、敢作为、争先进的氛围，从而为学院的发展奠定了坚实基础。

（一）完善课程体系，夯实育人基础

上海海洋大学信息学院党委高度重视党员政治素质的锤炼与提升，将基层青年学生的思政教育工作与专业知识学习结合在一起，并且搭建青年学生"第二课堂"和拓展学生学习阵地，从而使对党员与入党积极分子的教育管理成为基层工作的重点。上海海洋大学信息学院充分整合重要法律法规、系列重要讲话、党史国史校史、形势政策、专业课程、榜样典型等学习资源，先后推出"习近平总书记重要讲话精神解读""中国共产党创建史""陈望道与《中国共产党宣言》""新冠肺炎疫情防控相关法律法规""人工智能对人类社会的影响""先进制造业与中国制造2025""榜样学习：《钟南山：生命的卫士》"等优质培训课程，从而使学生党员形成了系统化的知识培育体系和完备的综合素质。

上海海洋大学信息学院易班工作站利用快搭、优课、班群等形式，以党、团、班建设为内容，指导各个新生班级完成思政教育网络"班级日志"的撰写，监督各个主体实现新生教育课全覆盖，引领易班工作站学生完成易班创新实践工作。同时，上海海洋大学信息学院易班工作站用心举办"不忘初心、牢记使命"主题教育在线测试，积极带领学生参加易班的线上活动与线下活动，充分利用易班进行班委选举展示与投票，及时发布学院的时事动态，全面倡导学生利用易班学习资源。上海海洋大学信息学院的辅导员针对学生的学习、住宿、社交、心理等方面的情况撰写博文，以引导学生全面健康发展。上海海洋大学信息学院的多个班级获得"超级梦想班级""梦想班级""最具班级特色奖"等称号，学生的多项作品获得网络文化节的相关奖项。

(二) 筑牢管理体系, 巩固党团建设抓手

上海海洋大学信息学院不断探索与完善政治理论学习的形式和制度,构建了学院党委中心组集体学习、全体教职工政治学习、全体党员集体学习、各党团支部(系室、班级)集体学习、党员个人自学等多种政治理论学习形式。同时,上海海洋大学信息学院结合课堂教学、课程思政、学术论坛和讲座、座谈与交流、参观调研等主阵地,开展师生政治理论和思想教育活动,并且逐步形成由发布政治学习指南、反馈政治学习计划、形成理论学习纪录、发布学习总结内容、纳入支部考核评价等构成的支部党员教育管理体系。上海海洋大学信息学院通过量化理论学习完成情况、检查理论学习质量、年底支部书记考核答辩等方式,使基层思政教育体系逐步完善,从而巩固了支部的政治建设基础。

(三) 拓展实施载体, 打破学习瓶颈

上海海洋大学信息学院党委积极探索青年学生教育管理工作组织新形式,以主题活动工作项目为驱动,以增强基层支部政治功能为目标,重创新、求实效,不断提升学院的青年学生教育管理工作水平。在严格落实"三会一课"工作的基础上,上海海洋大学信息学院党委不断强化以青年教育学风建设为重点的党团联动思想教育机制,持续推进特色育人项目"引领计划",致力于打造"榜样之星""领航班团""优学派"等品牌活动,以此推动对学生的思想引领。上海海洋大学信息学院党委深入挖掘易班优课教育平台的功能,充分利用易班校际公开课程、学习强国慕课等资源,上线多期易班优课教育培训课程,从而推动了党员教育管理的无属地、全天候、一体化,实现了党员假期理论学习"不打烊"。同时,上海海洋大学信息学院党委坚持加强"校园网""学院党务公开网""学院官网"及党建公众号"三网一端"的建设,通过将教育培训活动进行记录、总结和反思,不断提升育人项目的工作质量,从而真正发挥融媒体时代下的宣传工作之思想引领作用。

通过项目推动,上海海洋大学信息学院在教育培训阵地拓展方面取得诸多成效,实现了"多元教育手段并举,品牌育人活动共建"。在"学史励行,勇创先锋"组织生活会、网络安全教育志愿服务、长征主题沙盘党课、"榜样之星·'星'火相传"入党教育引领活动、曹家渡街道党建服务中心"红色引航"微信公众号志愿开发等特色党建项目不断涌现的基础上,上海海洋大学信息学院开拓了党员教育的新模式,为在校大学生了解社会、服务社会、贴近基层提供了广阔的平台。

上海海洋大学信息学院党委以学习贯彻习近平新时代中国特色社会主义思想为主线,充分落实党的十九大精神,使主题教育常态化、制度化。首先,上海海洋大学信息学院党委充分把握互联网媒介发展的基本规律,不断探索融媒体发展

时代背景下的网络思政育人内涵建设，致力于打造强有力的师生共建团队"易班工作站"，并利用网络媒介工具"易班"，为党员教育培训整合优质课程资源；其次，上海海洋大学信息学院党委实际掌握学生的思想动态特点，创新方式方法，融合专业学习，以寓教于乐的形式提升学生的综合素养，不断突出思想引领的作用，从而使学生党员的思想政治教育工作落到实处；最后，上海海洋大学信息学院致力于培养基层党团组织、学生组织和班集体的凝聚力、涵育力与行动力，并充分借助组织的目标、制度、任务、学生干部以及后备力量的作用，促进组织内各资源的优化配置，凝聚组织的创新发展合力。上海海洋大学信息学院将继续以"初心实践"为出发点，不断提升育人效果，将思政育人的铸魂之本、实践之基和动力之源认真抓深、抓实，从而推动主题教育往深里走、往心里走、往实里走，使践行"立德树人"这一根本任务得以实现。

三、讨论教学法

这一方法是指教师通过预先的精心设计与组织，引导学生就特定问题展开讨论，发表自己的见解，提高学生学习的独立性、思辨性和创新性。通常包括同桌讨论、小组讨论、班级讨论，其特点在于交往与沟通的多向性、知识构建的主动性、互动过程的竞技性、学习过程的朋辈互助性。实施讨论式教学应做到：一是议题的设置要内容饱满、有事可议、贴近实际、有价值导向。二是讨论目的要清晰明确，符合教学大纲要求，有助于知识难点、重点的理解和综合能力的培养。三是讨论要体现学生的主体、主导作用，把全体学生当作主要参与者。四是要有充分的讨论方案，课前充分备课，包括备教材、备学生、备论题、备场景；讨论进程可控，包括分组方式、讨论时间、讨论过程组织、讨论氛围激发与创设；讨论总结全面，包括论题剖析、论点汇总、讨论过程回顾梳理、讨论效果点评分析。

四、案例教学法

案例教学法是20世纪20年代起源于美国的一种很独特的教学方法，20世纪90年代以后引起国内教育界重视和研究，近年来被高等学校、干部培训，甚至中学教学所广泛采用。案例教学法的优点在于可以激发学生独立思考，可以引导学生由注重知识向注重能力培养转变，可以促进师生之间、生生之间的双向交流。为了使案例教学更有效，教师要做到：一是要收集丰富而又有针对性的案例，包括案例的时空要素、人物要素、冲突要素、问题要素及社会影响要素。二是要积极创设案例研习环境，引导学生全面参与到案例的研讨过程中来。三是要强化课堂案例研习沟通的成效。分组研习案例时组员的人数不宜太多，通常小组规模保持在5~9人，以便为学生提供面对面充分沟通、研讨、交流的时间与机会。四是要注重结果反馈。教师要及时对案例进行分析，并对学生的案例研讨结果进行点评，以便学生可以得到及时的反馈。

五、网络辅助教学法

网络教学是以现代信息技术为手段，以多媒体和网络为表现形式的全新教学模式。习近平总书记指出："要运用新媒体新技术使工作活起来，推动思想政治工作传统优势同信息技术高度融合。"实施网络辅助教学既是对教学方式的补充，更是基于自媒体时代信息传播速度快、覆盖广、效用高的特点对现代传播手段的充分利用。实施网络辅助教学，要破解以下难题。

一是要转变观念，在统一认识上下功夫。要形成网络辅助教学是教学方式创新的共识，确立其教学地位，要统一规划网络辅助教学的目标、计划、内容、实施步骤等，要改变个别教师单打独斗的局面，同步规划、同策扶持、同步推进。

二是要整合网络课程资源。高校应结合各自实际制定符合教师主导、学生主体原则的，具有针对性和适用性的网络课程体系及建设标准。

三是加强网络精品课程建设，包括校、院两级精品课程、课件，这是实施网络辅助教学的根本保证。网络课程建设要充分发挥教学团队优势，克服各自为政的局面；网络课程的内容应充实、丰富，网络教学的形式要多样化，网络使用界面要统一操作格式。

综上，高校思想政治理论课要实现对"00后"大学生"三观"塑造、价值引领、理论武装、人格完善的主导性影响，坚持在共享发展改革理念指导下，遵循自媒体时代信息传播的特点与规律，积极实施教师主导下的教学改革，着力探寻教学方法与手段的丰富与创新，切实提升课堂教学的吸引力和感染力，以充分调动学生学习的参与性、主体性，有效引导学生用主体深度融入与浸入式体验的方式，深化理解、全面把握思想政治理论课所传授和阐明的基本理论、原则、规律、价值导向，不断汲取个人成长成才的精神动力和实践密钥，增强在思想政治理论课学习过程中的获得感，这必将成为当下高校思想政治理论课课堂教学改革的新视角和新路径。

六、专题式讲授法

这一方法的优势在于：教师不必局限于已有的教材，而是紧紧围绕现实中的热点难点问题，条分缕析、因事而化、前瞻性思考，并因时而进地设置不同专题，进行课堂教学。它要求教师课前要做精心的准备，要就某一专业领域的热点、难点、重点问题，就学生普遍关心或有所疑虑的问题循序渐进地剖析与分析。专题式教学以丰富的课堂构建为载体，它要求老师应具备良好的理论功底和崭新的教学观念,还要有深度的理论研究;课堂上既要发挥以教师为主导的引领作用,又要切合学生的心理和思想实际,做到有的放矢、启发自觉,提高学生分析和解决现实问题的能力。实践中,在选用专题式教学时,既可以由个别主讲教师独立承担,也可以考虑组建专题教学团队或课题组,由一名学科带头人牵头,分工协作、共同完成专题教学教案的编写与制作;具体开讲时也可挑选一名教师主讲,以充分发挥集体的智慧与优势。

七、利用大数据技术提升思政教学效率

(一) 大数据技术支持高校思政教学改革的背景

2017年12月,习近平总书记在中央政治局第二次集体学习时强调,"大数据是信息化发展的新阶段。各级领导干部要加强学习,懂得大数据,用好大数据,增强利用数据推进各项工作的本领,不断提高对大数据发展规律的把握能力,使大数据在各项工作中发挥更大作用"。2020年10月,党的第十九届五中全会公报指出要"坚定不移建设制造强国、质量强国、网络强国、数字中国"。其中,教育大数据是大数据研究与应用中的重要领域与重要内容之一。教育大数据已经成为驱动教育变革、提高教育质量、实现教育公平、促进学生个性发展的有力抓手与有效路径。

高校作为创新人才培养的主阵地,必将成为大数据浪潮中重要参与者、促进者与推动者。以大数据资源、技术与方法促进大学生日常思想政治教育革新思维、优化供给、改进方法、重构范式,建构科学化、数字化与智能化的大学生日常思想政治教育体系,推进大学生日常思想政治教育向"精准思政""智慧思政"转型升级,是大学生日常思想政治教育顺应时代发展的现实需要,也是大学生日常思想政治教育进一步提质增效、焕发新机的重要生长点与强劲推动力。

(二) 大数据技术助推高校思政教学的特征

1.对象的复杂性

思想政治教育的直接对象是"人",是正处在成长关键期和思想敏感期的大学生,他们思维活跃、行为多样、辨别意识能力较弱,对于人生价值和外在世界的认知尚未定型,在思想和行为层面都呈现出极高的复杂性。高校思想政治工作对象复杂性体现在两个方面:一方面是大学生的思想和行为变化快。高校大学生处在刚刚成年、青春懵懂的年龄阶段,其思想价值观、人生观、世界观都处于不稳定状态,其心理想法、思想倾向以及行为选择都极易受外界环境的影响而产生改变,尤其在当前大数据、互联网浪潮的冲击下,以西方电影电视为代表的文化输出,加剧了各种与我国主流意识形态不符的文化思想、社会思潮在网络空间不断

滋生和蔓延，一些带有普世价值观、新自由主义、民族虚无主义、功利和享乐主义色彩的思想主张借助美丽的外衣，以隐性的方式在高校校园里集散和潜伏，不断刺激着当代学生的价值观念、思想认知、道德观念，也对高校意识形态领域的话语权形成了不小的挑战。大学生本就对新生事物具有强烈好奇心和求知欲，在外界新潮事物的诱惑和冲击下，思想、心理和行为变化速度极快，致使思想政治工作者很难把握教育对象思想行为发展的确定性规律，也就难以精准定位施策的着力点。另一方面，复杂性还体现在大学生思想和行为的矛盾突出。伴随社会主义改革的深入和网络应用的全球普及，社会环境和社会舆论变得更加复杂多变，一些错误思潮和信息舆论迷惑了不少大学生，使他们对正确价值观的群体认同和内在认同有所削弱，这就导致大学生群体中出现理性思考和关注现实的意识弱化、政治信仰模糊、民族认同降低、疏离传统道德甚至仇视社会、心态浮躁等问题。一些大学生在面临价值判断和道德选择时，常常疑惑重重；面对理想信念的奋斗时，常常意志不坚；面对集体利益与个人利益、当前利益与长远利益的协调时，常常认识不清。他们在思想和思维上的彷徨、困惑最终表现出行为矛盾，衍生出行为出格、错乱、攻击等问题。大学生思想和行为统一性的缺乏，加大了思想政治工作协同育人难度。

2.方法的精准性

大数据时代，师生思想和行为以及思想政治工作的内容、方法、效果皆数据化了，数据被广泛应用于高校教育的各个领域。在大数据的支撑下，高校可以借助学校教务系统、学生信息门户、校园一卡通、学习软件（云班课、易班）、社交平台、视频监控中心等一体化系统，以离线采集、在线采集、互联网采集等模式实现学生数据采集动态化，对数以万计大学生的课堂出勤、图书馆借阅、食堂消费、归寝情况、运动锻炼、社会交往、社会实践等多维数据和指标，以及他们在网络上留下的文字、音频、视频、表情数据进行全面采集、记录、监测，汇聚形成强大数据流，构建个人用户元数据库。大数据分析建立在统计学学理基础和机器学习技术支撑下，通过算法编程预先设计数据分析方式，从而实现数据的自主记忆与识别、智能分类与存储、超级运算、深度分析，刻画每个学生相关性动态轨迹并输出形成共性词条，从庞杂的数据中分析出大学生的行为偏好和习惯、学情考情、就业偏好、心理意向、犯罪动向，构建具象化、可视化学生用户画像、模型、图表。同时，大数据可以监测高校舆情危机，分析舆情产生源头，科学研判其演变动态，及时启动预防和应急处理机制。大数据应用是数据发声、创造价值的过程，这一过程体现在大数据结合不同的环境和目的，告诉教育者什么样的决策是科学的，如何实施才能降低教学管理过程中的风险和成本。对于学生而言，大数据为每个学生生成个性化、精准化成长方案，提升学习推送精准度，使思想政治工作内容精准对接大学生的情感需要、价值需要、心理需要、学习需要。

3.资源的共享性

只有推动资源开放共享，才能释放价值乘数效应。大数据支持下，高校思政教育资源具有跨群体、时间、空间的流动、传输、共用等共享特征。

其一，资源的跨群体共享。高校思想政治工作要实现"三全育人"理念，就必然要打破高校与其他主体之间的壁垒，依托网络建立沟通渠道和开放的大数据交流平台，这些渠道和平台在提升资源配置效率和服务水平的同时也成为联系主客体的一种物质形式，促使不同主体在数据这一载体的连接下结成相互关系，加速师生之间、各学院和部门之间、高校与家长、社会组织、政府部门、企业之间的信息交流、数据分享、跨界合作步伐，打破数据垄断，使数据资源在不同群体之间的流动过程中，其价值能够充分被发掘出来并得到精准的使用，进而更好地为高校思政工作提供针对性的服务。

其二，资源的跨时域共享。大数据时代每个大学生的学习行为、消费行为、社交行为、运动行为皆以数据形式爆炸式叠加、增长，形成思想政治工作数据资源，这些资源依托手机、电脑、校园网站、微博、微信、QQ等多种介质组建的庞大传输网络，实现即时传输、分享、获取，彻底改变了传统教育时代下思想政治工作资源共享不及时的弊端，使高校思想政治工作者可以在第一时间获取最新信息，从而及时调整教育决策和方案。

其三，资源的跨区域共享。数据驱动的资源共享平台已成为高校思想政治工作协同育人的重要基础设施，这一平台基于区域精准定位，自主整合区域内的有效资源，打破空间物理条件对数据流通和共享的限制，突破区域壁垒，形成开放、互联、共通的网络空间环境，促进区域内的课程、科研、实践、文化、网络、心理、管理、服务、资助、组织资源融合，有机融为一体，推动育人主体共建、共享数据信息网络，发挥出大数据信息资源多重效益和价值，融合多种教育力量，完善协同育人模式。

4.路径的聚合性

聚合是指单个的事物或元素以某种方式从离散到集中状态转变的过程，而高校思想政治工作协同育人的路径运作是校内校外、线上线下各项育人要素以大学生为核心通过协同方式实现作用力聚合的过程。大数据背景下，高校积极推动人才培养工作与技术接轨，改变了物理技术支撑下的思想政治工作信息传播、资源获取、人际合作的机制和方式，即改变了高校育人的路径。对于大学生个体而言，需要接触多个客体对象，如教师、家长、社会人员等，接收来自多方面的信息资源，以掌握个体成长所必需的多个学科门类的知识技能素养，从而获得全面发展。

然而，教师、家庭、社会、企业等主体地理位置布局的分散性以及思维的封闭性却制约了协同育人模式的形成。基于协同育人视野观察高校思想政治工作，其路径呈现为高校、家庭、政府、社会、企业等主体围绕"人"这一核心，以物质合作、技术合作、信息合作、人员合作的方式，实现思想政治教育资源的聚合和集中，而不是传统的"单兵作战""各自为政"。基于开放、互动、自由的思想政治工作空间和大数据一体化平台网络，打造完善成熟的高校体系化、全方位、全天候育人网络，构建有机互动、双向"互哺"的教育合作机制，各大育人主体以大学生为聚合中心点，教师、家长、社会群体等从育人空间中的多个定点协同发力，构建开放式、互动式、双向式、协同式的工作关系和样态，共同合作、共同参与，形成高校、家庭、政府、社会、企业合力育人格局，协同开发各类育人要素资源，在育人路径的选择、资源的供给、数据源参考上与大学生现实培养目标、个性需求相互匹配，使各大主体有针对性地发挥各类资源价值协同效应，共同致力于大学生的个性化成长和发展，在大学生思想、心理、情感、道德观、价值观、文化观等方面的变化中彰显思想政治工作的价值。

（三）高校思政教学对大数据的应用

1. 精准画像

用户画像是指建立在一系列属性数据之上的目标用户模型，它包含用户属性、用户特征、用户标签三个要素。大学生精准画像是指根据与学生日常行为有关的全样本数据采集与分析，对其数据信息概貌进行抽象呈现，精确反映大学生行为状态、精准定位大学生个体或群体特征的数据应用。

"学生画像"可以精确反映学生的基本特征和行为状态，包括呈现学生思想行为、描绘学生成长轨迹、评测学生思想水平、预测学生发展趋势、预警学生行为风险等，由此既有助于教育工作者对教育对象各阶段行为进行预判、筛选和甄别，多维度、全过程地把握学生思想成长的成效、问题和规律，又有利于学生根据画像看到自己的不足，据此加以改进与完善。

2. 探寻规律

大数据全样本确保能够从学习工作、日常生活、网络行为等不同层面、不同角度反映学生整体面貌，数据信息的交叉印证与关联分析则有助于教育工作者通过"碎片化"的数据信息建立各要素之间的关联，从数据中拂尘见金、溯本求源，以系统视角观照受教育者，发现以前未曾注意的关联关系与思想政治工作规律。

在微观层面，大学生在校园的行为具有一定的时间规律性和地点周期性，通过对大学生日常学习生活等行为数据的实时记录与深入分析，如分析数据的时间、位置、先后顺序、速度及散布情形可以绘制出大学生行为活动数据轨迹图，据此可以把握大学生群体特征、揭示大学生成长规律；在宏观层面，以大数据为依托，通过对大学生日常思想政治教育各环节、各要素相关数据采集、融合与分析，可以探索思想政治教育各要素之间的关联性，及时获悉各环节协调配合力度、各因素相互作用效度等，据此探寻多层次大学生思政工作规律。

3.超前感知

运用大数据信息技术进行预测是大数据时代大学生思想政治教育工作重中之重。例如，根据校园BBS论坛、QQ群、微信群等关键词、敏感词抓取分析可以预测舆论扩散和影响态势；通过对学生不同渠道透露出的灰色关键词与高频词数据进行分析可以找出思想波动较大与出现心理异常的学生；根据学生校园消费、门禁数据分析可以预警不在校或行为异常的学生；通过特定数值预设技术，可以建构特定行为分析预警模型，由此帮助教育工作者关注一些学生个体出现的与群体平均状态相异的数值，进而对可能产生的不安全因素实现智能预警；等等。

此外，通过大数据技术的应用，对与大学生日常行为相关的全样本数据进行挖掘分析，教育工作者可以快速诊断、科学预测学生在思想、心理、行为等方面可能出现的异常问题，如学习成绩下滑、信仰迷失、心理焦虑、犯罪倾向等，从而为教育工作及早谋划、提前干预、超前防范提供了决策依据。由此，大学生日常思想政治教育将由被动型应对向主动性介入、前置型预警转型。

（四）基于大数据创新高校思政教学方法

1.线上线下结合，实现角色转变

高校大学生思政教师应当主动树立大数据意识与思维，学会运用大数据思维不断更新自己的知识体系。大数据时代，大学生思政教学应当充分运用大数据这一工具，将其融入高校大学生思政教学之中，传统的大学生思政教学中的教师作为主要的传授知识的角色将会发生极大的转变，作为大学生的引导者和引路人，应当适时地转变自身的角色，使大学生在教学过程中发挥主动性与积极性，以期不断满足大学生的精神需求，引导大学生自觉坚定道路自信、理论自信、制度自信与文化自信，从而不断提升高校大学生思政教学的时效性。同时，思政教育者应积极探索新的教学模式，将线上教育、线下教育相结合，并使"大数据+教学"逐渐成为大学生思政教学的重要载体与重要环节。教育者在教学过程中可以运用网络这一有效载体，充分发挥大学生的主动性，充分掌握大学生的思想动态和心理趋势，教会大学生明辨是非的能力与方法。众所周知，教育系统作为一个复杂的系统工程，要变革其原有的模式不是一蹴而就的，而是一个连续的过程。因此，只有实现线上线下结合，克服各方面的困难，才能充分发挥大数据在大学生思政教学中的作用。

2.构建"大思政"数字化平台

在大数据时代，数据传播非常快，数量也非常庞大。各高校为了处理这些数据构建了自己的大数据平台，可是各个高校整合数据之后却没有进行资源的再整合和处理。我们迫切需求构建一个"大思政"平台，可以做到资源整合并扩宽受众面。"大思政"的核心思想就是统一领导、汇集人才专业运行，达到全面育人的目的。首先，建构大思政新媒体平台。目前各高校都拥有自己的新媒体平台，在微博、微信、抖音等社交软件都有自己的账号，每天发布的信息也很多。我们可以建立自己的大思政账号，由专人管理，把这些高校好的信息资源进行整合，在大思政平台发布，有助于各高校之间的交流。在重要的会议期间，大思政平台在微博上统一发起话题互动，各高校的学生可积极留言参与，这也利于我们的数据收集。大思政在新媒体平台可以多发起一些活动，让各校学生在网络上共同参与。比如，在疫情防控期间，可以发起为武汉加油的视频录制活动，收集学生视频积极在平台推送，激励更多的学生参与进来。如果考虑高校的众多和数据的庞大，可以以省市为单位，建立各省的大思政平台。其次，我们可以通过慕课和直播等方式进行线上教学。挑选全国思政教师在直播平台上课，学生可以通过预约报名的方式上课。各校的学生报名成功后在平台上课可以和教师进行互动，也可以及时给教师提出意见，以提高教师的教学水平。这样的做法汇集了教育资源，又提高了思政教师的水平。大思政平台除了线上上课还可以提供反馈模块，让各校师生在反馈模块留言互动，后台对于这些数据进行筛选，并及时反馈给各个高校，这有利于各高校改进网络思想政治教育工作。

八、基于亲和力提升的高校思政教学

（一）注重"第一课堂"情境构建

第一课堂情境构建主要是指高校思政教育课堂教学的情境构建，是指教师在课堂上通过营造多样化的教学情境，让学生在具体情境中展开学习，提升学生的体验感与主动性，第一课堂教学情境靠师生共同建设与维护，在增强课堂教学环境感染力的同时提升教育情境的亲和力。因此，可以从以下两方面进行教育情境构建。

一方面，要注意教室布置，高校第一课堂一般都是在流动教室上课，很少有固定的教室进行授课，而且每个教室的布置大相径庭，单调统一的教室布置充满冷清与严肃氛围，难以调动学生学习的积极性。因此，要注意教室布置，要在保持教室干净整洁的基础上，添加一些人文色彩浓厚的基本装饰，如盆栽、字画与板报等。要知道，温暖明朗的教室布置是教育情境建设的重要条件，它在调动学生学习兴趣的同时提升了课堂教学环境的亲和力。

另一方面，要塑造具体情境。对于高校大多数课堂而言，由于教学时间紧任务重，很多教师并不注重课堂教学的情境构建，在这方面时间与精力投放得不多，以至于学生体验感不佳，降低对课堂教学的兴趣。多数教师仅将多媒体课件的使用作为教育情境的构建，这其实是过于单一的情境构建，教师要将各类教学资源进行整合，强化教育情境氛围，不断创造条件来丰富整个课堂的教育情境。例如，可以通过具体情境模拟，运用真实形象的具体场景将抽象的理论知识变为生动的场景体验，不断增强学生的亲近感与体验感，通过课堂具体情境的建构提升教育情境的整体亲和力。

（二）增强"第二课堂"亲和力

第二课堂是指相对于课堂教学而言，进行与之相关的教学活动，但学习空间范围更加广泛，即学校、家庭与社会。因此，加强高校第二课堂情境构建可以从学校、家庭与社会三个领域进行。

第一，加强校园各类庆典活动的情境构建。校园文化在一定程度上影响着学生对课堂教学的接受程度，良好的校园文化感染吸引着学生对教育活动的亲近程度。校园各类庆典活动作为校园文化的重要组成部分，通过一定的仪式感来提升教育活动的亲和力，然而，由于高校庆典活动较为单一，难以营造良好的情境氛围，无法更好地吸引学生兴趣。因此，可以借助大型文艺晚会，不断增强各类庆典活动的规模数量，进一步增强活动的情境构建。

第二，营造和谐的社会环境。社会风气是社会环境的重要表现，良好的社会风气会让学生相信马克思主义真理，更愿意主动接受思想政治教育活动，提升对教育活动的亲近感与信任度。因此，肃清社会的不正之风是社会情境建设的主要目的，通过课堂教学来养成学生良好的言行举止、净化社会风气，营造和谐的社会环境。

第三，加强家庭道德教育情境构建。家庭教育是第二课堂的重要领域之一，可以帮助学生进一步巩固课堂知识。良好的家庭布局是加强家庭道德教育情境建设的重要途径，通过家具的摆放进行合理的布局，设立相应家庭图书馆与阅读区，让学生感受到良好的家庭环境，更愿意接受教育活动，有助于高校思想政治教育情境亲和力的提升。

（三）打造富有亲和力的教育内容

1.与现实相结合，确保教育内容实用性

大学生不愿意接受、参与到教育过程中来，很大原因在于教育内容脱离了学生的思想实际与生活状况，学生往往感觉教育内容用处不大，难以形成共鸣。改进教育内容，提升亲和力，要从学生的内在需求入手。这就需要教育者深入实际，深刻把握教育对象的思想动态与现实状况，有针对性地进行教育活动。比如，对于不同年级的学生，可以开展符合他们自身需求的教育活动。在思想政治教育理论课堂上，要针对不同年龄阶段的同学，适时开展有关道德纪律、理想信念、心理健康、就业指导等教育内容，满足他们身心发展需求，指导他们更好地开展大学生活。在日常思想政治教育中，要针对大学生生活中遇到的问题等，及时地开展一些教育讲座、同学会谈、心理咨询、就业培训等教育活动，让同学感知到思想政治教育的有用性，进而转变自我态度，积极参与到各种各样教育活动中去。同时，随着新媒体时代的到来，网络信息化的普遍，学生经常会对现实生活中的一些热点问题、难点问题存在好奇心理，教育者要有网络新闻的敏锐意识，主动地用马克思主义理论去诠释现实问题，厘清事件背后蕴含的基本道理，并结合现实问题对学生进行思想教育，进一步帮助学生坚定马克思主义信念。

2.精选教育素材，增加教育内容趣味性

教育内容的趣味性，在一定程度上会缓解教育理论的乏味，进而使教育对象在教育活动中感觉有意思、不由自主地参与其中。虽然思想政治教育是抽象性、理论化、富有政治色彩的教育活动，但是教育者可以发挥主体性作用，通过改进教育内容、教育方法等，来增强教育过程的趣味感，使学生逐步愿意接纳、亲近、认同这些教育活动。当然，增加教育内容的趣味性，并不是一味地迎合教育对象，即便知道教育对象有这个情感期望，依然是要遵循教学规律，不能为了追求教学效果就违背教学初衷。

思想政治教育既需要教育者理论性的讲述，也需要一些精心挑选的有趣的教育实例进行佐证，一来帮助同学理解内化，二来迅速吸引学生的注意力，增添课堂魅力。比如，在"毛泽东思想和中国特色社会主义理论体系概论"这门课上，就可以适时地把一些革命伟人有趣的教育案例与相关的理论知识相结合，活跃课堂气氛，也使同学不知不觉中受到思想文化的熏陶。大连理工大学在案例教学这块，走到了行业前列，他们汇编了一整套有关思政课的案例式教学丛书，在每个专题里选取若干典型案例，进行多方位解读，赢得了师生的广泛好评。

（四）拓展教学方式，提升教学的新颖性

1.积极倡导合作探究教学法

自主、合作、探究是新课程改革中提出的理念，在该理念的倡导下，高校思政课教学方法也应当积极实施合作探究教学法。合作探究教学法是一种以问题和探究为核心的教学方法，它是教师给学生一些与教学内容相关的时事政治或是热点问题，让学生自己分组合作、探讨事件所反映出的问题和所体现出的原理。在探究过程中，对于有疑惑的，学生可以与教师或是同学探讨，教师也可以时不时地激疑设问，引导学生，挖掘学生潜能，使学生在合作探究的过程中构建属于自己的知识框架。合作探究教学法中，教师扮演着引导者和促进者的角色，而学生则是发现者和探索者，将教师的主导作用与学生的主体地位有机结合起来，不仅打破了"教与学"的传统教学模式，形成了教师与学生的平等互动，弥补了学生重知识、轻能力的短板，而且能帮助大学生树立问题意识和探索精神，促使学生转变学习态度，使其能够主动求学、积极探索，增强学生自主学习的意识，在合作探究的过程中使学生获得成就感和幸福感，从而增强思政课的亲和力。

2.积极推广虚拟情境教学法

随着经济全球化、社会信息化的发展，大学生获取信息资源也变得十分方便和快捷，特别是现代信息技术的迅猛发展，给高校思政课教学方法带来了一定的契机。因此，因势利导地运用现代化信息技术对提升思政课亲和力有着重要的作用。虚拟情境教学法就是充分运用了虚拟现实技术。虚拟情境教学法可以根据思政课各门课程的特点，依据授课内容，筛选出符合运用虚拟情境的概念、历史事件等，如中共一大的召开、意识的起源、法律案件等，都可以借助虚拟现实技术模拟场景，展现一个可观、可与之交流、可触摸的多维交互世界，使大学生置身于一个可感知的环境中去体验和领悟所学知识。虚拟现实技术充分运用其交互性、想象性和沉浸感等特点，构建出一个虚拟教学情境，使大学生在听觉、视觉和触觉上身临其境，在模拟的场景下切实体会和感悟教学内容，强化大学生对教学内容的认知，以此完成学习和研究。这种教学方法不仅改变了传统理论讲授法的弊端，创新了思政课教学方法，也极大地激发了大学生的学习兴趣，提高了大学生对思政课的情感认同，而且也有利于增强思政课的亲和力，有效地提高了教学效果。

第三节 高校思政教学内容改革

一、融入红色家风

（一）红色家风的概念

我国从古至今都非常重视家风的培育，家风作为一个家庭的作风，虽然只是一个无形的概念，但这种无形的力量却深深地影响着家庭生活中的每一个人。而红色家风作为中国革命精神在共产党人家庭作风上的重要体现，更是革命前辈给我们留下的宝贵精神财富。

在我国的政治文化意蕴中，"红色"一词一般与中国共产党、无产阶级革命、爱国主义精神等概念相联系。而"家风"一词则最早可追溯到西晋时期潘岳所著的《家风诗》，该诗论述了良好家风对家庭成员的重要性。

红色家风与一般类型的传统家风有所不同，"红色"是红色家风的灵魂所在，也是区别于一般家风最明显的标志。红色家风继承了中国传统家风中励志勉学、吃苦耐劳等优秀品质，受中华优秀传统文化的影响，更是将家国天下的道德理想进行了传承与弘扬。同时，摒除了传统家风中愚忠愚孝、轻视女性等封建宗法思想。红色家风以马克思主义为指导，超越了弥漫着金钱关系的资产阶级家风，体现了共产党人对人类崇高理想目标的追求。优秀的中国共产党人，始终坚守着高尚的道德追求与崇高的革命信仰。他们在家庭中，也特别重视对子女的教育，要求后辈要有远大理想，以实际行动报效祖国。毋庸置疑，红色家风是中国共产党人在长期的实践中重视家庭建设而形成的智慧结晶，凝聚了革命先辈管家、治家的人生经验和智慧，不仅体现了共产党人对革命事业的坚定信仰，还展现了他们高尚的道德修养与精神风貌。

（二）红色家风的内涵

红色家风凝聚了中国共产党人在管家、治家中形成的人生智慧与处世之道，是对我国优秀传统文化的延续与革新，其内涵也随着时代的发展而不断丰富，对红色家风进行内涵归纳和凝练，可分为以下几个方面。

1.爱党爱国，忠于理想

报效祖国，坚定理想是红色家风的核心内容。爱党爱国就是对党、对国家的无限热爱与忠诚。心系祖国，为国家事业而不懈奋斗是老一辈革命家一生的真实写照，他们心中始终秉承着先国后家的高尚情怀，并将这种强烈的爱国情愫深深根植在了每一个家庭成员的内心深处。开国领袖毛泽东在青年时期确立了救国救民的理想后，就始终把国家利益放在心中最重要的位置，没有任何私心，达到了国而忘家的境界。

2.艰苦朴素，勤俭节约

共产党人作为传统美德的发扬者，不论在革命事业上，还是家庭生活中，都时刻保持着艰苦朴素、勤俭节约的优良品格。任弼时不仅自己节俭朴素，更是教育自己的孩子要响应毛主席号召，"节省每一个铜板"，绝不可铺张浪费。从这些关于家风的小故事中可以看出，勤俭节约、艰苦奋斗作为中国共产党的优良传统，是中国共产党人一生的生活态度和生活习惯，他们以自己的实际行动向家庭成员传递着中华民族勤俭朴素的传统美德，并要求家庭成员严格遵守，世代相传。

3.严守纪律，廉洁为公

家风连着党风，只有家风正党风才能清。老一辈革命家深谙"己不正，焉能正人"的深刻哲理，非常重视廉洁自律家风的建设，他们公私分明，以身示范，将严守纪律、清正廉洁融入家庭生活的方方面面，体现出了超乎常人的党性修养，以实际行动向人们诠释了清白做人、务实干事的清廉本色，为我们树立了榜样。如杨善洲在林场工作时，因为妻子生病需要借用林场的汽车，在用过车之后，杨善洲主动交付油费，并没有因为自己的身份而"与众不同"。杨善洲用实际行动践行着绝不允许家人子女沾光，也不给亲戚开"绿灯"的原则。这些家规家训和家风彰显着共产党人至清至洁、律己修身的特有风骨，向人们传递了红色家风所蕴含的廉洁无私的红色基因。

（三）红色家风融入思政教育的重要性

首先，有助于扩充教育内涵，增强思政教育实效性。运用红色家风对大学生开展思想政治教育，不仅能够丰富教育内容，拓展教育领域，还能够提升大学生思想政治教育的效果。学生通过学习红色家风，可以更加直观地了解到我国的基本国情，以及共产党人廉洁无私的高尚品质，从而更加拥护党的路线、方针和政策，坚定对中国特色社会主义制度的信心。

其次，有助于拓展思政教育领域。将红色家风融入大学生思想政治教育中，可以拓宽思想政治的领域，让学生在学习红色家风的同时接受思想政治教育的内容。红色家风的"红色"，强调中国共产党成立以来经过艰苦奋斗而形成的红船精神、长征精神、西柏坡精神等伟大革命精神与优良传统。将红色家风与大学生思想政治教育进行深度融合，可以促进思想政治教育与历史教育的结合，深化对大学生的历史教育。

最后，有助于培养大学生的爱国主义情怀。爱国主义不仅仅是一种情怀，更是要落在实处的具体行动。对大学生开展爱国主义教育就是要让他们增强对我国社会政治制度的认同感，自觉维护国家利益，将个人理想融于国家的伟大梦想中，挥洒汗水，成为对国家和社会发展有用的人才。红色家风体现了优秀共产党人在管家治家实践中强烈的爱国情愫和高尚的家国情怀，是培育大学生爱国主义情怀的最佳素材。朱德在给女儿朱敏的书信中写道，要好好学习，全面发展，为建设祖国做准备。刘少奇在女儿刘爱琴赴苏联留学之际，多次语重心长地对女儿说，国外研学固然重要，但更重要的是学成归来，建设祖国。习近平总书记从小在父母和亲人的影响下，对祖国、对人民有着天然的感情，可以说，爱国始终是他坚守的信念。从这些鲜活的红色家风事迹中可以看出，老一辈革命家在家庭建设中，非常重视培育子女的家国情怀，教育后辈要热爱祖国、报效祖国，为国家做贡献。因此，将红色家风融入大学生思想政治教育中，能让大学生在学习红色家风事迹的过程中，感受优秀共产党人爱国爱民的情怀，引发他们的情感共鸣，从而增强他们对国家的认同感与责任感，并将爱国的种子埋在心中，使其发芽、成长，继而自觉地将自身的青春之力、奋斗之志转化为实际的报国行动，书写青春华章。

（四）红色家风融入高校思政教育内容改革的案例

近年来，红色文化融入大学生思想政治教育的相关工作得到了很多高校的重视，红色家风作为红色文化的重要组成部分，一些高校也开始试验红色家风融入思想政治教育的方式方法，并探索出一些可借鉴、可复制、可传承的成功经验。例如，有些高校充分利用当地的红色资源，开展红色家风主题活动。

2019年，安徽大学马克思主义学院邀请金寨县党史和地方志研究室主任为大学生开展"红色家风永励后人"专题讲座。金寨县作为我国的革命老区，被誉为"红军的摇篮、将军的故乡"，有着许许多多感人肺腑的家风事迹。在讲座中学生听到了金寨县老红军的家风故事，不仅让大学生对红色家风有了更深入的认识与了解，还使学生深受触动，纷纷表示要学习老红军坚贞忠诚、无私奉献、严于律己、艰苦朴素的优秀品质，要传承红色家风。

2021年，延安大学为庆祝中国共产党成立一百周年，开展"永远跟党走"主题实践活动，组织师生实地参观毛岸英旧居，进行实地教学，让师生切身感受毛岸英同志的家庭环境、成长经历。亲身感受比任何空洞的理论说教都要有效，实践活动结束后，全体师生都深刻感悟到了红色家风的独特魅力，意识到红色家风对一个人的成长成才有着重大意义。由此可以看出，部分高校树立了运用红色家风资源的意识，并取得了一定成果。这些成功的经验表明，推动红色家风融入高校思想政治教育具有可行性。

二、整合思政教育资源

（一）高校思想政治教育资源整合的必要性

1.适应新时代高等教育的发展需求

思想政治教育能否适应时代发展的趋势以及满足受教育对象的实际需要，是思想政治教育能否真正达到预期目标的关键。高等教育普及化和经济全球化是当前大学生所处的时代总特征。在经济全球化的时代背景下，市场经济中的拜金主义等物质利益观念以及其他各种思想，无疑是大学生思想庸俗化的根源。在全球化的背景下各种思潮，借助自媒体快速传播到校园生活中，使得校园中多种价值观相互激荡，影响着大学生对当代社会的认知。另外，近年来我国民办高等教育快速发展以及高校招生人数的扩大，带来的问题就是高校在读人数在增长，但是在校生质量良莠不齐，"一刀切"式的教育方法已经不再适合当前大学生的思想实际。"三全育人"正是力图从顶层设计上为当前大学生的思想政治教育提供新的方法,更好地适应大学生的思想实际,为当代大学生思想政治教育指明新的发展方向。

2.提升教育的系统性和科学性

新时代的思想政治教育如果还是把学生看作一个盛装理论知识的器皿,简单地认为把理论知识盛放到器皿里,学生的道德水准就会自然而然达到标准,这种既缺乏实践活动又没有体验互动式的教学方法,定然不会被当代的大学生所接受,这种教学方法也会使我们教育的初衷和效果背道而驰。习近平总书记提出思想政治理论课的"八个统一"原则,在"三全育人"的背景下,对高校思想政治教育资源进行整合,要求我们的思想政治教育内容要紧跟时代步伐,贴近学生生活、贴近学生实际,教育的方法要立足当前生活实际,把人文关怀融入思想政治教育活动中,着眼于思想政治教育的个体差异性和多样性,形成我国独特的思想政治教育方法的理论体系。

(二)"三全育人"背景下高校思政教育资源有效整合的对策

1.学生管理人员队伍的育人责任

高校管理和服务人员要明确育人责任,提高合作育人意识。高校要对管理和服务人员进一步强调"三全育人"的理念,重申服务意识和"学生为本"的宗旨意识。学校的管理和服务工作对于育人来讲,存在着间接性和渗透性的特点,要引导全校教职员工认识并利用管理和服务的教育特性,发挥管理和服务的育人作用,形成"处处是课堂、人人是教师"的教育环境,提高管理和服务工作的育人质量,助推学生全面成才。

提升管理、服务人员的职业素养和工作能力。高校要根据管理和服务岗位的工作性质和需要,针对各管理和服务岗位人员的职业发展要求,进行持续性的培训,可以通过老带新、网络视频培训、集中学习、岗位竞赛等形式,提高管理和服务人员的业务素质和工作能力。业务素质和工作能力的提升是为了更好地管理和服务,要将管理和服务工作渗透到日常工作中,管理和服务人员要秉持"依规办事、人性管理、精益求精、服务至上"的理念,用实际行动向学生传递关怀,切实发挥出管理和服务育人的教育效果。

高校要逐步推行岗位问责制。推行岗位问责制就是要让管理和服务人员在工作过程中,无论在不在自己职责范围,都应该给予学生周到的服务。通过岗位问责制,要将管理和服务育人与帮助学生解决实际困难相结合,以实际行动展现工作人员的敬业精神,感染学生,传递社会正能量,让学生深刻感悟为人处世的道理。管理和服务人员要平等待人、热情服务,以诚恳、周到、细心的态度,良好的职业道德潜移默化地影响学生的品德,弘扬社会主义核心价值观,用爱和人格魅力感染学生，用道德和情感影响学生。

2.营造"三全育人"氛围

一方面，要通过制度化的要求充分发挥全体教职工在大学生思想政治教育工作环节中的主体作用。除了辅导员、班主任和党政部门的思政工作者，专任教师、教辅人员、后勤职工等也都责无旁贷。另一方面，要常态化统筹所有育人环节的各种资源。这些资源当然包括了人的思想，还有行为等。针对大学生思政教育的复杂性与系统性，高校在真正育人过程中一定要在保证思政教育功能的有效发挥和主旋律的大力弘扬的同时，做到全程育人。

3.整合管理模块，健全监督机制

大学生成长成才的过程，涉及行为管理的方方面面。从思想政治教育工作的出发点和立德树人的根本任务来看，学生事，无小事，事事皆大事。每一个具体的环节，都不应该被轻视。相反，思想政治教育的全过程都需要被给予人文关怀。比如，学籍管理、课程管理、学业管理、纪律管理、人身管理、财物管理、安全管理等，这其中必然涉及些工作的职能交叉。为此，高校需要进行管理效益评估，以"问题为导向"细分工作模块，落实责任单位。

4.隐性教育与显性教育手段相结合

若想提高思想政治教育育人的实效性，就要避免顾此失彼的误区。隐性教育和显性教育都是思想政治教育的有效手段，高校要抓好理论灌输、榜样示范和批评教育等显性教育，还要不忘心理引导、成才服务等隐性教育，从不同角度来实现全方位育人的需要，关键是要将二者有机结合，为思想政治教育服务，共同发力。实现二者的结合要从以下几个方面着手。

(1) 思想上认识到二者的辩证关系。首先，在思想政治教育实践中，既有显性教育也有隐性教育，而不是绝对的显性教育或者绝对的隐性教育。对于我国而言，只不过是显性教育目前占主导地位，隐性教育尚未被重视。采取何种方式，要以国情为基本，坚持本国特色，才能稳步前进。其次，二者的统一也是辩证否定的结果。随着教育实践的发展，教育也呈现出不同的方式并且突出重点，显性教育和隐性教育就是一种进步性的划分方式，但是过于突出某一种方式也会存在一定的消极后果，如果能够将二者实现统一这就是更高层次的统一，会让思想政治教育更有实效性。

(2) 机制上合理统筹二者的有效衔接。首先，二者发挥最大合力关键在于建立一个系统的长效机制。党团、政府、教师等不同角色在育人过程中起着不同的作用，同时在显性教育和隐性教育过程中也发挥着不可替代的作用。然而，要看到的是各个角色应该如何分工以实现合力最大化的问题，不同角色要结合自身的优势发挥自己最大的作用，这就要建立一个长效的协同机制。其次，要在实践中摸索二者相统一的育人原理。显性教育手段和隐性教育手段的结合不是简单地相加，而是通过融合让二者能够形成一个有效的机制，起到教育合力的作用。微观层面上，课堂教育显然是显性教育手段，既要改革创新思想政治理论课，也要旗帜鲜明地讲好马克思主义。中观层面上，各学科要形成教育合力，既要推进思想政治理论课的积极作用，也要让各类课程与思想政治理论课同向同行。宏观层面上，要通过家庭、社会、学校各自扮演的角色，潜移默化地影响学生，充分发挥"显"和"隐"的优势，最终形成"三全育人"的良好格局。

三、实施心理育人

党的十九大报告提出："要加强社会心理服务体系建设，培育自尊自信、理性平和、积极向上的社会心态。"大学生的特殊性在于他们的心理发展趋向于成熟，但又存在诸多不稳定因素，高校时期是他们心理发展的关键期，错过这一时期的心理素质培养会对他们的后期成长造成严重影响。众所周知，大学生的未来与社会发展息息相关，他们是推动社会进步的重要力量，他们的身心健康发展不仅关系着他们能否将自己所学知识运用到生活实践中去，而且还关系他们能否担起时代重任，成长为建设中国特色社会主义和谐社会的接班人。

（一）大学生的心理问题分析

1.大学新生的情绪困扰

新生作为大学生中相对特殊的一个群体，因其好奇心与青春活力而构成大学校园一道特殊的风景。由于生活环境、学习方式以及社会角色的急剧转变，大学新生中普遍存在着因适应不良而引发的阶段性心理失衡，表现为程度不同、类型各异的情感困扰，严重影响着他们的生活质量，这个心理问题的高发群体日益受到人们的关注。从研究大学新生情绪困扰产生的原因入手，通过对情绪与认知关系的辩证分析以及对新生心理特征的准确把握，不断强化认知因素在排解情绪困扰中的作用，切实加强认知疏导，这是新生心理健康发育的关键，也是新生思想政治工作的最佳切入点。

（1）情绪困扰的类型、表征及成因：①角色适应不良，该种情绪困扰表现为烦恼、恐慌、抑郁、自卑、失落和不安全感等，客观上这是由环境变迁所致。当大学新生从过去相对熟悉的环境转入一个陌生而又复杂的环境时，其原有的生活方式、行为习惯会被打破，而新的生活方式又尚未确定，客观上会引发心理不适，产生某种适应障碍，并以情绪化的方式外显出来。就主观而言，新生面对新的环境、新的角色所产生的自我认知和自我期望常与环境及角色的要求不一致，加之青年所固有的半成熟半幼稚、半独立半依赖的心理特征，致使他们对新的角色无法产生较好的主观认同并较快地适应。②目标缺失，该种情绪困扰表现为紧张、焦虑、迷惘、无所适从、情绪起伏大，空虚感、失败感强。对大学新生来讲，原有升学目标的实现曾使他们激动、兴奋过一些时日，然而随着大学生活步入正轨，新的学习竞争压力又迎面而来，全新的学习内容、学习方式及学习要求向他们提出了新的挑战。此时他们正处在过渡适应期，新的目标尚未真正确立，这就导致他们缺乏应有的行动方向与动力，表现出动机的缺失和方向的迷失，在诸如学什么、怎样学及期望达到何种效果等问题上常感到茫然不知所措，焦虑、烦躁情绪不时泛滥，严重困扰着他们。③人际失调，该种情绪困扰表现为孤僻、冷漠、封闭、压抑、猜忌、逃避，孤独感及对立情绪体验强烈。客观上来看，这是由于新生原本赖以寄托情感的旧人际场消失，新的人际圈又尚未形成；就主观而言，大多数学生长期以来形成的依赖型性格，应付新型人际环境的能力及技巧的缺乏，以及人际交往主动性不强，常常使大学生产生人际适应障碍，导致人际关系失调。而青年强烈的交往愿望与交往动机又使其对现实的人际环境产生极度不满，心理上的冲突与矛盾不断强化，久而久之引发回避或攻击性的情绪困扰。④价值倾斜，该种情绪困扰表现为悲观、沮丧、彷徨、困惑、疲惫，危机感、挫折感及消极厌世感的体验较强。一方面，它根源于转型时期多元价值观念碰撞带来的负面影响与冲击。这种负面影响往往会产生放大性的示范效应，致使一些新生的信仰、信念和理想发生动摇，价值观发生倾斜。他们在崇尚、追求高尚的人生价值观的同时，往往又无法抵御拜金主义和物质利益的诱惑，价值冲突及心理矛盾时有发生。另一方面，大学新生普遍具有较高的自我期望，与自我价值实现的可能性间存在差距与冲突，理想与现实之间的矛盾常使他们为将来的发展前途担忧，特别是大学生毕业分配机制市场化以及分配现实的不容乐观，更强化了他们的危机意识，使他们普遍有挫折感，有的甚至自暴自弃。⑤优势失落，该种情绪困扰表现为悲观、惶恐、惆怅或刚愎、固执、偏激，情绪波动大，常常产生莫名其妙的矛盾心理和情绪。在强手如林的大学环境中，许多新生由高中里的"尖子生"变成群体中的普通一员，老师的鼓励、家长的赞扬、同学的羡慕、"尖子生"的优越地位不再，这在客观上给他们造成了极大的心理落差，常使他们产生难以名状的消极情绪。而家庭教育中的宠溺和高中升学教育弊端所造成的脆弱的意志力和较低的心理承受力又使得新生无法正视和面对优势失落的现实，结果便引发情绪上的波动和紧张。

（2）认知疏导的心理机制、价值及意义：①从情绪产生过程看，认识是情绪产生的中介。

按现代心理学的解释，情绪是客观事物能否满足人的需要而产生的一种主观态度体验（反映）。因此，情绪的产生并非由客观事物直接引起的，人们对客观事物与人的需要之间关系的认知影响着情绪的产生。换言之，情绪的产生源于主体对客观事物与人的需要之间关系的认知评价。认知在客观事物与情绪之间处于中介或桥梁地位。当客观事物作用于人的感官，经过主体的认知评价，认为符合人的需要，人们就会对它产生积极的情绪体验；反之，若经过认知评价认为客观事物不能满足人的需要时，就会引发人们各种消极的情绪体验。大学新生情绪困扰的产生尽管有客观原因，但主体评价的偏差却是关键内因。认知疏导的意义首先在于通过不断调整新生的认知视角，来帮助新生纠正认知的偏差，以防止情绪困扰的产生。②从情绪反应程度看，认知水平决定情绪反应程度，由于主体认知的局限性，对客观事物能否满足人的需要，对客观事物与人的需要之间的关系，人们的认知评价往往并不是一次完成的，有时要经过多次认知的循环与深入并在实践中反复进行，而此时情绪也会随认知的变化而变化。认知水平直接制约着情绪体验的强度。在新生中，新的环境、新的生活方式及新的角色变化所引起的每个人认知的差异是必然的，因而，个人所产生的情绪的性质也不同。那些有着严重情绪困扰的同学往往由于认知偏差所造成。由于情绪体验强度、性质随认知变化而变化，因此通过认知疏导，不断深化新生的认知程度，提高其认知水平，就可有效地减轻其消极情绪体验的程度。③从情绪反应结果看，认知可改变情绪反应的方向，由于客观事物与人的需要之间关系的多重性与复杂性，致使情绪发生的方向常因认知评价的不同而截然不同。有时同样的事物，相同或相近的主体由于认知评价的差异而引发性质不同的情绪体验。如何客观地分析主体需要与外界客观事物之间的关系，恰如其分地作出认知判断与评价，努力使主体的期望与现实的环境保持较大的一致是决定情绪积极的关键。当新生产生情绪困扰时，我们可以借助认知疏导，适时地引导他们改变原有的认知评价体系，重新选择或确立新的认知评价体系，引导情绪向积极的正确的方向转化，以逐步达到情绪困扰的最终消除。④从新生的心理特征看，认知疏导可行且富实效，作为文化层次较高的青年群体，大学新生不仅具有一般青年共有的善幻想、好思考、求知欲强、知识面广、接受新事物能力强等特点，而且还存在成才欲望强、教育接受性强等特点。这些心理特点使得认知疏导成为可能，只要找准认知疏导的切入点，就可通过疏导转化其原有的认知评价，调整其认知的水平与方向，并进一步引导其情绪向积极方向转化。从大量的心理辅导与咨询的实践来看，强调认知作用的发挥已产生了实效，实证了认知疏导在排解情绪困扰甚至障碍中的价值。

（3）大学新生情绪困扰认知疏导的方法：①情绪脱敏法，新生情绪困扰之所以出现，与其不敢甚至不能正视自己的主体体验关系很大。因此，当困扰出现时，及时地引导他们正视自己的消极情绪是认知疏导的最佳切入点。情绪脱敏法通过引导学生对自己消极情绪的反复感知、正面认识和思考，不断增强其对消极情绪的抵抗力，以改善其消极情绪的体验方式与程度，逐步摆脱情绪困扰。消极情绪有时也是健康的，正如生气、愤怒或不满在适当水平上就属健康的；然而，当消极情绪严重到影响人们的生活时，就是不健康的。新生的情绪困扰就在于某种消极情绪已对其生活产生了影响，此时应设法使其能够直面这种消极情绪。首先，引导他们正面感知消极情绪。可请他们回答："这种感觉已经延续了多长时间？体验或表达此种情绪对自己是有益还是有害？是有助于问题的解决还是对问题的一种单纯的回避？"这些问题促使他们正视自己的感受和体验。其次，告诉他们消极情绪的危害，使其在对消极情绪的反复感知和体验中不断激起摆脱困扰的欲望，树立起战胜困扰的勇气和信心。最后，强化他们的自我解困意识。通过脱敏练习使他们意识到感受、体验消极情绪的主体是自己，最终摆脱消极情绪的关键仍在自己。②系统评价法，大学新生情绪困扰的产生源于其认知评价体系发生了偏差。系统评价法在于通过指导学生对环境、自我、他人和集体做客观、全面、深刻的系统分析与评价，纠正其不良认知，引导其情绪向积极方向转化。首先，要改善新生对环境的认知。如前所述，角色适应不良、人际失调、优势失落是新生情绪困扰的集中表现，而这些又与主体对全新的大学环境所产生的认知偏差有关。因此，要消除困扰，必须先改变对环境的认知，要以一种全新的视角、全新的标准，全方位、多层次地对新环境作出恰当而准确的评价，防止和避免主观定势与期望的干扰，真正形成对环境的正确感知与反应。其次，要强化新生的自我认知。自我认知评价和主观期望偏高是大学新生的普遍倾向。要通过积极正向的启发，引导学生不断思考诸如"我对世界和对自己的期望是否符合实际""我的主观目标是否过高"等问题，以帮助其对自我有全面而客观的认知，不断提高自我认知的水平，恰如其分地给自己定位。最后，要帮助他们正确评价他人和集体。借助角色置换、活动参与、横联纵比等手法，不断扩大主体认知的范围，深化认知的程度，以形成对他人或集体的准确认知，确保自我与他人或集体的有效协调和积极的角色认同。③价值导向法，认知之所以为情绪产生之中介，在于它是对客观事物与人的需要之间价值关系的一种揭示。主体不同的价值准则常常使得其对客观事物与需要间关系的认识性质完全不同。价值导向法旨在启发学生积极正确的人生理念，掌握科学的价值评判标准，帮助其树立正确的人生观和价值观。第一，要强化世界观、人生观教育，引导新生积极探求人生的意义，以形成进取向上的人生态度与理念。第二，要教给他们科学的价值标准，以为他人、集体和社会贡献的多少、大小作为衡量自己人生成败与得失的唯一正确的价值评价方法。要本着系统性、科学性与实践性的原则，通过科学的理论分析和具体的实践操作，不断帮助新生完善价值评价方法体系，以确保其正确的人生观、价值观的形成和确立，并以此为核心来逐步引导情绪朝积极、健康的方向发展。

总之，大学新生情绪困扰的产生不是偶然的，它根源于大学生负面的、消极的认知，通过认知疏导，不断调整新生的认知方向、性质及水平，强化其正面的积极的认知，就可帮助新生摆脱困扰，促使其情绪沿着良性的轨道健康发展，从而有效地提高新生心理健康水平、完善其应有的心理素质，促进大学新生的全面发展。

2.大学生"相对剥夺感"心理

（1）相对剥夺感的概念。20世纪80年代初相对剥夺感概念进入我国，主要被应用于对犯罪问题的研究。随着我国改革开放的经济转型和社会转轨，行业收入差距、阶层收入差距、城乡收入差距和地区收入差距不断扩大，越来越多的社会问题凸显，于是，学者开始更多地引用相对剥夺感研究社会不满和社会冲突问题。有学者甚至认为，这种"相对剥夺感"是社会矛盾和冲突的重要影响因素。

（2）影响大学生"相对剥夺感"的因素。①大学生参与高校管理的程度影响着大学生的认同度，大学生在学校的日常学习生活中对学校的很多政策规定的参与度较低，很多活动的规则制定出来后就直接颁布，学生在这个过程中只是一个沉默的群体，完全没有参与，这也导致学生对学校颁布的一些政策规定认同度和接受度不高。相关研究表明，当人们对一个政策决定的认可度和接受度不高时，在这个政策决定的执行过程中，人们对它的满意度也会较低。大学生是一个人数庞大的群体，学校的很多规定都与他们的生活学习息息相关，当这个群体对于学校的各项规定参与度很低，很多时候是被动地接受时，有些人怨气会很大。

大学期间很多学生都会参与学生工作，学生工作做得好的逐渐会成为学生干部。在学生干部的选择过程中，很多标准弹性很大，而且学生对于评判标准的制定参与度较低，这也导致很多人对于评判结果的满意度较低。在学生干部的评定中，很多人甚至不知道什么样的人才有参选资格，参选资格的评判标准是模糊的，甚至是不公开的，使很多希望参加学生干部选举的学生也不知道该如何参加，有些学生最终就直接放弃了。评选的流程和评选的标准并不是每个学生都知道。他们有些时候只是机械地按照学校安排的事情去做，并没有问过为什么要那样做。投票资格的界定和投票群体的形成也是无序的。有些时候就是一些特定的学生被邀请参加了学生干部评选的过程，他们手中的选票并不能代表所有有资格参加学生干部投票的学生的意见。很多学生在不知情的情况下就被代表了，失去了作为投票者的那一份权利。这样的学生干部评选结果出来后，很多学生会对最终结果产生怀疑，甚至是不满。②信息不对称是相对剥夺感产生的催化剂，其一，学生与老师的信息也是不对称的。比如，许多学校每年都会有出国交流的机会，这个机会是许多大学生希望得到的，但是很多学生因为信息不对称的原因失去了这种机会。老师在了解到出国交流学习信息之后并不能面面俱到地把信息发布出去，因为一个信息的发布不可能过于冗长，信息的发布所起到的作用只是告诉学生有这件事情以及一些基本的要求。如果学生想出国交流学习，还需要找到老师进行详细的了解。在这个过程中，不同的学生关注的重点也有所不同，所提出的问题也会不同，导致不同的学生最后了解到的信息都是不全面的。

其二，学生与社会的信息是不对称的。学生与社会接触的机会并不是很多。他们并不能准确地了解到社会中的就业及生活情况，很少有亲身经历，对很多事情的认知是有偏差的，这也是许多大学生进入社会遇到很多挫折的重要原因。

其三，学生之间也存在信息不对称的问题。比如，每个人的活动范围、交际能力、参与能力等均存在差异，这也决定了每个人了解信息的能力是不同的。当相对弱势的群体了解的信息不足时，他们就有可能怀疑自己是被有意地排斥了或者被隐瞒了，从而产生怨气。

(3) 大学生"相对剥夺感"心理的调适。"相对剥夺感"一经形成便会成为一种相对稳定的心理状态，这种心理状态会对个体的日常生活产生不利的影响，不仅影响心理健康，而且对人的主观幸福感也会有一定的影响。长时间的相对剥夺感会导致人们心理上的不平衡和失落，导致个体的人格异化、主体价值迷失，生活幸福感降低。从社会心理学的角度来看，"相对剥夺感"是大学生的期望同社会满足程度之间出现了偏差，如果放任不管，不但影响他们的在校学习，而且还可能对其以后的工作产生深远的不良影响。社会行为的不确定性将可能带来程度不同的社会风险，特别是当大学生的相对剥夺感同社会的相对剥夺感合流的情况下，有可能会产生社会敌意，这样的后果是难以想象的。①引导大学生合理进行自我定位，帮助大学生进行客观的自我评价，使其能够正确地了解自己。大学生很多时候并不能对自身进行客观正确的评价和定位，要么过于自卑，要么过于自信。正确的自我评价和自我定位是大学生更好地融入大学生活的基础，也是大学生合理选择参照群体的前提。学校应加强对大学生的社会认知的引导。大学生处于人生观、价值观、世界观形成的关键时期，由于缺乏社会阅历，部分学生只看到了社会的消极面，很容易受不良行为的影响，对事物缺乏全面客观的评价。学校应积极做好对大学生社会认知的引导。首先，定期请一些公司来学校举办讲座，使大学生了解公司的用人状况，用人单位一般注重员工的哪些方面的素质，日常生活中应该以什么样的态度去学习和工作，如何处理好员工之间以及员工与领导的关系等问题。其次，增加对大学生的现实教育，经常把一些社会热点问题作为讨论或宣讲的课题，通过分析和解剖现实的事件，使大学生更进一步地了解社会。最后，增加大学生的社会实践活动，社会实践有利于大学生更好地体悟社会。在社会实践活动中，大学生可以体会学校以外的社会，近距离地观察社会的运行，有利于增加对社会的认知。学校应加强对大学生的自我定位的引导。从周围的参照群体开始，引导学生对参照群体进行客观的评价，分析参照群体的优势和劣势，并分析自身的长处与短处。根据大学生群体的自身特点、发展方向等因素，选择相应的参照群体，同时要避免大学生盲目选择自己的参照群体造成的不利影响。参照群体的选择既不能过于优秀，也不可太过落后，要选择与自身相似或比自己略好的群体作为参照对象，这样既有利于摆正心态，又有利于在适度的压力下不断进步。②高校要建立公平合理的利益协调机制，在资源的配置上，高校注重优化配置、追求效率的同时，也要侧重公平。对大学生在校学习期间有重大影响的资源分配问题，学校应给予高度重视，注重资源在不同群体之间分配的公平，保障不同群体之间的利益分配达到平衡。高校还要注重不同院系专业之间的资源分配，保障各院系在资源的配置上达到公平。不同学术群体之间资源的分配也要均衡，做到不厚此薄彼。不同学术机会的分配要公平，使不同院系、不同专业、不同民族、不同地区的学生均能公平地得到机会。③及时掌握学生诉求动态，高校应当增加信息公开的渠道，增强信息发布的有效性，使大学生群体能够全面充分地了解到对他们有用的信息，减少信息不对称情况的出现。比如，开通微博，提供学校、教师、学生三者之间的互动信息交流平台，增加信息传递的通畅性；设立固定的学生事务信息发布中心，集中对学生的问题进行答疑，并且要经常组织信息发布会，主动传递对学生有用的信息；辅导员应定期找学生谈心，了解学生近期的学习生活情况，帮助学生设定一些人生规划和学习生活计划；学校还应减少与学生之间信息沟通的环节，尽量保证信息在传递过程中的真实性和准确性；加强政务公开，让更多的学生了解事件的流程和规则、各种活动的评判标准，使学校的工作公开化，接受老师和同学的监督；等等。以上都是对加强信息公开的一些建议，高校应引导大学生主动地了解对他们有用的或他们关心的信息，帮助他们分析和评估信息的价值，使信息能够被正确地接收。

（二）大学生产生心理问题的原因

外因通过内因而起作用。大学生心理危机的首要因素是基于自身的，其包括生理、心理、精神与思想因素；外部因素发挥次要作用。大学生产生心理问题的原因如下。

1.自身内部原因

（1）生理因素。生理对心理的影响最常见的是生病时人通常表现得不如平常平和，而喜欢运动的人通常比较开朗等。在高校中，经常有学生表示想要减肥、增肥、长高、谈论化妆等，这是他们对其自身生理的一种不满，渴望改变，无法达到预期成果就极其容易导致焦虑、自卑，从而产生极端行为。

（2）心理因素。心理素质好坏对大学生心理危机也会造成影响。以学习为例，学生来自不同地方，有人可能在之前学校中成绩很好，但是考上大学的学生学习都不差，在学习考试中，心理素质差的学生一旦发现自己的学习好不如之前所想，就容易导致低价值感，从而出现焦虑、自卑；心理素质好的则会及时调节情绪，采取措施改变自己的想法，从容应对。

（3）精神因素。患有严重精神疾病的学生虽然在学校中所占比例很少，但他们更容易产生心理危机，内倾人格的学生更容易感受紧张、恐惧、抑郁等，外倾人格的学生更容易暴躁。

（4）思想因素。大学生的思维方式处于由形式逻辑思维向辩证逻辑思维过渡阶段，这导致了他们在思想方面具有片面性，既不稳定也不成熟，在遇到危机时无法全面分析，容易走入误区，采取过激行为。

2.外部环境原因

人处于环境中就会受环境影响，学校、家庭、社会是学生活动的主场所，因此对学生的影响也是这三者综合造成的，故"三全育人"要求这三方面形成合力，对学生进行培养。例如，有的学生虽家庭贫困，其自身可能会自卑，但通过学校提供的贷款上学后，有的学生会对学习投入更多精力，争取奖助学金；有的学生会对兼职产生更大兴趣，不断找寻这方面信息和就业信息，想要快速获得经济独立。

（三）心理育人纳入高校三全育人机制

1.建立朋辈心理辅导机制

根据社会支持量表可以看出，学生遇到困难需要帮助时他们选择的帮助对象占比最高的是父母和朋友，遇到麻烦事，学生会主动或被动地向朋友倾诉，从而寻求帮助。对大学生而言，朋辈间的沟通更为灵活便利，朋辈的心理辅导是对大学生心理危机干预团队的补充。朋辈间具有共同的成长话题、心理特点，更容易发现学生中的不正常举动，亲朋好友更有优势对大学生的心理进行调整和辅导，所以亲朋好友的心理辅导也是心理育人重要的一环，且朋辈可以更好地架起学院与家长间的桥梁，从而更好地发挥大学生心理危机干预的预警与反应机制。发挥朋辈心理辅导机制的作用，一方面，首先要选拔和培训学生干部、班级心理委员和组织心理协会，学院需要为其提供心理咨询辅导室；其次，应当建立一定的规章制度，对工作人员要建立工作秩序，并且对他们的工作加以考核、培训、激励和监督。另一方面，需要向学生开展心理健康知识竞赛、心理训练活动和心理素质拓展等活动，以此来扩大朋辈间心理辅导的作用。充分发挥心理育人作用，需要发挥学生干部、心理委员的榜样作用，潜移默化地培养学生形成良性竞争，开发学生的个人潜能，锻炼学生的实践能力。

2.全面开展心理普查与建档

根据教育部的文件要求，高校大学生在入学前应进行心理测试，并将测试结果记录在案，要帮助患有严重精神健康问题的学生解决问题并进行心理危机预防和干预。根据学生的心理发展变化，按照学年对学生进行心理状况普查建档有利于对学生的心理状态进行动态实时监测，从而实现大学生的心理危机预防与干预。在学生问卷中，建立大学生心理档案的学校占比中有接近34%没有建立大学生心理档案，因此需要继续开展大学生心理普查和建档工作。

首先，选用16PF、SCL-90、SSRS、EPQ等量表将新生的个体生理状况、家庭因素、社会支持力度、性格倾向等因素进行分析，准确把握学生心理状况和变化规律，建立学生最初的心理动态和学生的性格特点，对于心智脆弱、性格过于极端的学生加大注意力度，同时注重新生的入学教育课程化、内容丰富化，应当含有安全教育、法制教育、学业发展、理想信念教育、心理健康教育等，这有利于学生对未来有较为清晰的规划，可以帮助学生建立和谐的人际关系和化解学生的孤独感，提升学生的心理素质。

其次，对于心理状况普查中存在严重心理问题的学生可以通过班干部、心理委员和家长与其沟通，做到及时干预，帮助学生解决心理问题。

最后，在学生临近毕业时，一方面要重点解决学生就业问题，减轻学生因就业导致的心理危机；另一方面要对学生大学期间的心理健康档案进行处理。心理危机干预小组的教师可以对典型的学生心理问题进行分析总结和干预后的效果评估，积累经验；缺乏心理危机干预的教师可以通过查阅这些案例增长见识。学生毕业时，可以将每个学生大学期间的心理健康档案发还，这不仅是学生大学生活的纪念品，也可以让学生通过心理成长记录对自身拥有明确的认识，这有利于他们今后的人生规划和健康成长。

3.构建四位一体平台

当代社会要求的学生是综合素质全面发展的学生，要实现这一效果需要家庭教育、学校教育与社会教育共同作用、协调一致，促进大学生的身心健康发展，以培养学生健康、积极、乐观的心态为重点目标，以正确的人生价值观和坚定理想信念为导向，实现大学生身心全面发展。此外，学生、教师、家长、社会成员是全员育人的主体，构建"学生—家庭—学校—社会"四位一体的平台，旨在从立体的角度发挥全员育人的合力，从而推动大学生的身心健康发展。

首先，需要家校联动模式的有效运行。学校可以及时且积极地与家长沟通，一方面学校反映学生的在校情况；另一方面，可以根据家长的反映了解学生是否有异常行为出现。同时，学校可以开展家长培训，让家长明白学校做出决定的原因，并理解学生的个体差异，实现学校与家长目标一致，促进家校联动模式的有效运行。

其次，学校与社会的良性互动有利于促进人才的培养和社会稳定。通过普及法律、心理健康、生命安全等教育知识，打造和谐的社会环境，尤其要注意学校周边的环境。学校可以和有关部门联系，整顿危害大学生身心发展的娱乐场所、开展大学生心理咨询社区志愿服务等。

最后，需要建立起有效的规章制度。大学生心理危机干预"学生—家庭—学校—社会"四位一体的平台想要长久有效地运行，必须要有相关的规章制度和监督奖励条例，这样，在干预学生的心理危机时就能阐明学校、家庭和社会各自的权利和义务，推进"学生—家庭—学校—社会"的规范化、制度化发展，有利于大学生人格的完善和心理健康发展，实现大学生心理育人。

四、推动入校前后立德树人工作衔接

高中毕业象征着高等教育的开始，由于教育工作层次不一样，故高等教育和高中教育的方法、内容和形式等也存在迥异。高校要承接高中德育工作，奠定高校立德树人基础，彰显高校立德树人的前瞻性，这是非常重要的。高中毕业，就会出现将近三个月的"空白"时间，在这个阶段，学生和社会接触较多，完全脱离学校环境，除了家庭，基本上不受任何约束，接触的人物之复杂、接触的事情之多、接触的领域之广都凸显了立德树人工作的重要性。做好这个工作就要求高校和中学做好对接，把立德树人贯穿这个阶段，为高中立德树人工作收尾，开启高校立德树人工作。入校前，高校要以录取通知书为载体，选定入学前必读书目，做好校前立德树人工作。高考完成之后，很多学生都还保持着高中学习的习惯，高校招生部门要利用高中毕业生这个特点，在发放录取通知书时，附上高校立德树人工作和大学生思想政治教育相关的必读、选读书目，让学生购买、阅读，并做阅读和学习要求、入学考核形式等规定，以考核等形式强化学生的自主学习意识和自我教育意识，在阅读书目时熏陶学生，使学生提前感受大学立德树人工作氛围，让大学生自觉接受思想政治教育，通过这种形式，使高校立德树人工作在潜移默化中产生育人效果。

高校招生部门要结合校内学生工作部门、思想政治工作部门等相关机构，在充分把握高中学生智力水平、认识水平、理解判断水平等基础上，结合学生成长成才规律、思想品德形成的规律通力研究并列举出学生易于接受的、能够充分吸引学生注意力的、和大学专业相关的、能够在一定程度上提升学生思想政治素质的书目。入校前的一系列工作既是高校开展立德树人工作的基础，也是决定高校思政工作能否取得好成绩的重要维度之一。

入学时，以专业认知和适应大学学习为重点，开展学业规划教育、心理健康

教育和学风诚信教育。高中学生刚刚迈入大学校园，对自己所学专业认知不够，此时就要对学生进行专业认知教育，从专业设置历史、专业课程、专业方向和毕业去向几个方面做专业认知教育，并要求学生根据自己所学的专业写出自己的大学学业计划，辅导员和专业课教师要根据学生实际情况进行建议和修改，鼓励学生完成学业目标，从而达到专业认知教育的目的。学生工作部门也要发动辅导员的育人力量，对学生进行诚信教育、安全教育和心理健康教育。初入高校，学校的一切都是新鲜的，此时的学生脱离了高中管束，自我约束能力有限，辅导员就要积极引导他们形成自律的生活习惯，引导学生树立优良的学习考试作风，杜绝作弊，树立良好的新时代大学生形象，教导学生注意安全隐患，珍爱生命，借以树立正确的世界观、人生观和价值观。

五、中外合作办学，实施爱国主义教育

爱国主义是中华民族的精神核心，是全国各族人民的民族心、民族魂。中外合作办学是我国高等教育在国际化进程中探索出的新模式，旨在培养具有国际视野、通晓国际规则、参与国际事务和竞争的人才。随着中国日益走近世界舞台的中央，越来越多的中国学生通过中外合作办学走出国门，为了能使他们怀有中国心、拥有中国魂，加强和探索中外合作办学中的学生爱国主义教育及其实践路径具有十分重要的现实意义。

（一）"三全育人"下高校实施爱国主义教育的必要性

1.坚持立德树人，扎根中国大学之需要

作为中国教育事业的重要组成部分，中外合作办学的根本目的是培养中国特色社会主义事业的建设者和接班人。因此，高校必须坚持党对中外合作办学的全面领导，坚持立德树人，扎根中国大学的办学需要。大学生应持续提升"四个意识"，坚定"四个自信"，做到"两个维护"，努力将自己的前途和命运与国家、民族的发展紧密联系起来，让爱国主义的伟大旗帜始终在心中飘扬。

2.胸怀中国和世界，提升国家国际形象之需要

加强爱国主义教育，有利于学生在保有民族情怀的基础上，秉承开放的理念，正确把握世界和中国的发展大势，充分理解中国特色和国际比较，系统建构国家视野和世界眼光，全面树立深度参与全球治理的志向。在中外合作办学中，出国继续深造的学生所占的比例较高，因此加强爱国主义教育有利于引导出国的学生在异国他乡讲好中国故事、传播好中国声音、树立好中国形象，做爱国主义的坚守者和传播者，从而推动中国国际形象的持续提升。

3.厚植爱国情怀，确保学生健康成长之需要

中外合作办学主要采用"双资源""双理念"的培养模式，学生接受中外教育资源和多种文化的熏陶，处于价值多元碰撞的前沿。加强爱国主义教育，有利于学生在中外文化的激烈碰撞中明辨是非，做到"破历史虚无主义，立历史唯物主义；除崇洋媚外现象，育爱国赤子之情；去精致利己主义，树使命担当精神"。高校应用深厚的爱国情怀感召学生，从而使他们在学习国外的先进科学技术与文化知识的同时，"不忘初心、牢记使命"，将小我置于大我之中，把爱国情、强国志、报国行融入实现中华民族伟大复兴的具体行动。

（二）中外合作办学下爱国主义教育面临的挑战

1.爱国主义教育未能深入人心

随着以互联网为代表的信息技术的发展，学生从被动消费知识变为主动选择知识甚至创造知识，传统的以教师为中心的单向式的爱国主义教育模式从根本上受到挑战。作为爱国主义教育的主渠道，思政课程的改革进展缓慢，授课方式较为陈旧，理论性与实践性存在一定程度的脱节。

当前的思政课程忽略了对现实生活的指引和挖掘，缺少与国际相接轨的内容，从而难以让学生产生共鸣，因此学生出现应付、逃课、无法将理论应用于实践等问题，教育效果大打折扣。受应试教育的影响，高校依然主要以卷面考查的结果来衡量学生的学习水平，学生为了应付考试而被动接受、死记硬背，因此他们的爱国主义认知、情感和行为在方向与水平上的发展是不平衡、不协调的。

2.学生的价值取向呈现日渐多元化之趋势

在中外合作办学中，学生的家庭经济条件大多比较优越，他们往往见识广、兴趣广泛、思想活跃，从而比较容易接受不同的文化和价值观，并且对爱国主义的理解也更加多元，中外合作办学中的学生在日常生活中频繁接触西方文化，他们判断问题及辩证思考问题的能力还不够强，因此这些学生在爱国主义认知和文化认同方面会产生一定的偏差。

目前，我国高校中的爱国主义一体化育人队伍尚未形成，专业教师、管理人员和服务人员的育人责任意识较为淡薄，不同群体对育人职责的边界、不同育人工作之间的相互关系认识不清，并且缺乏沟通协作，从而出现低效重复、推诿缺位等现象。同时，当前爱国主义教育的开展缺乏延续性，顶层设计的整体性有待进一步优化。从学生的入学培养到毕业，各个阶段的爱国主义教育衔接得不够紧密，缺乏系统性与针对性，适应不同阶段、不同环节的学生特点的爱国主义教育活动缺位。

此外，爱国主义教育目前尚未形成全方位的合力，第一课堂、第二课堂和第三课堂的有效联动不够，存在相互脱节的现象，容易出现盲区和断点，从而影响爱国主义教育的实效。

(三)"三全育人"视域下中外合作办学中的爱国主义教育路径

1.注重思政课程与课程思政相结合

首先,全面推进课程思政。高校应加强专业课程的价值引领作用,进一步打造专业课程"知识传授、能力提升、价值引领"三位一体的功能。在案例选取和育人理念方面,高校应将专业理论知识与爱国主义情怀和人类命运共同体意识结合起来,培养扎根本土、面向全球的复合型人才。其次,优化课程设计和考评方式。高校要让学生成为思政课程和课程思政中的爱国主义教育内容之主角,并且以"移形换位"之方式,让学生成为最活跃的参与者和表达者。同时,高校应了解学生的真情实感和真切体验,适当增加柔性考核的比重,以提升课程实效。

2.注重校园媒体和自媒体相结合

一方面,提升校园媒体的公信力。第一,高校应时刻关注社会热点,及时发布权威观点,并且要注重信息的严肃性、真实性和完整性,从而做到站稳政治立场、传递正向能量;第二,高校应坚持内容为王,努力使爱国主义话语既有温度又有深度,并且要注重选题视角的生活化、生动化与故事化,以实现艺术性转化,让爱国主义话语更接地气;第三,高校应通过一个个具体的故事将爱国主义由抽象化为具体,以展现党和人民的光辉形象,从而润物细无声地深化学生的爱国主义情感认同。

另一方面,鼓励支持引导好自媒体。学生是自媒体的主力军,高校应通过评优表彰给予鼓励,通过转载转发表示支持,通过培训展示予以引导,努力将学生培养成为新时代下的爱国主义教育的积极参与者和贡献者。

3.注重日常教育与专题培训相结合

一方面,做强党校与团校的培训。第一,高校应优化课程设置,将爱国主义融入培训课程、"三会一课"和"主题党团日",以强化学生党员和学生骨干的理论基础与理想信念;第二,高校应依托有关宣讲、实践、挂职等事项的平台,在明理、共情、弘文、力行上下功夫,以体现关键少数的先进性,发挥先锋模范和榜样的示范作用。

另一方面,做实出国学生的教育工作。高校应进一步夯实学生出国前的爱国主义教育,通过增加留学生学成归来、报效祖国的案例和现身说法之方式,多元灵活地向出国的学生展现中国情怀。此外,高校应强化学生留学期间的爱国主义教育,保持与学生的定期联系,大力宣传国家对归国的优秀留学生在创业与就业方面的扶持政策,以提升出国学生的国家认同感和报效祖国的决心。

第四节 高校思政工作方式改革

一、把握全媒体时代，创新思政工作方式

(一) 全媒体时代概述

1.全媒体的概念

学术界并没有给"全媒体"下一个明确的概念。但专家都普遍认同，全媒体是在传统媒体与新媒体日益融合的基础上而言的，是由报纸、书信、广播、互联网、图文电视、手机短信等不断融合发展而来的，是由数字技术、光纤电缆通信、大型电脑数据库通信系统等为用户提供和传播信息的媒体形态。全媒体是比媒体融合更为新颖的一种说法，信息技术的迅猛发展使得媒体的环境变化也非常之快，我们现在所使用的抖音、微信等都是所谓的信息技术上的媒体形态。而且，它还会随着科学技术不断向前发展并走在前沿，由此可以看出，全媒体时代的到来对人们生活的方方面面都有着很大影响，给人们的生活提供了很多的便捷，为个体之间提供了更好的沟通交流渠道。

基于此，笔者认为全媒体的概念可以概括为：全媒体是指在整合运用传统媒体与新媒体的"扬弃"过程中，不同的媒介形态通过传播内容与多种媒介的各种表现手段进行深度融合产生的一种具有零时差、多主体、强互动，并集内容、信息、社交、服务等于一体的无所不及、无人不用的新型传播形态。

2.全媒体的特征

全媒体作为传统媒体与新媒体深度融合的产物，具有新旧媒体融合产生的共性，以及促使新旧媒体之间构成某种联系的一系列特征。

(1) 融合性与渗透性。全媒体时代，互联网信息技术发展迅猛，媒介生存环境更加复杂。在此态势下，各类媒介都积极分析自身的优势与不足，在新形势与新环境中努力探寻新的发展方向，主动运用互联网技术，结合多样化的媒体传播平台，实现自己与其他媒介的深度融合与创新发展。

媒体融合不仅成为全媒体时代发展的流行趋势，也成为新旧媒体改革创新的必由之路。因此，各类媒介的相互渗透、彼此融合成为全媒体最主要的特征，并实现了全媒体在内容、手段、服务方面的全方位、立体式的集成整合，形成一条"信息链"，使人们的信息获取更具有同步性、零时差，提高了受众的参与度，丰富了受众的感官体验。

(2) 丰富性与系统性。在全媒体不断传播过程中，形成了纷繁复杂、各式各

样的海量化的信息，为人们提供了丰富多彩的内容，人们可通过不同的信息源选择自己喜欢与需要的内容。全媒体是一个全方位、多层次的传播形态，面对不同的受众，可做出细致化的服务，因此全媒体具有系统性特征。全媒体一定不是所有媒体简单相加的集合，而是通过各种传播渠道与手段的综合运用实现利益最大化。受众可根据自己现有的条件，结合自身需求与特点，参与媒体传播活动，感受全媒体高效、精准的传播。

（3）强互性与平等性。在全媒体的传播与运用过程中，逐渐超越了传统媒体在传播者与信息接收者之间的单一主动或单一被动的关系。全媒体的传播与运用过程中，信息发布者与信息接收者之间没有明显界限，角色定位比较模糊。信息的发布者可以成为信息的接收者，同时，信息的接收者也可以成为新的信息的发布者，他们在发布或接收信息的同时，又可以与其他信息发布者或信息接收者主动交流、及时反馈，呈现出强烈的互动趋势。这其中的信息发布者在接收信息的过程中，身份就会发生转变，由信息发布者转为信息的接收者，我们也称为传播客体。与此同时，之前的信息接收者转变为信息发布者，即传播主体。由于互联网技术与信息技术的迅猛发展和应用，全媒体才有了实质性的变革，传播形态的互动性功能才不断增强。在这一互动过程中，传播主客体都具有平等性，他们的地位、身份、话语权等都是平等的，能够主动选择自己的身份，发布内容以及选择媒体信息。

（4）多元性与可选择性。全媒体时代，随着媒体传播形态的多样化，所有信息都可以通过各式各样的媒介去传播，比如，通过智能手机、互联网或电台、广播等多种媒介传播，相应的人们也可以通过多元化的媒介去获取自己需要或喜欢的内容，这一过程中，人们可以自主选择符合自己或自己较为适应的传播媒介获取媒介内容或发布信息。因此，全媒体的传播与接收方式不仅具有多元性，还具有可选择性。但由于人们自身认知与行为的差异，在选择的过程中容易产生盲目或者错误的选择。这就需要人们提高媒介素养意识，增强自身的媒介素养能力。

（5）娱乐性与虚拟性。随着全媒体技术的发展、传播形态的多元，可供人们休闲娱乐的平台也逐渐多了起来，像在线游戏、网络直播、抖音、快手等各种时下流行的娱乐方式，一方面促进了人们的交流，满足了人们的精神消费需求与学习需要；另一方面也开拓了空间与视野，提升了人们接收与发布信息的积极性与主动性。此外，这些平台也具有虚拟性特征，虚拟的个人信息、内容、背景等，容易导致部分受众信息辨别能力出现偏差，分辨不清虚拟与现实；也会出现受众深陷网络、沉迷于游戏，甚至出现网络暴力等现象。

3.全媒体时代

2019年1月25日，习近平总书记在中共中央政治局第十二次集体学习时，深刻诠释了"全媒体"的概念，他指出："全媒体不断发展，出现了全程媒体、全息媒体、全员媒体、全效媒体，信息无处不在、无所不及、无人不用，导致舆论生态、媒体格局、传播方式发生深刻变化。"

（二）全媒体时代大学生思想政治教育影响效果分析

全媒体是当代社会数字技术与信息技术的代表，为人们提供大量的网络信息，作为当今社会的数字科技成果之一，是一种超越于其他传播媒介的全方位媒体，它为思想政治教育者与受教育者同时提供了便捷的互动需求，推动了思想政治教育的发展；全媒体对大学生思想政治教育带来正面影响的同时，也给大学生思想政治教育带来了负面影响。

1.正面影响

（1）丰富教育资源。全媒体时代，信息传播媒介教育的广泛性，使思想政治教育内容更加丰富和全面。高校思政教师在课堂教学过程中借助现代化的信息技术教学工具，在第一时间将相关知识点的资源信息通过全媒体传送至网络，供学生学习。这为思想政治教育带来便捷，也使思想政治教育工作者的工作效率得到提升。

全媒体的开放性使思想政治教育内容逐渐朝着全面化的方向发展，实现由静到动的状态变换，且更加贴近大学生的日常生活。高校思政课教师可以借助全媒体工具实现与大学生的一对一、面对面的线上沟通。在全媒体虚拟空间中，师生间的交流与沟通是处于平等地位的，教师和学生之间可以相互进行资源的索取和传播，在一定程度上打破了传统思政教育模式的枯燥感，促使教学形式不断朝着多样化、教学内容朝着生动化方向发展。全媒体的数字科技技术有效地拓展了大学生思想政治教育的空间，促使大学生主动利用全媒体去关注思想政治方面的信息、热点话题等内容。与此同时，在教师的引导下，大学生会接收到更多正面的信息，他们在运用全媒体的时候也会自觉筛选有用、有价值的信息，从而不断升华自己，提升自身的思想道德素质。从上述角度来讲，全媒体的确有助于提高大学生思想政治教育的影响力和实效性。

全媒体的互融、共享、互补的特点也促进了大学生思想政治教育资源的整合与共享。第一，内容的整合与共享，能够在更大程度上拓展现有的思政教育教学空间，进而促进各种有效信息及时整合与共享。思政课教师将各种媒体上的信息提前进行筛选和整合，再呈现给大学生，这样能够确保大学生接收到的信息是健康的。此外，教师还可以通过网络平台对大学生的日常情况进行实时互动与关注，从而更深入地掌握和了解每个学生的心理和思想情况，进而从实际情况出发，设计更有针对性的辅导方案，最终在潜移默化中提升他们的心理素质，让更多的大学生都拥有健康的心理和正确的思想，使其树立正确的理想信念，形成良好的思想作风。第二，有助于实现资源的整合与共享。高校要利用好现有的思政专业方面的教师队伍，彰显出人力资源优势，定期为教师提供各种形式的培训内容，拓展培训渠道，提升思政教师教育能力的专业性，构建本校的专业化思政资源，整合师资队伍；积极建立健全财务机制与体系，让校内现有的财务资源成为在大学生思想政治教育资源整合中的有利因素；高校要加大财力、物力的投入，加大对人才培训与网站维护等方面的资金投入；高校要巧用组织资源，由各学院党委书记作为负责人，党员教师积极参与，形成院校两级的协同工作体系，并在学校党委的统一领导下，各部门、各院系协作努力、齐抓共管，从而切实做到对高校思政教育资源的有机整合与共享。

（2）创新工作手段。高校传统的媒体思政工作通常是由教师来唱主角，教师通过举例子、讲道理等教育手段将知识传授给学生，更多的是依据书本"照本宣科"的讲课方式。教师与学生之间存在着一种单向传输知识的模式，这种模式导致思想政治教育知识的传播具有局限性。全媒体时代的到来，全面打破了思想政治教育的局限空间，赋予高校思想政治理论课更多的载体，极大地增强对学生的吸引力。

进入全媒体时代，微博、微信、博客、论坛等以快捷、直观的特征以全新的思政教育模式和手段展现。与传统思想政治教育相比，全媒体作为思想政治教育的载体，使思想政治教育传播手段更加快捷、直观。全媒体模式，将广播、文字、音频、数据等融为一体，给大学生带来不一样的视听效果，这样既能充分刺激大学生的视听感官，又能有效激发大学生对思政课内容的学习欲望和热情。让大学生自觉运用全媒体的直观、便捷等特点去学习思想政治教育的内容，创新了传统媒体教科书般的授课模式，也让思想政治教育内容借助全媒体途径逐步渗透到学生的心中。通过内化与外化的双重方式，使受教育者的思想向教育目标的方向发展与提升。

（3）促进主客体互动。课堂教学信息的传播需要建立在师生之间的互动基础上。高校传统思政教学模式，一般都是教师将枯燥乏味的思想观念、道德规范传授给学生，这样会限制学生的思维活跃度，降低学生与教师互动的意愿，进而抑制学生受教育的自主性、积极性和创造性。

全媒体交互性的特点给予教育者与受教育者平等的权利，给师生之间互动提供便捷。运用平等互动方式进行交流，既给大学生提供了轻松、愉悦的学习空间，又能增进师生之间的情感。全媒体的形式多样化、图文结合、音频效果的特征可以调动学生的兴趣，推动学生自主借助全媒体工具来获取更多、更有价值的思政信息。这样也能让师生之间的沟通互动更加和谐自然，教师于学生而言，既是良师也是益友。

（4）提升思政教学实效性。全媒体完全突破了现实生活与虚拟生活之间的界限，为大学生思想政治教育提供了新的平台。教师和学生可以平等地运用各种网络媒体展开交流，在很大程度上减少了大学生对教师的心理防范，缩短了他们与教师之间的心理距离。同时，大学生可以运用微博、微信、QQ、论坛等全媒体平台载体，把自己遇到的问题、困难等不良情绪大胆地倾诉出来，袒露心声、畅谈想法；还可以对自己喜欢的话题进行评论、点赞和转发。这有利于高校思政教育快速了解到不同学生存在的实际问题，并随时通过网络进行线上讨论，在第一时间解决学生存在的各类棘手问题。如此一来，也能够让教师在思政工作中更好地处理各种类型的学生工作，做到有的放矢。还能够帮助学生树立积极健康的心态和乐观向上的思想，让师生之间人格、地位上有一种放松、愉悦的空间，进而消除师生之间心理上的隔阂，提高师生之间的信任度，不断地创新思想政治教育的效果。

2. 负面影响

（1）全媒体的多样性使教师的主导地位受到冲击。第一，教师不再处于主导位置。大学思政课教师自身拥有丰富的理论知识和多年教学经验，这样，他们在课堂教学中就会始终把握主动权，且对课堂教学过程具有绝对的掌控权。他们的教学方式基本是机械式地灌输，引导学生自主思考、消化吸收的时间则不多。全媒体时代，如果思政教师忽视学生对全媒体教学的期望，就会导致思想政治教育效果不佳。身为思想政治教育者，必须将理论内容和实践过程相结合。

在全媒体时代，以往的教育局面被打破。全媒体的主力军已经是当代大学生，对于网上相关的言论，大学生可以直接通过全媒体搜索自己所需的信息和资料，而不是通过教育者获取信息。长此以往，大学生思想政治教育者的主导地位就会受到"威胁"，教育主体与教育客体就会成为平等关系，大学生在教育过程中也会日趋成为主体。

第二，冲击教师的知识结构。全媒体信息多元化给大学生提供了很多选择空间，打破了传统单一的教育方式，促进了大学生自主学习能力提升。全媒体构建平等交流平台，把大学生的自我主体意识调动起来，提高了大学生的认知水平，转变了大学生的接收方式，扩展了他们收集和获取信息的渠道，使他们能够拥有更多接触多元化信息观点与看法的机会。全媒体打破了传统媒体固定单一的教育方式，思想政治教育者应该不断加强对媒介知识的学习，突出教育现代化，也应该从科学的角度去评估网络媒体对大学生思想政治教育的影响，提高大学生运用全媒体获取自己所需信息的能力，只有这样教师才能成为大学生的引路人。

（2）全媒体的传播性使大学生思想政治教育内容日趋泛化。第一，思想政治教育主旋律受到冲击。全媒体信息被高校广泛运用,大量负面的"三观"教育已经在大学生中间广泛传播,使大学生思想受到腐蚀,使主流文化受到冲击,自然高校思政教育也会受到一定程度的消极影响。

在传统思想政治教育环境中,教师根据学生的基本情况进行教学设计,但是这种教育模式、教育内容相对平静化。在全媒体信息传播方式多样化背景下,大量低俗的思想文化信息出现在大学生眼前,使得大学生思想政治教育主旋律受到冲击。一些西方国家借助全媒体技术优势与话语霸权,来传播一些资产阶级"人权""自由""民主"的思想观念,对我国的党政方针、政策路线进行攻击和歪曲,这会使一些心理不成熟的大学生受到不良影响。如果对以上现象不加强防范,大学生尚不稳定的"三观"将会受西方国家意识形态的影响,从而使主旋律教育的效果受到负向影响。

第二,全媒体信息内容泛滥对大学生思想政治教育提出了更高的要求。随着现代媒体技术的发展,互联网信息量日益增长,信息传播渠道多样化,信息内容更新及时,可是如果人们接收信息、运用信息的能力跟不上信息更新的步伐,就会出现信息大泛滥的现象。这些不良信息在全媒体环境中传播,使心智尚未成熟的大学生在面对选择时陷入困境,表现出理想信念迷失、社会主义道德缺失、社会责任感淡化、只看重金钱利益,在形式多样的信息内容中将积极健康的内容思想传送到大学生的生活中是一件比较艰难的过程,因此就对大学生思想政治教育提出了更高要求。

(3)全媒体的交互性使大学生思想政治教育传统方法受到挑战。全媒体时代的到来,传统灌输式教育方式的弊病日渐凸显,已经难以满足新时代大学生的多元化学习需求。由于传统媒体教育方式过于单一化,缺乏互动,在全媒体时代逐渐丧失竞争力。全媒体技术的出现,使传统信息教育者的地位发生变化,再加上多元化网络信息平台和政治观点的出现,形成了"百花齐放"的学术氛围。大学生通过多元化的信息资源不仅可以了解到中国政府的观点,还可以了解到其他国家的态度。由于全媒体信息传播途径多样化、知识的多元化、信息资源的丰富,导致传统教育方式方法的不足也逐渐显现出来。全媒体多元化的教育方式更能够满足新时代大学生的需要。全媒体环境下大学生获取信息量远远超过书本和课堂,网上各种信息资源、数据库和网站都成为大学生获取知识的途径,大学生在自主选择和查阅所需信息的同时,自主学习的求知欲也在逐渐提高。在全媒体下,寻找适合大学生的教育方法,来不断地提升教师与学生之间的互动、调动大学生的积极性与主动性,这是当前全媒体环境下高校创新大学生思想政治教育方法的核心问题。

(4)全媒体的开放性使大学生良好道德品质的形成更为曲折复杂。第一,道德情感的疏远。全媒体的开放性使互联网和通信工具代替了传统媒体面对面的交流沟通。人们之间交流将通过语音、文字、表情符号等网络传播方式进行，变成人与机器的交流。全媒体的开放性使得人们交流不受时间、地点限制，更容易在网络交流中无法自拔，现实生活中面对面的交流机会就少之又少，人与机器的接触越来越频繁。大学生长期与互联网接触，导致学生沉迷在虚拟网络空间中。一方面，不仅浪费了时间，还使学生与现实社会脱离，缺少自我锻炼与实践的机会；另一方面，减少了面对社会的机会，与熟悉的家人、朋友、教师、同学之间的感情淡化，长此以往会使大学生在道德情感上失去知觉、变得冷淡，严重的还会使学生身心健康出现问题，对于现实生活的人与事都漠不关心，也慢慢失去现实情感和有效的道德判断力。

第二，道德行为的失衡。全媒体是一个极度开放、张扬个性、展现自我的空间，易导致一些心智尚未成熟的大学生行为失控。例如有的大学生运用网络盗取他人账号进行网络购物、上网，盗取他人的金融系统账号、信用卡资料、身份证信息在账户上进行交易，给他人造成严重经济损失；有的大学生运用网络进行诈骗，通过互联网发布虚假广告、制作低俗的网页、图片、视频等不道德行为，不仅对计算机信息网络安全造成很大影响，而且给社会也带来了难以想象的危害。大学生对网络信息判断力较弱，容易被一些不道德行为影响，不能客观理性地看待和分析社会发展中存在的问题，极易使大学生走上犯罪道路。因此，全媒体时代道德行为失衡现象是我们当前需要深思的问题。

（三）全媒体时代下高校思政教学的机遇与挑战

1.面临的机遇

（1）促进思政教育的融合创新。传统媒体模式下，高校思政课程教学的依据就是教材，教师上课的方式基本都是灌输式，以理论宣扬为主；学生学习方式基本是反复记忆。教师在整个教学过程中都是主动的，而学生则很少能真正听进去，处于被动接收灌输知识的状态，一个学期下来可能都没有学到多少有价值的东西。但在全媒体环境下，能够实现以下三个方面的拓展。

第一，将固定教室拓展成"固定教室+网络教室+空中教室"。之所以做出这样的设计，是因为要促使高校在教室上进行革新，突破传统思政课堂教学对固定教室空间、场地的束缚，拓宽思政课的教学范围。固定教室以讲授和宣扬教育思想和教育内容为主，网络教室则是师生获取丰富教育资源和教育素材的场所，而空中教室恰好能够促进高校思政教师和学生在同一时间、不同地点的即时互动交流。全媒体背景下的教室变革弥补了传统教育模式的不足，既较好地传授和宣扬了思想政治教育的核心力量和指导思想，又较好地通过情景模拟、名家课堂和线下互动等形式增强了师生对思政内容的兴趣,同时也为思政教师进一步探索互动性更强的教学模式提供了新的思路和改革契机。

第二,进一步拓展了传统教育模式的外延。传统教育模式下是较为严格的师生关系,教师对教育的内容和方式具有权威性,对于教育客体的行为具有一定的控制力。但在全媒体视域下,高校思政课堂教学通过线上线下的沟通和反馈在不断地变换着二者之间的关系,如教育主体在讲授完具体的知识点后,此时的教育主客体分别是教师、学生。而当学生对教师刚才所讲知识点做出一些补充,或对教师的教学效果进行反馈时,教育主客体的关系就颠倒过来了。这种全媒体模式下对于教育内容和教育素材的多元化即时性获取和理解极大地拓展了传统学校教育的外延。

第三,进一步加快了教育内容的传播速度和广度。传统媒体环境下,高校思政教育的对象主要是全校学生,但受阻于传播媒介的传播范围,其教育内容的传播速度和广度都有限。全媒体时代,大学生思想政治教育突破了学校的固定范围,可以通过网络课堂和空中课堂进行更加广泛和全面的传播,除了在校大学生,校外群体也能随时随地地学习和了解其教育的内容,并以更快的传播速度吸引更多的学习群体,从而极大地提高了思想政治教育的效率。尽管当前全媒体时代的大学生思想政治教育还未能全面实施网络化模式,但全媒体作为新时代高校思政教育的载体,能够在思政教学模式、教学手段创新的基础上,拓展思政教学的内容。

(2)为学生参与思政教学提供新契机。当代大学生是伴随着网络革命和媒体融合的进程成长起来的,其对个性化的需求强烈,思维活跃敏捷,乐于学习并接受新事物。当今社会,全媒体的快速发展恰好迎合了大学生的多元化、个性化成长诉求,也表现出对传统教育模式的排斥及对新教育模式的好奇。很显然,传统的讲授模式已经不能适应当代大学生的需要,教师需要向全媒体借力,打造全新的、符合学生需要的思政学习新平台。这种机遇对于进一步拉近师生关系,提升思想政治教育的效率具有积极的意义。

一方面是全媒体环境下,在校大学生能熟练且高效地使用全媒体媒介。全媒体时代呈现出一个较为明显的错层,高校思政教师在适应全媒体和使用全媒体等方面存在着一定的障碍,高校专门的全媒体教师队伍建设尚未完善;但成长在新时期的大学生能够更快地适应全媒体,并高效地使用各种全媒体平台。他们在利用全媒体获取教育资源和教育素材等方面更加得心应手。所以说,在全媒体模式下,作为教育客体的大学生,完全可以凭借其对教育内容的掌握和教育素材的把控来及时有效地通过反馈和互动等方式参与到课题教学中去,通过相互学习交流和角色的转换来提高思想政治教育的效率。

另一方面是全媒体模式下,教育客体的主体性增强。全媒体带来的多渠道和多元化的学习交流模式,更能够激发教育客体乐于沟通交流,激发教育客体愿意分享知识成果的积极性。教育客体主体性意识的强化,给更加有效和快捷地传播教育思想和内容等提供了新的机遇。

(3) 促进思政课理论与实践教学的融合。在统媒体时代的学校,思想政治教育被误认为是纯理论的学习,在实践教学环节的设计方面始终是薄弱项。而在全媒体模式下,高校思政课实践教学的特点应该被充分凸显。首先是全媒体媒介下的更为真实和震撼的声音和视频等方式的宣传,能更大程度上激发人的实践积极性。比如,传统模式下讲授我党的党史,对于延安革命圣地的讲授缺乏绘声绘色的展示,而全媒体模式下通过现场直播、视频播放和网络宣传等方式极大地激发了教育客体参与实践的积极性,实现了理论教学与实践体验相结合的教育观。其次是借助全媒体的媒介平台,更多的人能够通过媒介平台来分享自身的实践感受和心得,并通过网络模拟和资料获取等方式,能够更加清晰和全面地了解实践对象的详情,为开展实践环节提供了保障,也为理论教育与实践教育相结合提供了全新的机遇。

(4) 丰富高校思政育人方式。很长时间以来,高校思政理论课教学都是"你声嘶力竭,我不为所动"的"一刀切"模式,主要表现为一种指令性教学行为,其教学效果可想而知。而在全媒体环境下,教育方式与手段不再仅局限于课堂,课堂之外的现实和虚拟空间都在同步发展,这是拓宽思政教学范围和渠道的有效方式。

首先,高校思政理论课教学可以利用合适的全媒体平台来向广大学生传递党的理论和路线、国家的大政方针、校园的实时动态及学生的思想状况。比如,高校可以充分利用校园内的展示栏、校刊、校报以及校园广播等现实空间进行展览与宣传。在虚拟空间,高校可以借助各种社交媒体来搭建新媒体生态圈,这不仅为本校广大师生提供了反馈信息和真实想法的交流互动平台,而且为教师更多地了解、关注学生打开了一个新的窗口。同时,教育者还可以充分利用全媒体的多样化技术与多元功能,鼓励大学生自主观看优质视频公开课、电影、网上作业、网络论坛讨论等,教育的手段更趋向现代化。此外,高校还可以创建自媒体账号,借助自媒体的优势来构建意见领袖体系,如通过校园官方微博、校园社交媒体、微信公众平台、高校网站等多种方式与手段,凭借对内容的有效把握,经过层层把关、综合研判,选出优质内容,在话语体系的创新与完善方面做到更加亲民、接地气,更具吸引力与竞争力,以便更好地引导舆论导向,更加准确地掌握大学生的心理状态与思想动态。这样既充分利用了传统校园媒体,守住了传统校园媒体在主流思想引导的重要地位,又主动利用新媒体的传播优势,努力创新基于互联网的高校思政课教学方式方法,然后借由一系列有趣的网络流行话语体系将时政要闻、思想感悟等表达出来。

其次，在传统媒体时代，大学生关注外界相关信息途径相对较少，而在全媒体时代情况则相反。大学生可以通过思想政治教育专题网站、各大门户网站专题讨论等多样化的途径获取自己感兴趣的信息，例如浏览一些提高自己实践能力的有效资源提高个人素质与能力，以及帮助个人发展规划的网络课程等，这样不仅实现了大学生自身的教育需求，而且也明确了教育者的教学任务与目标，使其在之后的教育工作中把握核心内容，做到与大学生自身实际情况相结合，合理设置教学内容。同时，当代大学生使用各种不同的媒体工具或不同类型的社交网络，实际上是对现实生活中与同学、朋友的关系的一种延伸，他们可能对现实生活中"面对面"的表达会感到局促与紧张，所以他们通过社交网络轻松地表达出来，并使身心处于一个相对放松的状态，缓解了现实中紧张不安的气氛。此外，他们不仅在多元的方式中强调自我价值的实现、张扬个性，而且时刻了解社会的状态、关注国家的发展。因此，在全媒体时代，教育方式与手段的新颖性与吸引力是提高思想政治教育效果的重要前提。

2.提出的挑战

（1）办学条件受到挑战。办学条件是高校的办学向导和办学宗旨的具体体现，是高校良好运行的基础，是衡量高校管理水平的标志。首先，过去经费长期投入不足，导致办学条件、师资队伍的弱化。改革开放以来，政府大力推广教师教育制度，高校的办学条件取得了不小的进步，但是由于基础较弱，加上扩招以后部分院校分化重组，导致目标不明。其次，部分高校的硬件设施没有跟上时代的发展，传统的以黑板和粉笔进行的教学已经很难满足学生的想象力与好奇心。投影仪、音响、计算机等高科技的投入得不到普及，多媒体教学在高校的建设中还得不到广泛应用。最后，高校对资源的开发管理利用水平达不到预期。对教学资源科学的管理，是高校教育工作井然有序进行的前提，也是教育工作顺利开展的有效保障。部分高校教学设备利用率低、闲置状态严重、固定资产没有专人定期检查维护等问题，都会加速办学条件的淘汰速度，加重院校负担。因此，只有通过科学的规划和利用学校的办学条件提高使用效率，为大学生提供更好的学习资源，并创造更加舒适便捷的生活环境，才能营造出生机勃勃的校园氛围。

（2）传统教育方式方法受到挑战。大学传统的教学模式就是在课堂上授课，教育工作者拥有绝对的话语权，学生只能被动接受教育。思想政治理论枯燥、晦涩难懂，学生学习兴趣不高，教育工作者只是单向地将理论传递给学生，学生无法决定教育的方式和内容。在全媒体时代，大学生拥有很强的自主性，可以通过多种信息传播渠道来筛选所需的知识和信息，课堂教学不再是知识传播的唯一途径，高校教育工作者的主体性地位被削弱，大学生不再被动地接受理论知识的灌输,而是有自己的选择,从而形成自己的认知,传统的教育方法不可避免地受到了挑战。因此,教育工作者要转变传统教学观念,改进教学方法,紧密联系时下社会热点,采用启发式教育提高教学成效。同时,增加大学生参加教学实践的机会,努力培养优秀大学生的社会责任心和特殊使命感。不断改进课堂教学方法,充分利用多媒体、互联网等现代技术手段为教学服务,不断增强思想政治教育理论课程的吸引力。

(3) 教师的教育能力受到挑战。在全媒体与思想政治理论教育融合过程中,产生的新生事物与传统的教学方法和理念有着较大的区别。高校的教育工作者能否顺应这一变革,使自己熟练掌握并利用好新生事物,也是一个巨大的挑战。首先,教育工作者年龄偏大,接受新生事物的能力必然不如学生。例如,对互联网技术、微信、微博等这些新兴媒介的熟悉程度、使用方法等方面,学生相比教育工作者来说有着先天的优势。新兴媒介对生活等各方面产生巨大影响,让学生拥有更加敏感的意识,同时也会比教育工作者更为快速地接受、学习、利用好这些新兴事物。而教师如何不被学生问倒,则是需要我们认真思考的问题。其次,高校教育工作者的权威性受到削弱,甚至连教育工作者本身的身份都会受到质疑。高校教育工作者如何在全媒体时代,积极有效地教授思想政治理论的知识,并取得发言权,这也是对教师教育能力的一个巨大挑战。再次,全媒体时代,高校教育工作者能否熟练掌握个性化教育模式对大学生进行分类教育,改变原来的"一把抓"教学模式,这又给在思想政治教育理念已经成型的教育工作者提出了挑战。最后,大数据是全媒体的一个非常重要的特征。大学生在网络上有着数量巨大的不完整、不规则的数据记录,只有对这些记录进行有效的分析,才能得到有价值的信息。在得到这些数据后,教师需要根据数据来做出量化的判断,以往根据教学经验而对学生思想动态做出的判断的方式要进行转变,考验着高校教育工作者对大数据工具的利用水平和能否迅速转变长期以来的定性思维。

(4) 思想政治教育环境受到挑战。互联网作为全媒体时代的一种重要载体,它是一个极度自我管理的虚拟世界,互联网与现实社会有着独立与封闭的天然矛盾。在互联网上传播信息,成本低、方式多样、途径隐蔽,传播者和接受者都隐藏在茫茫互联网用户群体中,这样就使得互联网上的信息量巨大而且繁杂。现在许多诈骗、传销等负面的、容易侵害大学生的信息隐藏在互联网中,不少大学生因为沉迷于网络游戏、不良网站或者被骗入传销组织被骗取钱财。部分大学生缺乏辨识能力,被一些别有用心的人或者组织利用,这将深深影响大学生正确的政治价值信念的形成,使高等教育环境受到严重污染。

(5) 降低学生对思政内容的认同感。全媒体时代,多元化的传播途径带来的海量化的信息真假难辨,甚至有经过编纂加工和恶意更改的成分存在。这种对海量化信息的接受和处理对于娱乐性受众而言或许影响不大,但却对大学生有着很大的影响,在一定程度上降低了教育主体在宣讲思想政治教育内容上的权威性,也降低了教育客体对于思想政治教育内容的认同感,甚至产生某种程度的质疑和犹豫等,严重影响了大学生思想政治教育的有效性。

某高校思想政治教育专业的同学认为,相较于传统媒体,其更加喜欢全媒体时代的思政教育模式,这主要是因为在校大学生的日常生活已经离不开全媒体,即使不学习,每天花费在互联网和手持智能终端上的时间也是很多的。可以肯定的是,全媒体时代由于接收信息渠道的多元化,加之我们对接收信息的内容不太重视其真假,只关注其是否新颖有趣,这也降低了学生对于思政课内容的认同感,因为他们缺少辨别真伪的能力和标准,将知识性转变成了趣味性,这是当前全媒体时代下高校思政教学过程中不可忽视的一个问题。

(6)削弱了教育主体的影响力与控制力。全媒体时代,传播媒介的多元化带来了多渠道和多元化的资源信息获取渠道,通过网络和手机等能够随时随地、方便快捷地获取到全国各名校名师在线授课视频,甚至可以进行随时随地的线上互动交流。这种信息获取渠道的多元化和便捷化一定程度上降低了教育主体的影响力。

全媒体时代,教育资源获取的便捷化也加重了教育客体对于媒介的依赖性,而弱化了其对于课堂教学的重视度,教育客体可以通过视频回放、在线学习和直播互动等方式及时弥补课堂教学中的缺失,从而让教育客体自主学习的积极性被充分激发。这种弱化课堂授课而过度依赖媒介学习的模式转变给教育主体监管教育客体学习内容和学习效率带来了新的挑战。

某大学思想政治教育专业一青年教师曾表示,全媒体时代给我带来的最大的角色上的转变和困惑是学生与教师关系的转变。在我读书的时候,学生尊敬教师是最基本的礼仪,当然也很怕教师,我与教师的关系更多地体现在对知识的面对面交谈上,我更加倾向于相信教师,甚至仰视教师的地位与学识。但是就我从教这一年来的体验看,现代的学生更加个性化、更加的自我,由于其获取信息的渠道多,能力高且技术强,所以他们对于教师布置的作业、讲解的内容和观点等都持一定的怀疑和排斥态度,甚至在提交的作业中,来自网络的抄袭和剽窃部分很大,这也给我们思想政治教师在教育教学和日常班级管理中带来了困难和无奈。

某大学思想政治教育专业老教师Q的访谈观点:作为一名思想政治教育专业的老教师,我当前最大的困难在于对全媒体技能的掌握,现在全校都在积极推广多种形式的网络课堂,以增加与学生的互动性,但是就我而言,我还是更喜欢依赖传统的课堂教学,这样能够面对面地讲授沟通,最起码能够看到鲜活的个体存在,能够完成随堂教学的测试和随机提问等,能更好地检测教学成果。而全媒体模式下，师生之间的关系更加疏远。总之，全媒体时代的教育控制力和教师的影响力都在受到挑战。

（7）对大学生思想政治教育模式要求更加多样化。全媒体时代，带来了教育模式和教育客体两个元素的显著变化，教育模式主要体现在全媒体模式对于传统媒体模式的替代，教育客体的变化主要体现在其对教育内容和教育技能的要求更加苛刻。全媒体时代，随着信息海量化和信息获取方式的便捷化，大学生思想政治教育的内容更新频率也在加速。比如，前一天习近平总书记的重要讲话内容就要及时地出现在当天的思想政治教育课堂上，甚至一些国家性和国际性的大事件还需要以现场直播的方式呈现在课堂上。这就要求教育主体不仅要有获取海量信息和筛选海量信息的能力，还要有随时随地解读和宣传即时信息的技能，这些变化对于习惯于传统教育模式的教育主体具有极大的挑战性。全媒体时代可以实现便捷、即时和多渠道地获取海量信息，而对于海量信息的处理需要具有较好的理解教育内容、准确把握教育方向和高效宣扬教育内容的能力。

（8）网络媒介监管和治理难度上升。虚拟性是全媒体时代的一个显著的特征，传统媒体模式对教育环境下的网络和媒介的监管相对容易，因为其传播渠道和场所相对固定。全媒体时代，由于媒介传播渠道的多元化和高度虚拟化，很难准确快捷地监管到每一个学生的学习动态。比如，教育客体通过微博等方式发表不当言论，甚至造谣等，由于全媒体时代传播速度较快、传播途径多元，很难快捷及时地查询和获取到教育客体的真实信息。全媒体时代强化了教育客体通过自主选择媒介开展学习的过程，但是对于教育客体是否真正通过媒介按要求参加学习及学习的效果等很难客观准确地监管到，这也给全媒体时代的大学生思想政治教育的有效性带来了挑战。

某高校教务处领导指出：全媒体时代对于我们教务处来说，一个比较大的问题是教育教学过程的监管，以前的传统做法都是成立督导组，通过随机听课的方式来监督教师教育教学的效果。但是在全媒体模式下，无论是虚拟化的网络课堂，还是学校积极推崇的翻转课堂等，作为监管方，我们无从下手，更难给出一个较为科学合理的评判标准。所以，这也是我们学校最近在积极地努力和商讨的一个问题。传统的做法对于教师教育教学效果的评价一个重要指标是考试成绩，全媒体模式下，更加轻视闭卷考试的比重，侧重教育教学过程参与性的比重，这也给教育教学效果监管和评价带来困难。

某高校辅导员认为：对于辅导员来说，全媒体时代给我带来的一个大的监管上的困境是全媒体带来的"娱乐化"现象，全媒体模式下的网络直播成为一个张扬个性和凸显自我的新载体，这更好地契合了当代大学生的新特征，他们更加喜欢将个人的观点、才艺或者个性等以直播的方式来展现，但也经常出现大学生在直播中宣扬恶俗内容或发表不当言论的情况,作为辅导员来说,我确实心有余而力不足,媒介传播渠道那么多,我也很难逐个去寻找学生的直播内容,更不能及时有效地给予监管和引导,但是一旦发生问题,辅导员难辞其咎。

(四)全媒体时代下的高校"三全育人"

1.全媒体为高校"三全育人"工作提供新思路

(1)全程媒体为高校实现全过程育人提供了条件。全程媒体突破了时空局限,让传播可以随时随地发生,大学生所关注的舆论热点、所疑惑的思想难点均能得到及时、准确的回应和解答,这促进了思想政治教育扩大传播范围和提高传播时效,更好地参与大学生成长成才全过程。各类融合发展的传播媒体能够对党中央的重大决策部署、重要政治活动等进行同步记录和信息传输,实现去中心化、同进度、齐直播等;能够全过程跟踪、多角度解析党中央所要宣传的思想,吸引处于不同成长时期的大学生的注意力,使大学生有身临其境的代入感;能够通过各种媒介使大学生逐步从被动的受教育者转变为信息生产者和传播者,从而使教育者和受教育者相互影响,在不同教育阶段完成不同的教育目标,实现了高校思想政治教育的全过程育人。

(2)全息媒体为高校实现全方位育人提供了条件。全息媒体突破了物理尺度,使信息传播的形式更加丰富多样化。在全媒体时代,高校思想政治教育可以通过文字、图片、音像、视频等多种表达方式深刻地展现其内容。大学生既能全方位地接受融合多媒体传播优势的思想政治教育,又能调动视听器官实现对所学内容的消化巩固。这既克服了思想政治理论课课堂教学时间有限的局限,又让大学生能够随时随地以任何载体接受教育,实现了高校思想政治教育的全方位育人。

(3)全员媒体为高校实现全员育人提供了条件。全员媒体为高校传统思想政治教育突破了主体尺度。高校思想政治教育能够通过全媒体手段在任何时间、任何地点对任何人发布"一对多"或者"多对多"的教育信息。思想政治教育的主体正在由思想政治理论课教师、辅导员转变为高校所有教职工和社会大众等多个主体。多维度、全覆盖、自发性的全员媒体使多元社会主体参与思想政治教育活动,扩大了高校思想政治教育的参与辐射面,克服了传统媒体时代高校育人主体有限的弊端,实现了高校思想政治教育的全员育人。

(4)全效媒体为保障高校"三全育人"整体效果提供了条件。全效媒体为高校思想政治教育突破了功能尺度。全效媒体能够通过大数据和云端处理,根据受众的个性化需求进行有针对性的信息内容生产与传播,精准地将思想政治教育内容传递给大学生,使大学生及时地接收、学习、转化、践行,突破了传统媒体技术层面的功能局限。它还能够运用各种信息传播技术,集成内容、信息、社交、服务等各种功能,将思想政治教育所蕴含的内容融合到各类媒体中,让"三全育人"的各个环节在技术上成为可能,并且最大限度地保障了每一环节的连贯性与有效性,让育人成果得到充分转化与及时反馈,让思想政治教育中的各主体都能自觉承担起相应任务,同心同向、一起发力,共同提升"三全育人"质量。

2.全媒体时代高校"三全育人"的工作机制

一是建立协同化高校全媒体"三全育人"的创新机制。全媒体传播环境下,社会高度关注校园热点舆情,如何及时有效应对高校舆情传播危机,对学生形成正向舆论引导,也是高校"三全育人"的突出难题。这就需要高校整合全校资源,打破思想政治工作在传播过程中所需要的技术手段、呈现形式、理论内容等众多支持学科之间的壁垒,促进高校全媒体"三全育人"所涉及的媒介技术、动画美术、马克思主义理论等学科的深度协作,建立多学科协同化的全媒体传播创新机制,加大高校全媒体的传播力、引导力、影响力、公信力,以有效应对不良信息传播和突发热点舆情。

二是健全多元化高校全媒体"三全育人"的协作机制。政府、高校、学生、第三方专业机构应联合起来建设"三全育人"的系统性工程,形成多元主体协作的"三全育人"模式,促进"三全育人"的整体性、协调性和系统性。高校党委要完善信息公开的渠道与机制,规范信息公开的事项与流程。教育主管部门在"三全育人"中应牢牢掌握高校意识形态话语权,把热点事件的负面影响降到最小。学生中的优秀分子可以培养成舆论领袖,来有效引导高校信息传播态势。独立的第三方专业舆情机构可以向高校提供付费的专业服务。思想政治工作研究机构可以与高校开展战略合作,做好关于"三全育人"的调查、分析、研判,由此形成良好的全媒体协作互动关系。

三是构建常态化高校全媒体"三全育人"的监测机制。高校要在加大校园网络软硬件设施投入的基础上,着力提升信息搜索引擎技术和文本挖掘技术,监测校园内影响力较大的各类微信、微博、论坛,每月将学生思想监测情况及时做成报告,以便了解、掌握学生最新的思想动态,为"三全育人"提供先进的技术支持和科学的决策依据。同时,高校依据数据能尽早发现、尽心疏导、尽快解决潜在的学生思想问题。

四是形成规范化高校全媒体"三全育人"的法律机制。一些大学生在使用网络时会表现出非理性行为,甚至是走上网络犯罪道路。个别大学生出于各种目的,做出制造、传播计算机病毒,非法侵入、攻击或破坏他人信息系统和电脑设施,利用网络发布、传播有恶劣社会影响的谣言,利用网络社交媒体工具实施诈骗等行为。针对这些不法或不良现象,高校的行政手段约束不法行为的强制力是不够的,还应用法律对在高校中传播不法不良信息的行为进行威慑。一方面,应推动信息传播的立法，通过相关的法律制度规范，引导大学生在虚拟空间的行为；另一方面，应加强高校学生的网络伦理建设，提倡学生文明上网，从而强化学生自律。

（五）全媒体时代下的高校思政教学策略

1.夯实以道德与法治为基础的内容

道德与法律虽然是社会规范的两种不同的表达形式，但是相互融合、相互支撑、相辅相成的关系。高校思想政治教育的道德与法治建设是提升大学生道德素养、增强法律意识的重要保障。只有将二者有机融合，辩证地看待二者之间的关系，才能把握二者的核心要领，提升大学生的综合素养与能力，才能培育出担当民族复兴大任的时代新人。

首先，高校思想政治教育内容的创新要不断创新思想道德内容，加强道德规范的教育。一是高校要以优秀传统文化为依托丰富与创新思想道德内容。要坚持继承与创新相统一，借鉴传统文化中的优秀成果，如儒家的"仁、义、礼、智、信"，墨家的"兼爱""非攻"等，这些体现的都是中华优秀传统文化中的伟大智慧。二是要强化社会公德、家庭道德、个人品德的教育。社会公德是维护社会纪律、维护社会稳定发展、促进国家长治久安的重要力量，也是规范大学生行为举止、培育大学生的集体意识与责任担当的重要手段；家庭道德教育是影响个人道德形成的重要因素，并在潜移默化中影响个人的思想行为。只有不断促进良好家风的传承与教育，形成良好的家庭道德，才能不断提升大学生思想品德；个人品德主要强调一个人为人处世的原则，以及内在修养与外在行为的综合素养。大学生要将道德融于日常生活与行为实践当中，真正做到内化于心、外化于行。

其次，高校要加强法律素养教育，提高大学生的法律意识。党的十九大报告中多次提到依法治国和法治，充分说明了法律的重要性、依法治国的重要性。因此，除了国家层面制定的法律法规，公民个人的法律意识、法律观念与思维也是至关重要的。高校在创新思想政治教育内容时，要充分结合大学生法律素养的现实情况与新时代"依法治国"理念的新要求，加强大学生的法律意识、法制观念，提高运用法律维权的能力。一是发挥课堂教学主渠道，将法律知识、法治理念贯穿到整个思想政治教育的过程当中，并及时融入一些典型案例，帮助大学生深入理解法律知识，同时，也要在课堂教学过程加强媒介手段的应用，以扩大法律知识的普及范围，增加吸引力与影响力。二是崇德明法，将道德教育与法治教育相结合。一方面加强道德教育引导，另一方面强化法律约束，将道德规范与法治理念渗透思想政治教育过程中，在论德释法的过程中不断引导大学生依法行使权利、依法履行义务。三是加强教师队伍的法律素养。高校思想道德修养与法律基础课的教师是提升学生法律素养与思想道德的关键，因此高校要加强对思想道德修养与法律基础课教师法律知识的培训，不断提升教师的专业知识素养；健全教师培养与学习管理机制，制定严格的法律教师准入机制，提升教师队伍的专业性，提高高校道德与法律教育的针对性与有效性。

2.增加以优良家风为主题的内容

家风是中华文化的重要组成部分，但是在近代社会受到一定程度的冷落。优良家风可以培养积极健康的心灵和良好的道德品质，促进家庭向上向善，构建家庭文明新风尚。优良家风主要以家训宗约等文本样式及长辈耳提面命身教的形式存在，它形成于家庭世代生活实践的累加，其价值不会因为时光流逝而消逝，反而在历史的沉淀中更加熠熠生辉，彰显着稳定性、通俗性、传承性的特殊属性以及实践性、创新性、多样性的基本属性。笔者认为，优良家风以传统家风为根，以红色家风铸魂，以社会主义核心价值观为引领，修身养性之术、齐家兴业之道、经世应务之法、报国安民之志四大维度是优良家风教育的主要内容。高校要利用全媒体时代的优势，继续传承和创新家风，实现思想政治教育功能，要帮助大学生区分家风中积极和负面的内容，区分传统家风与优良家风，批判继承，以适应时代、社会发展。优良家风涉及影响思想政治教育诸多要素，与思想政治教育从根本上相通，为优良家风融入思想政治教育提供了可能。

（1）组织学生参加优良家风讲座、论坛。听讲座、做报告是高校教育的重要形式，这种形式也为家风融入思想政治教育提供了路径。通过调查，超过一半的大学生接受讲座作为家风融入大学生思想政治教育形式之一。学校请来做讲座的教师必然是家风研究领域的佼佼者，他们理论功底深厚，能够系统地透彻地讲解优良家风，使大学生对优良家风有一个全面的认识。学校还应该把重要节日与家风讲座主题相结合。如父亲节、母亲节，学校可以组织传统家风"孝老敬亲"主题讲座，增加大学生家庭美德培养；在建军节、国庆节等重大节日，可以组织"革命家庭、遗物故事、英烈留声、领袖家书"等主题讲座，让大学生认识到共产党舍小家为大家背后的思想渊源。通过讲座可以把优良家风以更好的面貌、更专业的姿态展现出来。同时，在校内积极组织一些家风论坛，评选优秀家风相关佳作进行表扬，激发学生对家风研究的积极性；对于外校的相关论坛，学校也应该积极告知学生，鼓励他们积极参与。

（2）积极组织家风传递志愿者活动。志愿者活动是一种慈善性服务活动，在不计劳动报酬的前提下，自己的服务性行为对社会群体的帮助。当前家风教育还有很大的提升空间，比如，还存在一些家庭思想观念落后、教育方法不当、对家风重视不足等现象。大学生在学校接受高等教育，接受优良家风的熏陶，应该积极地把优良家风传递出去。根据六度空间理论，只要我们帮扶部分家庭，然后人人这样传递，就会形成巨大效应。学校应该鼓励学生在节日走出校门，讲述家庭光荣事迹及优秀家风内容；定期组织志愿者活动，去贫困山区、敬老院去做一些自己力所能及的事，把优良家风传递出去。同时，在优秀家风传递活动中，学生应该尊重别人人格，做好人文关怀，坚持正确的家风价值取向，以符合时代要求和价值的家风为主要内容。通过有价值的家风传递活动既可以把内化到学生头脑的家风外化，检验学生优良家风实际掌握情况，又可以锻炼学生的实践能力，促进学生全面发展。

（3）积极组织优良家风调研活动。优良家风融入大学生思想政治教育除了理论灌输这个主渠道，还要积极组织家风调研实践活动。2016年，习近平总书记在全国高校思想政治工组会议上提出："开展形式多样、健康向上、格调高雅的校园文化活动，广泛开展各类社会实践。"党的十八大以来，在国家的提倡下，很多地方组建了家风教育基地。高校针对相关课程可以组织同学参加以"家风"为主题的调研活动，如无锡钱氏家族、苏州范氏义庄，通过了解名门望族的家风思想，帮助学生认识优良家风对个人、家庭的重要影响。同时，也可以参观红色革命基地，如安徽金寨红色遗址、井冈山革命圣地等，通过了解革命遗物、英烈留声等认识革命同志艰苦朴素家风。通过家风调研活动，让学生身临其境去感受好家风，震撼大学生的心灵，提高家风的魅力，增强家风对大学生思想行为的影响力。

（4）以媒体为依托，加强家风校园渲染氛围。①坚持正确的舆论导向，互联网技术的快速发展，人们对网络的依赖与日俱增。互联网具有传播速度快、交流跨时空、信息海量等特征，人们利用互联网学习、交流、娱乐等已经变得司空见惯。但是，网络是一把双刃剑，部分媒体为了点击量向公众输送一些低俗媚俗的信息传导着错误的价值取向。大学生作为互联网重要的受众群体，他们日常利用网络平台交流学习，自然也会受到错误舆论引导。具有千年历史渊源的家风文化在传承演进中也必然存在正面的和负面的导向，所以高校应该以习近平总书记关于推动家风新风尚、新理念论述为指导核心，牢固网络舆论主导权，积极宣传优良家风观念，净化、清源落后家风观念。②搭建优良家风教育平台，全媒体时代，不仅有报刊、电视、广播等传统媒体，还有电脑、手机、网络等新媒体，这拓宽了人们获取信息的渠道。很多高校为了传播校园信息、引导校园舆论、丰富校园生活都办有自己的校报，并且定期由专门人员去宿舍发放报纸，因此为使优良家风融入大学生思想政治教育，学校可以开设家风版面，促进家风宣传；学校也可以利用校园广播，在学生放学回宿舍、去饭堂的路上播放相关名人家风故事；学校还可以在学生吃饭时间，在餐厅的电视上播放"中华好家风"等综艺节目，真正实现优良家风进宿舍、进校园、进餐厅。同时，重视新媒体对家风宣传力度。如，可以利用微博、微信等App推送一些优良家风的有关内容，也可以在网上开展"晒家风、评家风、议家风"等活动,增强学生的参与度,实现对优良家风的深入认识;还可以把优良家风推送学校官网以及学院网站发挥平台宣传作用;还可以把家风纳入校园网络选修课中,供学生学习。因此,搭建全媒体平台不仅可以让大学生入脑、入耳、入心,实现家风常态化,还能推动高校思想政治教育方法创新。

(5)校团委和辅导员做好"第二课堂"建设。①校团委积极开展优良家风社团建设及活动,大学生除在课堂接受教师的教育,建设符合时代特点的家风社团,也是优良家风融入大学生思想政治教育的有效途径。学校校团委承担着社团组织和建设、青年思想政治教育、社团干部培养、艺术团体、礼仪队培养的角色和责任。把家风教育融入高校学生社团管理工作,是提升高校学生管理工作实效性的重要途径,是增强高校学生管理工作针对性的有力举措,也是进一步推动创新高校学生管理模式的有益尝试。首先,在社团组建方面多给予家风社团政策方面的照顾,多给予财力、物力、人力支持,积极宣传、鼓励对家风感兴趣的学生参与到社团建设上来,同时做好家风社团干部的培养和储备。其次,学校团委也应该承担起家风教育责任,团委要多组织家风故事会、家风征文比赛、家风观影活动等,让同学参与其中,既增强学生对家风的认识,又丰富学生的课余生活。②辅导员做好优良家风主题班会交流活动,高校辅导员承担着学生思想政治教育、关注学生学习生活、学生心理健康辅导、学生规范管理等工作,发挥好优良家风在高校思想育人作用,辅导员对优良家风教育责无旁贷。辅导员应该以"好家风融入系列主题班会"为突破口进行教育。首先,明确家风教育班会的目的和任务,明确班会开展途径和方法。其次,选择既要符合思想政治教育,又要满足学生实际需要的喜闻乐见的家风教育主题。在活动中,辅导员要摒弃自己一言堂式的教育方法,而要让学生共同参与,在这个过程中做好引导,对其中的重点、难点以及关键点做好把握。最后,班会应该体现思想性、系统性、教育性、创新性,根据不同专业学生开展不同形式的班会。比如,艺术学院可以通过绘画、书法比赛的形式开展,人文学院可以组织班级家风耀中华、家风故事汇等主题班会。通过家风教育系列班会既可以实现优良家风育人作用,又可以增进同学之间、师生之间的感情。

3.融入红色文化内容

红色文化对于高校思想政治教育是重要的资源,对大学生人生观、价值观、世界观的教育起着积极的意义。全媒体融合了传统媒体和新媒体的技术优势,以媒体技术推动红色文化走入大学课堂,对推动红色文化资源的再次使用和创新高校大学生思想政治教育内容具有重要意义。

(1)创建"红色文化"专题网站。在全媒体时代,要重视全媒体作为文化的载体作用，推动红色文化在高校思想政治教育中的应用和发展。通过构建高校思想政治教育"红色文化"专题网站，提供学习平台，借助全媒体中的新媒体互联网客户端作为传播载体，借助大学生普遍采用的、使用频率最高的新媒体手段，让大学生更加便捷、快速地接受红色文化的全媒体信息资源的教育和熏陶。通过"红色文化"专题网站，能够让红色文化内化为大学生自己的思想道德品质；通过结合外部的实践活动，能够借助红色文化全媒体手段提升高校思想政治教育的实效性及时效性。

高校加强红色文化全媒体信息平台的构建，要充分发挥"两微一端"的平台学习作用，这里的两微指的是微信和微博，一端指的是客户端。通过对高校大学生使用频率最高的微信、微博开展红色文化信息资源的推送，能够方便红色文化走进每个大学生的日常生活，让大学生通过手机来轻而易得地获取存在于全媒体的红色文化信息。对于微信可以采用以红色文化公众号的方式，定期或不定期地向好友推送红色文化视频，实现点播及讲解参观等相应服务。通过红色文化微信公众号穿插红色文化知识的有奖问答环节、课后巩固练习等方式让大学生能够温习历史故事及典故，能够进一步明确红色精神的内涵及价值。比如，我国大部分高校都推广使用的"共青团中央网上团课"公众号，采用的是每周一期，每一期都介绍一个红色景点的实景及相关故事，将红色文化更加直观地传播给高校大学生，让高校大学生在互动和点播中得到红色文化的学习和洗礼。在推广和使用红色文化公众号的同时，要增加红色文化知识交流互动环节，让大学生观看红色视频时也能够在线即时交流互动，分析自己的红色文化学习心得体会。对于客户端的使用，可以采用大学生使用频率高的视频客户端，如抖音、快手等，高校教师以"网红"身份进行网络版的红色文化教育。我国各地高校要积极构建红色文化联合发展机制，通过对不同地区的红色文化景点进行直播，这种方式轻松、新颖，更能让学生参与其中，使直播成为当前流行而且有价值的消遣方式。高校红色文化教学采用的公众号互动、网红模式具有便捷和快速发展的特点。通过采用红色文化的新式全媒体手段向学生宣传爱国主义精神，让学生担负起历史责任的同时，也能推动高校践行崇高理想和社会主义核心价值观，增强爱国主义情感，争做合格出色的接班人和爱国者。创建高校思想政治教育"红色文化"专题网站可以从以下几个方面进行。

首先，积极构建红色文化专题互联网平台。基于红色文化的悠久历史和丰富内涵，高校应该拓展多元化的发展途径，对红色文化实现充分的探究和深挖，构建红色文化宣传专栏，积极借助全媒体的技术优势，打造红色文化传播的品牌形象。通过开展高校红色文化思想政治舆论教育活动，利用中国传统节假日、革命纪念日等开展有意义、有价值的活动庆典，能够达到通过红色文化活动教育人的目的。

其次，加强红色文化的微平台建设。推进高校微信、微博公共服务平台建设，能够实现对于红色文化热点问题及资讯的及时推送，能够增强大学生对于红色文化的认识并强化情感认同。通过积极构建以大学生为主体的红色文化团队，能够发挥大学生在红色文化传播中的引领作用。

最后，加强高校影视视听网络平台建设。依据大学生身心发展需求，从学生实际出发，积极构建高校影视视听服务平台，以红色文化创作的"微电影"为推手，逐步打造出具有红色文化影响力的"可听、可视、可读"的文化产品，进一步扩大对于红色文化价值的影响力，推动以红色基因为主要依据的大学生党性教育，提升红色文化正能量传播的效果。

（2）创办慕课平台，共享优质资源。慕课作为红色文化教育大规模开放式的在线教育课程，优秀慕课备受大学生的喜爱，慕课所享有的优质资源、开放式教育、便捷高效的操作，能够推动全媒体时代下的红色文化教育成为众多互联网教学的主要成员之一，有助于加强对大学生开展爱国主义和民族主义思想政治教育。具体可以采取以下创新措施。①积极规划慕课的教学大纲，高校实施红色文化教育过程中，重视创办"红色文化"慕课平台是为了能够为广大高校学生提供更加优质的红色文化教育教学资源，能够通过慕课学习让大学生加深对于红色文化的精神内涵及资源价值的认可，进而提升大学生的思想道德修养，进一步规范广大高校学生的行为习惯。设置教学大纲是为了能够科学规范红色文化教育宣传的方式及进度，明确红色文化慕课的教学规划，有助于更加规范有序地推进高校红色文化慕课，有章可循地开展教学活动，从而提升广大高校学生的思想素质及对红色文化学习的积极性。②加强慕课师资队伍建设，"红色文化"慕课的师资队伍要打破以往的局限，通过在全国范围内采用互联网平台连接的方式，积极推进高校"红色文化"慕课师资队伍建设，积极构建相应的师资研究所，只要是红色文化发展领域的教师、教授、专家、研究员都可以成为"红色文化"慕课师资队伍中的一员。不同的教师各有其所长，要充分做到扬长避短，推动慕课师资队伍建设。依据教师的特长，合理整合编制"红色文化"慕课的师资队伍，对教师所承担的红色文化教学任务进行优化组合，展示红色文化教育的合力，构建起科学规范的"红色文化"慕课教学体系。③构建规范合理的慕课授课方式，依据"红色文化"慕课大纲的要求，对于慕课红色文化内容部分进行课时授课，发挥全媒体的技术优势，推进红色文化慕课实行线上和线下相结合的慕课授课方式。线上慕课的内容包括小组协作研讨、进阶式教学、阅读建议、主题讨论等环节；线下包括师生答疑互动、小组讨论、阅读分享、学习交流等。红色文化慕课教学授课方式的灵活多变，为推动"红色文化"慕课教学的持续稳定推进起到了制度保障的作用。

通过"红色文化"慕课教学，将红色文化搬到互联网平台上，有助于推进教学资源的共享和在线互动，能够让广大高校学生感受到高水平教学的魅力，进一步接受高质量的教育，能够满足当代大学生对于红色文化学习的求知欲，也能够拓展大学生的红色文化知识面，丰富其知识沉淀。大学生通过"红色文化"慕课的学习，能够加深对于革命领袖、先烈英雄、模范人物的理解和认知，不断学习红色文化、接受心灵的洗礼，能使学生找到自己学习的榜样的同时向先进学习，有效增强了大学生的爱国主义情感，提升了大学生的道德品质。

（3）开发"红色文化"App实现感官体验。在全媒体时代，加强高校红色文化学习可以借助互联网开发出高校思想政治教育"红色文化"App，以实现感官体验。虚拟现实技术通过计算机大数据采集与计算，生成与现实相似的虚拟世界，让使用人群身临其境，沉浸于仿真动态环境当中。在红色文化教育教学中采用虚拟现实技术，可以将红色遗迹"搬进"高校课堂，让大学生体验红色文化遗迹带来的直观震撼。在虚拟的红色旅游景点中，学生可以浏览虚拟景点，高校教师可以"一步一景"地进行讲解和导说，配合视频播放，让学生更加直观、真实地感受红色景点所积淀的厚重历史文化。除了将思政课教师作为红色文化主讲人，大学生也应该轮流作为主讲人展示自己收集和学习的成果。大学生通过自己收集到的关于红色文化景点的资料，借助虚拟现实技术讲解红色文化的过程，也是将红色文化内化于自身思想道德品质的过程。通过深层次的学习与体验，能够提高学生的政治觉悟，强化爱国意识，使其铭记历史。

为了突出高校红色文化思想政治教育的核心内容与思想，高校可以基于全媒体时代红色文化信息资源，采用多元化的方式推动红色文化信息资源的相关内容传播。传播过程中可以采用全媒体技术推动红色文化资源中有价值、相关的、积极的资源整合到高校红色文化思政教学中，应用全媒体时代下的红色文化视频、相关红色文化场景化的表现为广大高校大学生全面、立体地呈现出大家都比较关心的热门话题及热门资讯，进一步引导广大大学生提升自己对于热点问题的认知和辨析能力。

比如，高校红色文化思政教育能够利用全媒体和相关的App软件，将红色文化相关内容以最新的姿态展示给广大受众。在全媒体与红色文化相互结合的前提下，大力开发全媒体红色文化App产品，采用调查问卷和访谈受教育者的方式，逐步了解大学生对红色文化App的需求状况及改进建议，为开发和完善红色文化App做准备；对于高校红色文化App的工作人员要定期开展培训工作。在开展定期业务培训的同时，更切实际地着手开发红色文化全媒体产品，还要帮助广大高校大学生学习使用红色文化App，熟悉其流程和业务技能。大力开发红色文化学习的可视化课件，可视化课件能够更好地发挥红色全媒体的优势，红色文化可视化课件基于思政核心内容与全媒体的呈现方式，能够突出其融合音视频、文本内容、在线信息资源为一体的能力，将图表等缺乏生动性、比较呆板的内容变得更加生动有趣。通过全媒体技术可突破时空限制，方便高校红色文化的学习者"随时、随地、随视、随听、随心"地进行交流学习。全媒体时代下高校红色文化教育过程中，要正确应用红色文化App，推动媒体的融合和主动学习的深入进行。具体包括：①积极构建和宣传红色文化教育专题网站，要构建高校自己的现代化传播思政信息网站。②基于全媒体的开放和信息量大，逐步摸索出适合本校的教育方案，在高校思想政治教育的传播过程中，将新科技的使用与教育结合起来，发挥红色App的积极作用，迎合大学生的兴趣爱好，促进高校思想政治教育的发展。

（4）开通"红色文化"微博，集聚主流声音。在全媒体时代，要推动红色文化育人，要重视对红色文化全媒体的使用，构建起高校红色文化微博教育平台。

首先，通过高校教师与学生共同构建网络学习红色文化的新平台，在高校红色文化学习过程中，提升广大教师、同学对微博红色文化推介平台的使用和操作技能，提高自身的全媒体素质，以全媒体推动红色文化教育观念的转变。高校教师要重视红色文化微博平台的推介功能，加强对红色文化微博平台使用的监督和管理。高校教师要不断宣传红色文化并加强大学生社会主义意识形态建设，让学生通过红色文化理论及知识学习，自觉摒弃不良生活习惯，自觉抵制不良网络思想的侵蚀，积极构建起高校大学生公正的网络价值观和是非观。

其次，通过高校教师积极学习和掌握红色文化新媒体使用方法，尤其是对于红色文化微博平台的使用，提升红色文化微博平台制作技术，其中包括对于红色文化专题网站的制作及美化，剪辑制作红色文化微视频、图片、影像资料等，有助于通过红色文化微博平台进行红色文化教育的推介及效果展示。高校教师要重视将微博平台作为红色文化教育的第二课堂，通过营造红色文化融入第二课堂，借助高校党团和社团开展红色文化的实践活动，进一步拓展大学生思想政治教育的多元化途径。

最后，通过红色文化微博平台能够有效提升大学生的红色文化精神实质及道德修养的学习。一是要重视高校思想政治教育内容与红色文化宣传相结合的部分，进行全媒体教学。红色文化微博平台实现了信息资源共享及云空间存储的使用。在实现红色文化教育过程中，能够使用传统媒体并结合新媒体互联网技术，既能够采用PPT课件和在线红色文化资源图片及视频资料，又能够选用课本及相关红色文化文本资料。推动全媒体时代下红色文化在高校思想政治教育中的运用，重视教学形式的信息化，能够突出对于红色文化学习甄别材料选择的科学性，能够引导高校学生主动学习红色文化，加强思想政治教育效果。采用全媒体开展高校红色文化教育具有重要意义,红色文化教育要结合全媒体时代特点,既能够创新红色文化思政核心内容的发展契机,又能够体现出红色文化教学实践活动的客观需要。二是要突出对红色文化下的高校思想政教学课程内容的掌握,通过全媒体手段进行优质红色文化信息资源的甄选,基于全媒体技术,加强红色文化微博,集聚主流声音,推动马克思主义理论专业学生做到去伪存真、优化甄选,进一步让高校思想政治教育工作者能够不断学习红色文化理论和相关文献资料,提升其理论素养和教学水平。

(5)创建红色文化品牌。①基本工作思路,坚持创造性转化和创新性发展。要切实做到贴近师生需求、贴近发展实际,密切联系"不忘初心、牢记使命"主题教育的深入开展,对红色文化进行深度挖掘,坚持转化创新,不断赋予新的时代内涵和现代表达形式,不断补充、拓展、完善。

坚持红色引领、注重融入融合。要注重把红色文化传承融到读书会、党校课堂、移动党课、主题党日、社团文化之中,使中华民族最基本的文化基因和革命文化的红色基因与当代校园文化相适应,与大学生成长成才的发展需求相契合,发挥文化育人的"润物细无声"的价值功能。

坚持统筹协调、形成合力。加强党的领导,充分发挥党、团组织的主导作用,鼓励和引导师生广泛参与到红色文化品牌创建活动中来,推动形成以传承红色文化、厚植红色基因为主线的"三全育人"体制机制与育人环境的构建。

坚持久久为功、持续发力。要高度重视文化引领,坚持系统规划、分步实施,着力打造出红色文化系列品牌项目,建成"七个一"的文化建设格局,形成具有学校特色、专业风格、大学生特点的红色文化传承发展的基本工作体系和文化品牌,使师生的文化生活更加丰富、文化建设的内涵更加深化,使青年大学生的文化自觉和文化自信显著增强。②红色文化品牌创建的特色路径,在红色文化项目建设过程中,要"坚持红色文化引领、实施五个融合",确保"传承红色基因、弘扬核心价值、抹亮青春底色"的主题可以得到全面体现。

第一,将理想信念教育嵌入到对红色基地的寻访与瞻仰的"移动课堂"中。红色文化的现代价值凸显了对理想信念的精神追求。通过积极实施红色基地寻访和现场教学项目,有针对性地设置系列参访主题,如党的性质宗旨教育——参访党的一大、二大会址,党性修养教育——参访陈云故居,党的先进性教育——到龙华烈士陵园、松江烈士陵园拜祭英烈,改革创新成就考察——参访上海博物馆、上海城市规划馆和陆家嘴,复兴伟业的实践考察——参访上海自贸区与张江科学城,改革再出发——参访上海自贸区新片区与洋山深水港等,通过红色基地寻访,及时把党史、新中国史、改革开放史、社会主义发展史的相关内容融入对党员的过程性教育之中,让师生党员尝试一次心灵之旅,接受一次直观的信仰教育和初心养育，促使师生党员自觉增强"四个自信"，强化"四个意识"。

第二，把宗旨意识教育嵌入社区、警营党组织联建共建的"移动党课"中。红色文化育人的核心是党的宗旨意识教育，这是靠实践加以体现的。对高校师生党员来说，除了服务好身边的师生群众，通过社区服务、军地联动，还可以较好地锤炼党性，提升服务意识与能力。为此，要坚持"请进来""走出去"，积极主动地与社区、企业、红色基地、基层政府等单位开展区域化党建联建、共建，把联建单位作为党员教育的实践大课堂，引领师生党员在服务社会中强化宗旨意识。

第三，将理论学习嵌入网络课堂。理论武装历来是红色文化传承的重要内容。要顺应自媒体环境下学习时间选择自主化、学习空间可移动、学习内容可跳跃的特点，着力打造理论学习立体化的空间与载体，有效筑牢思想理论根基。在党支部每月一次线下专题理论学习的基础上，要以"学习强国""干部在线学习"和党建微信公众号等网络平台为主体，以党支部微信交流群和"易班"中的"理论学习园地"为辅助，打造党员理论学习线上网络平台，通过多元化的理论学习，用习近平新时代中国特色社会主义思想武装师生，铸魂育人。

第四，将"四个自信"和"四个意识"教育嵌入读书会的第二活动课堂中。要充分发挥青年党员教师对大学生的引领作用，选拔40岁以下的党员青年教师，采取"一带五"的结对方式，分别与本、硕学生党支部结对，利用"读书会"和各类研习中心，开展探究式研讨互动学习和嵌入式联动联学活动，利用青年教师党员与大学生年龄相仿、经历相似、价值趋同的优势，有效发挥青年教师党员对学生党员的示范、感染和价值引领作用。

第五，将核心价值观教育嵌入参与性的自主课堂创建中。为提升党员自我教育的主动性、自觉性、体验性，学院党委要积极探索教育载体创新，组织开展以"传承红色基因，强化政治引领"为主题的自主课堂创建，以支部为单位组织党员参与系列主题演讲比赛、红歌比赛、微视频大赛以及红色主题情景剧会演。这些自主性课堂的创设，可以帮助党员师生在自主选择的教育情境或在角色扮演的过程中深入而有效地体会、内化相关学习内容，从而理解与把握党的基本理论知识的深刻内涵与时代意义。③红色文化品牌创建的机制构建，红色文化品牌的创建工作既是对高校整体工作的检验，也是基层党组织领导思想政治教育工作高质量发展的助推剂，在创建实践中要突出机制建设。

一是要坚持党委统一领导。高质量的文化建设成效离不开党委的高度重视。红色文化建设本是各级党组织均应高度重视的重要工作，也是高校事业发展的重要内容，更是立德树人的重要抓手。高校党委只有把红色文化创建工作当作重要政治任务和政治责任，全心投入、精心组织、以身作则、以上率下，才能真正落实好党对各项事业发展的统领。

二是要充分发挥好基层党、团组织的作用。这是精心设计、规范创建并取得实效的关键。师生是红色文化创建的真正参与者和获益者。因此，要通过广泛宣传、精心组织，充分调动起师生特别是学生的积极性、主动性和主体性，强化师生的主体意识，让师生成为红色文化项目建设的承担者、创造者，唯其如此，方可确保红色文化建设的持续活力与效能。

三是要突出专业特色。突出专业特色是深化创建工作的应然选择。高校党委要专门研究如何结合学校传统、专业特色开展红色文化品牌创建工作。通过探索、实践，可以构建"三结合""六大亮点"的创建工作特色。"三结合"即把红色文化品牌创建工作与党委"三大主体责任"的履职要求相结合，与师生思想政治教育的质量提升相结合，与"三全育人"体系构建相结合。"六大亮点"即党建领航、课程浸入、学术引领、读书会启迪、实践培育、项目引领。

四是要丰富红色文化项目创建载体。这是红色文化品牌创建工作取得成效的前提。要注重丰富文化创建的载体与模式，把多元化理论学习、介入式实践调研、移动式主题参访、浸入式的演讲与辩论、团体式红歌比赛、情景模拟展演等有机统合起来，让师生在文化品牌创建过程中真正学起来、动起来、做起来，按创建要求参与创建全过程，切实发挥以文化人的主导作用。

4. 创新教育方法手段

（1）构建高校全媒体思政"中央厨房"。"中央厨房"原指餐饮业中一种运营模式，是餐饮企业统一采购、统一烹饪、统一配送的运作模式。在全媒体背景下，被借鉴到了媒体融合实践中，意指全媒体平台的建设。以人民日报"中央厨房"为代表，构成了媒体深度融合的创新实践模式。总体来说，"中央厨房"是指多元媒介终端统一管理、统筹策划，资源、素材整合使用，形成一次采集、多样化加工、多渠道传播的新格局。

全媒体时代，高校开展隐性思想政治教育工作应主动顺应时代大势，因势而动，积极推进信息技术与思想政治教育传统优势的深度融合，着力建设网络思想政治教育阵地。但就目前情况而言，众多高校仍存在着平台建设不力、管理不够、各自为战等问题；平台种类繁多，使一条校园新闻对应多个出口，出现口径不一、内容有偏差等情况。如高校各类公众号发布篮球赛决赛时间时，有的公众号上发布了准确时间，有的只说了时间待定，久而久之，会使学生对信息源产生怀疑甚至是不信任。又如内容同质化现象，同一活动的报道内容大同小异，甚至是一稿多发，导致分散了受众、失去受众黏性。由此，高校校园媒体建设亟须整合。全媒体时代本身就是信息庞杂、表现形式繁芜的媒介生态，因此构建高校全媒体思政的"中央厨房"是全媒体时代高校平台建设的必然路径。

构建高校全媒体思政"中央厨房"，首先要整合所有信息发布平台与各类渠道,整合信息内容、整合技术人员、管理人员、学生干部等人员队伍,建立由党委领导、统筹管理的指挥中心,以信息采编、内容策划、媒体运营、视觉设计等体系为整体构架,构建分发采编、集中素材、统筹策划、打通使用、分别制作、一体化运行的工作模式。具体来说,信息采编组首先将新闻源等素材放入"信息超市",然后内容策划部将针对"三微一网一报"(微博、微信、微视频、校园网、校报)等不同平台、不同介质的特点进行选题策划、文案撰写,根据需要对素材进行二次加工与二次编辑,输出兼具趣味性、传播力与理论深度的内容。即便是同一素材,也能够有针对性地制作出多样化的内容、多形态的产品。如针对校庆这一活动,校园网可形成专题报道网站,微信平台可制作一图读懂、时间轴作品等内容,微博可设置相应互动议题,睡前网络广播可聊一聊在母校的这些时光等,形成多链条的协同传播效应。

高校"中央厨房"的建立,使传统校园媒体与新兴媒体打通使用,扩大了传播的广度与深度。如某一突发事件的报道就可以利用新媒体平台快速传播,以保证时效性,同时利用权威性的传统校园媒体如校报以稳定的文字进行报道以及深度的解析,甚至可以扩展报道边界,提供更客观而全面的报道。另外,重大时事、校园重大新闻等重要内容可以形成一稿多发、多屏联动发布的传播效果。

高校全媒体"中央厨房"的构建,不仅实现了对内容、渠道、平台、人员的整合,形成了隐性思想政治教育全媒体矩阵,随之也整合了受众的注意力。不同渠道、不同形式内容的发布使受众的注意力流动于各载体之中,提升了校园媒体的吸引力、主流价值观的辐射力。依托"中央厨房"开展隐性思想政治教育更利于思政信息的复配,更契合全媒体多样化的特征,为全媒体时代高校隐性思想政治教育提供了有力支撑。

(2)强化责任:落实大学生意识教育工作责任制。新时代强化大学生意识形态教育必须坚定政治立场、加强阵地建设、注重方式方法,落实大学生意识形态教育责任制,严格区分政治原则问题、思想认识问题、学术观点问题,用好全媒体这把"双刃剑",打造校园舆情信息监测、监管平台,认清西方意识形态渗透的本质,多维度筑牢思想防线。①守规矩,运用全媒体做实"三个区分",新时代,大学生意识形态教育存在的问题既有同一性又有特殊性,大学生在关注学术理论前沿的最新成果的同时,各种思潮通过全媒体也涌向了大学生,各种思潮在此交锋交融,在一定程度上阻碍了大学生坚定理想信念、提高思想觉悟、筑牢思想防线的意志。因此,要充分发挥全媒体在学懂、弄通、做实"三个区分"的宣传作用,提升宣传效果,运用全媒体强化马克思主义在意识形态领域的指导地位,充分肯定意识形态领域发生的历史性变革,纠正马克思主义在大学生中被边缘化、空泛化、标签化的倾向,提升大学生意识形态教育的成效;运用全媒体营造线上线下共同学习氛围,对待学术问题要敢于自由畅想、大胆假设、标新立异,认真求证提出具有原创性的独到见解和学术观点,不断提升自我研究能力,提高研究水平,更要划清政治问题与学术问题的界限,坚决杜绝政治问题与学术问题相互混淆,守好社会主义意识形态工作的独特战线。防错纠错一直是党和国家的优良传统,运用全媒体做实"三个区分",让大学生真正清楚容错机制适用范围,明确哪些错误和失误是可以出现但需要立刻改正的,哪些错误和失误是不能出现的,一旦尝试将会承担非常严重的后果。思想是行动的先导,只有大学生真正将"三个区分"学懂、弄通才能做实,这也为大学生在校期间开展学术研究卸下了包袱,更重要的是保护了大学生在学生生活工作中的热情。②明底线,运用全媒体认清西方意识形态渗透的本质,高校是改革开放的"桥头堡","一带一路"建设的"试验田"。新时代的大学生不但要在课本中学习知识提升技能,而且要关心国家大事,了解时政热点,用发展的眼光去看待问题、分析问题。大学生是未来社会主义建设的骨干力量,也是改革开放、"一带一路"倡议等政策的执行者,因而难免被别有用心的西方国家所利用。网络是一把"双刃剑",以网络技术为基础的全媒体一定程度上也会成为西方宣传"自由""民主""人权"等西方政治符号的工具。随着我国大学生意识形态教育的深入开展,大学生对西方虚伪的宣传内容有了较强的鉴别分析能力,因此,西方意识形态开始利用媒体,将以往赤裸裸的侵蚀渗透,通过"学术研究""普世""大众"修饰,以"生态""反恐""时尚"等生活化的词语进行宣传。新时代,大学生意识形态教育与学科、教学、科研、合作办学、国际交流等活动紧密交织,相互渗透,面对新情况、新问题,要采取新举措,大学意识形态教育要充分运用全媒体全天候、高信息量、高点击量的特征,将意识形态教育伴随专业学术知识深入产教学研的每一个环节,在细微处巩固夯实大学生意识形态教育。

广大大学生应通过不断的学习,提升自我防范能力和风险识别能力,正确认识中西方文化之间的差异,保持开放的心态,积极探索,做到知己知彼,保持清醒的思维,辩证地去看待遇到的问题,多读书、多思考、多实践,从书中获取真理,在实践中验证真理。同时,大学生要坚守本心,认同国家信仰,树立文化自信,树立民族认同感和自尊心。新时代运用全媒体不但要揭露西方意识形态渗透的本质,更要发挥全媒体在大学生意识形态教育中的引导作用,引导大学生坚定政治方向、价值取向、思想行为,引导大学生自觉抵制诱惑、拉拢、渗透,坚持自我,不盲目跟风,不盲目攀比,主动传播健康的文化生活方式,达到认识与实践的统一。③防风险,运用全媒体打造校园舆情信息监测、监管平台,高校是人才培养的摇篮,既是知识的殿堂,也是精神的堡垒,校园全媒体平台作为大学生获取校园信息、掌握校园热点、了解校园动态的主渠道,肩负着举旗帜、聚民心、育新人、兴文化、展形象的使命任务，因此要打造校园全媒体舆情信息监测、监管平台。校园全媒体应时代需求而产生，随需要而发展，全媒体是传媒界的新鲜事物，快速发展的步伐与日趋滞后的监测、监管逐渐不匹配，校园全媒体作为其中一员，也面临着二者发展不协调的困扰。为了最大限度地发挥校园全媒体平台在大学生意识形态教育中的作用，需要做好以下几个方面的内容。

第一，要建立健全校园网络舆情研判预警机制。当前校园网络迅猛发展，社会上的焦点问题、校园突发事件、师生切身利益有关问题就极易产生校内校外网上舆论连锁反应，形成校园舆情。为提升处置媒体突发事件的能力，高校有必要完善现有校园预警机制，强化集中统一，加强党委领导，建立交叉任职制度，强化党政协同，要求相关职能部门恪尽职守，通过大数据等现代科技手段，全天候不间断地对校园舆情进行监控，采集数据并建立数据库，为相关部门应急处理提供及时可靠的信息，通过相关测算手段，对校园舆情进行及时且深度的研判，并且对发现的问题及时报送相关部门、报告第一责任人，为后续工作的顺利开展奠定基础。

第二，要建立健全校园舆情处置应对机制。转变观念，建立网络舆情引导机制，发挥全媒体在校园舆论中的导向作用，培养校园"意见领袖"，做好校园舆论引导工作，同时完善校园舆情处置机制，完善应急预案，培养相关职能部门敏锐的观察力和洞悉力，及时处置，避免事态发酵，完善校园舆情问责机制，细化责任，落实到人，不断提高应对和处置突发问题的水平和能力。

第三，建立健全网络舆情管理保障机制，建立一支有较高政治理论水平又熟悉宣传教育工作、受师生喜欢的工作队伍。破解"流程之困""终端之困"，完善硬件设施、配齐工作人员，有针对性地加大技术、资金投入，将自主研发与招标采购相结合，优化升级校园全媒体舆情信息监测、监管平台，以招聘、转岗等方式增强校园全媒体舆情信息监测、监管平台的人员力量。同时，发挥各职能部门、各学院、学生多层次人员力量，从教学、科研一线收集掌握大学生的思想动态和心理状况，为快速甄别和深度研判校园舆情提供一手资料。唱响时代主旋律，还大学生一个风清气正的校园全媒体空间。

(3)成风化人：运用全媒体强化全员、全程、全方位育人效果。面对信息网络化的快速发展，大学生意识形态教育以培养价值观端正、知识丰富、能力全面的社会主义接班人为目标，转变思路逐渐从"教"走向"育"，构建了富有时代特色的育人新模式。高校应多维度、全方位、立体化运用全媒体强化全员、全程、全方位育人体制，形成点到线、线到面、面到体多体联动的、面面俱到的综合育人体系，打造无缝衔接的育人局面，进而达到感化人、教育人、引导人、成就人的目标。①提高站位，运用全媒体强化全员育人效果，针对近期大学生意识形态教育出现的新情况新问题，研究新方法新举措，强调突出学校、家庭、社会在大学生成长成才中的协同作用，发挥全媒体在大学生意识形态教育中的宣传作用，形成全员联动的育人模式。

首先，告别以往大学生意识形态教育仅靠辅导员课下督促、教师课上讲解的模式，调动辅导员、班主任、党政管理干部、"两课教师"、图书馆工作人员、后勤服务人员的参与积极性，强化参与意识，彰显每项工作、每个领域的育人功能，依托高校各职能部门，坚持党的领导这根主线贯穿于各主体间，破除以往大学生意识形态教育管理数据采集、整理、研判、发布分管各部门的壁垒，强化协同联动，借助全媒体传播网络化、辐射化所带来的"蝴蝶效应"，建立共享责任表和问题清单，教育者在平台协同发力、凝聚合力，信息整体运作，各尽其责，真正形成大学生意识形态教育的校园闭合机制。

其次，突出家庭在大学生意识形态教育中的作用，家庭教育具有启蒙性、感染性、权威性、专一性、终身性等特点，然而大学生远离家乡求学的客观实际，相对弱化了教育效果，全媒体的发展拉近了教师、大学生、家庭三方之间的空间距离，家庭教育不再缺席大学生成长过程，家长既可以在全媒体平台了解大学生的校园生活，参与校园互动，也可以在全媒体平台增进与各方的交流，让家长用更直观的感受去了解大学生的所思所想。同时，家长与大学生之间言语的交流、日常关怀无不传递着仁义礼智信等内容，也从侧面强化了大学生意识形态教育的效果。

最后，提升社会在大学生意识形态教育中的效果。大学生终将走上社会接受检验，全媒体为大学生提供了即时、多样的社会信息，疏通了校园与社会沟通不畅的症结，大学生在全媒体平台学习优秀毕业生的风采，学习先进人物的事迹、关注时事政治、关注新闻热点，用理论武装自己，用榜样激励自己，为未来的发展打好坚实的思想基础。②强化担当，运用全媒体强化全程育人效果，全程育人的实质是要将思想政治工作融入教育教学全过程与学生成长过程。大学生意识形态教育是一个系统性工作，不是一个机构、一个部门、一段时间就可以"短频快"完成的。新时代，网络的发展更加凸显了全程育人在大学生意识形态教育中的紧迫性、重要性。大学生是思想最活跃的群体，是各种敌对势力争夺的主要对象，当前校园网络迅猛发展，网络传播已走进每一个大学生的生活。面对扑面而来的海量信息，因缺乏甄别能力，部分大学生"信谣、传谣"，间接变成不良信息的传播者，所以构建高品质的全媒体平台，为大学生意识形态教育提供全程服务就显得尤为必要。互联网逐渐成为舆论的主战场，不但严重影响了课堂教学的效果，还对人才培养、科学研究、社会服务、文化传承创新、国家交流合作带来了不小的负面影响。新时代大学生意识形态教育要运用全媒体强化全程育人，以课堂教学为基础、校园文化建设为补充，拓宽知识、增长见识，构筑立体化全媒体平台，提升校园信息汇集分析能力，挖掘校园全媒体的影响力，引导广大师生发表观点、阐述意见、表达诉求，形成网络舆论合力，进而起到对课程教学内容的补充作用。运用全媒体强化全程育人制度不仅是完成线上线下的互联互通，还囊括大学生成长成才的每一天。全媒体营造全程育人的生态环境精准地串联了寒暑假、节假日等时间，学校精心安排的意识形态教育的相关课程作业与公众媒体精心制作的有关大学生意识形态教育的各种节目共同推出，确保了大学生意识形态教育不因放假而断档，教育效果不因放假而滑坡，为大学生意识形态教育的后续开展巩固基础。与此同时，建立健全意识形态教育贯穿教育全过程，育人成果要着眼学生一生，不仅要在学历教育的全过程实现意识形态教育无缝衔接，而且要实现全媒体平台意识形态教育内容体系化，推出适合不同年龄段阅读的内容。③补齐短板，运用全媒体强化全方位育人效果，全方位育人就是在空间维度实现全覆盖。大学生意识形态教育要运用全媒体强化全方位育人制度，首先，要运用全媒体推进课程改革，高水平的课堂内容是培养高素质人才的重要保障，面对教育教学资源区域之间、学校之间、专业之间不平衡的问题，高校要通过整体协调统筹分配，平衡资源配比率，同时运用全媒体通过视频教学、视频讨论等方式，提升教师教育教学水平，提升学生学习能力；其次，要运用全媒体强化思想政治工作这条生命线，思想政治理论课更是大学生意识形态教育的必修课，因此思想政治工作必须贯穿到大学生日常中，抓经常、经常抓，将中华民族优秀传统文化、革命文化、社会主义先进文化融入课程教学中；最后，增加大学生劳动教育课时，拓宽劳动教育范围，牢固树立劳动光荣理念，引导大学生将论文写在祖国的大地上，将生产理论与实践相结合，深化产教融合，提升大学生劳动素养，培养大学生踏实勤奋的好习惯，增强大学生的行动力和执行力，让青春的汗水因奋斗而火热。

（4）凝聚人心：运用全媒体提升学生意识形态教育的主体话语能力。话语能力决定了引导舆论的主动权归属，大学生意识形态教育不仅要掌握话语权，还要重视教育内容、教育方式、教育渠道。传统意义上的大学生意识形态教育仍以"言教"的方式存在，新时代运用全媒体提升大学意识形态教育的主体话语能力包含了话语表述亲和力、话语内容时代性、话语解释说服力三个方面，最大限度地保障了教育者的话语权，并且调动了大学生主动接受意识形态教育的积极性。①运用全媒体提升大学生意识形态教育话语表述的亲和力，科学的理论需要有效的话语表达，大学生意识形态教育话语表达的亲和力决定其凝聚力、说服力、吸引力、感召力，更是教育入耳入心入脑的关键一步。新时代，大学生意识形态教育的主体要适应信息化时代的要求，把握大学生成长规律，掌握大学生思想动态，用大学生想听、爱听、听得懂的方式讲述意识形态教育内容。全媒体用传统媒体

/ 149 /

有目的、有规划、有组织传播的优势去规避新媒体传播机制无序、传播内容碎片化、情绪化等问题，用新媒体"人人都是麦克风""人人都是发声者"的传播氛围解决传统媒体信息单向传播、以灌输为主、传播效果欠佳的问题。面对新形势，大学生意识形态教育要充分利用全媒体这一优势平台，培养教育者全媒体意识，增进对全媒体的了解、应用，不断拓宽教育内容的深度、宽度、包容度，打好"组合拳"，形成虚实互补、线上线下共同推进的新景象。通过在全媒体平台投放视频、文章等资源，将晦涩难懂的经典著作以学生的视角解读，将革命先辈浴血奋战的故事形象生动地展现出来，打造大学生意识形态教育的"活水源头"，让先进的文化"触手可及"。语言的交流是教育者与大学生之间迅速拉近距离的"催化剂"，"面对面"的交流和"心与心"的对话更能触发大学生对意识形态教育内容的感知力，进而转化为学习成长的动力。新时代呼唤新作为，广大教育者将掌握的大学生意识形态教育的相关理论，以清晰准确、富有逻辑的语言启迪学生，解读流行语、网络语，拉近彼此之间的距离，努力将大学生意识形态教育打造得有料、有趣、有情怀，让更具有亲和力的表述为大学生意识形态教育效果添彩。同时，高校要主动培养大学生的媒介素养，引导大学生主动关注全媒体平台，主动在全媒体客户端开展阅读活动，关注社会热点，自觉抵制不良信息的诱惑，以每天点滴进步促进自我成长。②运用全媒体增强大学生意识形态教育话语内容的感染力，全媒体正在改变着大学生的话语特征，如何增强大学生意识形态教育话语内容的感染力已经成为各级教育者亟待解决的新课题。全媒体的发展推动了大学生话语体系的变革，逐渐呈现出大学生话语主体意识增强、大学生自说自话表达日趋明显、大学生图像话语需求意愿强烈等特点，大学生不再满足于以往"我说你听"单项传达的方式，逐渐采用一些字母、数字、符号、谐音等内容组成的网络用语和动静结合的图画模式来表达自身的价值诉求。因此，新时代增强大学生意识形态教育话语内容的感染力要发挥全媒体平台的桥梁作用，为教育者和大学生提供沟通交流的平台，拉近彼此话语距离，运用真理、思想和文化的力量去感染学生，通过答疑解惑去引导学生，让学生感受语言的魅力、感知真理的力量。利用全媒体破除语言空间圈层，通过建设校园全媒体平台，搭建校园全媒体"中央厨房"，力争做到新闻一次采集、一次制作，多渠道共享、全域反馈，开展大学生意识形态教育的日常化转播，用最小的投入差异化的表达，占领大学生意识形态教育传播的主阵地、主渠道。利用全媒体创设网络化与体验情境，教育者及相关研发人员通过AR（增强现实）、VR（虚拟现实）等技术在全媒体平台投放符合大学生意识形态教育需求的实景，使大学生在屏幕中走进中华民族五千年的文明历史，感受中国共产党浴血奋斗、力挽狂澜抵御外敌入侵、前仆后继团结带领中国人民赢得全国解放的非凡历程，感受一代代中华儿女投身社会主义建设浪潮中的蓬勃热情，培养和激发大学生自主学习动机。新时代，大学生意识形态教育通过充分利用全媒体这一载体，用通俗易懂的表达方式，传递大学生意识形态教育好声音，扩展大学生意识形态教育的覆盖面，使大学生在寓教于乐的氛围中端正思想认识，筑牢思想根基，为今后人生之路提供最好的营养剂。③运用全媒体提高大学生意识形态教育话语解释的说服力，在大学生意识形态教育过程中，教育者普遍面临教育投入与教育产出差异大、教育效果差强人意等问题，这是由于原生形态说服力的单一性和单向性，其作用往往都是有限的。结合新时代大学生的心理特征和信息接收特点，大学生意识形态教育创新话语表达方式，满足不同个体的需求，因材施教提升大学生意识形态教育话语的说服力。目前，在校的大学生大多出生于21世纪初期，他们的思想观念、行为方式、表达习惯无不镌刻着网络的烙印，传统枯燥、单纯说理的大学生意识形态教育的方式并不能促使他们产生思想共鸣，甚至会起到反作用。因此，要提升话语说服力来优化教育效果，通过大学生在全媒体平台停留驻足的数据，研究者进行数据整理与筛选，为教育者提供极具参考价值的大学生思想动态、表达习惯、兴趣爱好等方面的统计数据，使教育者可以更加直观地了解大学生思想动态、心理需求，在线上线下教育过程中有针对性地用大学生听得懂能接受的语言达到宣传教育的目的。教育者要锻造深厚的马克思主义理论素养，扎实知识功底，提升业务能力，不但要在课堂上传道授业解惑，也要在课外传播主流意识形态。互联网已经成为今天意识形态教育的主战场，教育者必须强化意识形态的传播能力，强化意识形态的传播内容，强化工作创新能力，打破常规思维极限，抢占全媒体舆论高地，以新颖独到的方法和视角思考问题，同时紧跟时代步伐，立足实际，用理论知识武装自己、提升自己，解答学生疑惑，并在全媒体中善于发现问题、筛选问题，用新材料、新观点、新理论与大学生进行讨论交流，拉近师生之间距离的同时也传递了向上向善的正能量。

5.提升大学生思政教育客体媒介素养

（1）强化教育客体对媒介素养教育重要性的认识。首先，媒介素养教育能够满足大学生个性化发展的客观需求，不断实现大学生全面成长成才。在全媒体时代，丰富的媒介信息与多样化的传播手段，都不受时空限制，随时随地即可获得海量的信息。这就要求大学生必须提高自身的媒介文化知识，增强对媒介信息的辨别能力，形成对媒介负面信息的抵制能力。同时，大学生通过媒介素养教育，了解并学习媒介素养知识，掌握其主要应用方式以及明确媒介传播信息的作用与意义，增强对媒介生存发展环境的认识，了解其背后各种综合因素，进而深入地分析媒介信息的生产过程与传播路径，认识媒介对受众的操控能力。大学生利用媒介进行自我服务与提升，必须学会对媒介选择的能力。

其次，媒介素养教育能够促进大学生综合素养的培育，提高大学生的创新能力。在媒介迅猛发展的全媒体时代，媒介素养教育对大学生创新能力与综合素养的提升具有积极的作用。这主要表现有两点：其一，大学生创新能力的培养也需要与时俱进、紧跟时代发展的步伐。在如今这个信息技术迅速发展的全媒体时代，大学生必须具备对信息分析、解读以及整合、开发的创新能力，与此同时，也要不断学习与信息技术、媒介传播等相关的学科，增强自身的媒介素养，提高媒介信息的应用技能，这也是全媒体时代发展的客观需要与大学生创新能力提升的前提与保障。其二，大学生对媒介知识的学习、对媒介信息的判别与分析、对媒介的选择与应用，都会影响他们的价值观形成以及学习生活的其他方面。因此，媒介素养教育不仅是大学生学习能力的基本体现，更是一项生活技能，是实现终身学习的基本素养，只有树立媒介素养终身学习的意识，大学生才能够具备高度责任感与使命感，才会在海量复杂的信息中明辨是非、分清对错，进而提升自己的综合素质。

（2）积极增设专门的媒介素养教育课程与平台。首先，增设媒介素养教育课程，构建大学生媒介素养教育的内容体系。全媒体时代，媒介传播方式与手段呈现多样化特征，媒介内容良莠不齐，大学生往往很难对其作出正确的判断与分析，这就需要开设相应的媒介素养课程，提高学生辨别、评估虚假信息的综合能力。

对这一课程的开设，高校必须做到从学生需求实际出发，丰富并完善媒介素养内容、建立健全媒介素养课程体系。它的内容体系主要由媒介知识、媒介的应用技巧和媒介的应用能力三个方面构成：一是媒介知识。这部分教育内容主要使学生掌握媒介的基础性知识，进而对媒介的整体性环境有一定的了解。具体包括各种传播媒介的类型与特点，不同类型的传播媒介所承担的主要任务是不同的，进而产生的内容也有所不同；媒介的管理与运行模式；媒介的基本功能与作用。学习这些知识，有助于大学生了解媒介形态的发展历程、传播规律、运行特点、信息生成与传播，了解媒介是怎样对我们的学习与生活产生深刻影响的。二是媒介的应用技巧。全媒体时代的媒介形态与信息呈现多元化特征，在为大学生提供各种快捷与便利的同时，也极易促成大学生的选择困难，因此就必须形成媒介应用技巧的相关课程内容，帮助大学生更加准确、巧妙地利用媒介服务自我。三是需要重视培养大学生的媒介应用能力。它主要涉及媒介信息的选择与分析能力、媒介信息的加工与生产能力、传播与管理能力以及规范自身行为、维护合法权益的能力等。在全媒体时代，部分大学生由于缺乏对信息的甄别能力与对负面效应的抵抗能力，会产生一些负面影响，甚至产生极端的行为。如，对一些不良的虚假信息偏听偏信，甚至进行"二次加工"盲目地转发与传播，恶意窥探他人隐私、编造虚假信息、恶意炒作以及不同程度的网络暴力对他人造成伤害等。这些负面效应不只是媒介传播的负面功能所产生的,更是因为受众的媒介道德水平低下、行为失范而造成的。所以,在大学生媒介素养教育课程中加入道德与法治的教育内容,可帮助大学生强化道德意识与法律意识,规范自己的言行,净化媒介环境。

其次,有针对性地开设媒介素养教育课程,将其纳入公共必修课程或通识教育课程,举办相关主题活动。媒介素养教育课程的开设,旨在培养与提高大学生的媒介素养与综合素质,因此要想实现这一目标,就必须依据高校自身情况,采取具体可行的措施与方法。一是可以在各种条件与设施都相对成熟的高校,开设面向全校大学生的媒介素养教育的公共必修课程。二是可以通过开展一些以各类媒介形态为主题的活动,举办一些移动网络为主题的校园实践活动,或多媒体展览活动以及有关全媒体的讲座。三是可以利用全媒体的网络优势,开设媒介素养教育平台。

(3)倡导大学生文明运用媒介进行自我实践教育。《关于进一步加强和改进大学生思想政治教育的意见》中指出:坚持教育与自我教育相结合,是加强和改进大学生思想政治教育的基本原则。因此,在全媒体环境下,要充分发挥教师、党团、社团等组织教育引导作用,调动学生积极性,倡导学生自我教育、自我管理。第一,要利用好社团、党团等学生频繁接触的组织形式,让学生在熟悉的环境中进行自我教育、自我管理。例如,学校开展元旦晚会主题活动,与全媒体相结合,吸引大学生积极主动参与,在活动中可以让大学生更深层次地了解传播媒介,在理论与实践相结合的过程中提高大学生的媒介素养。第二,学校要出台相关的媒介管理制度,加强大学生自我教育。对于沉迷网络而荒废学业、发送骚扰短信、诈骗邮件,盗窃他人账号骗取财产等不良行为,学校应该给予一定的处分。与此同时,对于那些遵纪守法的学生要给予相应的表扬和奖励。大学是学生形成正确三观的关键时期,学校出台相关媒介管理制度不仅增强了大学生自律、自主意识,而且还培养了他们诚实守信的好习惯。

6.加强思想政治教育理念创新

(1)教育主管部门要强化全媒体教育监管理念创新。高校思政工作在适应全媒体和使用全媒体的进程中已经伴随着相关的变化和创新。作为教育主管部门应准确地认识和把握媒介发展和学校教育融合发展的一般规律。一是要树立全媒体监督理念。与传统媒体时代的教育监督模式不同的是,全媒体时代更加凸显对信息化和虚拟化的监督,所谓信息化监督主要是对教育主体接收和发送信息的规范性和真实性等进行监督,确保高校信息输入和输出的准确性。对虚拟化的监督更多的是通过网络平台和手持终端设备等对教育主体教育教学的效果和规范性进行监督,以及对在校大学生网络舆论和媒体素养等进行监督。要确保以上两个方面监督的有效性则必须进行监督理念的创新,要跳出以往传统监督模型,通过更新全媒体思维来强化监督理念的创新。二是要创新全媒体时代的管理理念。传统媒体时代教育主管部门对于高校的治理更多地采用诸如现场调研、随机抽查、面对面会议等方式进行，全媒体时代随着电视会议、媒体直播和全媒体平台等普遍被采用，教育主管部门对于高校教育教学的管理理念也应及时地进行创新，要充分依靠全媒体和全媒体平台来提高高校教育教学管理的效率，充分发挥全媒体便捷性、即时性和虚拟化的优势，节约高校教育教学监管的成本，提升监管效率。

（2）高校要积极创新全媒体教育教学理念。高等学校是使用全媒体和研究全媒体的集聚地，更是最先实现媒体教育与学校教育相融合的重要场所。具体来说，高校可以在以下三个方面努力：一是创新激励机制。主要是针对教育主体在利用全媒体开展教育教学模式创新进程中取得的成绩，以及对思想政治教育有效性的测评，根据以上情况制定相关政策文件来进行奖励等。辅助性的还有根据教育客体的学习效果来进行相关的表彰奖励等形式。二是创新制约机制。制约机制更加侧重于从管理层面来设计，以此来保障媒体融合和学校教育融合发展沿着既定的方向前进。三是创新保障机制。主要涉及学校要为全媒体时代的高校思想政治教育创新提供全新的媒介平台和载体，能够确保正常的教育教学活动的开展，同时还要营造较为浓厚的教育教学环境并建立专业的检查维修管理团队等，确保正常的教育教学活动的开展。高校要想较好地利用全媒体则必须掌握全媒体发展和使用的一般规律，并在此基础上与时俱进地创新高校思想政治教育的模式。为此，成立专门的全媒体协同创新研究中心，不仅可以强化与相关高校和研究院所的协同创新能力，还能共享全媒体发展的成果，并将研究成果及时应用于学校教育进程中，有效地提升思想政治教育的效率。

7.加强思想政治教育队伍建设

全媒体时代的教育教学队伍建设实际上是一个传统媒体与全媒体使用技能融合创新的过程，更是优化全媒体时代高校思想政治教育路径的重要保障，它应包含教育教学队伍建设、科研队伍建设和保障队伍建设。

（1）加强全媒体时代思政教学队伍建设。全媒体作为新兴出现并快速发展的事务，无论是教育主管部门，还是高等院校，都需要通过建立专门的治理队伍来提升全媒体的治理能力。为此，建立专门的治理队伍，提升全媒体的治理能力是提升高校思想政治教育有效性的根本保障。全媒体时代不仅要掌握全媒体使用技能，还要注重媒体素养教育，从而健康合法高效地使用全媒体，这就需要做好两方面的工作：培训全媒体使用技能和强化全媒体素养教育。为此，高校应积极地建立全媒体专门教师队伍，从而将教师队伍一分为二，即传统媒体教师队伍和全媒体教师队伍。全媒体教师队伍的建立可以有效地提升教育主体使用全媒体的技能，并在有效地开展正常的教育教学工作的同时，高效地完成对教育客体的监管。

(2) 加快全媒体时代专门的保障队伍建设。全媒体时代高校专门的保障队伍建设应做好以下三个方面的工作：一是建立科学完善的绩效评价队伍，确保对全媒体时代思想政治教育的效果做出全面的评价。全媒体时代的高校思想政治教育不同于传统媒体时代，其对于教育主体和教育有效性的评价更加虚拟化和不可控制。传统媒体时代，我们对教育主体教育效果的评价更加直观，可以通过现场听授、课后评价和教育成绩等来综合评价。全媒体时代的教学既可以是线上直播，也可以是即时的线上互动交流，这种虚拟性和灵活性给教育效果的评价带来了较大的困难。因此，建立健全适合全媒体环境的高校思想政治教育评价指标和评价体系，对于提升高校思想政治教育的有效性具有重要意义。二是成立专门的全媒体治理队伍，提升治理能力。全媒体的治理事关媒体融合发展中相关的政策和制度的落实，集中体现了制度的执行力问题。全媒体作为新兴出现并快速发展的事务，无论是教育主管部门，还是高等院校，都需要通过建立专门的治理队伍来提升全媒体的治理能力。全媒体的治理能力不仅关乎媒体融合的效率，还将直接影响高校思想政治教育的效果。为此，建立专门的治理队伍，提升全媒体的治理能力是提升高校思想政治教育有效性的根本保障。三是成立专门的后勤保障队伍。全媒体时代，高校思想政治教育的正常开展离不开专门的后勤保障队伍，其对于全媒体平台和媒介工具的正确科学管理、维修和保障等为思想政治教育教学的其他环节的高效运作提供了基础性保障。

(3) 增强教育工作者驾驭媒体技术的能力。高校教师承担着教书育人的责任，必须具备相应的媒介素养和驾驭媒体技术的能力。具体而言，首先，高校教师要正确认识并掌握各种媒体的理论基础知识，特别是媒介的功能属性以及自我在传播中的角色认识，教学内容要有针对性，根据教师职业的特点、专业开展高校媒体素养的教育。例如，集中对高校教师进行培训、学习、交流，参加专业的培训机构；依托教育技术服务平台，结合远程教育技术的优势，高校还可以借助自身的特色对教师进行校内培训，从而提升教师的媒介素养。其次，高校教师要具备基本的计算机技能和驾驭媒体技术的应用能力。在全媒体条件下，高校教师必须熟练掌握电脑操作技术，了解计算机基础语言和特定的媒体文化相关知识，能熟知知名新闻的网站，快速地搜索出网上最新信息的发布状况，还要实时了解媒体空间的言论以及思想动态。同时，要充分结合全媒体的特征，改革传统直白说教式教学模式，在教学中要更新教学观念、改进教学方法、创新教学内容，利用各种媒体资源优势实施创新教学模式，例如采用多媒体教学、PPT、三位视角教学、直观性教学、模拟情景性教学等丰富多彩的形式。在教学中，要充分认识到学生的主体性作用，加强师生互动以及与学生之间的沟通交流，不断增强大学生对社会主义核心价值观的理解。最后，高校教师要具备利用媒体技术处理信息的能力。

全媒体条件下，信息资源良莠不齐，大学生由于认识能力和辨别意识不强，容易被一些不良信息所左右，缺乏正确的价值判断。这就需要教育者能在第一时间对信息进行技术处理，利用本身的专业素养，准确、合理地筛选出信息的真伪，给大学生呈现真实而科学的媒体信息。高校教师要具备利用媒体技术处理信息的能力，一方面为高校价值观培育工作进媒体空间提供技术支持，另一方面也提高了高校价值观培育工作的针对性和有效性。同时，高校教师也要具备利用媒体技术传递信息的能力。通过利用全媒体技术，建立有吸引力的高校网络论坛、开展在线价值观理论知识竞赛等活动，从而更好地传播社会主义核心价值观。

8.创新思政教育管理载体

习近平总书记在全国教育大会上对高校思想政治教育管理工作做了新的要求，尤其在网络信息技术不断发展渗透的今天，高校更应该顺应新时代发展潮流，积极转变传统的管理理念，提高管理载体的创新意识。

要运用全媒体创新高校思想政治教育管理载体。在全媒体不断发展的新时代，高校应该顺应全媒体时代要求，遵循高校思想政治管理工作的运行与发展规律，积极利用全媒体，发挥全媒体的网络优势，建立教育管理服务平台，满足高校思想政治教育管理载体创新的新要求，并通过进一步了解大学生的现实需求，提高管理平台的服务效率与质量。同时，在微博、校园网站、公众号等平台内容的管理上，高校要做好网络监督管理工作，从源头做好信息的筛选与整合，使学生接触到更多符合社会主义核心价值观的信息，切实提高大学生对思想政治教育管理载体的认可度。高校需要规范并建立多元化的管理制度，并将不同部门、不同工种管理者的工作制度与细则进行详细的规定与分配，明确管理者的工作范围与责任，提高高校思想政治教育管理载体的效率与质量。例如：制定线上管理辅导员的培训考核以及工作测评制度，让高校辅导员做到线上线下了解、关心学生生活学习的日常，并完成相关工作；制定校团委、学工部等网上管理制度，做好学生资助管理工作，并利用网络电子平台来做好大学生的服务与管理，有针对性地制定可行性方案，更好地促进校园一卡通、空中招聘会等相关财务与就业制度的实施应用，积极发挥高校管理载体的全员育人作用，积极倡导并促进不同管理部门之间的相互支撑、相互协调与融合。

此外，还需要加强大学生参与管理活动的力度，切实提高他们在管理工作中的积极性与实践性，并依据自身特点与管理工作的发展实际，为管理工作建言献策，提高管理载体的工作效率。高校还应开展各种线上与线下相结合的管理活动，如开展红色主题活动、校园文化主题活动等，让学生与管理者近距离接触、面对面交流，更好地了解到管理载体的内容、特点、原则、意义，发挥思想政治教育管理载体的作用，扩大其影响力。

9.构建"四微一体"教育模式

随着互联网技术的发展和智能手机的普及,使用微信、微博、QQ、抖音、快手、贴吧等App的大学生人数呈现井喷式增长。全媒体时代,自媒体软件种类多、输出量大、渗透性强等特征给大学生思想政治教育的效能性发挥带来困境。下面从教育主体、教育客体和教育平台及教育载体等方面出发,建构全媒体时代优化高校思想政治教育路径的"四微一体"模式。

(1) 录制微党课,构筑高校思想政治教育的制高点。党课是高校思想政治教育的重要组成部分,录制微党课不仅可以满足当代大学生对于主体性作用发挥的需求,还能较好地奠定扎实的思想政治教育理论基础。具体的做法是,选取入党积极分子或者具有积极的入党意愿的学生来录制,以马克思主义理论、毛泽东思想和习近平新时代中国特色社会主义思想等为核心,选取其中的一部分内容作为讲授内容,让学生来谈谈对于以上内容的理解和认知。这种方式不仅积极地传播了思想政治教育的内容,还极大地契合了当代大学生对于全媒体模式的依赖。

(2) 发布微故事,推广榜样育人模式。全媒体的一大优势是对于微视频的媒介传播,这也是当前全媒体较受欢迎的传播模式。高等学校通过发布具有影响力和榜样性的人物故事,比如,劳动模范,具有突出贡献的科学家、哲学家、思想家的微故事,来树立榜样的力量,并通过榜样的力量感染和引导大学生积极地向榜样学习,向榜样靠拢,以达到榜样育人的目的。当然,这种榜样微故事也可以是来自学校、班级甚至个人的具有积极正能量的微故事。

(3) 征集微心声,传播正能量。当前全媒体时代,媒体娱乐化对于当代大学生的思想政治教育的影响较大,也偏离了全媒体时代思想政治教育的方向。通过征集校园微心声的方式来让教育客体大声地喊出具有积极的正能量的东西,并依托全媒体媒介进行广泛传播,以此来抑制当前全媒体娱乐化带来的负页影响。微心声可以是至理名言,也可以是社会主义核心价值观,还可以是个人心声等,征集微心声既张扬了学生个性,又传播了具有积极教育内容的思想,进一步扩大了全媒体与思想政治教育融合的范畴。

(4) 打造微团队,提升全媒体技能。全媒体时代,信息是海量化的,媒介传播方式也是多变的,在这种模式下,高校如果纯粹地打造一支全媒体队伍,不但需要较长的时间,还要投入大量的人力和物力。而微团队建设,能够较为灵活便捷地服务全媒体模式下的高校教育教学。微团队可以是三五人,也可以是多人群体,其构成既可以是正式的组织结构,也可以是非正式的学生组织,其主要目的是随时随地地组织线上线下培训,解决在全媒体模式下教育教学中出现的问题。微团队的建设一是解决了教育主体对于媒体技能不足的困境,二是提升了监管部分的监管治理技能。

二、"八个相统一"理念指导下的高校思政工作方式

(一)"八个相统一"理念的提出

思想政治理论课一直以来都是我国高等教育的办学特色和重点课程,高校思想政治理论课作为我国高等教育落实"立德树人、培根铸魂"根本任务的关键课程,面对新时代环境下的新机遇与意识形态领域的新挑战,党和国家高度重视思想政治理论课的教学工作,在2019年3月18日的学校思想政治理论课教师座谈会上,习近平总书记提出了坚持"八个相统一"的要求,这是针对高校思想政治理论课教学提出的相辅相成的有机统一的整体,在此视域下,当前高校思想政治理论课教学工作取得了一些成绩,但也存在与"八个相统一"要求有差距的方面。

"八个相统一"具体是指:坚持政治性和学理性相统一、价值性和知识性相统一、建设性和批判性相统一、理论性和实践性相统一、统一性和多样性相统一、主导性和主体性相统一、灌输性和启发性相统一、显性教育和隐性教育相统一。这表明了新时期党和政府更加重视高校意识形态建设,要求不断提高思想政治理论课教学质量,这是立足于新时代的实际情况和我国高等教育人才培养目标,对我国思想政治理论课教学提出的最新发展要求。进入新时代,中国人民的物质生活条件有了翻天覆地的变化,但在意识形态领域却面临着一些新问题,一方面是国际形势的变化,共产党执政面临着国际上意识形态无孔不入地的渗透;另一方面是我国社会也充斥着发展不平衡不充分的矛盾,贫富、群体、地区等各方面还存在一定差距,尤其是随着新一代科技革命的到来,互联网发展过程中网络信息更加变化频繁、良莠不齐,而且"00后"大学生有着新世纪青年的新特点,正处于三观还未定型需要引导和培育的阶段,在青年学生"打基础、塑三观"的关键时期,亟须对大学生进行正确的价值选择的引导和有意义的价值观念的引领。因此,充分发挥高校思想政治理论课在大学生意识形态教育和人才培养方面的主阵地作用,稳步推进高校思想政治理论课教学向"八个相统一"的要求靠拢是非常必要的。

"八个相统一"内在包含着十六个方面、八对关系,但当其作为一个整体针对思想政治理论课而被提出时,就需要从结构上对"八个相统一"进行整体性把握,从不同的维度理解"八个相统一"的内涵和层次,真正地将其运用于高校思想政治理论课教学。

从"统一"一词可以看出,每一个"统一"中都包含着两个方面,总体上是内在包含着八对关系,"政治性"和"学理性"是思想政治理论课在本质要求和应然要求中如何实现统一的问题,"价值性"和"知识性"是理论知识和价值观念之

间如何转化的问题,"建设性"和"批判性"体现的是马克思主义"扬弃"的实质,"理论性"和"实践性"是典型的认识与实践相互促进的问题,在马克思主义唯物辩证法中"统一性"与"多样性"是一对重要的关系范畴,"主导性"和"主体性"则包含着认识活动中的矛盾关系,"灌输性"和"启发性"对应着马克思主义基本原理中关于内容与形式的辩证关系,"显性教育"和"隐性教育"则是"显"与"隐"两种截然不同的育人方式,这是八对典型的矛盾关系,而"统一"就代表着在思想政治理论课教学中要将矛盾的两个方面进行彼此协调、相互融合,共同促进教学的全方位提升。

(二)高校思政教学坚持"八个相统一"理念的必要性

首先,进一步明确思政教学目标。"八个相统一"对高校思想政治理论课教学提出了坚持用学理的态度和科学的原则、方法对理论知识进行讲授,增强课程内容的指导性和适用性,提升思政教学的价值引导作用,这也是新时期对高校落实立德树人目标提出的要求。例如,2020年疫情防控期间,党员同志冲锋在前,医疗志愿者中涌现出很多"90后"的面孔;脱贫攻坚也是党员披荆斩棘,很多大学生村官深入基层,克服种种难以想象的困难,他们都是拥有着崇高政治信仰的人,这些鲜活的事例就是印证思想政治理论课价值的最好证明,为了继续培养一代代这样的青年,就需要思想政治理论课将政治与学理、价值与知识、理论与实践完美融合,让大学生从心底里信任中国共产党、热爱中国特色社会主义事业,在理论知识的学习中坚定要为祖国实现伟大复兴的梦想做出自己的贡献的理想信念。

其次,揭示出思政教学的规律。"八个相统一"理念能够进一步揭示出新时期"三全育人"背景下高校思政理论课的一般性教学规律,然后据此有针对性地对思政课程教学提出具体的要求。在课程建设原则和课程教学目标要求方面,高校思政课应该坚持政治立场,讲有学理逻辑的政治理论。教学内容要以传播理论知识为主要载体,既有正面的理论知识教育,也有对错误思潮和现象的批判,最终实现马克思主义理论的价值引领作用。在教学过程中坚持统一的教学目标和课程设置,构建"以学生为中心"的新型课堂,因地、因时、因人制宜地丰富和创新教学方式方法,能够在分析新时代大学生思政素质发展需求的基础上,调动各方力量,充分凸显出隐性教育的功能,切实促使思政理论课教学朝着高质量的方向发展。

(三)"八个相统一"理念指导下的高校思政教学创新路径

1.坚持"八个相统一",强化育人导向

(1)坚持讲有学理性的政治。高校思政理论课是具有严谨的逻辑体系和理论脉络的课程体系,如果只传授理论知识而不进行学术逻辑的梳理,对于思想意识观念都还尚未成型的青年而言是不能够产生说服力的；就思想政治理论课教学内容而言，传授的不是个别的政治观点，而是具备学术之理的知识体系，是经过了逻辑和实践双重检验的具有规律性的本质结论。所以，高校思政教师在教授理论知识时，应该注重体现知识的学理性。

首先，教师要旗帜鲜明地讲马克思主义中国化、时代化的理论成果，历史事实雄辩地证明，马克思主义的科学世界观指引着先进的、不甘屈服的中国人在对国家出路进行艰苦探索时找到了引领中国社会变革的科学理论，马克思辩证唯物主义和历史唯物主义的方法论在历史实践的探索中不断与中国实际结合，引导着中国人民找到了正确的革命道路，作为马克思主义政党的中国共产党在保持先进性和纯洁性的追求中迈进了伟大复兴的征途。

其次，教师要深入研究理论知识的学理性特点。思政课教师应该教会学生如何"透过现象看本质"。当前社会中各式各样信息传播极为迅速，夹杂着良莠不齐的社会思潮，大学生由于生理、心理年龄的不成熟，容易被错误思想所影响，产生不当的思想观念。面对这种社会现状，思政教师就需要从历史和现实相结合的角度出发，对大学生进行透彻的马克思主义理论讲授，只有实践才能最有力地证明理论的真理性。

（2）做到知识传授与价值引领相结合。"八个相统一"理念中的"坚持价值性和知识性相统一"，思想政治理论课的知识性体现在全面而系统地学习本课程的理论知识，这是思政课程教学最基本的要求，主要是讲授并让大学生理解马克思主义的基本立场、观点、方法等方面的理论知识，使学生在提高思想认识的基础上可以将其运用到其他学科的学习和生活中。但与此同时，思政知识还是价值载体，通过学习能够引导大学生进行正确的价值选择，这也是该课程的价值性所在。

在"马克思主义基本原理概论"的课程中，要从原理性基础知识出发让大学生理解马克思主义理论的鲜明特征。在理论联系具体实践的分析中，为了让大学生感受马克思主义理论的当代价值，教师可以将当前社会上存在的各种热点事件或以往的经典案例引入课堂，以此来培养大学生对马克思主义理论运用的实际能力。

在"毛泽东思想和中国特色社会主义理论体系概论"这门课程教学中，教师应重点让大学生掌握马克思主义在中国化、时代化过程中的一系列创新性理论成果，感受马克思主义理论与中国实际相结合所散发出的真理性、科学性、人民性、时代性，树立历史思维、全球视野、统筹意识、实践观念，自觉将个人命运与国家民族的未来发展融为一体，并为之奋斗。

"中国近现代史纲要"这门课程，在教学时则需要注意以史鉴今，只有让大学生了解党的奋斗史，才能明白"四个选择"的历史必然性；只有了解这个民族一路走来的艰辛和不易,才能明确初心和使命是什么,才能自觉弘扬爱国主义精神,才能提高辨别历史是非的科学历史观,从历史中汲取智慧和为中华民族伟大复兴奋斗的精神动力;在"思想道德修养与法律基础"课程中通过对道德和法律相关知识的学习,让大学生明白法律思维方式辅之道德约束,便形成调整社会关系的两种手段,即自律和他律。目前,高校学生中出现的困难和问题得不到很好的解决就是因为不懂得运用法律来解决矛盾,比如,网贷、校园贷、裸贷等事件的出现,大学生的犯罪率有所上升,都在提醒高校思想政治教育急需对大学生进行更加系统化的法律知识的教育。

"形势与政策"这门课程教学时,需要教师充分结合当下的时事政治热点,让大学生清楚国家、世界的发展形势,不能仅懂得"埋头拉车",还要及时地"抬头看路",增强大学生的政治责任感和历史使命感,坚定"两个维护"、强化"四个意识"。

2.坚持"八个相统一",融通教学方法

(1)理论与实践相结合。思政知识的教学要坚持"理论性和实践性相统一",在教学时增加实践环节,加深大学生对思政理论知识的理解,并用这些理论来指导现实的生活学习。教师可以结合社会热点来丰富实践教学的内容。如,教师可以通过开设"战'疫'小课堂"的方式,让学生通过小视频等形式,讲述疫情防控期间一线战疫英雄的感人故事或者自己的亲身经历,这样更容易在大学生群体中产生共鸣,而这些事例也最能培养大学生的使命意识和责任担当意识。

(2)利用学校特色组织实践活动。每所大学都有自己独具特色的校园文化和实践教学资源,这本身就是进行思想政治教育、提升学生生活观察能力的一条便捷渠道。为此,教师可以将思政课堂进行延伸,如,利用大学寒暑假"三下乡"活动的契机来培养大学生的责任担当意识。在参与"三下乡"实践活动的过程中,大学生能够深刻地感受到改革开放四十余年祖国方方面面的深刻变化。教师可以组织学生共同观看《夺冠》等有教育意义的电影,激发大学生奋发拼搏为民族振兴勇往直前的精神。

(3)用信息技术为思政教学赋能。当前,互联网的快速发展,为高等教育改革带来了新的机遇。大学生对线上教学方式更加青睐,这种教学形式也更加符合新时代的高等教育特点。因此,高校思政工作者可以构建"云端+课堂",采取交流讨论、情景重现、辩论演讲等方式,或者利用时政热点,开展时政热点大家谈的活动;利用中国传统文化,开展红色诗文赏析等活动,更好地辅助学生对课程内容的深入理解。目前的网端上很多关于思想政治教育的专属网站、应用软件、微信公众号和微博专栏等都有"云上思政"的板块,这是以大学生喜闻乐见的方式精准发力,高校要及时进行舆情监控和引导。比如,2020年,我国成功举办了首届世界慕课大会，这也是开拓思想政治理论课教学新渠道的成果展示。

3.坚持"八个相统一"，打造思政金课

（1）金课概述。所谓"金课"，就是指课程必须具备"两性一度"特征，即高阶性、创新性、挑战度。打造高校思政课"金课"，不仅可以提高到课率、抬头率和点头率，还能使思政课的教学内容真正入耳、入脑、入心。近年来，推动思想政治理论课改革创新已成为一个重大现实与理论问题，高校思想政治理论课"金课"建设越来越受到学界的关注与重视。

（2）金课与"八个相统一"的关系。打造思政课"金课"要求教师必须做到"八个相统一"，既要有坚定的政治立场，又要有深厚的道德情怀；既需要有精良的业务素质，又要有高超的教学艺术，偏离了这一点，打造思政课"金课"只能是纸上谈兵。为此，必须从课程内容、教学手段和课程评价体系等方面入手，使思政课真正成为坚定学生理想信念、指引学生人生道路的"金课"。

（3）打造金课应坚持的原则。①教育性原则，高校思政课教师首先要明确课程教学的目的。在这里要特别指出的是，要尽可能区分思政课程与课程思政教育性目的的差异，既不能把思政课程上成了知识或技术技能传授课程，即把专业知识或技术技能的传授上升到课程教育的主要目的，把思想政治教育降低到在传授知识或技术技能的同时附带完成的任务；也不能将课程思政上成了思想政治教育课程，即把思想政治教育上升到课程教育的主要目的，把专业知识或技术技能传授降低到在进行思想政治教育的同时附带完成的任务。这两种倾向都是不对的。所以，在明确课堂教学教育性目标任务时要做出比较精准的区分。②实用性原则，高校课堂教学的实用性是指对"实用"一词所包括的两方面含义在课堂教学中的强化，简言之，课堂教学的实用性是指课堂教学中教师所传授的知识、技术有实际使用价值。同一所高校的不同学科专业在实用知识、技术方面也有较大的差异，如人文社会科学方面的学科专业更加强调软知识、软技术对学生观念、思维等方面的启迪，理工农医方面的学科专业更加强调硬知识、硬技术对学生毕业后从事相关工作的作用和意义。

增强高校课堂教学的实用性，首先需要解决的是思想观念问题。受实用主义的影响，高校教师对实用性的价值和意义都有着充分的认识，因此他们在选择教学内容时会不自觉地偏向实用性的知识或技术，并会努力强化教学的实用性。教师不仅会自觉地认同教学的实用性，还会积极强化教学的实用性；学生也会自觉地接受实用性的教学内容与教学方式。

增强课堂教学的实用性，离不开实用性课程体系的构建。课程体系的构建是一个哲学基础问题。这个问题解决不好，课程体系的构建者就会迷失方向，甚至会出现群体性课程内容选择的偏差。课程体系的哲学基础包括学科中心主义、学生中心主义和社会中心主义。③丰富性原则，课堂教学的丰富性，首先应该是指课堂教学内容的丰富性，其次是课堂教学形式的丰富性。课堂教学内容固然重要，但是也离不开好的课堂教学形式，如讲授课、讨论课、辩论课等。高校的思政课堂教学在追求课堂教学内容丰富性的同时，也强调课堂教学形式的丰富性，只有内容与形式都具有丰富性，才能真正凸显课堂教学的丰富性。④思辨性原则，高校课堂教学的思辨性是指在高校课堂上，教师与学生通过巧妙、积极的教学互动，及由此生成的特定教学情境下的思维碰撞而体现出的思辨深度。思辨性思维具有不断质疑、主动思考和有目的地判断的特征，不仅紧密相连，还呈递进状态。只有不断质疑，才能够引发思考；只有主动思考，才能做出有目的的判断，并最终达到理性的决策，完成思辨性思维的整个理性判断。

高校思政工作者在构建思辨性思维教育体系时，不仅要考虑中国特色，还要考虑不同类型本科高校之间的差异，即类型特色，因为不同类型的高校其思辨性思维教育体系的内涵及表现形式也会有相应特殊性。

要培养学生的思辨性思维能力，教师就必须改变现状，与学生多交流。只有在课堂上引导学生进行讨论和交流，才能称为好的课堂和教育。当然，每所高校的办学理念不一样，各种资源和条件也不一样，具体采取什么样的思辨性思维课程教育体系，需要结合学校的实际情况进行研究与探索，不能简单模仿与移植。

（4）关注学生健康成长，打造多维评价体系。从评价维度来看，要从"知"和"行"两个方面看学生是否做到知行统一。对思政课教学而言，既要看学生考试时对基本理论的掌握程度，也要通过科学分析，用量化的指标，比如，学生在尊敬师长、团结同学、志愿活动、党团日活动、义务劳动等方面的具体表现，给出相应的分数，使评价具有可操作性、可比较性和可说服性。"知行合一"是个非常重要的评价标准，因为人的行为中一定包含着理论认知，不能光听他说了什么，而要看他做了什么。

从评价主体来看，要从自我评、互相评、教师评、他人评四个方面综合评定，实现评价的多元化。所谓自我评，就是让学生自己参与到教学评价当中，通过自我审视，使学生对自己有客观的评价，增强其责任意识；互相评就是让学生之间互相评价，用朋辈的视角来提高评价的真实性；教师评要求教师要关注学生成长中遇到的不同问题，对学生进行引导性评价，增加评价的主导性；还可以通过学生义务劳动情况、参加公益活动情况、参加志愿服务情况等，引入社区、企业以及服务对象等他人评价，增加评价的全面性，从而使得整个评价体系公平、公正、合理。

从评价标准来看，要用定性与定量相结合的方式完善思政教育评价体系。首先要注重过程考核，主要涉及对大学生的学习态度、组织纪律、课堂参与度、学习效果等进行形成性评价；其次是结果考核，通过试卷成绩、实践报告、心得体会撰写等多种形式进行终结性评价；最后是阶段性成长进步考核，注重考查思政理论与实践相结合运用的情况。如此，方能最大限度地发挥教育评价的导向作用，也能进一步提升思政教育的针对性和实效性。

4.坚持"八个相统一"，加强师资建设

教师对思想政治理论课教学主导、学校的思想政治理论课体系建设、马克思主义理论类学科体系的完善都是推进思想政治理论课发展的外因，学生的学习动力和主体意识的发挥是推动思想政治理论课改革创新的决定性内因，相互作用下才能促进"教"与"学"同频共振。

(1) 尊重学生实际，调动学习动力。大学生的主体性直接表现在大学生作为教学过程的主要对象，并不是知识的接收和存储工具，而是有思想意识、有情感体验、有创造能力的独立人格。

"00后"大学生自身是一个矛盾的统一体，一是他们多为独生子女，享受着家中两至三代人的关注，从小衣来伸手、饭来张口，只为给他们创造更多的时间和机会去学习知识，去开阔眼界，但是家长的溺爱也让他们对父母的依赖程度较高，动手实践和生活自理能力都比较欠缺，没有集体生活的经验，步入大学校园，会让他们感到无所适从，与室友、同学的关系难以处理；二是他们渴望独立、个性张扬，有着更加清晰的金钱意识，从小生活在物质条件较为丰富的环境中，在中小学阶段就广泛地接触到互联网，尤其是移动端手机和PC端媒体伴随着他们整个学生时代的成长，所以他们的思维会相对比较敏锐、活跃，也有更强的攀比心理和消费欲望。

针对思想政治理论课的学习可以分为四个层次：第一个层次是理论知识的学习，尤其是作为新时代的青年，还应该掌握法律的相关知识，因为法律首先是调整人们的行为和社会关系的规范，通过学习法律，学生能够明确在实际生活中可以怎样行为、不可以怎样行为，以及应当或者必须怎样行为。第二个层次是学习方法，马克思主义的方法论为大学生的学习和生活都提供了一个科学的方法论指导，可以将其自觉地运用到指导专业知识的学习中。第三个层次是在思想政治理论课的学习中培养宽广的眼界，学习理论知识的最终目的不仅是在头脑中构建完整的理论体系，更重要的是将其在现实实践中加以应用，而如何应用，以及应用的方面就取决于个人眼界。第四个层次是达到一定境界，这也就是人的格局的问题，大学生的学习和实践最终目的是将个人才能奉献于祖国的发展中，将个人的理想实现寓于社会的共同理想中，为让自己的祖国成为一个强国而奉献自己。

(2) 强化专业知识，提升教学能力。教师队伍强化专业知识包含三个方面的内容：一是高校思想政治理论课教师的本体性专业知识是基础，扎实的理论知识功底是一位教师的基本功。二是教师要有深厚的历史知识，我国的古代和近现代历史都包含着很多思政元素，对讲好爱国主义、讲好理想信念有很大帮助，以历史事实为依据的思想政治理论课才有说服力。三是思政课教师要有法律基础知识和法律思维方式。要全面深化依法治教，具备法律思维方式可以使思想政治教育者明确界限，尊重教育对象，使思想政治教育更为有效地开展。

思政课教师主导性的发挥体现在对课堂的把控和课堂的管理方面。

一是教学方法的选择。在教学活动中，学生的参与与互动是必不可少的一部分。思政课教师可采用启发式教学，教师精心设计讨论话题，并积极参与讨论进程，对正确见解予以肯定表扬，对错误认知及时矫正，适时引导学生更加深入地思考和畅所欲言，让学生真正地参与进来；也可以利用案例教学在师生之间、学生之间积极展开交流、讨论，创设互动、思考的课堂形式和坦诚、互容的学习氛围，让学生在展示自我、在思考和实践中获得理论认知与情感内化。

二是管理课堂的能力。目前存在部分教师为了不打断教学思路，不浪费其他同学的课堂学习时间，而对不参与课堂或者无故请假的学生放任不管，最终导致课堂"抬头率"较低，教学没有覆盖全体学生，整体的效果也是不佳的，因此教师和学生都应该严肃课堂纪律，教师要按照学校制度安排进行课堂教学管理，用制度性、规范性的方式保障课堂教学效率和进度。

三是增强思政课教师理论教学和实践教学能力。作为思想政治理论课教学的主导者，思政课教师的能力和素质是决定教学的直接影响因素，要讲好马克思主义理论，就要求思政课教师的自身理论系统要完善、知识结构要完备，要具有宽阔的视野，及时把马克思主义的中国化自信理论成果吸纳、融入教学工作中，达到"政理、学理、事理"的三维统一。有深厚的理论功底才能了解当今政策的来龙去脉，在课堂教学中进行深入的知识讲授；有严密的法律和逻辑思维才能使思想政治教育者明确界限，尊重教育对象，才能讲清楚为什么要坚持劳动人民的根本政治立场；有一定的实践经验，才能切实增强使命感和责任感，从感性认知和理性思维上明确社会主义和共产党是人民的历史选择，形成对马克思主义更为深入的思考，才能在思想政治理论课的教学中将抽象的理论结合生动的实践来讲，使学生更好地理解和掌握。

四是以高质量教学推动科研，以深入的科研提高教学质量，用教学发现科研的选题，用科研成果解决教学的重难点。教师在课堂上只有对大学生进行深入浅出的讲授，才能让学生接受和掌握，深入需要的是通过科研提升思想政治理论课的深度和水平，浅出则需要思政课教师教育教学能力的提升，当教师对问题有更为深入的研究时，就会对自己讲授的课程更加自信和富有激情，也更能向大学生传达信念。在实际的教学过程中发现的问题是激发教师科研灵感的源泉，这是一个思政课教师能力提高的整体循环。

5. 坚持"八个相统一"，完善教育环境

（1）加强校园文化建设。大学生的学习生活大部分都是在高校的校园内进行，因此校园文化对学生的熏陶是潜移默化的，在坚持打造显性校园文化育人的同时，也要注重发挥隐性校园文化的辅助作用。学生在校期间的硬件设施、管理制度条款等都是显性的校园文化，发挥着直接的宣传和管理作用，但是其中蕴含的人文关怀、价值引导、精神文化等方面也是日常学习生活中会接触并关注的内容，这就是在发挥隐性思想政治教育的作用。因此，既要发挥物质文化的显性作用，在制度管理中体现以学生为本的核心理念，在物质文化建设上发挥宣传引导的功能性作用，又要潜移默化地植入育人元素进行正向的价值引导，在行为文化上进行价值引领，在精神文化上进行理想信念塑造，特别是"校风""教风""学风"的建设，学校在长期的实践中，都会积累一定的办学治学经验，形成有本校特色的教学传统，再结合学校实际情况，通过开展一系列教育活动，比如，主题党日、团学活动、讲座会议，让大学生有更多的机会和渠道接受意识形态教育。多方面显隐结合地传播主流价值观念、营造良好校园文化氛围，才能于无声处实现校园文化的思想政治教育功能。

首先，一个良好的校园文化环境对学生的心灵和情操都会有积极的作用，能够帮助学生树立正确的价值观、人生观和世界观，促进学生的健康发展，使校园文化建设成为发展中国特色社会主义的主要阵地。

其次，高校还要营造开放有序、健康有益的校园舆论环境。高校大学生作为思想活跃、行为积极的青年群体，容易受到周围环境和舆论的影响，产生从众心理与行为，尤其在网络信息爆炸的今天，网络成为个别社会成员发泄各种不满情绪、偏激言论，甚至反动话语的集散地，这些包含着错误价值观的不良信息，容易对高校大学生的价值判断易产生错误的引导，将高校大学生的行为带向错误的方向。因此，校园舆论管控就尤为重要。现在，高校的校报、各类官方公众号和社团公众号、学生自媒体都已成为制作和传播信息的媒介，这就需要高校通过网络技术，对于其中的不良信息合理屏蔽，对于有碍于社会和谐稳定的错误思想需要消除在传播前的萌芽状态。要坚持以正确的舆论引导人，做好校园舆情管控，引导高校大学生正确看待问题。

最后，要营造青春向上、生动活泼的校园文化活动环境。高校大学生要展现积极、阳光、青春、活泼的青年形象，就需要高校广泛组织开展各类适合青年大学生参与的校园文化活动。通过组织开展各类科学竞赛激发青年大学生的创造力，通过组织开展各类体育运动展现青年大学生的活力，通过组织开展各类文艺表演培养青年大学生的艺术表现力，通过组织开展各类社会实践活动培养青年大学生的实践能力,通过组织开展各类书画展览培养青年大学生的审美情趣;通过组织培育各类兴趣社团培育青年大学生良好的兴趣爱好。通过这些丰富多彩、形式多样的校园文化活动,为高校大学生营造良好的校园文化环境。

(2)健全评价监督机制。三全育人背景下,高校要保障"八个相统一"的要求能够真正地落地和实现,需要对思想政治理论课程质量、教师队伍水平、人才培养达标等多方面进行评价监督。

第一,健全教师管理制度,主要是要严格教师任职资格准入、教研活动考核与淘汰、教师培训制度;完善教学工作管理机制,通过规范化教学、培训、业绩考核等提高教师业务水平和素质能力;推进教师管理工作常态化,比如对思政课教师的教学工作和科研工作进行单独核算,尊重其追求独立学术人格,保证教学和科研工作都能得到合理报酬,思想政治理论课领导小组定期组织教师管理机制研讨会,对优秀的教师予以表彰奖励,及时发现思政课建设中的典型案例;加强师德师风管理,如学风、教风、考风以及日常生活上作风管理,加强典型宣传引导,健全师德建设长效机制。

第二,将评教与评学相结合,评教要将教师的"德、能、勤、绩、廉"五方面内容都涵盖在内,特别是政治立场、师德师风等方面,从立体化的全度对教师的综合素质进行全面评价,将评价考核的指标进行细化、量化的分类。在评学上,除了要看实际效果,还要关注过程性评价方法的运用。教师在日常的课堂和生活中要勤询问学生对于课堂教学效果的评价,在对于大学生的成绩考核中,也可以创新采用"教考分离"的方式,相同类型的学校之间可以交叉使用期末试卷,让授课教师不参与所任课程的考试,让学生摆脱考试前的划重点、划范围的学习习惯,意识到学习是需要平时的积累与努力,成绩取决于真正地理解和掌握程度。为使评价结果更为客观、真实,要从教师自身、学生、教学督导、第三方机构四个方面以不同角度提供多维的评价信息,全面促进思想政治理论课评价形成长效机制。首先,学校要重视教师自我反思、评价和总结,这是教师对自己进行的定位和剖析,一方面是以自身为指向,对自己的教育理想、政治思想、价值观念进行反思;另一方面以学期内工作为指向,对学期内具体的教学行为进行评价,要综合学生的反馈和教学效果,这是教师提升个人素质的内在动因。其次,将学生的评价作为评价系统的重要组成部分,学生的选课是对教师最为客观的评价,教学过程中,学生对教师在课堂管理、教学方法、内容组织、教育形式等方面的感知是最直接和最有发言权的。最后,教学督导和学校管理部门作为教学评价的实施单位,在制定评价制度、进行评价统计、反馈评价结果上都应该坚持遵循"八个相统一"的标准。

三、精准思政，提升高校思政工作效率

（一）精准思政的概念

"精准思政"新理念是精准思维与高校思想政治教育相融合形成的。精准思政作为新时代思想政治教育改革创新的积极回应和工作要求，其内在的深刻意蕴对提升大学生思政课获得感有着重大而深远的现实意义。在精准思政理念的指导下，有规律性、有针对性、有时代性地把握思想政治理论课课堂教学，有助于进一步提升大学生思政课获得感。

（二）把握精准思政的价值意蕴

1. 解决思政教育供需矛盾的法宝

当代大学生是互联网"原住民"，他们的成长环境、思维习惯和学习方式呈现出新特征。互联网赋予当代大学生更多话语权，他们可以更加迅捷地了解全球信息、表达自我、互动交流，实践活动也呈现更为丰富的形态。正是这种丰富生动的实践活动，催生了大学生多元化、个性化信息需要。精准思政是一种新型思想政治工作模式，在智能算法技术支持下，对当代大学生进行精准识别和精准分析，有针对性地开展思想政治教育，以满足学生日益增长的个性化需求。

2. 实现立德树人根本任务的关键

高校实施精准思政，要以满足学生的精神需要和提升学生素养为价值目标，促进思想政治教育精准到人。所谓精准到人，就是要围绕立德树人根本任务，运用智能算法技术，精准研判学生群体和个体的特点，精准供给思想政治教育内容，引导大学生树立远大理想，正视社会发展和个人成长阶段性特征，进行合理的比较，帮助他们正确认识人的成长发展规律、社会发展规律、世界和国家发展大势。

3. 提升思政队伍工作效能的武器

智能算法技术等给高校实施精准思政提供了技术支持，高校可以运用相关技术，给学生精准"画像"，在教育内容供给、教育评估反馈等环节精准调适、精准聚焦，以提升思政队伍工作效能。

一是提升工作时效性。精准思政依托智能算法等技术，可以及时记录学生在思想、心理、学习、生活等方面留下的数据信息，通过技术分析，将数据信息所表征的学生状况反馈给高校思想政治工作者，以便于他们及时采取有针对性的教育滴灌方式，从而缩短学生数据信息的处理过程和思政工作链条。

二是提高工作的科学性和针对性。精准思政依托智能算法技术采集和分析学生数据信息，较大程度地降低主观干扰因素，客观全面地把握学生特征，有针对性地制定实施"一人一策"方案，克服以往经验化、模糊化工作方式，有效提升

高校思想政治工作的科学性和针对性。同时，基于大数据的精准思政工作还有助于改善师资队伍结构，实现师资队伍多元化。掌握专业数据技术人才在国内是较为稀缺的，兼具思想政治教育理论功底的综合性人才更是为数不多。为实现良好的教育教学效果，又能保证学生的信息安全，需要这种专业化的人才。因此，高校可以外聘部分专业素养较高的人才，不仅可以保障信息化教育教学的顺利进行，还可以对思想政治教育进行指导培训，提升思政教育者的大数据素养。高校还可以广泛吸收优秀学生骨干，由于学生接受新鲜事物快，加强对优秀学生的大数据素养培训，可以使其更好地加入服务学生的队伍之中。大学生的加入会使学生数据收集工作更加便利，更容易了解和解决学生问题，进而有利于拉近教育者与学生的距离，便于实现教育效果。

4.高校实施精准思政的措施

(1) 运用大数据精准分析。精准思政的关键就在于精准分析。高校思政教育者通过对数据平台海量数据的横向分析与纵向分析，进而更加精确地从海量数据之中发觉隐匿的信息，从而更加直观地挖掘出海量数据当中大学生存在的一些共性和隐性问题。信息时代，思政教育工作者要善于探索海量数据之间的相互关联性，准确把握大学生的思想动态与存在的困惑问题，从而实现更高水平的教育管理与服务。

一方面，大学生思政教育工作者通过运用大数据的动态关联分析，可对大学生所处的空间、场域等进行精准分析，并将分析的数据以直观化的图表等方式展现出来，这也是高校思想政治理论课的可视化呈现方式，这种可视化的方式可以直观地将大学生的个体动态和学生群体动态更加清晰地显现出来。

另一方面，基于大数据的大样本、全数据分析，克服了思维的简单化、分析的碎片化，形成整体思维。这种整体的思维方式，不仅有助于分析大学生的群体动态，而且有利于表征大学生的个性化需求，这为高校实现精准思政提供了重要依据和参考。

(2) 运用大数据精准预测。建立在相关关系分析法基础上的预测是大数据的核心。大数据时代，大学生的思政教育工作面临着一系列的挑战与瓶颈。网络技术的快速发展，对于思政教育工作者更是提出了艰巨的挑战，面对海量数据信息，思政教育者不仅要关注如何精准预测大学生的思想动态，而且要清楚实施精准思政的紧迫性和必要性，这是大学思政教育工作者亟待解决的难题。

大学生每天会产生各类海量数据，这些海量数据对于思政教育者分析大学生的思想情况提供了海量数据资源，思政教育工作者运用大数据分析技术，通过分析研判海量数据，进而为掌握大学生的思想动态提供参考。精准预测作为大数据技术与人工智能技术所凸显的优势，可以更加全面地获取大学生的全方位数据信息，通过大数据这种海量数据资源的收集，并且进行全方位多角度的分析，可将思政工作者所需要的信息精准地预测出来，使得受教育者的群体特征与个体特征更大程度地精准展现出来，从而实现对大学生培养方案与体系的不断优化。

正是一系列信息技术手段对数据的捕捉与采集，使得事物与事物之间的关联性逐渐变得清晰可见，事物之间的要素也变得极为明了，这为教育者预测以后将发生的事情奠定了基础。显而易见，思政教育工作者通过大数据与人工智能技术的运用，使得工作中的一系列活动数据都变得更加精准，这样一来，有助于更加精确地把握大学生思想规律与思想动态，对可能发生的事件进行适时预测，这就使得思政教育者将工作由被动变为主动，提前掌握教育先机，从而顺利实施精准教育。

为此，高校思政教育工作者应该做好如下几个方面的工作。

第一，树立教育者数据预测思维。开展实施思想政治教育预测模式，树立教育者预测思维是改变传统教育模式首要任务。大数据给思想政治教育提供技术支撑，但往往由于教育者对大数据的不重视导致大数据与思想政治教育融合困难，所以成为向现代化转化的阻碍，因此要提升教育者的数据思维，树立利用数据科学解决学生问题的预测思维。教师可根据零散的数据信息，经过处理得出学生的思想变化和生活习惯，更好地掌握教育方式方法；根据数据预测学生未来行为，及时掌握学生的未来发展动态，减少突发事件的发生概率，同时也对紧急事件做好准备，通过数据相关关系的分析得出精准预测。

第二，强化危机管控和信息评估。对数据的收集和处理，不仅能在数据中挖掘出教育资源，还能经过数据分析做出预警分析。新时期利用大数据制定专业的危机管理平台，通过对危机事件进行预测、危机事件的处理、危机事件舆论管控，来达到预测有效和处理及时的效果。因此，高校需要建立科学的危机管控系统，利用大数据技术，对事件发生前、发生时、发生后的资源进行及时调配，合理控制舆情，稳定学生情绪，减少由突发事件带来的危害。做好后续的信息评估也非常重要，需要总结事件发生原因，做出紧急方案和决策部署，并通过对事件总结做好预防工作。

第三，加强学生数据信息收集和分析的能力。数据的收集和分析是思想政治教育运用大数据进行预测的基础性工作，数据收集不及时以及数据收集不全面，会导致数据的分析不准确，得出不够精确的预测，影响教育者对学生的教育方向。因此，数据的收集和处理至关重要，应该引起学校的重视。学校要做好数据收集工作需要多方位的配合，各个教育系统和教育部门要共享学生数据信息，便于更好地研究和分析新时期的大学生特点。与此同时，高校应该积极调配大数据的相关硬件设备，做好数据分析的基础工作，并且培养大数据的专业技术团队，以过硬的专业技术，充分挖掘数据背后的教育资源。只有做好数据信息的收集和分析工作，才能够及早发现学生问题并进行及时的处理，避免造成不良的后果，预防突发事件的发生。除此之外，加强对数据的收集和分析，有利于让教育者了解学生兴趣点和经常关注的内容，充实具有吸引力的教育内容。

（3）运用大数据精准管理。具体来说，高校可以利用大数据从以下几个方面来开创思想政治教育的智慧管理工作。

第一，建立综合性分析平台。综合性的分析平台是数据收集的最后一步，也是数据信息的集散地。主要依托于校园网络，利用数据信息技术，在校园的各个公众号和群组里收集学生网络动态信息，将出现在网络中的语言行为统一分析，得出智慧化的管理。这一分析平台的构建将教育者、管理者以及学生都联结起来，形成全方位的智能化管理系统。

第二，要坚持以人为本的办学理念。很多高校办学自主权得不到保证，一直存在机构职权划分不清、职权机构混乱、行政化严重的现象。这与学术氛围浓厚、平等和谐的校园环境相差较大。坚持以人为本的办学理念，坚持以学生为中心，从管理学生向服务学生转变。积极响应时代变化，引用新技术融入教育教学当中，可以消除部门壁垒，加强部门之间的相互配合。坚持以学生需求为驱动目标，智能化满足学生的个性化需求，结合智能卡、电子班牌等物联网产品，为教育者以及学生提供"一站式"教育服务。本着以人为本的理念，可以强化机构之间的交流合作。

第三，加强思想政治教育智能化管理。教育者可以对学生进行跟踪教育，及时收集学生信息。主动贴近学生和服务学生生活，结合移动定位和监控监测等技术，随时随地掌握学生信息，在潜移默化中教育学生，让教育更加具有针对性和全面性。通过对学生思想变化的监测，有针对性地推荐可供阅读的书目，防止大学生陷入思想误区。

（4）运用大数据精准评估。近年来，中央把思想政治工作提升到新的战略高度，为高校思想政治工作注入了强大动力。高校在课程建设、工作队伍、工作机制等方面都有新的探索与实践。关于高校思政工作的精准评估，目前尚处萌芽阶段，这和精准思政的研究和实践现状是一致的，就是先实践后评估，先建设再评估。就精准评估，作者认为必须精化评估体系，精准评估教育效果。所谓"精化"就要求简单精准，具有好的操作性和实用性。一是坚持共性和个性相结合的原则，既要对接国家统一要求，又要兼顾学校自身特色；二是要坚持硬件和软件相结合的原则，既要注重办学设施，又要考评工作机制；三是坚持教育者评价和受教育者评价相结合的原则，既要注重思政工作者的评价，也要重视学生评价；四是要坚持自评和社会评价相结合，高校要做好自评与改进，社会相关利益方要进行评价与反馈。

四、强化校园文化建设，营造育人环境

高校思政教育和校园文化建设之间存在相互制约的关系，高校思政教育工作的实施和发展离不开校园文化所营造出来的整体校园环境，而校园文化建设工作的实施和发展也离不开思政教育的指导和保证。

一方面，高校思政教育工作不可能脱离高校自身的文化环境而存在。高校思政教育不能不顾实际地进行封闭化教育，必然要和高校的具体实际情况结合起来进行设计和规划。例如，我们要对大学生进行社会主义核心价值观的培养，思政教育应当是主体，但是枯燥地进行课堂教育的方式并不能帮助大学生树立正确的社会主义核心价值观，事实上它必须以高校校园文化环境为立足点，同时吸收传统文化和其他文化的精华，用大学生喜闻乐见的校园文化活动形式来辅助，只有将严肃的思政教育和轻松活泼的校园文化活动相结合，才能帮助大学生更新思想观念，提高思想认识。高校思想政治教育如果不能以当前社会时代整体文化发展为背景，不能洞悉高校校园文化的内涵，对现有校园文化发展实际进行充分考虑，那么高校思政教育就很难适应新时期的发展要求，也就无法承担培养大学生价值观、人生观、世界观的重任。

另一方面，高校校园文化建设需要思政教育提供方向性的指导。校园文化容易受到社会其他文化因素的干扰，因此它也具有多元性的特征，同时校园文化的复杂多样也必然会给大学生的思想观念造成混乱和冲击，而如何才能让校园文化在受到外来文化冲击时，对其进行吸收改造，使之成为符合高校实际情况的优秀文化因素呢？这就需要思政教育工作的引导和把握，只有让思想政治教育成为校园文化的"红绿灯"，引导和促进校园文化的健康发展，才能营造出良好的校园文化氛围和精神环境，提升校园文化的整体品位。

高校思政教育和校园文化建设在相互制约的同时，也发挥着相互促进的作用，两者相辅相成。

首先，高校思政教育工作有利于高校校园形成与当前社会主流政治文化相认同的校园文化氛围。改革开放以来，在我国经济不断飞跃发展的过程中，许多西方所谓的"普世价值""个性意识"等价值观也随之而来，尤其是近些年，随着现代通信技术的不断进步，更多的西方思潮、意识形态等文化意识输入或渗透到我国高校中来。西方这些所谓的价值观在客观上也导致了我国高校的部分大学生出现了思想意识、政治理念、价值取向上的混乱，背离了当前社会主义核心价值体系。高校思政教育工作有助于高校加强社会主义核心价值观的教育，可以引导广大青年学生对西方文化因子进行鉴别和吸收，可以主动帮助高校在校园文化环境

建设上与当前社会主流政治文化思想,即社会主义核心价值体系保持一致,有利于让当代大学生接受社会主流思想意识,认同我们党的政治目标。

其次,校园文化作为高校精神的基点,积极向上、健康和谐的文化氛围也有助于提升高校思政教育工作的功效和作用。校园文化活动是高校思政教育工作的重要载体和实施途径,从大学生的角度出发,开展丰富多样的校园文化活动,可以最大限度地适应当代大学生的个性需求,让大学生喜欢参加、乐于接受,这样就使得校园文化活动内化的思政教育内容更加贴合大学生的实际生活。通过校园文化建设,可以弥补常规的思政教育课堂带来的僵化缺点,有效地将大学生在课堂上所学习的思政理论与实践相结合,来增强高校思政教育的实践性和功效性。

高校校园文化环境建设包含诸多内容,就物质环境而言,我们在此主要讨论的是校园建筑景点,以及对其的规划和建设。首先,高校对校园环境的规划与建设上应该秉持"创新、协调、绿色、开放、共享"的理念,结合思想教育的内容,在做好绿化、美化的基础之上,还应该在公众场所设计规划开展以改革开放成果展、革命英雄人物、英雄事迹等为内容的图片、书法、雕塑等作品。其次,通过校园建筑本身所蕴含的精神,以现实生动的教科书的形式向学生传递文明。最后,利用校园景点中的山石、喷泉、花草树木、亭榭、雕塑等,组成能震撼人心灵的建筑群体或者园林佳境,通过校园环境氛围改进教育教学效果,使学生在人文与自然并重的和谐环境中,既享受美景又在潜移默化中提升对党和社会主义制度的认同感,达到环境育人目的。

五、健全辅导员制度,履行辅导员育人使命

辅导员队伍是一支走在学生工作一线的重要德育力量,是高校扎实推进立德树人工作的重要维度,也是衡量高校立德树人工作是否做实的重要标准之一。建立高素质的高校辅导员队伍,在学生日常管理中发挥思想引领作用,可对学生的学习形成正向迁移,更好地贯彻党的教育方针。

(一)坚守辅导员育人底线

1.政治思想底线

高校在录用辅导员时,基本都要求应聘者是中共党员,思想政治素质必须过硬,这是高校选拔辅导员的基本要求。辅导员肩负教书育人与管理育人的双重重任,作为一名党员,辅导员必须切实处理好学生思想工作中的各种问题。在辅导员育人的过程中要有引领作用,要有高度的政治责任感,不但辅导员自己要确保政治思想的底线,还要正确引导学生政治思想教育的方向,通过辅导员的思想信仰、为人处世、言谈举止、育人措施、管理方法等人格魅力起到先锋模范带头作

用,做到为人师表,以行动感人,以典范育人。不能脱离中共党员的先进性和纯洁性,要为学生传递正能量,这便是辅导员在思想工作中所需要坚守的政治思想底线。

2.伦理道德底线

伦理道德底线,是人们所普遍认同并遵守的最基本的伦理规范和道德规范。高校辅导员所面临的教育对象是充满朝气与活力的大学生,他们受价值观多元化影响,情感丰富、观念开放,自我意识增强,崇尚科学与时尚,对各种事物充满了好奇,但同时又缺乏应对各种突发事件和处理问题的能力与经验,伦理道德底线的自控力较弱。面临这样的教育群体,辅导员工作显得异常复杂。调查发现,多数学生将辅导员当作学习的榜样,多数专职辅导员在与学生交流过程中没有鸿沟,和学生相处比较容易,学生将辅导员定位为学习楷模、人生导师、知心朋友甚至哥哥(姐姐),这些良好关系的建立虽然为辅导员工作的开展带来了有利条件,但同时也需要辅导员把握好与学生相处的尺度,保持适当的距离,确保伦理道德底线的坚守。向上突破或是向下突破该底线,都会给辅导员育人和管理工作带来问题。

3.社会责任底线

辅导员工作繁杂而重要。很多辅导员在进入辅导员队伍后,面临着诸多的行政事务,很容易忘掉自己作为一名党员应该履行的社会责任。更多的辅导员开始抱怨待遇差、工作量大、工作辛苦等,易导致辅导员消极怠工,甚至社会责任感和工作责任感缺失。人在岗而心不在岗,完全沦为一个"传声筒",当学生发生矛盾纠纷、心理问题、情感问题、学习问题、身体健康问题时,不闻不问,不与学生沟通交流。如,部分高校要求辅导员走进寝室,了解学生学习和生活的状况,部分辅导员下寝室只是简单地走马观花,更有甚者只是到宿舍管理人员处签字后直接走人,根本不进入学生寝室。这些都是辅导员社会责任中不可取的,这就是底线。触及社会责任底线就违背了自己的良心,就违背了当前国家赋予辅导员教书育人的社会责任。

(二)拓宽辅导员选拔渠道

伴随着时代的发展、形势的变化,在辅导员队伍选拔中,除了传统的选留优秀毕业生及在教师中选任,还应不断开阔参与选聘的领导与工作人员视野,加强拓宽辅导员队伍的选拔渠道。

1.挖掘本校内的优秀人才

本校内优秀人才相较于从外校聘请的人员,已经在学校待了一段时间,对学校的基本情况、学生以及专业等都有深刻的了解,因此深入挖掘并鼓励此类优秀的博士生、硕士生以及本科生参与辅导员的选拔，有助于他们更快、更好地适应辅导员的工作，提升辅导员的工作效果。

2.注重引进校外优秀人才

目前，高校辅导员人才引进更多来源于其他高校优秀的应届毕业生，在引进辅导员时应该特别注意从师范类大学中引进具有思想政治专业、教育学专业、管理学专业背景的学生。具备这些专业背景的优秀学生，他们自身具备良好的马克思主义理论素养，拥有较强的人际沟通协调能力，懂教育理论，能够深入分析学生的思想及心理动态，相较于其他类型学生更加适合辅导员的工作需求。

3.引进海外归国优秀人才

在辅导员的选拔渠道方面，我们除了将视角放在本校及外校的优秀毕业生中，也可以适当地将辅导员选拔放在海外归国优秀人才上面。结合时代的发展，越来越多的人出国深造并回归祖国、报效祖国，他们拥有较高的专业水平、生活经验及丰富的阅历，具备稳定的价值观，可以为学生的世界观、人生观、价值观等多方面给予帮助与指导，也更容易获得学生的信任与尊重。

（三）创新辅导员选拔方式

创新辅导员选拔方式，需要将笔试、面试和考察相结合，针对目前辅导员选拔中的不足，有针对性地进行提高，确保选拔效率与质量的双提升。从三个环节来看，应该进一步弱化笔试环节及其所占的比重、强化面试环节及其所占的比重，积极利用先进的人力资源管理理论和国内外人才选拔的经验及技术，全面综合地考察面试人员的综合素质是否适合辅导员工作岗位与要求。与此同时，在探索该校辅导员选拔方法时，对于一些非常优秀的人员可以省去笔试环节，直接进入面试和考察。并且，还要实行人才储备计划和优秀人才库计划，将适合辅导员工作岗位、优秀学生管理储备干部等人才纳入相应的人才库中，对其进行有针对性的着重培养。当高校相关的辅导员岗位存在人员缺口时，这些人员就能在第一时间作为后备力量随时上岗。如此一来，在减少人力资源招聘成本的同时，提高了选拔质量与效率。

（四）着力提升辅导员的威信及影响力

1.高校辅导员的威信构成及其作用

高校辅导员威信的构成通常包括三类：一是专业性因素，它包括学术能力与水平、知识积淀程度、生活经验及理论素养；二是可信性因素，它包括人格、个性、人品、友爱程度及公正之心；三是智能因素，它包括决策、判断、组织协调与管理能力，以及果敢、坚定、敏捷等意志品质。三者相互支撑、相互影响，形成统一的整体，其中前二者更为重要。

高威信者能有效地发挥暗示与示范作用，激起学生的模仿与内化，激发学生接受教育的主动性，使思想政治工作真正入脑、入心、见效，从而实现预期的教育目标。

2.影响辅导员威信形成的因素

崇高的威信是取得教育成功的重要因素，然而，威信的形成却非一朝一夕、一时一事就能达到的，它的形成有个过程并受制于多种因素。

就客观因素而言，首先是社会的宏观氛围与整体评价。我们党一贯十分重视思想政治工作，特别是十九届三中全会以来，面对新形势，我们党和国家采取了一系列措施，不断强化思想政治工作。在高教系统表现为：开设思想品质课；开办思想政治教育专业；将思政教育者队伍当作教师队伍的一部分加强建设；构建全员思想政治教育模式，建设思想政治教育新体制等。这些措施无不有助于思想政治工作者地位的提高和威信的形成。改革开放40多年来的实践证明，任何时候都不可放松思想政治工作。高校辅导员威信的高低与社会的宏观氛围及重视程度密不可分。其次是高校校园的微观氛围与评价。事实证明，一个领导重视、管理体制健全、措施得力、思想政治教育氛围浓郁的高校，其政治辅导员的责任感与进取精神就强，威信也高；反之，则低。特别是市场经济条件下的思想政治工作氛围，唯有领导重视、全员参与、上下齐动，方能构筑一道足以抵挡功利主义与短视行为负面影响的，视思想政治工作为育人之首的亮丽风景。唯有如此，政治辅导员的威信才有产生与发展的基础。最后是大学生的期望值。对于处于半成熟向成熟过渡阶段的大学生而言，由于大学特殊的教育教学方式，其接触最多、交流最多的教育者往往是辅导员，他们对辅导员所抱期望值较高，期望在辅导员的关爱、指导、帮助下不断成长。他们对辅导员的信任与服从也多源于这种期待，由此便成为影响辅导员威信形成的重要因素。

就主观因素而言，辅导员的个人素质是其威信形成的决定性因素。首先是品德因素。有无健康优良的心理品质，直接制约着辅导员威信的高低。一个意志坚强、情感积极、理想远大、行动自觉的辅导员，必然会对大学生的成长产生很大的影响，辅导员扎实的工作作风、实事求是的工作态度，以及严于律己、言而有信的品行，则更有助于威信的形成与确立。其次是个人智能水平。它包括知识结构、生活经验、专业水准与综合能力。一个知识渊博、既通本行又熟相近专业的老师，在学生心目中的形象必然会高大无比。一个有着丰富的生活阅历与经验的人，其本身对同学就有着极大的吸引力。他对人生的总结与升华也必然会对学生产生一定的指导和帮助。一个才华出众、个人的专业水准已达专家水平或已在某一方面做出杰出贡献的人，其言行均会直接、间接地影响学生。一个综合素质较高、组织协调及管理能力较强的人，同样会赢得同学的尊重、信任与拥戴。可见，个人智能水平对威信的形成、巩固与发展均起着十分重要的作用。最后是辅导员个人的仪表与形象。一个人威信的形成从一开始就受个人仪表与形象的影响。因为，辅导员在与大学生互动的过程中首先展现出来的就是个人仪表与形象，个人的品德与水平是随交往的加深而逐渐展现的。一个举止文雅得体、仪表端庄大方、热情诚实、富有朝气的辅导员，总会在大学生心目中留下深刻的第一印象，并产生晕轮效应；学生会因良好的第一印象而对辅导员产生敬仰之情，并产生信赖感，"安其学而亲其师，乐其友而信其道"的效果也必然会产生，威信的形成也就有了良好的开端。

六、高校思政教学体系集成创新

（一）培养优秀教师队伍

首先，应确保思政课教师队伍的人数。展望未来，在数量保障方面，需要继续加强后备人才培养，做好人才储备工作，确保老中青各年龄段人才结构向合理化方向迈进，确保在满足高校思政课教师数量基础上，本着大中小一体化建设的原则和方向，为广大中小学提供更多可堪大用的马克思主义理论人才。

其次，要全力提升思政课教师队伍素养和能力。当前思政课教师出身背景不一、学历高低有别、教学能力参差不齐、学科方向存在差异，为此，从凝练学科方向、夯实学科基础、培养学科队伍的角度出发，必须进行分众化培养培训，不能笼统搞培训，要有针对性。还要注重实践类培养培训。实践类培养培训不能仅限于寒暑假走走看看，要督促思政课教师走出书斋，躬下身子，深入农村、社区和厂矿企业一线，参与时间不等的生产实践和调查研究，只有这样才有助于更好地理解新时代的中国和变化发展中的世界，才能反哺课堂，增加课堂的吸引力，提高教育教学的实效性。思想政治教育学科建设、思想政治教育工作推动，都需要培养高素质和有能力的人才队伍，抓住了思政课教师队伍建设就是抓住了"谁来培养人"的问题。为此，作为集成创新的一部分，思想政治教育教师队伍建设至关重要。

最后，要厚植培育思政课教师队伍的家国情怀。术业精专是当好思政课教师的第一条件，但不是唯一条件，无论是思想政治教育教学工作，还是更大范围的思想政治教育工作，都因为其阶级性、整体性、人民性等特点而要求思政课教师队伍必须厚植培育家国情怀。没有家国情怀，做不好思政课教师。为此，要在习近平总书记关于"四有"好教师的基础上，更进一步严格要求自己，在培训培育问题上，将"六要"的标准作为自己成长的方向，一定要与祖国同呼吸共命运，与学生心连心，与人民同进退，做"政治要强"的好教员，坚定信仰，站稳政治立场，保持清醒的政治头脑；做"情怀要深"的好教员，心系家国，关注民生，向人民群众学习，践行以人民为中心的发展思想；做"思维要新"的好教员，坚定理想信念，创新教学方式方法，坚持马克思主义认识论和方法论；做"视野要广"的好教员，不断加深自己的知识视野、国际视野和历史视野，做理论上的明白人、实践中的引路人；做"自律要严"的好教员，知行合一，秉持正义，敢于亮剑，传播美好；做"人格要正"的好教员，用高尚的人格魅力和真理的力量，做好凝聚学生、感染学生和团结学生的工作。

（二）构建教学场域的情景

"场域"概念来源于法国社会学家皮埃尔·布迪厄（Pierre Bourdieu），"指的就是那种相对自主的空间，那种具有自身法则的小世界"。教学场域作为一个微观环境，其组成者主要包括教师和学生两部分，在此场域中，教师和学生之间，以及学生和学生之间的关系互动及质量决定了教学实效性的高低，若想实现更加令人期待的实效性，需要就师生之间和学生之间的关系进行集成创新，建构和谐共进的教学场域，促进思想政治教育教学能够不断满足师生和社会多方面的期待。

1.建构公平正义的教学场域

面对学生之间存在相互竞争的现实，思政课教师务必建立公平正义的教学场域，以公平正义凝聚学生和号召学生。自古以来，中国人对社会的认知有一个最基本的法则，那就是"不患寡而患不均"，中国人对公平正义的追求是刻在骨子里的。对于学生而言，在本就存在差异性竞争的条件下，一位教师如果做不到公平正义，那么学生就会出现心理排斥；如果一个思政课教师做不到公平正义，学生不但排斥，更会鄙夷直至无视。为此，作为思政课教师，必须在教育教学活动中坚持公平正义的原则。如果一位思政课教师做不到公平正义，就会影响其他思政课教师在学生中的印象，最终损失的是思政课的整体教育效果，威胁主渠道的教学实效。目前来说，威胁公平正义的主要表现，一是价值观不正确，以金钱、地位等作为衡量人生价值的标准，在教学和生活中，自觉不自觉表现出拜金主义，学生发觉或者意识到这个情况之后，就会对教师很失望，上课的时候对这个教师教授的所有也就不以为意了。二是在评价环节优亲厚友，对"关系户"学生格外照顾，如果这个学生本身足够优秀，可能也没有学生有意见，但是这个学生如果没有做出令人信服的成绩，则会在更大范围内影响学生对社会的判断。上述两种情况，看似是小事，实则在学生心目中是大事，直接决定着师生关系和学生间关系的和谐，进而导致学生对教学和上课产生排斥心理，没有任何乐趣可言。当这种认知传播开来，无论当事教师如何有才，也都不会再有号召力、凝聚力和吸引力了。

2.建构科学高效的教学场域

科学高效的教学场域能够确保学生学有所得，确保教师教有所获，师生双方同时得到价值实现。为此，科学高效的场域构建务必做好以下几个方面的工作。一是教材体系到教学体系的成功转化，这种转化的成功能够避免照本宣科、全堂灌输、单一枯燥的讲授，能够将教学重点、难点和教学目标与时代相结合、与学生相结合、与国情相结合，从而使得学生身临其境、感同身受，自觉与祖国人民同呼吸共命运，自觉将人生价值的实现与国家人民的富强幸福有机结合在一起。二是尊重学生成长规律和教育教学基本规律，辅之以特殊事情特殊处理，应用科学合理的方法路径为实现思想政治教育的目的而努力。三是把握思想政治教育的特征，学会灵活应用思想政治教育方法，完成思想政治教育的主要任务。思想政治教育具有导向性、群众性、渗透性和综合性等特征，也有基本教育方法，如理论教育方法、实践教育方法以及批评与自我批评方法，还有具体教育方法，如疏导教育法、比较教育法、典型教育法、激励教育法、感染教育法、心理疏导、预防教育等多种方法。依据学科特点，坚持诸多方法的灵活应用，是建构科学高效教学场域的基本要求。只有如此，才能确保师生得在其中。

3.建构危机管控的教学场域

教学场域作为一个密闭狭窄空间，因师生之间、学生之间的交流互动而构成一个交往共同体，由此决定矛盾的必然性。作为教师，必须做好场域管控，否则会给多方带来不必要的损失，其中突发性危机事件最为考验思政课教师的教学场域管控和创新能力。为此，合理利用场域内突发事件进行积极转化，避免消极共振，能够在"谈笑间"给学生以巨大的心理震撼，从而达到思想政治教育特别强调的立德树人效果。

教育是一种技术，更是一种艺术，教育工作兼具技术性和艺术性。例如，有的学生在课堂玩手机，很多学校为了杜绝这一现象，采用非常之法，课前收缴集中者有之，不准带入课堂者有之，严厉处罚者亦有之。很多教师对此类方法并不认同，也不赞成为了提高"抬头率"而强制学生不带手机或者收缴手机，而是提倡对玩手机者进行积极正面的引导，帮助他们走到认真自觉听课的路上来。

（三）教学内容的取舍整合

思想政治教育学科的教学内容涉及庞杂宏大，自然科学、哲学社会科学多少都有所涉及。例如《大国工匠》纪录片是一部非常好的思想政治教育素材，其中理工科知识非常普遍，那么，应该如何将这个素材与课堂教学紧密联系，与教学目标有机融入，则考验思政课教师的取舍整合能力。为此，需要做到以下两个方面。

1.延伸视野,扩大知识面

思政课教师必须扩大视野,按照习近平总书记要求的那样,做到"视野要广",上知天文下知地理,左眼观国内,右眼察世界,心中装人民。

思政课教师对理工农医方面的知识必须了解一些,利用当前智能手机平台,关注各类公众号,特别是科技前沿的问题,还有人类社会在科学领域取得重大突破的新闻,都要有所了解。如果学生问到了,即使掌握得不精确,但也要做到不说外行话。对文学、语言、管理、经济类的知识则尽量做到能够与学生对话的程度。对于哲学、历史、教育学、心理学等与思想政治教育密切联系的学科,则必须做到精通的程度,否则就无法应对教学内容越来越丰富、教学要求越来越高的现实了。

2.合理取舍,有缺则补

如前所述,思想政治教育教学的内容涉及面广、量大,有限的教学时间,难以完成所有教学内容,为此需要去粗取精,将教材体系转化为教学体系,其中涉及内容取舍的问题,则要注意以下几个方面:第一,取舍原则,重点内容坚决讲深讲透,与核心目标具有较高支持度和关联度的内容不能丢弃。第二,取舍不是简单的减法,而是综合应用之法,即将教材中的内容按照授课习惯和厘定的逻辑,重新进行排列组合,该粗则粗讲,该细则细讲,不能随心所欲丢掉和舍弃,注重充分利用其中的素材,注意各部分内容的衔接。第三,要在有限的教学时间完成规定的教学内容,不能只讲一半或重点讲某一部分。只讲部分的现象经常发生在"中国近现代史纲要""毛泽东思想与中国特色社会主义理论体系概论""马克思主义基本原理概论"三门公共课中。如有些教师只讲"中国近现代史纲要"的第一编和第二编,或者最多讲至1966年。有些教师把"毛泽东思想和中国特色社会主义理论体系概论"中的军事和外交部分省略不讲,有些教师不讲"马克思主义基本原理概论"中的科学社会主义部分。上述种种,都是不符合教学内容方面集成创新要求的做法。

为此,受制于教育背景和教学能力,思政课教师对教学内容一定要在原则指导下,灵活处理,对于自己不熟悉的领域要坚持学习,该补课的地方要补课,坚持活到老学到老,杜绝一本教案用到底、一个案例一辈子。思政课教师要根据变化的教材和时代,根据变化的学情和矛盾,有针对性地学习,扩大知识面,加强知识储备的宽度和深度,真正做到学为人师、行为世范。

七、积极培育后勤服务人员的育人功能

高校后勤工作是高校开展教育教学工作的基础,是大学生学习和生活的保障。要发挥后勤人员的育人功能,必须要对后勤人员进行教育和思想引导,提高后勤

人员的知识水平，使后勤人员正视自己的身份和所肩负的育人责任。高校后勤服务人员大多是一些依靠体力劳动获取收益的劳动者，由于知识水平、教育和生活经历以及思想观念等因素的影响，后勤服务人员大多都不具备自我学习和教育的能力，需要借助外力进行引导。因此，培育后勤服务人员的育人意识，首先，应当对后勤服务人员进行育人知识的教育，使她们明白育人的内涵、目的等基本要素，明确自身的角色定位，明确自身所担负的育人责任。要使后勤人员改变自己只是服务人员的自我角色定位和角色认知，重新理解自己的角色，认知和接受自己同样是教育者的新的角色定位，树立自信心，建立责任感，自觉以教育者的角色要求自己，积极践行自身所担负的育人责任。其次，应致力于提高后勤服务人员知识水平。高校后勤服务人员所接触的大多是高校教师和在校大学生，都是受过高等教育，有着较高的知识水平和思想素质的人。因此，要发挥后勤人员的育人功能，就要提高后勤服务人员的知识水平，让她们能够与在校大学生有着同样的话语形式和表达方式，能够理解在校大学生的日常生活行为，能够了解当代大学生的性格特点，使她们能够与学生有话可说，在沟通和交流中营造良好的情感氛围，进而发挥育人功能。

八、加强假期育人教育工作

加强假期教育，需要学校与社会的共同努力。一方面，需要学校利用好学生社团和多媒体等资源，在丰富学生周末的同时进行育人教育。另一方面，要严格把关寒暑假期间学生的社会实践工作的完成情况，确保育人工作在假期中得到严格落实。

高校学生接受思想政治教育的途径主要来源于学校开设的思想政治理论课，一般高校课堂时间约为45分钟，也就是大课时为90分钟。在这90分钟，学生要接受许多思想政治教育理论知识，要让学生完全吸收理解是不可能的事情，再加上学生还要继续上其他课程，思想政治理论课所学基本上就忘记了十之六七，在课下又存在着思想政治教育缺失，导致了高校思想政治教育成效大打折扣。一周七天，学生学习五天，放假两天。在这两天的假期中，由于缺少思想政治教育，无法让学生巩固日常所学，加之生活中又掺杂着许多诸如网络游戏等诱惑力强的事物存在，自控能力较差的学生不免被诱惑所吸引，最终导致思政教育效果甚微。寒暑假是学生最长的两个假期，大学生假期基本状态是自由娱乐，追求物质享受，不会自觉主动地去学习，再加之思想政治教育知识本身就是理论性质较强的学科，内容不免枯燥，对于学生不具备吸引力，因而很难让学生自觉主动地去学习和理解，一个假期基本上就将一学期所学知识淡忘了。

因此，要增强学生假期教育，可利用学校和社会实践两个途径填补思想政治教育假期空白。在平时的两个双休日，学校可利用研习社等马克思主义理论社团和组织，开办一些社团活动，积极鼓励学生参加活动，并且对于在活动中取得好成绩的学生，学院可适当地加社会实践学分，在学生参评社会实践奖学金时以此作为参考，激励学生积极参与。同时，利用好学校的多媒体讲座厅，在周六、周日播放一些最新的和经典的红色电影以及正能量的电影，以学生乐于接受的方式，吸引学生前来观看，使学生在影视中潜移默化地接受其中所蕴含的正能量，使思想政治教育润物细无声，既满足学生的假期休闲，又起到思政教育的良好效果。

在寒暑假这两个比较长的假期，学院领导可同思想政治教育专业课教师进行讨论，利用好每个假期所要求完成的社会实践任务，布置与思想政治教育相关的合理的社会实践任务。严格审核学生的完成情况，对于学生的假期思想政治教育任务要负起责任，严格把关社会实践日志、心得以及实习单位填写的评价表格，避免学生在假期随意找一家单位签字，避免社会实践日志和心得在网络上抄写的情况发生，力求做到学生假期教育实践的完成真实有效果。

九、完善资助育人，提升高校思政工作成效

（一）资助育人的内涵

资助育人是指在落实资助政策、实施资助举措的过程中达到教育人、培养人的目标或效果。笔者认为，资助育人的功能性和价值性是相互统一的，通过具体的资助育人实践活动，逐步挖掘实践活动的育人价值和育人功能，同时，关注家庭经济困难学生的价值诉求，发挥育人价值导向作用，不断丰富资助育人活动载体，真正实现二者的有机结合。

高校资助育人工作是高校大学生日常思想政治教育工作的重要内容之一，它是指高校落实国家资助政策的过程中，对家庭物质基础薄弱、经济条件较为困难的学生进行物质资助和精神帮扶的具体教育管理实践活动。高校资助育人工作作为高校学生工作的重要组成部分，是大学生思想政治教育的生动实践，具有深厚的育人功能。

（二）"三全育人"理念对高校资助育人的指导作用

我国实施资助政策以来，切实帮助家庭经济困难学生顺利完成学业，取得了较大成就。但是，目前我国高校资助工作的育人功能发挥作用有限。因此，新时期，高校资助育人工作要不断突出育人功能，将育人作为工作的核心，不断优化资助育人工作。构建"三全育人"理念下资助育人工作模式，对于高校资助育人工作的开展、加强高校思想政治教育工作和推进高校人才培养目标实现具有积极意义。

"三全育人"理念下资助育人工作研究有利于推动高校资助育人工作良性发展。"全员育人"明确资助育人主体资源的范围,为高校资助育人工作、整合育人主体资源指明方向,它回答了"谁来育人"的问题;"全过程育人"根据学生成长规律和不同阶段的需要,制订特色鲜明的帮扶和成长计划,为高校资助育人工作提供机制保障,它回答了"如何育人"的问题;"全方位育人"紧扣新时期人才培养的根本任务,将德、智、体、美、劳作为高校资助育人工作的育人内容,为资助育人工作内容提供导向,它回答了"育什么样人"的问题。

(三)"三全育人"理念下的高校资助育人优化对策

1. 利用新媒体网络平台,开拓资助育人领域

随着互联网科技的迅猛发展,新媒体给大学生的资助育人工作既带来了机遇,也迎来了挑战。随着网络媒体、电视、手机等在大学生群体中不断普及和发展,新媒体对于当代大学生的影响也不断增大。作为育人的一种新型载体,新媒体具有传播迅速、资源丰富、交互性卓著、实效性强等特点,在传统资助育人工作模式的呼应下,新媒体的运用恰恰可以弥补之前资助模式的不足,两者相辅相成,完美配合。目前,我国部分高校已通过网站、微博、微信等新媒体公众平台开展资助育人工作,并取得一定的成效。其一,高校通过新媒体可以进行资助政策的宣传,以及资助相关活动的推送,学生通过网站也可以及时了解资助政策策略、评定细则、最新动态、本年度奖学金助学金的获奖名单等,一方面有利于学生更全面地理解资助政策以及资助工作,另一方面鼓励大家积极报名参与一系列实践活动,有利于大学生提高自身各方面的能力。其二,高校可以通过手机报、校园网、微信、微博等渠道加强大学生思想政治教育,大力弘扬社会主义核心价值观。

2. 加强理想信念教育,精神内化立其志

无论何种育人方式都是为了更好地完成立德树人的根本任务,资助育人也不例外。资助育人的特殊之处在于扶贫的同时更需扶志,将扶贫与扶志有机、有效、有力结合,以资助育人的形式完成立德树人根本任务。习近平总书记在全国教育大会上强调:"要在坚定理想信念上下功夫。"当代很多贫困大学生理想信念缺失,并且缺乏励志教育。扶贫需扶志,但是如何扶志,以何种方式方法扶志却是资助育人工作中的难点。站在新时代思政教育工作背景下,首先,应在深入、充分了解学生的基础上,用真情感化学生,使学生明白教育工作者是真心为其着想,并愿意帮助他们解决实际困难,学生只有被这种精神感化才能从内心接受教育,如果学生感受不到这种真心实意,又如何能够做到精神内化立其志。其次,作为教育工作者在做资助育人工作时一定要学会换位思考,只有站在他们的角度和立场思考,才能知道以何种方式实行励志教育最有效,以怎样的精神和感召内化立其志。最后,在实行激励教育、精神内化学生的过程中一定要注意因材施教,根据学生本人的志趣有的放矢、实施励志教育。

十、强化高校管理育人

"三全育人"中的"育人",重在"育德",即基于受教育者的实际情况,帮助其形成符合社会要求的思想品德。管理育人也应以落实立德树人这一教育的根本任务为目标,通过加强学校治理能力和治理体系现代化建设,逐步强化科学管理对育德的保障功能。

(一)实践锻炼法

所谓实践锻炼法,是指在管理者(行政管理人员)的引导下,在管理对象(师生)参与高校管理实践活动的过程中,培养管理对象的优良品德和行为习惯。实践锻炼法以马克思主义实践观为依据,强调实践主体通过实践中介认识实践客体,这里的实践主体是管理对象,实践中介是高校管理工作,实践客体是思想品德和认识能力。

引导师生参与到高校管理工作中,使他们由管理对象转换为管理者,这是帮助师生认识高校管理工作,进而提升自身思想觉悟和认识能力的直接途径。在管理育人中,实践锻炼法在培养师生的思想品德方面具有重要意义。实践锻炼法是师生认识高校管理活动、培育做好管理工作所需要的思想品德和行为能力的重要途径。参与高校管理活动能够使师生更好地体悟行政管理人员的角色状态,并在管理过程中提升自身的敬业意识和工作能力。

在高校的管理育人工作中,实践锻炼法的运用形式多种多样,经常被使用的形式有学生层面的勤工助学、为学校管理工作提意见、企业实习、教师助理、志愿服务、社会实践等,以及教师层面的挂职锻炼、产学研践习、轮岗等。

(二)熏陶感染法

所谓熏陶感染法,是指管理者(行政管理人员)充分利用高校的环境因素和育人情境,通过对管理对象(师生)的熏陶感染,春风化雨、润物无声地培养其思想政治品德。熏陶感染法以唯物主义社会历史观为理论依据,强调寓理于情、以情动人,帮助管理对象在一个治理有方、管理到位、风清气正、和谐生动的管理环境中形成正确的思想品德。

在管理育人中,熏陶感染法对师生思想品德培养的意义主要表现在两个方面。首先,管理环境对师生的思想品德之形成具有强化作用。这种强化作用主要通过媒介环境来实现,即通过对高校管理理念及方式的反复宣传、影像声音的多角度展示、管理榜样的表彰示范等外部刺激来引导师生体悟高校管理工作中所蕴含的思想品德观念。其次，熏陶感染法有利于行政管理人员运用管理规章来引导师生的思想和行为，从而实现育人目标。高校管理工作中的规章制度之强制性，能够引导师生遵守工作纪律、遵循工作流程，进而培养其规则意识，并形成良好的行为习惯。

在高校的管理育人工作中，熏陶感染法有多种运用形式，经常使用的形式包括：大众传媒，如广播、电视、网络等，其以不同的方式宣传高校管理理念、工作流程等，从感官上对师生思想品德的形成施加强化影响；人格感化，即行政管理人员通过热情的服务、诚恳的态度、优良的作风来感染师生，用情感引导师生形成良好的思想品德；环境影响，即有目地选择和营造蕴含正确价值观的管理环境，好的管理环境能够帮助师生产生积极健康的情感。

（三）培训教育法

培训教育法是基于管理者（行政管理人员）的育人能动性而产生的，是指高校根据管理育人的目标和要求，在管理者自我意识的基础上，通过说理引导和自我教育来帮助管理者掌握并强化管理育人意识与能力。

在高校的管理育人工作中，管理者不可能自发具备管理育人的意识和能力，高校需要通过说理引导来帮助管理者被动地接受管理育人的相关知识。这里的说理引导可以通过培训教育的方法来实现。当然，在培训教育的过程中，高校也要充分考虑管理者的主观能动性，重视自我教育。管理者只有在自我意识的基础上主动接受管理育人这一正确的思想与行为，才能真正地具备管理育人的意识和能力。培训教育法在管理者掌握管理育人的意识和能力，做好高校管理育人工作方面具有重要意义。

首先，培训教育能够更好地帮助管理者解决管理育人的认识问题。是否具备管理育人的意识属于认识问题，认识问题的解决只能靠说理引导来说服，而不能通过行政命令来压服。培训教育能够通过针对性较强的理论阐释、方法运用、案例讲解等形式来帮助管理者更直观地认识和了解何谓管理育人。

其次，培训教育能够帮助管理者加快管理育人的外化进程。管理者运用管理育人的相关知识来指导实践开展，这是管理育人外化的问题。培训教育的授课内容往往具有可复制性强的特点，可以帮助管理者实施管理育人提供经验方法。同时，培训教育往往以一对多的形式开展，更容易引起管理者群体对管理育人工作的共鸣。

最后，培训教育能够更好地激发管理者增强管理育人的意识和能力的主动性。在高校的管理育人工作中，培训教育是帮助管理者形成符合高校管理育人目标和要求的思想观念的实践活动，其教育者（授课讲师）和受教育者（管理者）互为主客体的特性，能够使管理者更好地发挥主观能动性，并帮助管理者更加自觉、主动、积极地进行管理育人方面的学习。

在高校的管理育人工作中，培训教育法通常以集中学习与自我学习相结合的形式开展。其中，集中学习的形式包括讲解、报告等，主要以单向影响为主，其能够系统阐释管理育人的相关问题；自我学习的形式包括阅读书籍、观看影视、自我反省、自我总结、参观调查等，主要以激发自我教育动机为主，其能够更好地满足管理者个人的需要和追求。

十一、构建高校安全管理育人系统

自进入21世纪以来，我国高等教育逐步实现了规模化、跨越式发展，高校的校舍面积与学生数量均大幅度增加，形成了一校多址、一址多校、开放式、多元化的高校办学新格局。而现代社会的开放性、流动性以及反恐工作由潜在变为现实的新特征，给高校的安全管理带来了严峻挑战，传统封闭的安全管理模式已无法适应现代大学安全管理的需要。

针对现代高校办学格局调整的新特点，如何改进与加强高校校园安全管理，变被动为主动，成了各级组织普遍关注并予以积极探讨的新课题。当前，在高校安全保卫工作实践中，大家普遍重视技防、物防的投入，并通过引进社会化安保模式以改善人防，但这些努力依然没有跳出"被动"防范的传统模式。工作中我们感到，要切实转变校园安全管理的被动格局，除了继续发挥物防、技防的作用，突出安全教育的先导作用，着力构筑全员参与的校园安全管理系统，是当前及今后一个时期的重要选择。

（一）积极开展平安单位及安全文明校园创建活动的宣传

高校党委及安全管理职能部门应深刻领会平安创建工作的精神实质，不仅从组织领导、人员投入、经费保障、机制制度上下功夫，更应借助校园网络平台、宣传画廊、宣传横幅、安全展板、安全通知提示、警示标牌、安全教育讲座及安全手册等形式，广泛拓展平安创建及安全文明校园建设的宣传、发动、教育力度，重点在知晓度、参与度、渗透度上有所突破，确保创建工作真正成为人人参与的共识、共建、共享工程。

（二）注重学生心理健康与生命观教育

近年来持续攀升的大学生自伤、他伤事件，越来越多地暴露了当代大学生难以独自应对的心理问题以及生命观偏倚问题，已引起高校及教育主管部门的重视。高校应高度重视心理健康及生命观教育在大学生成长成才和校园安全稳定中的作用，及时配建心理健康教育与咨询的专门化机构，并配备专兼职心理教师，为学生提供心理门诊咨询、心理健康测验、团体心理训练等活动；还可以专门组织有针对性的网络、电话或短信的一对一心理辅导；同时，要为学生开设各类心理选修课、心理健康讲座。通过系统、常态的工作，逐步形成健全、有效、快速的校园心理危机预防与干预机制，缓解学生各类心理问题，整体提升大学生的心理健康程度。

（三）推动学生社团开展正面的安全知识学习与宣传

学生社团是高校大学生中的活跃群体，它们类别多，在大学生中的影响面大。高校安全管理要主动引导并吸纳部分学生社团（如自律会、楼管会等学生群众组织）直接参与到校园平安创建及安全防范宣传教育工作中来，学校应在配备辅导老师、提供经费支持、保障活动空间等方面，大力扶持学生社团积极开展校园安全防范知识的学习、宣传活动；同时，积极鼓励这些社团有针对性地定期组织多样化的活动，直接参与校园安全监督，甚至可与学生勤工助学中心合作，组建学生校园安全巡视志愿者队伍，直接参与安全管理。通过让学生参与校园安全管理，在实践中增强他们的安全防范知识与技能，提高他们主动配合学校做好平安创建及安全知识宣传的自觉性。

（四）开展安全教育培训工作，提高师生安全防范能力

随着高校社会化程度的提高，各类学生、各类社会服务单位均汇聚在空间有限的大学校园，开展有针对性的安全教育培训日益成为校园安全管理的重中之重。学校应要求所有涉及安全的特殊与特种工作的员工如锅炉工、电工、电梯工、厨师、车队司机、实验员（包括外聘人员）必须持证上岗；要求物业从业人员必须先培训后上岗，物业公司也应通过ISO 9001质量认证；要求所有安全管理人员必须通过一年一度的安全生产及消防管理的专业培训。学校领导应带头参加相关的安全管理业务培训。同时，对相关涉及实验课程的师生，切实加强安全操作规程与技术的培训与演练，杜绝事故的出现，确保实验室的安全管理。

综上所述，高校校园安全管理工作事关全体师生的切身发展利益，事关校园稳定、社会和谐，唯有全员参与、齐抓共建，方可以一方平安保社会大局稳定，为学生的成长成才营造健康有序的环境。

第七章 "三全育人"理念下高校学生工作管理概述

第一节 高校学生工作管理的内涵及特点

一、高校学生工作管理的内涵

高校学生工作管理是对大学生日常事务的管理,它是指通过对学生的日常行为进行规范、指导和服务,来促进学生的全面发展。学生工作管理有广义和狭义之分,学生工作就是广义的学生工作管理,包括思想政治教育、日常事务管理、学生工作的考核与评估、学生成长发展指导等内容。本书所讲的学生工作管理指的是狭义的学生工作管理,也就是管理学生,它侧重的是日常管理,包括班级建设、学生奖惩、学生资助、安全教育、宿舍管理、生活服务、就业指导等,涉及学生在校生活、学习的方方面面。

(一)理想信念教育和道德品质规范的养成教育

理想信念是一个人前进的航向,而道德品质则是为人处世的准绳。在高校学生工作管理中,管理工作者要重视校园文化建设,为大学生创造高雅的文化氛围。通过校园文化的影响和熏陶帮助大学生营造良好的舆论氛围,通过文化活动的组织和开展提高思想政治教育的效果。

(二)依法治校,维护学生合法权益

实行依法治校,就是在高校的日常管理工作中,要明确学校和学生的权利及义务,要充分保障学生的合法权益。要依靠法律和学校的各种规章制度,对学生进行奖励、资助、处分等。在处理如学生处分等涉及学生权益问题时,要严格按照正当程序,规范处理过程,使学生的合法权益不受侵害。

(三) 学籍管理和学习指导

随着高校教学体制改革的深入和弹性学制、学分制的实施，在学生学籍管理中，高校可以实施跨校、跨专业修读，专修和辅修相结合等有利于学生成长的管理模式。学生工作管理者可以通过学风建设，为学生创造积极向上的学习氛围。学生在进行自主学习的同时，管理者要提供全方位、积极主动的辅导，帮助学生养成自主式的学习习惯和终身学习的思想观念。

(四) 就业指导和就业服务

就业指导和服务是学生工作的一项重要内容。面对日益严峻的就业形势，高校要设立专门的就业指导部门，由学校主要领导直接负责管理。就业指导部门要做好在校生职业生涯规划指导、就业信息收集、实习基地建设、毕业生就业指导、毕业生职业规划等工作。

(五) 勤工俭学和贫困生资助

贫困生资助和勤工俭学也是学生工作管理的一项重要内容。学生工作管理部门要针对学生的实际情况和高校的规章制度，开通助学贷款的"绿色通道"，尽可能多开辟勤工俭学的岗位，认真做好国家奖、助学金和校内贫困生补助的发放工作。同时，针对学生群体中发生的突发事件应建立应急处理机制和临时困难补助制度，对于发生重大家庭变故的学生，要及时给予特殊帮助。

(六) 生活服务和心理健康教育

高等教育不仅仅体现在学习方面，还要把服务育人的理念贯彻到日常的学生工作管理中去。学生工作管理部门要和校内其他服务部门互相配合，在为学生提供衣、食、住、行等方面服务的同时，还要重视对学生进行健康生活方式的引导。高校心理咨询中心要通过各种渠道、运用多种形式在全校范围内对学生开展心理健康教育和心理咨询活动，加强对学生的心理疏导。学生工作管理者要建立畅通的信息网络，使思想政治教育和心理健康教育有效结合，进而提高学生工作管理的水平。

(七) 校园秩序与课外活动

学校要为学生提供健康、和谐的学习和生活环境。学生工作管理者要积极引导学生，自觉遵守学校管理制度，提高自身的道德修养，自觉维护校园秩序。同时，学校要积极鼓励学生团体组织开展有益于大学生身心健康的活动，并对活动加以管理和指导，保证学生活动的合法性和科学性。大学生通过参加各种类型的团体活动，可以在人际交往和社会适应能力等方面得到锻炼，这有利于学生的全面发展。

二、高校学生工作管理的特点

大学生是思想最为敏锐的群体，有着自身独特的特点。根据大学生的身心特点有针对性地开展工作，是高校学生工作管理顺利进行的保证。每个学生的成长和教育环境不同，造成他们价值取向的多元化、思想观念的差异化，具体表现有："理想与现实的差距使其虽有理想信念，但难以抉择；虽有明确的是非观，但自控性和自律性较差；实用主义倾向明显，只关注与自身利益相关的事情；个人主义突出，自我意识较强；要求独立，但依赖性强，渴望尽快走向社会，但又无法实现经济独立；适应新事物的能力较强，但心理承受能力较差"。学生工作管理要适应学生的特点、满足学生的需要，这是学生工作管理取得成效的关键。针对大学生的特点开展工作，能够使学生工作管理更具专业性和操作性，从而促进高校学生工作管理目标的实现。高校学生工作管理有以下特点。

（一）教育性

培养全面发展的高素质人才为社会主义现代化建设服务是高校学生工作管理的主要目标。学生工作管理者要通过对学生的教育和引导，提高大学生的科学文化素质，培养他们良好的品德和修养，引导他们坚持正确的政治方向，帮助他们树立远大的理想信念。总之，通过学生工作管理的教育和引导作用，促进高校管理目标的实现。

（二）开放性

高校的学生工作管理具有开放性，日常管理工作可以通过多种途径和方法开展。既可以通过课堂教学教育，又可以通过组织校园文化活动进行日常管理，还可以通过学校教育、社会教育、家庭教育等多种渠道展开。学生工作管理者要善于利用多方资源，懂得统筹和协调，形成促进学生工作管理的合力。

（三）持续性

高校学生工作管理系统是一项复杂的工程。每一项具体工作的完成都要以学生工作管理的总体目标为方向，都要体现学生工作管理的效果，都要促进大学生的全面发展。高校学生工作管理要建立长效的工作机制，使学校教育、社会教育、家庭教育三者有效结合，通过外在的制度管理和内在的学生自我约束，结合思想政治教育，来提高学生工作管理的效果和系统性。

（四）实践性

高等教育以培养适合社会需要和适应时代发展的高级知识人才为目标，要提高学生解决实际问题的能力。随着社会形势的不断变化和发展，要求学生工作管理模式随之改变。新的管理方法和手段不能只是空谈理论，而应该在实际的工作中得到切实的运用，以达到理论指导实践的目的。只有具有实践性的学生工作管理，才能更好地适应日益变化的社会环境。

第二节 高校学生工作管理的目标及原则

一、高校学生工作管理的目标

高校学生工作管理的目标是要培养适应社会发展需要的高素质人才，以提高大学生的综合素质为主要目的。具体来说，就是要提高大学生的思想政治素质、科学文化素质、身心素质、创新素质等。

（一）思想政治素质

要求大学生拥有正确的政治方向、坚定的理想信念，要养成良好的道德品格。自觉跟党走，认真学习党的理论知识和重要思想，同时自觉践行党的路线、方针、政策，坚持正确的政治立场。

（二）科学文化素质

要求大学生拥有全面丰富的知识结构和扎实的理论功底。提高科学文化素质，要求大学生要努力学习科学文化知识，掌握正确的学习方法，养成良好的学习习惯，要学会用理论指导实践，全面提高自身素质。同时，要树立终身学习的观念，在实践中寻找不足，以学习来弥补不足。

（三）身心素质

要求大学生要拥有强健的身体和健康的心理。通过积极参加体育锻炼、文体活动，强健体魄，提高身体素质；通过自我管理、自我控制和自我调节健全人格；通过积极参加社会实践，养成良好的个性和环境适应能力，并且使大学生拥有健康的身心素质，更好地为社会服务。

（四）创新素质

要求大学生要有科学的思维方式和把理论运用于实践的能力。大学生要通过学习积累理论知识，运用科学的思维，辩证地、全面地分析和辨别事物；要有较强的创新和实践能力，面对不断变化的环境要勇于创新，不断地进行自我突破，在提高大学生创新能力的同时，拓展他们的综合素质。

二、高校学生工作管理的原则

为提高学生工作管理水平,实现有效管理,学生工作者在日常管理中应该遵循以下原则。

(一) 实际性原则

要求高校学生工作管理要一切从实际出发,既要考虑学校的实际情况,又要考虑学生的实际情况。通过了解学校与学生的实际,建立健全组织机构,明确各组织机构职能,确定学生管理目标,同时要研究适合高校自身的学生管理模式。从实际出发进行学生管理,有利于有针对性地开展学生工作。

(二) 制度化原则

要求学生工作管理者要根据国家法律规定,结合高校自身实际,制定各种规章制度进行学生管理。制度化是进行规范管理和提高管理效率的必然要求。只有通过制度化管理,高校学生工作管理才有章可循,才能不断地推进学生工作管理的科学性、有效性。

(三) 服务性原则

高校学生工作管理要坚持服务育人的理念,以服务学生为出发点和落脚点。在对学生的日常管理中坚持服务性原则,就要从学生的根本利益和切身需要出发,把学生看作学生工作管理的主体,一切为了学生。因此,在实际工作中应坚持服务性原则,通过服务达到管理的目的。

第三节 高校学生工作管理面临的问题及其成因

一、高校学生工作管理面临的问题

高校是培养人才的重要场所,高校的学生工作管理直接影响着人才的培养质量,影响着高校和社会的稳定。因此,各高校都十分重视学生工作管理,结合新形势对学生工作管理进行了积极的、有益的研究和实践探索,取得了一定的成效,但目前仍面临很多挑战,存在一定的问题。

(一) 社会主义市场经济的深入发展使学生工作管理面临严峻的挑战

随着我国改革开放的不断深入,人民生活水平进一步提高,广大人民群众对接受高等教育的需求愈加迫切。为了适应改革开放的形势、满足各行各业对人才的需求，党中央、国务院及时做出了高校扩招的决策，高校招生人数连年增加，在校生人数持续增长。高校扩招、学生人数急剧增加，高校逐步实现了由精英化教育向大众化教育的过渡，但生源质量下降是一个不争的事实；交费上学，导致经济困难学生增多；高考取消年龄限制、学分制和弹性学制的实施、后勤社会化改革都给学生工作带来了相当大的挑战。加上很多高校对形势估计不足，也出现了很多问题，例如学生宿舍建设滞后，不得不推迟开学时间；食堂容量小，学生就餐拥挤；教室数量少，仅能满足学生上课之用，学生自修教室紧缺，导致学生宿舍成为学生的主要自修场所；文化体育场馆建设滞后，学生课外活动较少，学生的体育文化生活相对单调。此外，随着市场经济的发展，大学生的思想观念、价值取向发生了巨大的变化，大学生思想活动的独立性、差异性日益增强，原有的单一学生工作管理模式已无法达到预期的效果，学生工作管理面临着严峻的挑战。

（二）传统管理模式的弊端使高校学生工作管理面临新的问题

传统的学生管理模式固然有其历史必然性以及成功的做法和经验，但在新的情况下存在着难以克服的弊端。从现状上看，有些高校的学生工作管理仍然停留在处理事务的阶段，常常重管理、轻服务，认为学生工作管理者在管理过程中起主导作用，学生只是起辅助作用；学生只是被管理者，在管理过程中，学生要服从学生工作管理者的管理、听从学生工作管理者的安排；停留于管好学生、管住学生的阶段；以满足学校的现实需要即学校的稳定和发展为重点，而不是以满足学生的发展需要为重点来开展工作。另外，有一些学生工作管理者认为学生性本恶，故往往喜欢采取"管、控、压"的方法来压制学生；也有些学生工作管理者认为学生本身是一张白纸，可以对其随意"刻画"，于是随意向学生发号施令，以显示权威。殊不知，这更加激发了大学生的逆反情绪，严重影响管理的效果。总的来看，学生工作管理者采用行政化的教育管理方式，对学生训导多，平等交流解决问题的机会少；充当长者、管理者的色彩浓，担当朋友、服务者的色彩淡；空洞的说教多，能真正满足大学生情感、生活等需求的心理沟通等有效的工作少；消极被动解决问题的多，积极主动为学生综合素质的提高和发展创造广阔空间的工作少。面对新时代、新形势的需要，学生工作管理者应该转变思想、更新观念，树立以人为本、以学生全面发展为中心的理念，为学生的发展创造一个广阔的平台和空间。

（三）网络普及的负面影响对学生工作管理模式带来冲击

信息化技术的发展和普及给传统学生工作管理带来新的问题。信息化的迅速发展，使互联网对学生的学习、生活乃至思想观念产生着广泛而深刻的影响。网络正极大地改变着学生的生活方式、学习方式甚至是语言习惯。对学生工作管理而言，网络是一把双刃剑。一方面，网络为高校学生工作管理提供了新的阵地和领域，对加强和改进高校学生思想政治工作带来了新的机遇；另一方面，网络也给传统学生工作管理带来了极大的冲击。首先，网络信息的快捷性、丰富性和开放性特点，使得学生从学校获取知识的权威性受到怀疑。在网络普及的社会条件下，大学生借助网络能够比以往任何时候都更快捷地获取信息，而思想政治工作部门和有关干部、教师在获取信息的渠道、时间、数量等方面已不占明显优势。数量巨大的网络信息，"淹没"了德育和思想政治教育信息，尤其是不健康信息的冲击，使学校所要传达给学生的信息很难在学生头脑中沉淀，严重影响了思想政治教育工作。其次，网络的虚拟性、隐蔽性使得网络成为有害信息的滋生地和传播地。一部分人利用信息技术参与社会政治，一些虚假、不健康甚至反动的信息污染了学生思想政治教育的环境，学生难以判别和抵御，有的上当受骗，还有的沉溺于网络虚拟世界不能自拔。

（四）学分制和弹性学制的实施使学生工作管理面临新的变革

目前，全国各高校普遍实施了学分制。在学分制下，学生工作管理打破了学年制整齐划一的教学管理模式，学生专业班级观念淡化，形成了以课程为纽带的、多变的听课群；不同专业甚至不同学校的学生在一起学习，学生工作管理不仅局限于本专业学生，而且还要管理选修课程形成的其他专业或其他学校的学生。同时，学生工作管理除了对学生进行教学、思想和生活管理，还需指导学生选课，帮助学生构造合理的学科知识结构，并要求学生在老师的指导下，由定向学习变为自主学习，学生工作管理由学年制下的指令性管理变为指导性管理。在这种现实情况下，学生工作管理必须寻找和构建新的"平台"。

（五）学生工作管理队伍储备不足和不稳定制约着学生工作管理的成效

目前高校学生工作管理面临的一个重大难题就是人员空缺和人员素质不高。辅导员分布也极不平衡，有的学校一名辅导员要负责600名或者更多学生。辅导员任务加重，无法在时间上和精力上对学生开展过细的思想政治教育工作，无法及时对他们进行心理疏导。再加上，高校中从事学生工作管理的人员主要来源于本校留校的本科生或研究生，他们中很少有人专门学习过管理学或心理学的知识，同时又缺乏进修以提高自身专业水平的机会。有很多高校的辅导员都比较年轻，看似容易与学生沟通却管理经验不足。这些问题的存在致使高校学生工作管理力度不足，管理效率低下。高校学生工作管理内容庞杂，事务琐细，全校凡涉及学生的各个部门的工作，最后的落脚点都在辅导员身上，"千条线一根针"。再加上现行工作体系的约束，学生工作管理者不可避免地陷于每日的事务中，疲于应付。这就使学生工作管理表面化、肤浅化，流于形式，难以对学生日常行为、生活、学习等方面进行高效、规范、科学的管理，严重影响着学生综合素质的提高。

（六）高校新区建设和高校后勤社会化给学生工作管理带来新的问题

高校后勤社会化，实际上是建立一种教育成本分担机制。目前，我国大多数高校实现了高校后勤社会化。高校按市场经济规律运作，开放学校市场，允许社会上的人员、资金、技术、设备开发校内市场。这些经营者进入高校市场的主要目的是盈利，而学生在缴纳各种费用的同时也树立了投资意识，对学校教学、生活条件有了更多、更高的要求，这就容易产生矛盾。随着高校招生规模的扩大，许多高校原有的校园难以满足学生的学习、生活要求，各高校纷纷在原有校园外建设新校区，这造成同一专业的学生或者同一院系的学生分开接受教育，严重冲击了以前按院系管理的模式。在这种新的形势下，探索新的学生工作管理模式将是学生工作管理面临的新课题。

二、新形势下高校学生工作管理问题产生的原因分析

（一）环境因素：社会转型加快与教育发展滞后

当前，我国社会正处于转型期。我国的社会转型是在中国的传统文化、社会主义制度文化和西方文化所构成的复杂的文化背景中展开的，其实质就是由传统农业社会向现代工业社会、传统封闭社会向现代开放社会、高度集中的计划经济体制向以竞争和利益导向为主要特征的社会主义市场经济体制的转变，其中必然充斥着东西文化的交融与碰撞。而且这一过程必然带来社会体制及其运行机制的变化。马克思主义认为，物质生产活动是人类最基本的实践活动，它是一切其他社会活动的基础和决定性因素，教育活动也概莫能外。教育不可能脱离社会物质生产的需要而发展。社会发展丰富了教育资源，改善了教育条件，提高了教育水平，顺应了时代发展的需要，高等教育进入由精英教育向大众教育转变的阶段。一方面，急速扩招在满足大众接受高等教育需要的同时，加重了高校自身的负担，造成师资的严重紧缺；另一方面，教育的时滞效应决定了教育改革从开始实施到完成是一个渐进的过程，人的成长成才亦需要一定的时间。因此，不可避免地会出现社会物质生产的急剧变化与教育变革滞后之间的矛盾。

改革开放的深入发展和社会主义市场经济建设的全面展开，将中国带入了一个以现代化为根本特征的全面深刻的社会变革时期。现代化的实践要求现代化的价值观念和伦理精神的支撑，需要与之相适应的高校学生工作管理理念与操作体

系。但是就方法而言，高校学生工作管理多坚持灌输的方法，以说教为主，忽视了社会转型所带来的教育环境、教育对象发生的巨大变化，这种机械呆板的方法抹杀了鲜明个性的思想。就目标而言，基于单一的、封闭的社会结构，在特定的教育教学环境中，着力塑造符合某种特定目标的学校角色，这种学校角色往往与社会转型期所要求的人才特质相脱节。从本质上说，在现代社会开放和价值多元的背景下，高校学生工作管理因为忽视了学生的主体性本质及其自主性和创造性，而在解释现实问题、解决矛盾冲突方面趋于苍白，不能发挥其应有的塑造学生人格、传承时代精神的历史使命，进而引发高校学生工作管理中的骨牌效应。

（二）理念因素：科学主义的僭越与人文关怀的弱化

近代以来，在科技和教育的影响下，人类驾驭物质世界的知识和能力有了长足发展，科学的发展彰显了理性的威力，将人的精神也视为与物质无异的实在。在科学技术的激发下产生的各种哲学往往把人类以外的一切事物看成仅仅是有待加工的原材料，并在处理人与自然关系的过程中演绎为人类为控制自然而产生的一种工具理性，技术统治取代了一切，单纯重视机械化、技术化，试图借助对理性（逻辑）和技术的把握，通过一系列常规化、程序化的操作完成高校学生工作管理的全过程。

科学主义的盛行催生了教育观上的工具主义，着力于教会人们何以为生的知识和本领，其"最基本的缺失就在于它放弃了'为何而生'的教育，不能让人们从人生的意义、生存的价值等根本问题上去认识和改变自己；也必然地要抛弃人自由心灵的神圣尺度，把一切教育的无限目的都化解为谋取生存适应的有限目的，缺少以人为出发点的教育理念；人自身也成为由工具理性所任意摆布和支配的工具，人为物所役成为一种理性程序化的存在物和机器，而失去各种精神的追求"，丧失了否定性、批判性、超越性而成为单向度的人。可见，科学主义"可能以一种异化形态统治人、控制人，把人置于纯粹工具的地位，退化到物的境地，从而控制人，丧失其应然性"。用科学的物质性、实在性来说明人的丰富性是不恰当的，"形不成人与世界相互作用造成的复杂的'属人世界'的现实观念，因其简单化而无法揭示现实世界中的复杂现象。"从而造成人文关怀的旁落，而这恰恰是高校学生工作管理的核心和关键。

（三）人的因素：学生思想多元化与不稳定性

随着改革开放的深入，特别是高新技术的迅猛发展，信息手段不断更新，信息传输速度日益快捷，学生对各种思想、文化的接收有了更快捷的方法，各种思想和价值观念随之汹涌而来，这势必对大学生产生巨大的影响。主要表现为学生思想逐步由单一趋于丰富，封闭僵化转向开放活跃，呈现多元化的发展趋势。

新一代大学生是在改革开放的环境中逐步成长起来的。他们是最积极、最活跃、最有生气的群体，其思想品德的形成、发展具有强烈的时代特征：主体意识不断增强，自主意识不断强化；思想活跃，具有强烈的进取心和好奇心，易于接受新鲜事物，能够通过各种方式和途径获取知识和信息，文化反哺生动说明了他们在获取信息方面的超前性；思维敏捷，具有极强的灵活性、批评性和独立性。特别是伴随网络技术的发展，处于数字化生存状态的大学生们有了更多自主选择的权利和空间，这为他们了解各种基于不同文化背景、政治主张、宗教信仰的多元价值观提供了平台，加剧了多元价值体系的相互碰撞。

但是这个年龄阶段的大学生，心理机能和道德判断能力均处于相对较低的水平，且缺乏社会经验，心理状态尚不稳固，情绪易于起伏，具有较大的随意性和可变性，使得他们面对多元价值无法自如地评价和选择。事实上，面对价值观念的多元化，他们时而表现出"自主与依赖的矛盾、自信与自卑的矛盾、感情与理智的矛盾、要求与满足的矛盾、冲动与压抑的矛盾，等等"，从而产生价值评价及选择的迷茫和困顿，在思维方式和行为方式上出现偏颇，加大了高校学生工作管理的难度。

第八章 "三全育人"理念下高校学生的管理手段研究

随着社会主义市场经济体制的逐步完善，我国高等教育事业快速发展，高等教育体制改革逐步深入，学生的思想观念日益复杂，因此，应对高校学生进行系统化管理，并加以创新。本章重点探讨高校学生社区化管理与实践、高校学生社会实践化的管理与创新及高校学生管理工作的信息化建设。

第一节 高校学生社区化管理与实践研究

一、高校学生社区管理

随着我国高校改革的进一步深入，以寝室为单位的学生社区的地位日益突出。学生社区（本书简称为学区）是社区概念在学校管理中的反映，学生社区是大学生在校学习、生活、休息的基本活动场所。社会学研究表明，第一社区是一种地域上的存在，第二社区是"它的实质是人的聚居与互动"。就第一层意思而言，社区的特点是居民的共同居住；第二层意思则表明社区具有文化功能。就一所高校而言，学生社区指这所高校的所有寝室和周边环境（学生公寓）以及这种环境所能达到的最大的育人功能。

（一）高校学生社区管理的内涵

这一概念一共包含两个内容，一是指区域环境，二是指文化功能。区域环境即是指：一方面，学区是校园的区域组成之一，是校园内的地理分区，是学生的居住区；另一方面，学区也是学校的一个重要管理区，就社会组成结构来讲它是组成学校管理的一部分，学校与学区存在某种程度上的隶属关系。

在完全学分制实施的背景下，学生群体间专业、班级甚至年级的界限日益模糊，作为学生的居住区其地位随之上升，以满足学生以居民身份与学校以及相关社会机构进行实质性对话的要求。文化功能更多地表现为社区人文环境与居民生活的相生相融，成为社区居民接受文化教育的主要阵地。学生社区在文化功能上还要承担更多的责任，要确保"文化为了教育，教育为了学生"，它具有更加鲜明的目标和内容指向。

高校学生社区的主要功能，就是要使学区成为高校德育工作一个有效的有机环节。它承担的主要任务是为未来社会培养合格的社会公民，从社区角度出发，即要培养适应社区生活，与社区和谐相处的居民。一个社会的现代化归根结底是人的现代化，是人的意识和人的才能的现代化。社区作为社会构成的单元，它的现代化更离不开其居民，即社区成员意识的现代化。因此培养具有社会意识的现代人必然成为现代教育的任务之一。学生社区作为社区的特殊形态，同样要求其居民（学生为主体）以社区理念处理社区事务。从这一角度讲，学生社区承担向居住其间的不同年龄、不同性别、不同生源、不同专业的学生灌输现代社区意识，将其培养成为积极参与社区事务、能适应并完善未来居住环境的合格居民的任务。因此，学生社区更像一个准社区，就如同学校向各行业输送人才一样，它负责向未来的社区输送高层次的居民。

由此可见，区别于城市一般社区和农村社区，学生社区是附属于学校的，由定期流动的学生和相关管理人员组成的，在具备相应的物质功能的同时，还应形成相应的育人功能的一类特殊形态的社区。它不单有显而易见的区域含义，同时也是一个过程，即一个通过整个学生社区成员（主要指学生）的积极参与和依靠学生社区的创新精神来完成其育人功能的过程。同社区一样，学生社区一词也有一种温暖的劝说性意味，它是一种情感力量，让学生具有对物质环境的归属感。在同一学区里，不同学生的关系建立在相互依存和互惠的基础之上，这种互惠和相互依存是自愿的、理性的，是通过自主参与实现的。学生参与是学区存在的反映，只有通过学生参与才能使学生的多样性以及他们归属学区的不同方式具体表现出来。

（二）高校学生社区管理产生的背景

1.我国高等教育现代化和国际化发展趋势需要一种符合高校学生教育管理的新模式

为了克服高校持续扩招带来的后勤设施不足，我国高校借助国外发达国家高校后勤社会化的管理体制，或引进社会资金，或集资联建，或贷款与集资相结合，大力兴建学生公寓，并推行了后勤社会化管理，较稳定快速地解决了学生的住宿、餐饮、娱乐等一系列学习、生活、文化活动设施建设存在的经费短缺问题。但后勤社会化却带来了高校管理的"二元化"问题,即对学生的学习实行的是与西方高校不同的传统教学行政管理,而对大学生的生活却推行了类似西方大学的社会化管理,教学行政管理与社会化管理事实上存在于"两个体系"中。高校学生工作面临的挑战是:怎样将"行政管理"与"社会化管理"两个体系合二为一,从而达到对学生人格的教育的统一。

2.我国高等教育改革和发展不断深化需要改革传统管理模式

面对高等教育的改革和发展的现实情况,尤其是高校学分制改革的逐步深化,传统的班级概念趋于淡化,以班级作为思想政治教育基本组织形式和主要工作渠道的情况正在改变,社区越来越成为大学生学习、生活的重要场所。同时,随着高校后勤服务社会化步伐加快,学生社区的环境氛围、社区的文化设施和社区管理服务的质量如何,以及社区管理模式怎样,这些对传统的高校学生工作提出了新的问题。因此,高校社区化管理被提上了议事日程。

3.适应学生群体特征,加强和深化高校思想政治工作,需要一种更切合实际、具有实效的教育管理新模式

高校学生思想政治工作者,必须根据变化了的情况,及时调整工作思路,提出应对之策。面对高等教育的日趋现代化和国际化,特别是教育教学改革的不断深化,高校改革向纵深发展的新形势,高校学生社区管理如何坚持社会主义办学方向,很多高校在开展党建与思想政治工作以及日常教育管理工作方面,与时俱进,不断创新,探索出了一条符合形势发展要求和高校实际的学生教育管理新路径,即高校学生社区化管理。高校学生社区化管理是加强和深化新时期高校学生思想政治工作的需要。

二、高校学生社区化管理的实践研究

(一)高校学生社区化管理的现状

1.国内目前的三种社区化管理类型

大学生社区目前在我国已普遍存在。就全国各地大学生社区的现状来看,目前主要存在三类管理模式的大学生社区。

(1)跨省(市)的大学城社区。这类学生社区的特点是规模大,学校多。从大学所在的省(市)来划分,既包括大学城所在地的大学,也包括外省(市)的大学;从大学的性质来划分,既包括理工大学,也包括综合性大学和专门大学;从学校层次来划分,既包括研究型的本科大学,也包括专科学校和职业技术学院。

(2)同省(市)的大学城社区。这类大学城社区的特点是规模较大,高校多的有数十所,少的也有几所到十几所,大学属于本省(市)的大学。如重庆市的

虎溪大学城，其入驻的学校就有重庆大学、重庆医科大学、重庆师范大学、四川美术学院、重庆科技学院等多所高校；上海市的松江大学城，入住的有复旦大学影视学院、东华大学、上海外国语大学、上海工程技术大学、上海对外贸易大学、华东政法学院、立信会计学院等多所高校；广州市的广州大学城有中山大学、华南理工大学、华南师范大学、广东工业大学、广州美术学院、星海音乐学院、广州大学、广州外国语学院、广州中医药大学、广东药科大学等多所高校；南京市的仙林大学城有南京师范大学、南京中医药大学、南京财经大学、南京邮电大学、南京森林公安高等专科学校等多所学校；武汉市的黄家湖大学城也是一个规划占地约40平方公里，规模可容纳20万学生的大学城。

（3）由一所具有一定规模的大学构建的学生公寓式社区。这类学生社区的特点是，在原学生宿舍区的基础上，进行管理模式上的改革，即对原有计划经济条件下的学生宿舍式管理模式，实行后勤社会化改革，实现社区式管理；随着学校规模的扩大，对新建的学生宿舍实行社区化的管理。这类由单个学校构成的公寓式学生社区目前全国也不少。以重庆为例，重庆交通大学、重庆邮电大学、重庆工商大学等，其学生公寓式社区即是这类社区。

2.社区化管理的实践

（1）单一院校学生社区管理模式。这类学生社区管理学生来源单一，规模相对较小，管理容易到位。因此通过社区党总支、支部、学生党员接待室、社区团组织、社区学生会、心理咨询室等的构建，就形成了从学校党委行政到社区学生寝室的完整管理体系，使各类社区管理中容易发生的问题能得到及时有效的解决。这类管理模式总的来说比较成功。

重庆交通大学曾作出"构建人才培养新体系，全面实施学生社区化管理"的决定，按照"学生公寓不仅是学生生活、学习的重要场地，更是课堂之外对学生进行思想政治工作和素质教育的阵地"的指导思想，构建学生社区，成立党总支和管委会，全面负责所辖学生宿舍区的党建与思想政治教育、学生日常管理以及后勤服务等各项工作的统一管理和统一协调。重庆交通学院在全国高校中率先迈出了学生社区化管理的步伐。

目前，重庆交通大学根据学生宿舍区分布情况成立了四个学生社区，建立了属于正处级单位的四个学生社区党总支，配备专职辅导员，同时建立管委会，下设办公室、楼党支部、后勤党支部、分团委、学生会、学生党员接待室以及物业管理分中心、保安部、饮食服务中心等机构。社区党总支（管委会）主要负责人由学校委任，学生楼党支部书记由政治辅导员担任，开发商派驻社区的物业管理公司、饮食服务中心、保安部等负责人由学校聘任为管委会副主任。学生社区党总支（管委会）在学校党委领导和学生工作部的具体指导下，全面负责所辖学生社区的党建与思想政治工作、日常教育管理、成才指导、生活服务等各项工作；社区物业管理分公司、保安部、饮食服务中心等机构按照相应的职责权限在学生社区党总支（管委会）的统一领导和统一管理下开展工作。

在学生社区化管理模式运行过程中，重庆交通大学坚持做到"七进社区"，即学生党团组织进社区、政工干部进社区、学生社团进社区、学生党员接待室进社区、网上思想政治教育工作进社区、心理咨询进社区、学生自我管理组织进社区，在大学生社区管理上全面跟进，以新的教育思路初步成功地探索出学生社区管理新模式。

(2) 跨省（市）大学城与同省（市）大学城。集中多所高校的跨省（市）大学城社区的学生管理的特点是，城区规模大，学生人数多，基础设施可以得到有效利用，在生活管理上可以取得相应的效益。但与之相对应的是，正是由于学生人数多、涉及的学校多，因此，在管理上也容易出现某些漏洞，这种管理的漏洞主要不是寝室管理的不规范，或者教学设施使用上的混乱，事实上，一个大学城在学生寝室的管理上是完全可以统一规范的，在教学设施的使用上也可以更好地充分利用。这里的管理漏洞，往往更多的是指各个地区、各个学校对学生管理要求的不一致、不统一。因而就可能出现这样的情况，有的学校管理得较严格，有的学校管得相对较松，这一严一松中，就可能出现管理信息上的不完整，问题就可能从薄弱部分反映出来。用管理学的术语来表述，就是"木桶效应"，即木桶里的水会从箍桶板中最短的一块木板中漏出来。跨省（市）大学城管理上需要解决的问题是如何在发挥规模效益的同时，避免由不同省（市）、不同高校在学生管理制度上的非一致性而产生的薄弱环节，从而使教育部颁布的《普通高等学校学生管理规定》得到实实在在的执行。

与跨省（市）大学城一样，单一省（市）大学城充分利用基础设施、扩大管理效益的优势也是明显的，但同样存在各高校间学生管理不一致的问题。这种不一致，不仅源于各高校之间的专业特色，也源于各高校的定位：有的是研究型大学，有的是教学型大学，有的是综合型大学，有的是多科性大学，有的是专门的学院（如医科、工科、农业、教育等），有的是职业技术学院等。同时，还存在着不同高校对学生管理的认识不一致的情况。有的非常重视，可能在管理上就做得比较细，有的认识不到位，可能管理就会有疏漏。这种管理的不一致，将可能导致大学生社区管理出现偏差，使得因为信息反馈的不及时、管理的不到位而酿成工作失误。

3.社区化管理取得的实践成效

实施学生社区化管理不但可以较好地应对高校后勤社会化改革和教育教学改革给高校学生教育管理带来的新机遇、新挑战、新任务和新问题，而且使学生党建与思想政治工作的着力点更明确、体系更完善、育人机制更健全，对学生的教育管理成效也更明显。其主要作用表现在以下几个方面：

（1）能够增进各学校、各级组织与学生之间的交流和情感联系。近几年不断出现的学生与学校间的法律纠纷一度成为整个社会关心的热点问题，相关专家指出，发生这些问题的一个很重要的原因是学生与学校之间缺乏必要的、平等的交流与沟通，因此引发出学生、家长、社会与学校之间的诸多矛盾。而社区化管理改变了师生以前对社区化管理改革的消极认识及评价，通过政工人员和学生社区中的党团组织机构与心理咨询机构的工作，缩短了学生与组织间的空间距离和心理距离，进一步体现出思想政治教育应具备亲和力和感染力的特点，师生之间、学生与组织之间、学生与学校间的关系也更加自然和谐。

（2）服务机构和成才育人环境将更加优化。在以社区党总支为核心的管理体系中，综合利用好各种服务机构，加强统一指导，能为学生的成才提供一个更加完整、科学、有序的体系和空间，使社区的管理和服务更加快捷、完备。社区化管理可以科学整合各种资源，增强教育管理合力，在社区管理体制下诞生各种健全、富有活力的社团组织，为社区创造丰富多彩的科技文化氛围，为学生素质的拓展提供更加立体的空间，对学生个体知识结构的完善、个性的培养和素质的拓展发挥了积极作用。从管理和经营角度提出社区的统一管理思想和教育理念，为学生的成才和教育机构的育人提供了更加优化的内外环境，能够有效保证高校连续扩招后教育管理质量和学生素质的稳步提高。

（3）更加有利于贯彻"以人为本"的管理理念，更加优化育人效果。在以人文素质、健康成才教育等为主要内容的氛围中，学生真正成为学校服务的对象和主体，自始至终坚持把学生的成才放在第一位。如果要在整个教育过程中真正地贯穿这一主旨，就必须为学生的成长与发展提供良好的物质条件，在此基础上创造良好的"求知、求真"的学术氛围，营造出一种以人文素质、健康成才教育等为主要内容的道德文化育人氛围，给予学生一种积极的引导，使学生在良性的德育氛围的感染熏陶下主动去锻炼、提高自己，最终培养学生良好的生存适应能力。

（二）高校学生社区化管理的理性思考

1.社区化管理面临着机遇和挑战

全面实施学生社区化管理已经迈出了高校学生思想政治工作具有代表意义的一步，在国内各高校先后进行的各种形式的理论研讨和实践探索，解决了部分理论和操作问题。但是全国高校地域分布广泛，办学特色不一、教育环境和教育条件参差不齐等因素决定了任何一种管理模式的实施都要经历一定的过程。社区化管理在实践探索过程中仍存在许多具体挑战，主要表现在以下几个方面：

（1）内部机构关系和运作方式尚欠科学和完善；构建并处理好教育、教学、招生就业三大平台之间的关系；需要进一步处理好教学管理与教育管理、社会化服务管理及教育教学管理之间的关系；科学分析和分配学生教育管理平台内部机构间的权重等。

（2）对实施学生社区化管理的后继问题重视程度和研究不够，前瞻性理论探索较少。例如，随着改革的进一步深化，政治、经济、社会、文化、教育等诸多方面将会出现许多新的变化，学生社区的管理要怎样适应这些变化等问题缺乏研究。

（3）急需提升学生社区的价值，即使学生社区在学校机构设置、运行体制、社会效益、育人过程中体现出更大的效度和影响力。

（4）在跨省（市）大学城和同省（市）多所大学集聚的大学城，存在着学生社区管理不统一的问题。由此可能导致一些不稳定因素从管理的薄弱环节滋生，有可能成为影响全局稳定的因素。

2.社区化管理的对策

高校学生社区化管理无论是作为高校适应社会发展的需要还是内部区域管理策略，或对学生进行方向性教育的过程之一，都有着十分重要的现实意义，在现有的基础之上展开这方面的建设应注意以下几点：

（1）借鉴国内外高校学生教育管理模式，不断加强实践探索和理论创新。传统的学生工作观念一直轻视寝室的育人功能，将寝室当作完全物化性存在，因而在实际工作中只重视学生生活环境的维护与保持，没有自觉地发挥寝室作为学校育人工作环境之一的应有作用。同时，由于工作视角单纯停留于单个寝室，而未能将以寝室为单位组成的学区纳入视野，也很少注意学区育人功能的发挥。

在高校，学生的专业教育一般由各个教学系（院）来完成，学生的思想政治工作则由学校和学院具体的学生工作机构来完成，学生的物质生活需求由后勤部门来满足，而对学生进行未来生活训练，培养其成为遵守社区规范，具备相应社区意识的文明公民的教育任务却没有一个成型的组织来承担。这无疑是大学教育的一个疏漏，从这个角度讲，建立大学生社区，完善学生社区管理，是完善高校育人职能，优化高校育人环境的必要举措，是当前高校学生工作迫切需要解决的问题之一。只有自觉地将学生社区建设纳入学生管理工作中去，并给予其应有的地位，学生社区培养社区现代公民的育人功能才有成为现实的可能。

因此，加强理论建设和创新一定要贯彻开放办教育的理念，不断增强学习意识与开放观念，不断加强理论建设。高校学生社区化管理需要改革者的开放观念和博大胸怀，通过不断比较发现差距，促使在社区化管理的过程中自觉主动地探索理论，积极准备改革所需的条件；应提倡各高校之间的交流与合作，互促互进，在实践中不断积累宝贵经验；应夯实理论基础，加强理论建设创新，为高校学生社区化管理向纵深发展而共同努力。

（2）完善运行体系、解决机制问题是社区化管理的关键所在。机制是不可或缺的软件，建设好学生社区需完善三大机制，即学生社区运行机制、学生社区志愿者参与机制和学生社区的内部激励机制。学生社区的运行机制是学生社区得以正常运转的前提。运用学生社区公共设施和相关权力，以满足服务需求为目标，不断提高服务质量，保持服务的功能成本，长期维持服务的再生产，这种周期性的进程状态即是学生社区的运行机制。这一机制本身说明学生社区组织的非营利性，或者说非营利性是学生社区的行为特征之一，是学生社区自我服务、自我调节功能的体现。不断地实现这一机制良性运转的关键是服务质量，服务质量同样也是确立学生社区形象的基础，是学生社区存在必要性的证明。

学生社区的志愿者参与机制是培育学生社区人文生态环境的深层次社会文化问题。在学生社区中建立一支具备一定数量和质量的志愿者队伍不仅是一种管理现象，更是一种文化现象。事实上志愿者本身即是社区意识的内在有机组成部分，是社区成员积极参与社区事务的显性表现。在学生社区，志愿者的行为是建立一个以人为本、文明互助、共同参与的和谐学生社区的重要途径。

学生社区的内部激励机制是学生社区积聚人心、发挥作用的保证，学生社区的非营利性能否像企业一样具有关注效率的动力，主要有两个问题：其一，非营利性组织的动力主要在于获得居民的满意和社会的认可，这是一种深层次的心理需求。市场经济导致人们会因利而动，在这种情况下，为他人和社区努力工作的人尤其会得到他人和社会的尊重。其二，个人运用社区职能通过解决社区矛盾进而解决个人问题的有效途径。一个发育良好的学生社区环境通过事务公开化、透明化，将工作者的各种努力、困难、成绩和失误显现出来，靠来自外部的反应去推动自己努力改进工作，从他人眼中看到自己的状态从而调整自己的行为，进而完善自我，即学区的内部激励机制。

（3）教育管理结构和管、教关系的调整和平衡。学生社区建设是一项系统工程，必然需要对原有学生社区管理结构进行调整，科学处理教育和管理的关系。首先必须结合高校实际对原有学生工作进行结构性调整，并建立健全相应的规章制度，要从根本上解决这些问题，还需要处理好管理载体、教育平台、育人方式等全方位的问题，头绪纷繁芜杂，加之无成型的经验可借鉴，面临的问题和难度都还较大。但以结构调整作为切入点，是一个比较可行的思路。具体要处理好以下几个关系：

一是各级学生社区与社区总管理委员会之间的纵向关系。各学生社区管理委员会在人事安排上是一致的，都是根据三大职能安排负责人。学生社区总管理委员会由专职政工人员组成，负责相关政策制定、处理学生社区与校内外各社会机构关系、领导学生社区等工作。各分委的工作重点落实在学院一级，它依托学生专业而保持相互之间的独立性，同时与总管理委员会保持一致性。各支委是学区管理的基层组织，它直接与楼层和寝室发生联系，同时也可在力所能及的范围内与相关单位交涉学区事务，因此也应具备相对的独立自主能力。

二是校学工部门、团委与学生社区总管理委员会的关系。学生社区总管理委员会是校学工部的职能部门之一，是学生社区管理中最具有实权的管理层次，尤其在实现学生社区维权的功能方面，其作用更加明显。学生社区主要通过总管理委员会实现与相关部门的平等对话，解决实际问题。团委介入学区管理，主要体现在对学区成员的思想教育与严格管理方面。各学院学生工作办公室的主要负责人一般也是学院的团总支书记，因此共青团这条线的介入有利于加速形成一支由各院（系）团总支专职干部、各学生辅导员组成的宿舍思想教育、纪律管理、寝室内务管理队伍，有利于各项活动的协调，保证宿舍后勤管理的顺利开展。同时，团委是学生思想政治工作与校园文化工作的主角之一，团组织又直接指导各级学生会组织，有利于将寝室文化活动纳入整个校园文化建设中去综合考虑，从而引导寝室文化向高层次发展。

三是校学工部门与社区的关系。对于单一高校组成的学生社区而言，这层关系可以体现某种专业特色。以专业安排学生寝室的高校，可使整片宿舍区基本上也成为一片专业区，很多基层工作需要在这一层面来组织和解决。高校学生工作部可以通过本校学生会来协调与支委的关系，这其实也是将基层学生工作重心由班级向寝室转移的一种方式，从而使学区成为校园内各项学生活动展开的活跃区域之一。对于多所高校组成的大学城而言，这种关系还必须增加一层，即各学校学工部门与大学城管委会之间的协调关系，各类管理工作与活动除了考虑本校的相关特色，还应与大学城管委会协调，通过管委会与大学城内其他高校协调，使其活动或管理产生更大的规模效应。

四是根据学生社区职能，设立相应的管理机构。从人事角度处理，在大学城管理总委、分委、支委上各自安排人员以执行这三大职能。学生社区管理支委设学生社区区长一名，副区长一名，志愿者队长一名，也可根据实际情况适当增加管理人员数量，从而形成以学生社区区长、志愿者队长、楼长、宿舍长为主的学生社区管理基层机构。校院级学生社区管理机构可在原有学生寝室管理机构的基础上合理增加或加强学生社区的相应职能（例如学生权利维护等）。

这种管理方式并未对原有的学生管理结构做大幅度的调整，从而使其更具有现实可行性。学校、学院、楼层（或公寓）三级管理有助于发挥不同优势，校学工部、院学工办和院学生会的介入使学区工作顺利地纳入学生管理工作轨道，从而保证原有学生工作的连续性,方便学校相关部门对学区工作进行帮扶指导。当然这种管理布局也不是适合所有院校。对此,还有一种更加彻底的解决办法,即将学生会组织直接设立在各个学区之上,由校学区管理委员会和校团委直接指导各个学生社区的工作。

五是制度和机构设置要同步。为了学生社区工作的顺利开展,制定相关制度是必要的。但从目前学生工作的状态来看,能否保障学生社区管理委员会具有相应的学区管理权利,能否保障学生作为学区居民与学校、后勤等部门具有平等对话的权利以及能否保障学生通过民主渠道参与学区乃至学校相关事务是影响学区生命力的决定性因素。

六是细化管理规章,解决管理的薄弱环节。这对于多所学校组成的大学城管理尤为重要。一定要通过管理规章的细化与统一,避免不同学校在管理上的疏漏。现阶段,各地的学生社区建设面临许多新问题:如学生社区规划问题、党的组织问题、学生社团活动如何与学区管理结合问题、学区矛盾与纠纷是否应用法律手段解决问题等,这些问题都会现实地摆在大家面前。但无疑实行学区管理是符合高校教育规律的,它体现了思想政治教育与规律工作相结合,融于学生具体生活实践的德育原则,提高了学生工作的规律层次,有利于学生自立、自主、自强意识的培养,有利于为社会培养具有现代人文意识、现代生活观念的社会主义新型公民。

(4)准确把握高校学生社区化管理的发展方向。随着高校社会化改革的不断深入,高校学生社区化管理应该向哪些方面发展是目前需要讨论的重点问题。学生社区应该成为培养德、智、体全面发展的人才及"管理育人、服务育人"的重要阵地,应该是影响大学生成长、成才的重要环境和学校精神文明建设的窗口。因此,高校学生社区化管理应该成为高校改革的重点,有些传统的管理模式已不能适应高校的发展,学生社区化管理势在必行。从高校社区化管理的发展方向看,不断完善学生社区的教育管理机制,积极探索学生社区管理的新思路、新办法,建立与传统的班级管理模式差距较大的新型大学生社区管理模式是今后发展的方向。①智能化管理方向。管理智能化就是借助信息技术手段,建设学生生活网络和社区管理服务网络,用计算机等现代科学技术进行科学的管理和服务,体现高效管理,实施高效服务:将几栋学生宿舍形成的社区实行联网管理,学生进出公寓进行红外刷卡管理,减少管理人员,杜绝外来人员的进入;对社区内部的床位、电费、水费管理等都实行智能化管理系统;在此基础上增设学生社区BBS、公寓管理员信箱和住宿信息、电话号码、火车时刻、住宿费、超额水电费、卫生考评等网络查询功能,将现实世界、书本世界和虚拟世界有机结合,通过网络服务平台为学生提供更加方便快捷的生活网络服务。

学生社区的智能化管理就是建立智能社区进行各方面的管理，促使管理模式的合理化、管理方法的科学化。智能化社区的建立，对学生公寓的安全管理，尤其将学生进出、消防报警、用电负载识别等上升到了一个全新的层面。广泛运用计算机平台的自动化技术和智能化技术开展这些工作，可以大大提高管理效率、准确性、可靠性和安全性，还可以解决许多单靠人力不能解决的问题。通过实时微机管理，可以随时了解入住学生的基本情况和日常动态，形成服务方与学生之间的双向联系，形成社区管理信息的流通，推进管理科学化、智能化的进程。②

人性化管理趋势。人性化管理源自企业管理范畴，指以情服人来提高管理效率。通俗地讲，人性化管理风格的实质就在于充分尊重被管理者的自由和创造才能，从而使得被管理者愿意怀着满意或者是满足的心态以最佳的精神状态全身心地投入到工作当中去，进而直接提高管理效率。人性的管理是情、理、法并重的管理，而不是放任的管理。这种管理精神对高校的学生社区化管理同样适用。

人性化管理的核心是以人为本，充分相信学生的自我管理能力，应尊重学生的权益，鼓励学生的自主和创新，不能把学生当作没有思想甚至没有自主能力的群体。高校学生社区化管理要实现人性化，管理者首先要看到每个学生身上的闪光点和个性，以亲和的态度去了解他们，关心他们，教育他们，进而管理他们。比如，可以推进高校政工干部进入学生社区，学校选派优秀的学生工作干部进驻社区，与学生同吃、同住、同生活，社区老师经常深入寝室，了解学生的生活状况和思想动态，帮助学生解决实际困难，把解决学生的思想问题与解决实际问题密切结合起来。政工干部进社区，对转变政工干部的观念和学生的认识，加强学生与辅导员之间的沟通，拉近与学生的距离具有实效，能够真正做到使思想政治教育工作贴近学生学习、贴近学生生活、贴近学生心理，确保思想政治工作的有效开展。

人性化管理对教育管理者提出了更高的要求。要求管理者放下以上令下的特权，抛弃先入为主的视角，重新审视师生关系，科学处理制度与人的作用之间的关系。人性化管理要拒绝以制度和惩罚措施压迫他人的方式，而是以管理者自身的人格魅力去教育人，构建一种深层次的管理者与被管理者间的和谐关系。具体来说，学生工作部门和具体执行者要首先严格要求自己，做到制度制定的合理性、科学性和可操作性，制度执行的一致性和公平性，以及针对特定情况的灵活性。在接触到具体管理对象的时候要以人性的关怀和理解为管理动力，寻求二者间的良性互动，从而达到思想政治工作需要的效果。

第二节　高校学生社会实践化的管理与创新

一、高校学生社会实践化的管理

（一）社会实践化的重要意义

1.社会实践含义

高等学校的人才培养途径是多种多样的，其中正确引导学生参加社会实践就是其中重要的一种。在早期的大学里，人才的培养主要是通过在课堂上系统地传授理论知识来达到的。随着社会生产力的不断提高和发展，对教育和人才培养也提出了新的目标，那种仅靠传授理论知识的方式已渐渐显得不适应。因为现代化的生产过程不仅要求人才掌握大量的理论知识，而且还应该具有较强的动手和创造能力，具有科学的社会观和责任感，具有较高的道德素质和心理素质，这些方面仅靠课堂教学是难以完成的。所以，现代工业产生后，社会实践就作为一种重要的教育方式被引进大学的教育过程，其重要作用日益引起人们尤其是教育工作者的重视。

大学生社会实践是一种以实践的方式实现高等教育目标的教育形式，是高等学校学生有目的、有计划地深入现实社会，参与具体的生产劳动和社会生活，以了解社会、增长知识技能、养成正确的社会意识和人生观的活动过程。大学生社会实践是高等学校教育活动的重要环节，它与课堂教育相辅相成，共同完成高校的人才培养任务，实现学生的全面发展。

2.社会实践的重要意义

（1）是大学生树立科学世界观的需要。世界观是人们对世界的一般看法和根本观点。任何正常的人在其生活的过程中都会形成自己的世界观，但由于个人生活环境、所受的教育和影响不同，人的世界观也有很大差异。总的来说，世界观有正确和错误之分，要将正确的世界观理论化、系统化，变成科学的世界观。保证大学生形成正确的世界观并使之科学主要需要两个方面的努力：一是大学生要经常与社会接触，不断突破事物的表面现象，深入事物的本质，从而不断校正原来从现象上获得的肤浅的或错误的认识，使自己的认识符合事物的本质及规律；二是要对大学生进行系统的思维训练，通过学习前人正确的世界观理论，了解人们在世界观上容易走上歧途的种种可能，让大学生对自己的世界观进行经常的反思，并不断地充实新的科学的内容。因而社会实践对大学生建立科学的世界观很有必要。①参加社会实践活动是大学生确立唯物主义历史观的需要。大学生正处于青年时期，可塑性很强，是世界观、社会历史观形成的关键阶段。大学生系统的专业知识学习和思维训练，对于形成唯物主义历史观固然是大有帮助的。但就目前情况看，在校大学生年龄普遍较小，接触社会的机会不多，社会经验不足，大部分同学对社会的看法简单化、片面化、理想化，这对大学生形成正确的历史观十分不利。克服这一不利的根本途径就是让大学生走出校门，深入社会生活，在社会实践中了解社会，从实践中发现真理，使他们的历史观与现实生活相符合。

当然，社会实践中接触的都是具体的社会事物，不可能通过一两次实践就改变了对社会历史的看法。不过，处在形成过程中的大学生的历史观是容易发生变化的，一旦接触了较多的社会事物，加之正确的引导，就会使他们的历史观发生转变。众所周知，从政治理论课上学习历史唯物论只能学到"知识"，而要使知识转化为信念，使所学的理论真正转化为学生的历史观，必须通过社会实践。②参加社会实践活动是建立科学的价值观的需要。通过开展大学生社会实践活动，能够发现社会实践活动对大学生形成科学人生观至少有如下几个作用：首先，它可以帮助大学生摒除理想中不符合实际的因素，使他们正确对待个人与社会的关系，培养踏踏实实的工作作风；其次，它可以帮助大学生树立坚强的意志，培养无私奉献的精神；最后，它可以帮助大学生接近群众，深入群众，为走与群众相结合的道路打下良好的基础。③参加社会实践活动是培养社会主义信仰的需要。大学生在不久的将来，就会踏上工作岗位，成为祖国的栋梁之材，肩负起全面建设小康社会和实现中华民族伟大复兴的历史使命。因此培养大学生的社会主义信仰是大学生思想政治教育的首要任务。而对社会主义的感情仅靠读书是得不到的，必须从社会主义给我国带来的巨大变化、给广大人民带来的实惠中亲身感受和体验。

（2）是提高大学生能力的需要。当代大学生积极踊跃地参加社会实践活动，有利于弥补大学生的不足。当代大学生绝大多数是在学校的围墙中长大的，大都走的是从小学到中学再跨入大学的升学之路，从而造成他们的社会阅历浅、社会经验少、实践经验匮乏等弱点。只有在实践活动中，才能使书本知识与实践操作合二为一。事实证明，通过开展社会调查、科技咨询、信息服务、义务劳动等社会实践活动，不仅可以使学生的智力资源得到直接的、有效的开发，达到分数与能力的统一，而且，书本知识与实践的结合，还可以使个性不同的学生通过实践活动各获所求，各取所需，弥补大学生自身的弱点和不足。

（3）是知识分子与工农群众相结合的需要。回顾历史，凡是有所作为，有所创造的青年和知识分子无不投入到轰轰烈烈的社会实践中。许许多多的政治家、经济学家、教育家、军事家、文学家等都是在社会实践活动中茁壮成长起来的。他们在实践中身体力行，为人们提供了光辉的典范。所以，只有广泛、深入地参加社会实践活动，与广大工农群众相结合，才是大学生健康成长之路。

（4）是全面建设小康社会、实现社会主义现代化建设的需要。当代的大学生，将成为21世纪我国社会主义现代化建设的骨干力量，大学生参加社会实践，有利于他们在社会主义物质文明、精神文明、政治文明建设中大显身手，在专业知识社会实践、国情民情社会实践和树文明新风的社会实践中促进经济、政治、文化的平衡发展，从而为全面建设小康社会起到积极的推动作用。

（5）是大学生社会化的需要。社会化是指个人与社会生活不断调适，使个人由"自然人"发展为"社会人"的过程。大学生正处于社会化的最后阶段，显然，在许多方面已趋向成熟，但为了适应社会生活，仍需进一步学习，而首先就是要从社会实践学起。①社会实践可以增强大学生的社会责任感。很多高校组织学生到基层开展社会实践活动，使同学们提高了对改革的复杂性、艰巨性的认识，增强了他们的社会责任感。在社会实践中，越来越多的大学生认识到，社会需要的是热情的、直接参加这项伟大建设工程的人。通过社会实践，许多大学生克服了原来自视清高的习气，自觉并充满激情地投入到学习、生活和工作中。②社会实践可以推进大学生实现社会角色转变。社会实践活动能够帮助大学生找到自己和社会要求之间的差距，看到自身知识和素质上的缺陷，启发学生对自己进行重新认识和正确评估，促使学生重新确立自我价值实现的基点，在纷繁复杂的社会中找到个人和社会的最佳结合点。③社会实践可以促使大学生与长辈们沟通代际关系。在社会实践中，大学生以普通劳动者的身份，直接参加社会财富的创造活动，培养了他们尊重劳动成果、尊重父辈们的思想感情。在与父辈的沟通中，大学生被父辈们几十年如一日，努力改善家乡面貌的精神所感动。同时，在这样的过程中，父辈们也看到青年大学生的长处。总之，在社会实践中，两代人之间可以相互沟通和相互理解，彼此消除对对方的偏见，进而有效地促进两代人之间的有机结合。

（二）社会实践化的发展趋势

1.社会实践活动社会化

大学生社会实践活动作为教育活动的主要形式之一，具有三个基本的构成要素，即实践活动组织者、实践活动本体和实践活动主体。而这三个构成要素的社会化，则分别有其不同的含义。实践组织者的社会化，是指动员全社会的力量来关心、组织大学生的社会实践活动，这是实践活动社会化的基本条件；实践本体的社会化，是指具体实践活动过程的内容与形式，必须以社会需要和社会所提供的条件为基础，这是实践活动社会化的重要途径；实践主体的社会化，是指通过实践活动，把社会的价值体系内化为实践参加者（大学生）的价值体系，使之成为高度合格的社会成员，这是实践活动社会化的根本目的。由此可见，实践活动的社会化，就是指动员全社会的力量，组织以社会需要和社会所提供的条件为基础的实践活动，达到把大学生培养成为高度合格的社会成员的目的。

（1）实践活动组织者的社会化。从近年大学生社会实践的实际情况来看，社会实践活动凡是得到社会各界支持的，一般都取得了较好的成绩。但从发展的角度来看，当前社会实践活动社会化的程度还远远适应不了进一步发展社会实践活动的要求。社会实践活动的深入开展必然会出现人数多、空间广、时间长、效率高、内容实的特征，而这些特征的出现，必然依赖于社会各方更多的支持，具体有以下三点：①实践活动必须得到党和政府的支持。党和政府对人才的培养具有不可推卸的责任，且在人才培养方面占据重要地位。大学生的社会实践活动作为国家培养高层次人才的重要环节，必定会受到党和政府的关心和支持。②实践活动必须得到高校自身的支持。高校作为教育培养大学生的责任承担者，具有最直接组织学生社会实践活动的优势，而组织学生进行社会实践活动，又是高校完成人才培养任务的重要手段。因此，高校在组织大学生进行社会实践的过程中，应起到主导作用。③实践活动必须取得社会团体和企事业单位的支持。通过社会团体来支持社会实践活动，才能调动更多的人来支持实践活动；企事业单位作为高校学生未来的工作场所，具有作为社会实践活动基地的现实意义，而实践活动在企事业单位开展，又必须有企事业单位提供的种种便利条件。

（2）实践活动本体的社会化。实践活动本体是大学生有目的地与外界不断发展的现状发生联系，并相互作用的具体实践过程。这一过程是大学生不断强化自身本质力量，促进自身全方位社会化的重要途径。实践活动本体的社会化，正是指这一过程的内容和形式，必须以社会的需要和社会所提供的条件为基础。实践活动本体的社会化，应建立围绕教学的实践与其他方面的实践有机结合的理想目标模式。围绕教学的实践主要包括教学实验和教学实习等。这是一种配合课堂教学而进行的实践活动，它直接与学生所学知识以及自身具备的能力发生联系，是初级阶段运用最多、群众性最强的实践活动，也是学生进行其他方面高层次实践的能力准备环节。不应当过分追求其他方面的实践而忽视教学实验和教学实习。

其他方面的实践包括社会考察、社会服务、勤工助学等。这是间接地与学生所学知识和自身具备的能力发生联系，也是学生围绕教学进行实践的成果检验。这些方面实践的主要形式有社会调研、参观访问、旅游观光、技术培训、咨询服务、社会宣传、科技开发、挂职锻炼等。由于这些方面的实践和社会联系得更紧密，一般较受学生的欢迎，但必须注意使之在时间、资金、人力上同围绕教学的实践互不干扰，在学校统一布置的基础上使两者达到和谐的统一。

（3）实践活动主体的社会化。实践活动主体的社会化，实际上要完成的是大学生社会化的加速，是要将大学生培养成为高素质的社会成员，是要通过社会实践使大学生更快地在社会中汲取社会能量和获得社会信息，并通过各方面的自我调适，增强自身的能力和素质，完成自身全方位的社会化。而促进实践主体的社会化，必须注意以下几个方面，具体如下：①实践主体自身系统应具有开放性。开放性系统要求大学生不能在自我封闭的状态下自我满足，而是必须同自身周围的实践环境进行物质、能量和信息的交换，并依靠这种交换保证自身由不稳定向相对稳定过渡。而这种开放性不仅要求大学生确定高度责任感，而且要求大学生必须具备敏锐的接收、分析、处理和运用外界事物的能力，从而使自己在实践中不断得到发展和提高。②实践主体应不断进行自身角色的调适。大学生的实践角色与其社会期望角色之间，总有一定的角色差距。而大学生在实践过程中，由于自身是一个开放系统，就能够认识到这种差距并调整自己的学习和实践，从而使自己的角色得以实现，使自己大学阶段社会实践中的社会化任务得以完成。③实践主体应促成自身个性的形成。个性化是社会化的一个高层次组成部分，社会化中如果没有个性化的存在，就会变成统一化和模式化，就只能造就墨守成规的书斋先生，就会使人失去改造社会的生机和活力，失去创造性和开拓性。因此，大学生在社会实践中，应勇于思考、敢于发现、认真锻炼，促进自身个性的形成。

2.社会实践制度规范化

实践制度规范化的目的是使社会实践活动做到有章可循、有据可依，保证社会实践活动持续有效地开展。它的标志是具有权威、系统全面、切实可行并具有自我发展机制的实践制度体系的建立。

（1）实践制度的规范化是社会实践活动发展的必然趋势。人的思想认识不能代替规章制度，没有完善的、系统的规章制度，不注意实践制度的规范化，只凭各级实践组织者的临时决策组织实践活动，决策正确则可促进实践成果的取得；决策失误就会阻碍实践的深入。因此，要保证社会实践持续稳定的发展，必须改变人治局面，完善实践制度。

当前加强实践制度的规范化工作，不仅非常迫切，而且非常必要。首先，加强实践制度的规范化工作，有利于促使全社会的力量来共同关心、组织大学生社会实践活动，形成全社会组织大学生社会实践活动的强大"合力"。其次，加强实践制度的规范化工作，有利于实践组织的科学化。由于现实的实践基础已经存在，加强实践制度的规范化工作已成为可能。当前，各级党政群团组织、各个高校已开始了社会实践工作，不少企业也为实践活动的开展提供了资金、基地和其他各种方便，且近年来已制定了一些关于社会实践活动的规章制度，这些有利因素为强化实践制度的规范化奠定了较为坚实的基础。

（2）实践制度的规范化要求各级实践组织者必须制定出正确的实践制度。实践制度的规范化，绝不是各种实践制度的单独罗列，也不是各种实践制度的简单相加，而是要在各级实践组织者协同的基础上建立科学的实践制度体系。这个体系首先要求各级实践组织者正确地制定制度，同时要求制定的各种实践制度相互衔接，对于衔接不紧密的地方应及时加以调整。需协同的各级实践组织有以下几方面：①党和政府对实践制度的正确制定。在实践制度的制定方面，党和政府必须起到宏观统一管理制度制定的作用。要首先着眼于建立统一机构，实行统一规划，统一决策，统一目标，统一评价，促成社会实践活动的统一性、系统性、整体性、持续性，充分发挥社会各界的力量，保证社会实践发展的正确方向。同时党和政府作为核心的组织者，要协调各个单位部门之间的关系，激发各个单位部门的责任感和积极性。②高校对实践制度的正确制定。在高校，大部分社会实践活动是由思想政治工作部门（如学生处、团委、学生会）来组织实施的。由于学校、社会的各种因素的影响，其主要利用假期进行，由于缺乏制度和支援保障，严重制约了大学生社会实践活动的深化。要改变这种状况，就必须加强高校大学生社会实践中的制度化建设。首先，高校应将社会实践活动纳入学校教育、管理工作的体系中去，由相关职能部门组织落实；其次，将学生社会实践活动的表现以及成绩作为全面考核大学生素质的重要内容；最后，要建立相应的制度，提高教师组织、参与社会实践的积极性。③社会团体和企事业单位对实践制度的正确制定。在众多支持社会实践活动的社会团体（如工会、共青团、青联、学联）中，共青团起着众所周知的主导作用。在制定制度的过程中，团组织要通过量的指标确立各级团组织的组织实践任务，并通过对岗位职责的定期考核和将考核结果作为团的工作评价内容，来激发各级团组织和团干部组织实践活动的责任感和积极性。各企事业单位和农村基层组织，是大学生校外实践的主要基地承担者。因此，在制定实践制度时，首先要注意大学生的生活问题，如吃饭、住宿、医疗的安排；其次注意安排好学生的临时实践指导人或联系人，为大学生熟悉实践环境，完成实践任务创造条件；最后还要用客观的评价尺度对学生参加实践的表现作出科学评价，以备高校了解学生的实践效果。④各级实践组织者对实践制度的共同协调。大学生社会实践活动作为系统工程，要求各级实践组织者制定的实践制度必须协调一致，对于不能衔接的地方，应予以调整。各级实践组织者必须首先认真学习实践组织核心即党和政府所制定的实践制度，在了解统一规划、统一决策、统一目标的基础上，制定自己的实践制度，同时加强各方的沟通和联系。

（3）实践制度规范化的标志是实践制度体系的建立。在各级实践组织者对实践制度正确制定和共同协调的基础上，实践制度必然逐渐趋于规范化，而实践制度达到规范化的标志，是富有权威、系统全面、切实可行并具有自我发展机制的实践制度体系的确立。如果能够建立起具有这样特征的实践制度体系，就标志着实践制度已达到了规范化的程度。

3.社会实践组织科学化

作为系统工程的大学生社会实践活动，要获得最理想的效果，不仅取决于实践活动的社会化程度和实践制度的规范化程度，还取决于实践组织过程中的科学化程度。大学生社会实践活动作为高等教育的重要组成部分，社会将会对它提出越来越高的要求。而实践组织的科学化正是要通过不断地研究社会实践的基本规律，并严格遵循规律组织实践活动，来动态地满足社会的要求。因此，实践组织的科学化，就成为社会实践活动发展的必然趋势，它将贯穿于社会实践活动的全过程。

（1）实践目标设定和方案优选的科学化。实践目标设定和方案优选实际上是实践活动的设计过程，它将确立的是整个实践活动的蓝图和指南，因而也是整个实践系统工程释放最大量、最优化工程的基础环节。要使实践目标设定和方案优选科学化，就必须做到以下几点，具体如下：①实践目标设定基本科学。所谓实践目标设定基本科学，应包括三方面的内容：第一，要求实践目标的切实性，即实践目标的设定绝不是组织者一时意志冲动的结果，而是在对社会、学校、个人三方面要求深入调查的基础上做出的，通过努力可以达到的；第二，要求实践目标的层次性，这个目标又包括两个层次：一是总体目标，即培养社会主义事业的接班人，二是具体目标，它既是总体目标的具体化，又是总体目标的分解，规定具体实践活动所要完成的任务；第三，要求实践目标的发展性。由于教育活动周期较长的特有规律，实践目标的设定不仅要以现实为基础，还要以未来对人才需求的趋向为依据。②实践方案优选基本科学。实践方案优选的好坏，不仅关系着活动目标能否完成，而且决定着整个实践能否成功。一般来说，实践方案优选主要包括：首先，需要遵循方案设计的广泛性原则，即要从多方面、多角度设定方案。其次，实践方案优选还要遵循方案选择的民主性原则，即优选方案应征求实践组织者、实践参加者的意见。最后，实践方案优选需要遵循方案确定的最优化原则，即优选方案必须考虑到活动时期社会的需求、参与实践者的客观条件与主观性限制等。

（2）实践方案实施的科学化。实践方案实施的科学化，就是要尽量减少方案实施的阻力，以更好地完成已设定的实践目标。因此，要求实践组织者在实践活动本体运行前，必须注重实践客观条件的准备和实践主体的调适，如资金落实能否到位，实践基础的准备情况，实践指导老师的确定等；在实践活动本体运行中，必须注意对反馈信息的收集、整理、分析，并在此基础上对实践方案、实践活动本体、实践活动主体进行调控。

（3）实践成果总结的科学化。要达到社会实践培养社会化大学生的目的，就必须认真做好总结、消化、吸收工作，从而进一步深化社会实践的成果。具体实施如下：①加强社会实践活动各环节、各方面的考核。一要考核大学生在实践中的表现，包括参加社会实践的时间长短、态度好坏、所在单位的评价；二要考核大学生实践的收获，着重看学生认识国情、了解社会、认识自己的思想觉悟的提高和知识、智力、技能的提高；三要考核调查报告、心得体会的写作质量。同时，上级组织者还要考核下级组织者各方面的组织情况。②扩大成果，将单个的社会实践成果转化为大学生共同的精神财富。要举办社会实践心得交流会，让学生谈体会，交流实践感受；要举办实践成果展览，让更多人受到启迪教育；要举办跨校成果评比交流，让实践成果在不同高校间流通。③升华思想，把感性认识上升到理性认识。要重点抓大学生对坚持社会主义道路、树立为人民服务人生观、走与工农相结合道路重要性的认识；要重点抓大学生对艰苦奋斗重要性、改革开放重要性、解放思想重要性的认识。④在实践中体会和总结组织理论，并运用理论进一步指导社会实践。各级实践组织者，要通过实践组织理论的研讨、交流，进一步深化社会实践管理经验，使社会实践在广度、高度、深度上进一步发展，更好地为培养社会化大学生服务。

（三）社会实践化的实施

1.社会实践的形式

（1）参观型社会实践活动。这种社会实践活动通常是组织学生到风景名胜、工厂参观考察、座谈了解，虽然对学生能起到一定的教育作用，但这种方式与旅游参观有些类似，除了增进学生之间的友谊，加深学生对祖国大好河山的了解以外，能真正达到教育目的的可能较少。于是学校就把这种社会实践活动作为对优秀学生或学生干部的奖励，组织少量学生参加，但花费较多，取得的效益却不多。

（2）活动型社会实践活动。这种社会实践以文化、科技、卫生三下乡为主，通常做法是学校与某地联合，在某地以学校为主，组织几台文艺演出，动员群众前来观看，或组织大型的科技咨询、文化宣传、医疗服务活动。这种方式场面宏大，气氛热烈，影响也较大，但投入多，组织复杂，参与的学生也不是很多。

目前这种社会实践活动已成为学生社会实践活动的主要形式，但还需要改进。

（3）生产型社会实践活动。这种社会实践以本科高年级学生、研究生、博士生参加为主，他们参加生产活动的某一环节，成为其中的一员。既利用自己已有的知识促进生产的发展，又在实践中学到了书本上没有的知识，相得益彰。这种社会实践活动花费不多，但效果实在，达到了帮忙不添乱的目的，有较强的生命力。

（4）课题型社会实践活动。由学校老师牵头，各相关年级学生参加，组成课题小组，通过广泛深入的调查宣传活动，对课题进行攻关。这种社会实践活动学生参加的积极性比较高,而且能得到一定的社会资金支持,也能长期开展下去。

(5)挂职型社会实践活动。这种社会实践活动主要是以组织的形式到机关、社区、乡村担任各种职务的助理,做一些社会工作。这种社会实践活动受到机关、社区、乡村的欢迎,但目前参加的人数较少。

(6)学生自发型社会实践活动。学生在假期,通过参加社会招聘活动、上门自荐活动等形式,参加到各种社会生产活动中去,除体验社会生活的酸甜苦辣,还能利用自己所长,在为社会服务的同时取得一定的报酬,补贴学习或生活所需。这种社会实践活动除参加的学生较多,学校支出也不是很大,应该进行鼓励。

(7)互动型社会实践活动。这类实践活动的参与者既有大学生,又有城乡基层的市民、农民。在活动中,他们互为参照对象,通过相互学习、相互帮助,不仅双方共同获得进步,同时也促进了社会主义物质文明、精神文明、政治文明建设。

2.社会实践的活动内容

(1)社会调查活动。深入城镇、乡村,开展社会调查、考察;深入城乡各地、部队、科研院所、企事业单位开展社会考察和社会调查活动,从而引导学生了解社会、了解国情,同时对社会和企业的发展献计献策。社会调查和考察的直接目的是了解社会的实际情况,认识社会现象的本质及其发展的客观规律,是一种搜集和处理社会信息的方法,在现代社会具有越来越重要的作用。当前,大学生社会调查逐渐向专题化、重效益、重应用方向转化。

(2)科技服务活动。科技服务活动面向经济建设主战场,面向城镇社区、县乡的中小型企业、乡镇企业,结合所学专业,发挥技术特长,在教师的指导下开展科技攻关、工程设计、科技成果推广、科技咨询和技术服务等活动,使科学技术为现实生产服务。

(3)文化服务活动。深入城镇社区和贫困乡村,开展文化培训、科普讲座、法律宣传和咨询活动,服务社区和乡村的两个文明建设。

(4)公益劳动和文明共建活动。包括校内公益劳动,校外社区服务活动,与企事业单位、部队、科研院所、乡村、居民委员会等单位开展其他形式的文明共建活动。

(5)互动活动。大学生党员与城市社区党员、农村基层党员、企事业单位党员在建立党的先进性教育长效机制中的互动活动。

(6)信息服务活动。信息服务是指通过一定的途径把人才、工农业、科学技术及社会生活等方面的信息资源的开发利用情况提供给被服务单位,并把被服务单位的信息传递出去,以期取得一定的人才效益、社会效益和经济效益。大学生通过在校学习所掌握的专业知识,可以通过开展信息服务把信息资源的开发过程及成果传播到各个领域，进一步加以利用，在信息资源的开发利用之间架起一座桥梁。

（7）勤工助学活动。勤工助学对学生个人和国家都有重要的意义，对个人而言，它有助于学生个人的成长和成才；对国家而言，它有助于国家高科技人才的培养，有助于国家教育制度的改革和教育的不断发展。例如，在假期，通过做兼职教师、推销员、打字员、秘书、酒店服务员等工作，一方面，可以在一定程度上解决贫困生的经济问题；另一方面，也是高校开展社会实践活动、培养学生自立自强精神的有机组成部分。

（8）教学实习活动。教学实习是教学计划内的社会实践，是在教学计划规定的时间内进行的，要求每个学生必须参加并取得学分，是实现专业培养目标、保证人才规格质量的必修课。教学实习，包括认识实习、生产实习、毕业实习等，是理工农医等专业大学生参加社会实践的主要形式，是把生产劳动引入教学，对大学生进行思想政治教育、职业道德教育、专业教学和职业训练的基本环节。

二、高校学生社会实践化的创新

（一）社会实践理念的更新

新时代不仅对大学生有了新的要求，同时赋予了大学生社会实践新的任务，要适应时代，就必须实现大学生社会实践理念上的更新。

1.将大学生社会实践与建设社会主义新农村的需要结合起来

社会主义新农村的建设包括新农村的经济、政治、文化等诸多方面的内容。如何建设社会主义新农村，显然仅靠国家投入资金是不够的，广大农村还必须投入更多的智力资源、文化资源。而大学生是掌握着一定基础知识和专业知识的青年知识分子，他们的参与无疑会有效地促进社会主义新农村的建设。大学生加入社会主义新农村的建设中，又会为他们的专业知识提供用武之地，使他们的实际能力得到提高。将大学生的社会实践与建设社会主义新农村的需要结合起来，意味着在观念上要对大学生的社会实践有一个更新或变革，即要从过去单方面地将大学生作为社会实践的受动者——通过社会实践提高工作能力，培养良好的思想品德，转变为大学生既是社会实践的受动者，又是社会实践的"受动者"——大学生作为科技知识和精神文明的载体在实践中去建设社会主义新农村。

2.将大学生社会实践与城市社区精神文明与政治文明建设的需要结合起来

当把大学生既看作社会实践的受动者又视为社会实践的"受动者"时，就应充分利用大学生这一科技知识和精神文明的载体，将其运用到变革社会的活动中去，将大学生的社会实践与城市社区的精神文明和政治文明建设的需要结合起来，持久、稳定而有效地开展社会实践教育活动，使大学生在促进城市社区精神文明与政治文明的社会实践中，自身也得到提高和锻炼。在这类社会实践活动中，大学生可以将高校思想政治理论课中所学习到的内容应用于实践活动中，既能将知识活用，又能深化理论认识，同时还可以通过自身努力，促使社会变革，成为推动社会文明进步的重要力量。

（二）社会实践载体的创新

1.建立大学生党员城乡基层接待室

如重庆交通大学，就在农村和城市社区建立大学生党员接待室，将城乡基层大学生党员接待室既作为保持大学生党员先进性长效机制的一种载体，又将其作为大学生党员和入党积极分子参与社会实践的载体。这种城乡基层大学生党员接待室既可成为大学生党员和入党积极分子了解社会的窗口，又可成为向工人、农民、市民宣传党的知识、党的政策以及国际国内政治、经济、社会形势的重要阵地，大学生还可在这个载体中与广大群众打成一片，为构建和谐社会贡献自身的力量。

2.建立大学生社会实践临时党支部

它也是重庆交通大学在大学生社会实践探索创新中建构的一个新生事物。通过建立大学生社会实践临时党支部，能增强党对社会实践的领导，并将党的意志、政策、主张贯穿于整个社会实践的全过程中，从而使整个大学生社会实践产生更大的政治文化效果和影响。

第三节 高校学生管理工作的信息化建设研究

当今社会，在科技潮流、时代背景的推动下，国家越来越重视高等教育，高等学校的入学率也在逐年提升。学生数量的提升也带来了很多的问题，其中最重要的问题就是学生数量多，随之学生的管理工作也变得很困难。管理工作者应该利用网络信息传达速度快、效率高、准确性高等特点展开学生的管理工作，建立适合高校学生的管理体系。大学生的日常生活和学习都离不开网络，学生会利用网络做各种自己想做的事情。现在普遍的社会现象是大学生们都非常依赖网络，依赖信息化时代，网络也具有很多优点，就为高校学生管理者的管理工作信息化建设提供了很大的便利和支持，使得高校学生管理工作的信息化建设更加容易开展。

一、信息化建设对高校学生管理工作影响深刻，意义重大

做好高校学生的管理工作对学生的各个方面的发展都很重要，因此，国家高度重视高校人才的培养。而对于各个高校来说，管理学生的工作无疑是最重要的。当今社会，是信息化迅速发展的一个阶段，各行各业都重视信息化建设，高校也应该顺应时代发展潮流，做好高校学生管理工作的信息化建设。

高校做好学生管理工作信息化建设在一定程度上促进了社会信息化的发展。如今科技的发展使各种信息变得复杂，信息的真假也难辨别。因此需要高校学生管理工作者从安全、便捷、快速等方面做好信息化建设工作，那样受益的就不仅是管理工作者，还有高校学生们。管理者能够更加方便、快速、有效地去展开管理工作，同时学生们也能够及时获得信息，能够及时地做出各种安排。管理工作的信息化建设也是学生人身安全的一种保障，虽然说大学生已经是成人，不需要太多的管理，但是大学生们涉世不深，难免会出现一些人身安全、财产安全等安全问题，这就需要经验丰富的学生管理者提供帮助，而信息化系统的成功建设就起到了这种作用，能够让管理者及时知道学生所遇到的问题、及时解决问题。同时假如学生遇到什么危险，也能够及时求助学生管理工作者，保障学生的安全。由以上可见，信息化建设对高校学生管理工作极其重要，信息化管理也能发挥自身优势，因此，只要能够将这种管理方式灵活运用，高校管理工作的未来会更加美好、更加容易。

二、寻找合适的方式方法展开信息化建设

做任何事情，都需要注重方式方法。只有用对方法，才可以高效地完成所要做的工作。高校学生管理工作也是同样的道理。现在，高校学生的电脑、手机普及率非常高，几乎每人手持一部手机，每人都会有一些社交软件，这为学生管理工作提供了很大的便利，管理者可以合理地利用这些软件展开信息化管理，这就需要高校教师跟随社会发展的步伐，学会高效地利用这些软件。

高校的教务系统是学生学习和生活必不可少的信息化系统，而且学校的教务系统足够安全，学生们也会更加相信教务系统所发布的信息，管理者可以灵活使用教务系统，利用教务系统发布一些通知等，既方便又安全，学生也不用去担心信息的真假，这就使学生的管理工作变得规范化、安全化。例如，中国矿业大学的学生管理者就将学生活动、学业通知等发布在学校教务系统上，学生和管理者都有各自的账号，学生有什么疑问可以直接在教务系统上发布私信联系管理者，同样，管理者也可以发私信给学生，及时地和学生联系，及时地了解情况。由此可见，方法真的很重要，各个高校的学生管理者应该努力去寻找适合自己学校学

生的信息化管理方式，因生制宜才是最正确的方式。

三、及时发现并解决信息化建设中所遇到的问题

现在管理者的管理工作通常是通过微信、腾讯QQ等社交软件展开的，学生们现普遍会用这些软件，但是这种聊天群的交流方式也会出现各种问题。所以，这就需要高校管理者在平时开展学生的管理工作时要做到细心、仔细。学生管理者应该通过观察学生的行为、语言等及时发现问题，及时解决问题，只有这样，才可以及时地解决一些隐私性问题，才能避免在如今信息化发展过快的潮流中忽略一些问题，才能避免管理工作因出现失误而造成不必要的麻烦。

综上所述，高校学生管理工作的信息化建设非常重要，管理者要足够重视，紧跟信息时代发展潮流，积极地学习信息化知识，以学生为中心，以建设信息化管理方式为手段，认真地思考学生管理工作的方式方法及途经，同时积极寻找最适合本校实际、学生乐于接受的最高效的方法，那么高校学生管理工作的信息化建设就会很容易开展。

第四节　高校学生管理工作中的奖惩手段与创新

一、高校学生管理工作中的奖惩手段

（一）奖惩在行政管理中的重要手段

1.奖惩在学生行政管理中的具体运用

激励是管理学和管理心理学中的一个重要概念。所谓激励就是指通过一定客观刺激，增强人的行为的内在动力，促使个体有效地达到目标的过程。所以激励是激发人的行为动机的心理过程，也可以说激励过程就是调动积极性的过程。

在学生行政管理中，奖励就是从正面来肯定学生思想行为中的积极因素，根据有关规章制度给予精神或物质上的正面刺激，以达到鼓励先进、发扬正气之目的。惩罚（处分）则是从反面否定学生思想行为中的消极因素，根据不良行为的情节轻重和纪律规定给予教育或处理，以达到明辨是非、纠正错误、促进转化之目的。当某一学生的行为受到肯定，得到鼓励时，他们心理上就会得到某种满足，一般情况下能激励他们沿着同一方向产生更高层次的要求，激发他们更加努力地工作；而当某一学生的行为受到制止时，由于触动其自尊心，受到教育时，一般都会检讨自己的行为原因，纠正自己的行为。

由此可以看出，奖励和处分主要是通过支持、鼓励或制止、清除学生某种行

为，以外部刺激的方式对人的行为起着加速或延缓的作用。奖励或惩罚在这里是作为一种措施在学生管理中实际运用。在学生行政管理的实际工作中，奖励激励的运用较为普遍，而惩罚激励似乎不大好理解。实际上作为外部刺激的惩罚与调动人的积极性的作用之间存在着辩证统一的关系。激励本身包含有激发的作用，惩罚从某种意义上看就是一种与奖励不同角度的激发，当某个学生受到处分时一定会产生不愉快的情绪，必然会引起心理上的紧张不安和内心矛盾的斗争，这种内心矛盾的激发，可以促进其产生周密细致的思考，从而分清是非，痛改前非，抑制不良的思想行为。因此，惩罚也是一种积极的、可以催人上进的外部刺激，也就是说处分本身就是对违纪学生的一种激励。在高校学生管理工作中，有效而正确地实施奖惩激励，不仅可以激发学生成才进取，调动学生积极性，而且可以严肃校纪，整顿校风。

2.奖惩在学生行政管理中的重要手段

高等学校学生管理必须按照规定的培养目标，对学生的德、智、体全面负责。高校学生管理工作涉及学生的政治思想、生活、学习等各方面，它渗透到家庭、社会及学校内部的教务、科研、后勤等各个部门，因此学生的管理工作应该是全方位的齐抓共管。

学生管理工作必须统一规划，多方协调。高等学校培养学生，既要依靠教育，又要依靠管理，两者相辅相成，不可分割。教育是管理的前提，管理是在教育基础上的管理，教育是培养高质量人才的直接手段，管理则是达到教育目的的基本保证。

从一定意义上讲，管理也是教育，同样是为培养人才服务。因此，要达到预期教育目的，必须在培养学生的各个环节上，将教育与管理有机结合起来。只有这样，才能培养出有理想、有道德、有文化、有纪律的优秀人才。高校学生行政管理的主要方法就是褒扬和惩治两个方面。对遵守管理制度，其行为符合规范的学生集体和个人予以表扬；相反，对违反管理规定，其行为不规范的集体和个人，要有明确的限制措施，并要有严厉的处罚制度约束。奖惩在高校学生管理中的主要作用有以下三个方面，具体如下：

（1）奖惩是实现高校人才培养目标的重要途径和必不可少的手段。高等院校是培养人才的场所，培养和造就德、智、体全面发展的社会主义现代化建设人才，是高等院校一切工作的出发点和归宿，也是高等院校的人才培养目标。学校管理培养的好坏，直接关系到培养人才的质量和人才培养目标的实现。在整个学生管理工作朝着管理目标连续地、有序地运行过程中，奖惩作为一种强化手段，不仅可以激励学生，调动学生的积极性，而且可以规范或强化学生的行为，使其朝着德、智、体全面发展的成才方向发展。所以，正确而有效地实施奖惩有利于高校人才培养目标的实现。

（2）奖惩有助于更好地做好学生的思想政治工作。思想政治工作是做好一切工作的保证，学生奖惩工作作为学生管理的重要内容，当然也离不开思想政治工作。奖惩作为一种手段，其目的在于教育学生，明确是非界限，所以，当思想政治教育工作与奖惩工作紧密结合起来的时候，就会大大增强教育的效果。比如通过对学生的奖惩，可以为学生思想政治工作提供具体生动的事例，使思想政治教育内容具体化，提高思想政治教育的功效。因此通过对具体事例的奖惩，可以使学生切身体会到规范地遵守学校规章制度会获得荣誉，而违反学校纪律会受到处罚。奖惩的实质就是在明确提倡什么，反对什么。所以，正确的奖惩，客观上就树立了典型，这不仅使被奖者受到鼓励，还能在周围的环境中产生巨大的社会效果，以激励他人上进。正确地实施惩罚亦是如此，它不仅能使少数犯错误的学生吸取教训，改正错误，而且可以使其他人引以为戒。

（3）奖励有利于良好校风、校纪建设。一所学校的校风校纪，是该校办学指导思想和教育目标的集中反映，是一种无形的教育力量。它对于学生的学习态度，思想品德的培养以及世界观的形成是有深刻的影响的。但反过来，一所学校良好校风的形成，又必须借助于科学的学生行政管理，其中包括有效的奖励与惩罚。

要建设和形成一个良好的校风，必须以严明的校纪和一系列的规章制度为基础。严格科学的学生行政管理和正确的奖惩激励，都可以使学生把各项规章制度和纪律变为自觉行动，并由各个个体行为逐渐形成集体的风气。在这里奖惩作为一种激励措施和管理手段，以它特有的刚柔相济、令行禁止等独特功效促使良好校风的形成。

3.奖惩在学生行政管理中的辩证关系

奖励和惩罚作为高校学生行政管理的重要手段，与思想政治教育的其他方法相比，具有明显的刺激特点，其社会影响更为广泛。因此，正确地运用奖励和惩罚的方法，是使人们的思想意识和行为习惯适应社会主义政治价值体系的有效手段。

奖励与惩罚是紧密相连的。在高校学生行政管理中，奖励与惩罚是同一强化过程的两个方面，二者相互联系，不可分割。但是，奖励与惩罚又是相互区别的。在确定的时间和空间范围内，在针对具体事件进行奖励与惩罚时，奖励就是对人的行为的肯定过程，惩罚就是对人的行为的否定过程，二者相互区别，不可混淆。

（二）奖惩制度的内容

1.奖惩的意义

奖励与惩罚是对学生已经完成的思想或行为的两种评价方式。奖励，是对学生所做的于社会、集体和他人有益的思想和行为的肯定评价,是从正面肯定学生思想和行为中的积极因素,起到表彰先进、树立榜样、发扬正气的作用;惩罚,是对学生所做的于社会、集体和他人有害行为的否定评价,是用于使受惩罚者认识和改正自己错误行为的方法。奖励与惩罚是大学生思想政治教育方法中的一个重要环节,是高校学生行政管理的重要手段。

2.奖惩的主要形式

(1) 奖励的主要形式。我国高校目前实行的是精神奖励和物质奖励相结合,以精神奖励为主的办法。奖励有精神奖励和物质奖励,前者分为口头表扬、通报表彰,发给奖状、奖章或授予荣誉称号等,后者有奖学金、专项奖学金和纪念品等。

精神奖励是奖励的主要内容。对平时学生学习、生活中出现的好人好事,教师及思想政治工作者、行政管理部门应及时给予表扬或通报表扬,在校内外有重大影响的先进人物及事件,则应给予表彰。物质奖励是奖励的重要内容。目前我国高校实行的一般都是奖学金制度,一般有奖学金、专项奖学金和特殊奖学金三种。奖学金有国家规定的奖学金和社会团体、知名人士捐赠、设置或以社会知名人士名义集资的基金两种,用于奖励品学兼优的学生,专项奖学金是为某一种活动或某一方面的事项而设定的,用于奖励为这些活动或在这些事项中做出优异成绩的学生;特殊奖学金是随机性的,用于奖励在某一方面或某领域做出特殊成绩,或在校内外有积极影响的突发事件中的有功学生,亦可称为单项奖学金。物质奖励的方法主要是将学生的学习、表现与其经济利益结合起来,直接触及学生的物质利益,从而调动学生的学习积极性,也可以与其将来的就业结合起来。

(2) 惩罚的主要形式。奖励与惩罚,二者是相辅相成的。惩罚的作用首先是使对真、善、美起阻碍甚至破坏作用的事件、行为受到遏止,树立正气,抵制邪气,保障师生员工的正当权益,维护正常的教学、生活秩序,其次是训练大学生对假、恶、丑的判别能力。

惩罚主要有警告、严重警告、记过、留校察看、勒令退学、开除学籍等几种,具体如下:①"警告"是教育部关于高等学校学生奖惩规定中最轻的行政处分,一般适用于初犯、偶犯和情节轻微者。对于情节特别轻微的,可以给予批评教育或校、系通报批评。需要注意的是通报批评不是处分,仅带有教育性质,且材料不归入学生档案。而警告是一种处分,它和其他几种处分一样,既带有教育性质,又有强制性,是责令其改正错误,保证不得再犯,并在毕业时将处分决定归入该生档案。②"严重警告"和"记过"一般适用于情节较轻,但有一定影响者。③"留校察看"一般适用于情节较重,影响较大,但尚能教育好的学生,留校察看期一般为一年。"留校察看"既是一种较重的处分,又是教育人、挽救人政策的充分体现。受留校察看处分的学生，在察看期间对错误有深刻认识并有进步表现，可按期解除察看期。按期解除的前提条件是，违纪者必须从思想深处真正认识到错误的严重性和危害性并能改正错误，而不是单纯的书面检讨。对受留校察看处分的学生，在察看期内，如有突出先进事迹，可提前解除察看期。这里所说的"突出先进事迹"是指具有表彰性或奖励性的事迹，如检举揭发坏人坏事和违纪行为，或达到学校规定的享受一等奖学金条件，或经常性地帮助别人、关心集体，并为领导和群众所公认等。对受留校察看处分的学生，经教育坚持不改或在察看期间犯有违纪错误的，则应给予勒令退学或开除学籍的处分。注意上面所说的留校察看处分的"解除"，是执行处分的正常程序，不是撤销处分。④"勒令退学"一般适用于情节严重，影响很大或屡教不改者。⑤"开除学籍"一般适用于情节特别严重或受刑事处罚者。学校处分学生的目的在于教育学生，惩罚并不在于惩罚的严厉，而在于惩罚的不可避免。因此一般情况下，处分学生应以保证学习为前提，迫不得已的情况下才使用"开除学籍"，同时还要注意，学校对学生的违纪处分只具有行政后果，而不得剥夺受处分学生的人身自由。

惩罚除了以上讲的这几种处分外，一些学校也还辅助以经济的方法处罚学生，一般有罚款、扣发或者取消奖学金、减免助学金或者贷款等，处罚的对象一般都是违反校纪校规，思想表现和学习成绩都达不到基本要求但又不够处分条件的学生。这种经济处罚学生的方法，实际是对学生行政管理方法的补充，它所起的作用是行政方法难以替代的。经济处罚有时亦可与行政处分共同实施。

3.奖惩的主要内容

（1）奖励的主要内容。大学生在校接受奖励的主要内容有学习、文艺、体育、卫生、社会实践等方面以及奖励社会工作积极分子。

在学习奖励方面，许多学校都设立了学习优秀奖，主要是奖励一学年内各门功课成绩均达到优秀的学生；在文艺、体育方面的奖励主要是针对学生课外活动设立的，以此来活跃他们的生活，发展他们的思维，开阔他们的视野。各高校近年来大都开展了诸如艺术节、运动会之类的大型学生文体活动，内容丰富。时间长者一月，短者一周，并根据活动内容设立了各种各样的奖励项目；在卫生方面的奖励多是针对大学生宿舍建设方面设立的。学生宿舍是学生学习、生活的一个重要场所。为督促学生养成良好的卫生习惯，许多院校都开展了创"文明宿舍"活动或"星级寝室评比竞赛"等活动，这些对于学生宿舍的精神面貌及卫生状况的改善起到了很好的促进作用。

"社会实践奖"主要是为了鼓励学生走出校门，到社会实践中去学习，在实践中加深对国情的了解，注重实际能力的培养而设立的。"优秀学生干部奖"是专为学生干部设立的，其目的主要是通过奖励的方式对学生干部的工作成绩给予肯定。

(2)惩罚的主要内容。根据大学的学习、生活特点，惩罚主要有以下几点内容：①在政治原则方面包含的内容有：反对四项基本原则的反动言论和行为者；参加各种非法集会的活动者；私自结社或出版非法刊物者；扰乱社会秩序，破坏安定团结等。

良好的社会秩序和安定团结的政治局面是进行社会主义建设的必要条件，也是学校完成培养社会主义现代化建设合格人才任务的必要条件。因此学校应禁止任何人利用任何手段扰乱正常的教学秩序和社会秩序及破坏安定团结的政治局面。一般来说对于违反以上原则要求的均可酌情给予勒令退学或开除学籍的处分。②学生处分内容还应涉及学生可能违反法律、法令、法规或受到司法、公安部门处罚的行为。

一般来说凡被司法机关处以警告或罚款（不包含交通违章罚款）者，根据情节，可给予警告或严重警告的处分；凡被司法机关收审（经审查纯属无辜者除外）或处以行政拘留者，学校可根据情节给予记过、留校察看、勒令退学的处分；凡被司法机关处以拘役、管制、判处徒刑（含缓期执行）或劳动教养者，给予勒令退学或开除学籍的处分。

司法机关所处的"警告"是对违反治安管理行为最轻的处罚，"罚款"是对违反治安管理的人，限令在一定期限内缴纳一定数量货币的处罚。要注意，"罚款"与"损害赔偿"不同，损害赔偿不是一种处罚，而是指违反治安管理的人，对公私财产造成损失或对他人人身造成轻微伤害，依照法律规定应承担赔偿损失的责任。违反治安管理行为的"警告"或"罚款"，通常是性质和情节较轻的行为，应给予较轻的校纪处分。而对于违反交通管理而情节轻微的行为被司法部门处以警告或罚款的，可给予批评教育而不给予处分。

"行政拘留"是司法机关对违反治安管理的人在短期内（1日以上15日以下）限制人身自由的一种处罚，也是治安处罚中最重的一种处罚，可根据实际拘留时间长短、错误情节及认错态度给予记过以上处分。

"劳动教养"是对违反法纪后果严重，但不够判刑的人施行强制教育改造的一种措施，它是一种比拘役更重的行政处罚，且劳动教养的时间较长（1~3年），故一般应给予勒令退学以上的处分。③在校纪校规建设方面对学生的处分应包含以下几点内容：一是破坏公共财产。破坏公共财产主要是指损坏、破坏公共财物的完整性或使公共财产丧失部分以至全部使用价值的行为。这种行为的特点是出于其他个人目的的破坏公共财物。破坏公共财产处分的级别既要根据破坏公共财物价值的大小，还要根据破坏公共财物的手段的轻重程度等来决定。过失损坏公共财物的行为，一般应按损坏价值大小予以赔偿，但这种赔偿并不是处分。二是扰乱宿舍、课堂、食堂、考场、会场、图书馆、影剧院及其他公共场所秩序，妨碍学校或上级工作人员履行公务的，应根据情节轻重给予相应的行政处分。三是在校内从事买卖活动和从事与学生身份不相符合的以营利为目的的经商活动者，除没收其商品外，亦应视其情节及贩卖商品数额的大小给予相应的行政处分。

（三）奖惩考核体系的建立

1.实施奖惩的工作依据

目前，我国高校奖励工作多采取通过对学生素质的综合测评来进行。各校制订的综合测评的实施方案，实际上就是对学生德、智、体诸方面进行全面考核的一个指标体系。因此，各高校能否建立合理的考核体系，是衡量学生考核工作是否成功的重要标志，也是开展学生奖惩工作的基本前提。

学生综合测评内容基本上是按德、智、体三个大的方面进行考评。但是在具体实施过程中，智育和体育方面容易量化，而德育方面的考核工作是一个难度较大的问题，因为这里有一个"量化"的问题。大学生政治思想测评量化问题，目前全国各高校都处在一种探索和尝试过程中。人的思想政治品德，有其外在表现的一面，也有其内在心理素质和道德涵养的一面。这两个方面，特别是后一个方面，是比较难量化的，起码是不能简单量化的。近年来，围绕大学生思想品德测评问题，高等学校思想教育部门及行政管理部门的同志进行了许多探索和尝试。

（1）大学生德育的量化考核。目前全国高校的德育量化工作，一般的做法都是从学生思想品德的实际出发，把德育考核分解成两部分，即基本素质（一般量化定为60分，称为基础分）和参考附加分（量化分为正分和负分两种类型），即德育成绩等于基础分60分加上考核附加分（正分或负分）。德育考核附加项的内容各校不尽一致，但大体都包括以下几个方面的内容，具体如下：

一是形势任务方面的内容，如参加时事政治学习和党团组织生活及校、系、班三级组织的集体活动的出勤情况。

二是学习态度方面的表现情况，如按时上下课，及时完成作业，遵守课堂纪律、考试纪律等方面的情况。

三是文明礼貌方面的内容，如尊敬师长，团结、关心、帮助他人的表现情况，以及个人卫生、宿舍卫生、爱护公物、维护公共秩序等方面的情况。

四是为同学及社会服务方面的内容，如担任学生干部和其他社会工作的情况。

五是大学生社会实践方面的内容，也有将近几年在大学生中开设的形势与政策、法律基础知识、人生哲学、大学生修养等课程的成绩纳入德育考核范围的。

（2）大学生的智育考核。智育考核的一般做法都是以学生全年各门课程考试成绩为依据并设附加奖励分，即智育成绩等于本学年各门课程总成绩除以本学年课程总门数后的得分再加上奖励分。智育考核的奖励分一般是指课堂以外的专业学习及科研情况，如发表论文、参加专业知识方面的学习竞赛或某种发明创造等。

（3）大学生的体育考核。大学生的体育考核主要是依据学生的体育课成绩、参加课外文体活动、早操出勤等方面的情况进行考核，有些院校将劳动课及义务劳动等方面的内容加入了该项考核。体育成绩考核也应确定基础分，即体育成绩等于基础分60分加上附加分（正分或负分）。

（4）大学生综合测评总成绩的确定。大学生德、智、体三方面总成绩的计算，即把德、智、体三方面分项考核的成绩乘以各自所占的百分比，然后相加，即是大学生的综合测评总成绩。德、智、体三方面各自应占多少比例，各校可以自行研究确定。大部分院校德、智、体三方面的所占比例一般为德育占30%，智育占50%，体育占20%。

2.实施奖惩工作的内容

大学生奖惩工作与思想政治工作或其他工作相比，具有明显的刺激特点，其社会影响更为广泛。因此大学生的奖惩工作就具有很强的政策性。在大学生奖惩工作中，应具体注意以下几点：

（1）惩罚要有依据。对大学生的行为管理，主要依据国家规定的培养目标和各级主管部门及学校制定的规章制度、行为准则和有关规定。近年来，国家教育行政主管部门颁布了《普通高等学校学生管理规定》和《高等学校学生行为准则（试行）》《高等学校校园秩序管理若干规定》等有关高校学生行为管理的办法及准则等。这些规定、准则是高校进行科学管理的最权威的依据。各高校应根据这些规定、准则结合本校实际情况制定若干细则和准则、条例，从而使学生管理工作有章可循，按章办事，以避免和克服管理工作中的随意性。

有了规章制度后，还要广为宣传。要像全国普法教育那样，在大学生中进行校纪校规教育。有条件的学校，还可将有关学生管理方面的条例、规章制度及办法汇编成"大学生手册"，让每个学生知道哪些事可以做，哪些事不可以做，从而使这些规章制度真正成为大学生的思想和行为准则。

（2）奖惩要有人执行。规章制度建立后，具体的贯彻实施则十分重要，规章再好，不能落实则是一纸空文。因此建立一支训练有素、相对稳定的学生管理工作队伍，才能真正适应学生管理工作的需要，才能真正使奖惩这个学生行政管理手段发挥出它的作用来。

许多高校的同志都不太愿意做学生管理工作，具体来说是学生管理干部与校内其他专业技术人员不享受同样的待遇，不能评聘相应的技术职务。因此各高校党政领导应重新评价和正确认识学生管理工作的地位和作用，增强学生管理干部的光荣感、责任感，从而选拔一批思想政治素质好、吃苦耐劳、具有一定的理论修养和实际工作经验，热爱学生工作的同志从事学生管理工作，并能定期从学生管理干部中选拔一批同志外出进修或去教育行政管理学院脱产学习，并注意改善学生管理干部的工作条件和生活条件，以解决他们的后顾之忧。

3.大学生处分的管理及报批程序

（1）大学生的处分管理。大学生的处分一般均由学校行政部门具体管理和实施。从大学生所受处分的行为特点来看，一般涉及学校以下三个部门：教务处、保卫处、学生处。

对于学生无故旷课、考试作弊等教学管理制度方面的违纪行为一般应由教务处协同系级组织调查处理；对于学生违反国家法律、法令、法规，偷窃、诈骗、打架斗殴，扰乱宿舍、课堂、食堂、考场、会场、图书馆、影剧院等公共场所秩序的违纪行为一般应由校保卫处协同系组织调查处理；学生其他方面的违纪行为则一般应由学生处协同系级组织调查处理，如伪造涂改证件等行为。学生处分不管由哪个主管部门处理，违纪学生处分的情况汇总工作一般都应由学生处全面负责。

（2）大学生处分的报批程序。发生学生违纪现象后，该生所在系应积极帮助班主任（年级辅导员）做好调查了解、讯问及取证等工作，后由该班班主任召集班委会研究讨论，提出处理意见，报系行政，系行政则应根据学校有关学生违纪处分规定，讨论提出具体处分意见，并按违纪的行为特点报学校有关部门复议。

警告、严重警告处分由系里提出处理意见，学校主管部门讨论决定。记过以上的处分，则先由系里提出处理意见，学校主管部门复核，提交校行政会议讨论决定；勒令退学、开除学籍的处分，应报省、自治区、直辖市主管高教部门备案。其中因政治问题而作出勒令退学、开除学籍处分的，须报经省、自治区、直辖市党委有关部门同意，由省、自治区、直辖市高教主管部门审批。学生的处分决定均应归入本人档案，不得撤销。

另外在学生处分的实施过程中要注意，在处分决定下达之前，应将处分决定以书面或口头形式通知被处分的学生，被处分的学生应在处分决定意见书上签名，并注明"同意""保留意见""要求申诉"等字样。被处分的学生如不服，可以在接到通知后，向有关部门提出书面申诉。有关部门在接到申诉后，应进行复查，给予答复，如处分不当，应予以纠正。申诉是学生的一项民主权利，应当正确对待，不能认为申诉是无理取闹，更不能由于申诉而加重处分。

（四）教育为主及管理育人

1.奖惩的工作与思想政治教育

在改革开放和现代化建设的过程中，奖励和惩罚的手段作为思想政治教育的一个基本方法，具有重要的社会意义，这是因为社会主义现代化建设需要人们有严明的纪律以及稳定的社会秩序来做保证。公开、及时地运用奖励和惩罚的方法，使人们直接认识到什么样的行为是好的或者不好的，认识到自己行为的直接后果，从而使他人从当事者的行为中吸取经验教训，是在对人进行思想政治教育过程中，运用奖励和惩罚手段的主要目的。

思想政治教育是正面的说服教育，通过摆事实，讲道理，榜样示范，启发引导，达到教育人的目的。思想政治教育工作，立足于耐心说服教育。为了使这种教育更加有效，必须与行政管理相结合，行政管理主要是用行政的规定、制度、条例、守则、章程等规章制度和行政手段来约束人们的行为，从而使人养成良好的行为习惯。

思想政治工作要求对人们进行耐心教育，但耐心教育并不是万能的，对于违法乱纪的行为，必须给予必要的纪律乃至法律制裁。不这样做，就不能"治病救人"，也不能维护学校的教学、生活纪律。当然处分是一项思想性、政策性很强的工作，必须慎重。只有把耐心的思想政治工作与强制性的纪律约束相结合，才能制止学生的不良行为，发展提倡积极良好的行为。思想政治工作是做好一切工作的保证，学生奖惩作为学生管理工作的重要内容，当然也离不开思想政治工作，特别是在改革开放时期，更需要不断地对学生进行经常性的思想政治教育。

奖惩作为一种手段，其目的在于使学生增强法纪观念，明确是非界线。所以当思想政治工作与奖惩工作紧密结合起来的时候，就会大大增强教育效果。正确的奖励，客观上就树立了典型。这不仅使被奖者受到了鼓励，还能在周围环境中产生巨大的社会效果，以激励他人上进。正确地实施惩罚也是如此，它不仅能使少数犯错误的学生吸取教训，认清错误，而且可以使他们引以为戒。可以说，思想政治工作是做好奖惩工作的保证，而奖惩则是做好学生思想政治工作的有力手段之一。

2.奖惩应坚持"以奖为主，奖惩结合"的原则

以奖为主，奖惩结合，符合唯物辩证法的原则，反映了人的思想活动特点和发展规律。任何一个学生身上总是包含着积极因素和消极因素两个方面。积极与消极，先进与后进，是此长彼消的，开展奖惩工作的目的正是为了鼓励先进，鞭策后进。

奖励主要是利用人们的上进心来发挥作用的，而惩罚则主要是利用人们对自尊心的维护本能及个人经济利益的需要心理来发挥作用。从心理学的角度来讲，奖励易被接受，而惩罚则易损伤自尊心。大学生正处于成长阶段，他们思想活跃，上进心强，惩罚如若不当则会引起思想上的对立，产生消极抵抗情绪，影响学生积极性的发挥。以奖为主，奖惩结合，并不是说不要惩罚，而是要在以奖励表扬为主的前提下，及时地、恰如其分地运用惩罚手段，从而鞭策和教育犯错误的同

学，使其正视自己的错误，增强其改正错误的信心和勇气。实践证明，以奖为主，奖惩结合的管理，是一种积极而有效的管理办法。

3.奖惩应坚持"物质奖励与精神鼓励相结合，以精神鼓励为主"的原则

人类所从事的生产活动和进行的各项社会实践活动，最终都是直接或间接满足人们的物质需要与精神需要。一定的物质奖励是必要的，但是单纯的物质奖励则是不可取的，因为人们的需求不仅包括物质需求，同时也包括精神需求。大学生正处在长身体、长知识、长能力时期，绝大多数学生富于探索精神，有理想、有抱负、有追求，渴望成才，所以对他们来说，尊重的需求和自我实现的需求显得更为强烈，即精神上的鼓励则更能调动其积极性。

（五）违纪调查分析及对策探讨

调查高校学生违纪情况，分析其形成原因，研究其解决办法，有助于加强和改善学校思想政治工作，培养"有理想、有道德、有文化、有纪律"的"四有"新人和优秀的社会主义建设者。

(1) 高校学生违纪情况可采取查阅资料、走访、座谈等方式来进行调查。

(2) 对策探讨。防止违纪现象的发生或减少到最低限度是一项庞大的系统工程，需要社会、学校、家庭以及学生本人等几方面的综合治理，才能取得成效。①增强思想政治工作的预测性和主动性是防治违纪现象发生的保证。思想政治工作是做人的工作，人的性格多种多样，思想也千差万别，问题、行为形形色色，因而思想政治工作者应该主动出击，寻找"禁区"，防止"误区"。科学的预测是教育学生的先导，个体的人不能超越社会，不能超越时间、空间而存在，必定要受社会的影响，打上社会、阶级的烙印。思想政治工作者应增强对问题的敏感性，及时地发现和寻求社会、家庭、团体环境等可能影响或已经影响高校学生的因素，有针对性地主动教育，引导学生健康发展，避免问题的发生。如果问题已经出现，则要循循善诱，耐心地说服教育。同时，思想政治工作者要注重实际，解决实际问题，卓有成效地实施共产主义人生观、世界观教育，帮助学生树立无产阶级理想、道德、情操。只有这样，才能降低学生违纪率，增强思想政治工作的威信和权威。②正面引导非正式群体中的消极因素是防治违纪现象产生的良好措施。防治学生违纪，要重视非正式群体，正面引导这一群体中的消极因素，发挥积极因素，不能简单地把非正式群体看成"小团体"而忽视其作用。非正式群体一旦形成，必然会影响大学生的生活、学习以及其他社会活动的各个方面。要合理利用非正式群体，为实现正式组织目标服务，疏通引导非正式群体中的消极因素，做好疏通和改造工作，以带动、影响一批人。要尽一切努力，把非正式群体引向"有理想、有道德、有文化、有纪律"的道路上去，成为思想政治工作的得力助

手。③积极开展大学生心理咨询活动是防治违纪现象的有效方法。大学生心理咨询是将医学、遗传学、伦理学、生理学、心理学、哲学等学科融为一体的思想教育新学科,它对解决大学生的认识、情感、事业、人际关系、人生发展等方面存在的矛盾有着重要的作用。预防、调节、治疗大学生的心理疾病与防治高校学生违纪、违法有着密切关系。"知己知彼",只有了解、掌握学生的思想动态、行为特征,才能有的放矢,对症下药,通过咨询,可以把学生的违纪、违法心理打消在萌芽状态。④加强学生管理,严肃规章制度,是防治违纪现象产生的关键。加强学生管理、严肃规章制度对防治学生违纪起着重要的制约作用。制定严格的规章制度的目的就是要让学生清楚地知道,谁有违纪现象谁就要受到处罚。防治学生违纪,除坚持正面教育,必须坚定不移地执行校规校纪,只有这样,才能伸张正义,主持公道,惩治校园的歪风邪气。诚然,在加强学生管理的同时,其他配套管理也应跟上,从政治、生活、后勤等方面主动关心学生,不能等问题产生才去解决,要主动地、积极地消灭和杜绝问题的隐患。⑤提高大学生的自身素质,增强自立、自强、自律能力,是防治违纪现象的根本途径。学生是否违纪取决于个人素质的优劣,因而,提高大学生自身素质,帮助大学生树立正确的人生观、世界观、道德观是思想政治工作者的重要责任和首要任务。要增强学生自立、自强、自律的能力,教育学生自觉同一切不良行为作坚决的斗争。只有这样,才能从根本上防止学生违纪现象的产生,培养优良的校风和学风。

综上所述,高校学生违纪是一个客观存在的现象,它造成的社会危害和个体损伤是令人痛心的。如何减少甚至消灭这种现象,是高校思想政治教育工作者研究的重要课题之一,同时也应引起社会各界的关注。

二、高校学生管理工作中的奖惩创新

(一)创新奖惩制度应处理好的关系

高校学生管理制度创新是一个庞大、复杂的系统工程。在构建和谐社会,强调依法治校,倡导以人为本的现代社会,创新高校学生管理制度首先要正确处理好以下四个方面的关系,具体如下:

1.处理好法治介入与大学独立和学术自治之间的关系

大多数法学学者对高校学生管理法治介入持一种积极与肯定的态度,但学术界对此观点存在不同的声音,即担心外部权力借此机会,以司法的名义干涉大学的独立,对学术自由与独立产生某种不良的影响。这种担心或反对,所要表达的实质就是如何正确处理法治介入与大学独立和学术自治这一对矛盾。换言之,就是高校学生管理工作在法治介入下如何区别对待行政权力和学术权力的问题。

在教育、科研领域，特别是在学术事务和学术管理活动较多的高等教育领域中，存在着学术权力与行政权力并存的现象。在高校组织内部，既有以校长为首的行政权力，又有以著名专家学者群为代表的学术权力。例如，在学校、教师与学生的关系中，教师会根据什么标准来判定学生的成绩。这个成绩很可能关系到学生能否毕业，关系到学生受教育的权利能否进一步实现以至于影响学生的生存权与发展权；学位答辩委员会又根据什么来判定一篇论文能否获得通过，而通过与否又直接关系到答辩人能否获得学位，同样关系到其受教育权利的实现及其未来的生存与发展；在学校与教师的关系中，评定教师职称或导师资格的组织根据什么来判定一名教师的学术水平，等等。

显然，以学术为背景的支配与被支配、控制与被控制的现象是普遍的，权力作为一种职责范围内的支配力量，在有关学术评价的问题上是客观存在的。

学术权力与行政权力两者有着本质的区别。学术权力是以学术和具有学术能力的专家为背景的，其行使依赖于行使者的学术水平和学术能力，而不是来源于职务和组织。换言之，学术权力的存在与否，依赖于专家的性质及其学术背景而不依赖于组织和任命。学术权力产生于"学术权利"及其民主形式，它包括个人的学术权利及由享有学术权利的个人集合而成的组织；行政权力则只能产生于制度和正式组织。学术权力有时通过行政权力加以确认和形式化，但行政权力即使在被赋予管理学术事务的职能时，仍不具有学术权力。学术权力具有可比性。

当学术权威以个体形式表现时，其学术权力的大小是以其学术能力的高低来衡量的，即个体的学术修养、学术成就、学术经验和学术品格等都会构成衡量指数。而行政权力的大小，则取决于该行政权力组织在整个管理教育系统中的层次与位置，而不决定于该组织中或相应位置上个人能力的高低。

专业权力产生于普遍的和非个人的标准，这种标准不是来自正式组织而是来自专业。它被认为是以"技术能力"而不是以正式地位导致的官方能力为基础的。应当承认并尊重学术权力，给学术权力以应有的地位和权威，建立发挥其效能的制度保障机制，合理规范学术权力与行政权力各自发挥的领域和范围，使二者在学术管理活动中建立一种有机分工、合作与制约的关系。

高校学生管理工作法治介入的适度性，要求大家认清两种权力不同的运行轨迹，将法治介入的基点落在行政权力上，避免对学术权力的不当干涉。但由于学术权力的高度专业性和技术性，法官只是专于诉讼程序操作和认定事实规则的技术方面，不能超越自己的专业知识和经验，显然不适于对学术权力的审查。因此有人提出，学术纠纷只有通过由专家组成的仲裁机构来解决才更为适宜。

2.处理好学校与学生之间的法律关系

从法律上厘清和在管理实践中确定学校与学生之间的关系，是高校学生奖惩制度创新的关键。对高校与学生之间的关系问题,学术界存在各种不同的观点。高校与学生之间既是一种隶属型的行政法律关系,又是一种平权型的民事法律关系。我国高校作为公益事业法人,其基本职责是人才教育培养和学术研究与传播。高校为了保证自己的学术研究自由,必须有一套相对独立的管理保障制度体系;为了促使学生向着符合社会要求的方向发展,必须对学生进行有效的组织与管理,以保证教育活动的顺利展开。因此高校与大学生的关系具有两重性,一方面,大学生作为受教育者和被管理者,必须接受学校的教育与管理;另一方面大学生作为国家的公民,享有法律规定的基本权利。所以,二者的关系既是教育者与被教育者、管理者与被管理者的关系,又是平等的民事主体关系。

3.处理好学生的权利与义务的关系

当代大学生的维权意识日益强烈,他们不再是单纯的被管理者,也不再是单纯的义务履行者。义务与权利是一对孪生兄弟,不可分离,人们只有在享受了一定的权利下,才会积极地履行相应的义务。因此,现代高校学生管理必须首先树立权力至上的理念,保障学生法定权利的实现。

学生的权利,属于私权,在教育部新颁布的《普通高等学校学生管理规定》中既规定了高校学生特定的五项权利,也规定了大学生享有作为一般公民的权利和法律、法规所特别规定的学生应当享有的权利。作为私权,学生可以自主处置,既可以享有,也可以放弃,但不能被剥夺。高等学校实施学生管理也是一种权利,但这种权利是一种公权,是高等学校作为公法人,由一定的法律和行政机关赋予的,本质上是由人民过渡的权利。作为公权,不得放弃,如果高校放弃了管理权利的行使,就意味着放弃了义务的履行。因此,为保证学校管理权的正常行使,作为管理对象——学生应当给予一定的配合,这种配合即属于学生应当履行的义务。

(二)奖惩制度创新的机制和实践

1.奖惩制度创新的机制

推动高校学生奖惩制度创新的重点是要建立起四个机制,具体如下:

(1)动力机制。变化是创新永恒的动力。当一个组织面临环境的变化,认为其还足以应付时,它的创新愿望可能不会有效激发;而只有当它意识到凭借现有的组织结构、制度或能力不足以应付变化的环境,感到有危机时,创新愿望才可能被激发。我国高校学生奖惩制度运行几十年来,制度本身与"现状"出现了极大的冲突,依靠微调已经不能弥补其间的裂隙,高校学生奖惩制度尤其是学生违纪处理条例,在管理实践中已经产生了危机感,必须进行根本性的变革,制度创新才可应运而生。

(2) 决策机制。制度创新的具体实施在于基层,而创新决策取决于领导层。领导层的思维以及营造的环境气氛(或文化),对创新具有巨大影响力。创新需要时间,并且往往会引起一定程度的阻碍和抵制,因为创新不仅仅是简单地改变完成一件事情的方法,更是行为方式和思维方式的深层次变化。既然行为模式不可能在一夜之间发生变化,那么就不可能通过命令来实现真正的创新。创新同样是一种思维模式,它是一种对现状经常持有怀疑态度的习惯,它绝对不会想当然地把过去行得通的做法用于现在的情况。因此,高校学生奖惩制度的创新,一方面来自"现状"的压力,另一方面来自领导层不断探索和试验的习惯,以及由领导层的示范效应而带给所有人的敢于创新、乐于创新的气氛,并创造条件使得人们调整因创新而发生的思维和行为方式的变化。

领导层的决策还在于对创新结果的选择。人们的创新结果可能很多,有的也许相互矛盾,在这些备选结果中哪些保留、哪些放弃,领导层必须作出决定。而一旦作出了决定,选择的创新结果进入了制度范畴,那么下面的基础组织就必须执行,尽管可能这种制度还存在某些不完善之处。

(3) 反馈机制。创新结果是否适应现状和未来发展,必须经过实践的检验,考察其适应性和可行性。因此,创新的后期工作总是要回顾上一次的结果,反问哪些方面是成功的,哪些方面没有达到应有的效果,然后保留成功的方法,在上一次没有达到预期目标的地方尝试不同的思路和做法。高校学生奖惩制度创新实践必须通过反复的调研、比较,在许多预选方案中选择最适宜的方案,并且要不断反馈实施的信息,以验证方案的可行性。

(4) 调整机制。制度创新不可能一蹴而就,它是在反复调整、不断修正中完善的。高校学生奖惩制度关系到学生的切身利益,每一项条款都必须慎重,要根据反馈结果显示的制度与现状的差距适时实施调整。

调整的依据:一是国家的法律法规。二是高校学生实际情况的变化。三是高等教育和高等学校管理的实际。调整的核心是围绕学生的权益保护,调整的目标是在学校管理与学生权益之间寻求动态平衡点。

2.奖惩制度创新的实践

在学生奖励方面,从过去较单一的形式(如"三好学生")向多层次、多形式(综合奖、单项奖)转变。我国高校的学生奖励制度比较注重共性,忽视个性发展。大多是"三好学生""优秀学生干部"或"先进班集体"等评选,沿袭了十几年甚至几十年,其激励的边际效应已经降低。为有效发挥奖励的激励作用,可以采取定期奖励与不定期奖励相结合、综合奖励与各类单项奖励相结合的方式,每年均在学生中大力开展"争先创优"活动,集中表彰一批活动中表现突出的先进集体和个人;根据学校参加和组织的一些大型活动,适时地奖励一批表现突出的学生集体和个人。

在奖励评定标准方面,既注重考查学生的综合素质,对德智体美等全面发展的学生进行综合奖励,制定综合奖励评定条例,设立综合奖学金、优秀学生奖励等,又鼓励学生的个性特长发挥和发展,制定各类单项奖评定条例,对在文艺体育、科技学术、社会实践、社会服务和见义勇为等方面表现突出的学生进行奖励,尤其对获得国际级或国家级奖的学生实行重奖。同时,规范表彰奖励的评定程序,严格标准、严格推荐、严格审查、严格公示,不允许暗箱操作,凡是校级以上的奖励评选,必须网上公示,接受全校师生的监督。如此形成点面结合、层次分明、公开透明的学生奖励机制。

在学生处分制度方面,首先,取消和修订一些与我国的基本法律制度和教育部新颁布的《普通高等学校学生管理规定》相违背、不一致的条款。其次,要确立学生违纪处理条例修改的基本原则和要求,要体现育人为本的原则;条款要符合教育部的有关规定,符合学校的实际情况,符合教育发展规律。条款制定宜细不宜粗,以便于操作;对学生处理宜宽不宜严,重在教育;处理材料宜实不宜虚,减少随意性。再次,强化程序规范,确立学生权益救济渠道,建立学生申诉制度,成立学生申诉处理委员会。最后,对毕业生违纪处理中的特殊情况在不违背国家有关规定的条件下,进行适当的变通处理。

(三) 奖惩制度实施的程序设计

高校学生奖惩制度实施程序设计既是依法治校的重要体现,保护学生合法权益的重要途径,又是高校开展学生教育的载体,对学生起着"无为而治"的作用。明确高校学生奖惩制度的实施程序,是人本教育的重要体现。

引入现代先进的司法程序(如听证制、申诉程序、奖惩委员会的设立等)于学校学生管理中,设立学生奖惩管理的正当程序,其目的是提高学生在学校管理工作中的参与性,增强学生管理的公开性、公正性,切实维护学生的正当权益。在具体实施奖惩的过程中,以下四个方面需要在实践环节中加以重视和强化,具体如下:

1. 奖惩制度制定前应实行听证制度

听证的主要内容包括:制定本奖惩制度的必要性、可行性,依据是否充分,奖惩的定性表述是否准确,定量表述是否适度等。参加听证的人员一般应包括管理者和被管理者,即教职工与学生两个方面,尤其是要充分听取和尊重被管理者——学生的意见和建议。

2. 奖惩制度运行过程中的公示问题

随着学生法律意识、维权意识的逐步增强,公示作为体现知情权的重要方式日益受到学生的重视和关注。除了奖惩初步结果公示之外,学校对于奖惩制度的起草、会审、通过、更改以及奖惩评比和审批过程的各个环节,均应通过一定方式面向学生本人以及学生群体予以公布。公示各个环节的工作,实际上是对被管理者展示奖惩的实施程序合法、合规的过程。特别是学生申诉制度建立后,程序是否合法最容易引起纠纷、争端,做好这项工作,有利于增强管理效能,有利于维护学校稳定。

3.建立完善的学生申诉制度

按照新的高校学生管理规定,学生对学校给予自己的处罚有权申诉,学校应成立专门的机构负责接收学生申诉,再次进行调查核实,作出处理答复。在具体实践中,学生事务申诉工作机构的组成应与作为纪律处分的管理部门区别开来。也就是说,要避免既当运动员,又担任裁判员的现象,否则难以真正体现申诉处理的合法性。

由于目前学生申诉的受理未发展到非高校内部组织来受理的层面,在这一特殊背景下,原则上由学生工作部门、教务部门对学生违纪违规行为提出处理意见,学生申诉的受理部门是学校成立的由主管书记负责的学生申诉委员会,它由学生代表和纪检、监察、组织、人事、保卫等部门工作人员组成,作为学生申诉的仲裁机构,同时成立校学生申诉办公室,可设在监察处。

4.奖惩执行后的监控问题

在高校这个特殊的社会组织中,奖惩的目的主要在于激励学生成才,约束学生自觉把自己的行为控制在社会、学校以及大学生群体允许的范围之内,即奖惩的目的主要在于教育学生勤学成才。因此,奖惩结果的公布不仅仅是实施奖惩的第一步,也是实现奖惩目的的第一步。在这个意义上,加强奖惩实施后的监控就显得尤其重要。对于奖励的事项,主要关注其是否起到影响、促进学生向健康、积极、向上的方向发展。对于惩处的事项,主要关注其是否对学生本人起到了教育的目的,学生在这一方面的言行是否有所改善,是否开始向好的方面发展;同时,还要关注惩处个案是否对群体的行为产生了积极影响。此外,加强监控的过程,同时也是修改和完善奖惩制度收集、汇总信息的过程。

(四) 奖惩制度创新的环境条件与制约因素研究

创新需要跨越原有的界限,作为制度创新者首先要意识到这些界限的客观存在。因此,认识制度创新的环境条件以及由此产生的制约因素是非常重要的,它可以帮助我们选择正确的创新方向,拟订合适的创新目标与任务。

1.高校学生奖惩制度创新的环境条件

制度创新的环境条件包括以下三个层面:一是制度本身的环境,即它的历史、构成、功能等；二是制度所处行业的环境，即行业特点、发展前景和行业规范等；三是制度所在地区和国家的环境，即国家的制度、政策、管理理念等。具体到高校学生奖惩制度创新，在环境认识中要分析我国高校学生奖惩制度的发展沿革，这种制度在我国高等教育发展中的地位和作用，制度的优点和潜在的缺陷等；我国高等学校学生管理的特点和规则，学生管理制度的范式以及在整个高等教育中的地位等；我国的政治、经济、教育、法律制度环境，以及我国高等教育发展的现状和趋势等。

2.高校学生奖惩制度创新的制约因素

我国高校学生奖惩制度所处的以上环境条件，规定了其创新过程中的制约因素。但并非所有的制约因素都是创新不能逾越，随着社会的变迁和发展，创新就是要突破某些制约，把一些制约因素作为创新的突破口。如高校学生管理规定突破过去高校管理重视学校利益的维护、忽视学生权利保护的情况，专门对学生的权利与义务作出规定；突破过去对学生婚姻状况的限制，取消了相应的条款规定等。当然也并非所有的制约因素都是创新可以逾越的，高等学校的教育目标及任务、国家的政治法律制度不能违背或超越，这些是在进行学生奖惩制度创新中必须遵循的基本原则。

同时，学校内外客观存在的一些因素也影响着高校学生奖惩制度的创新和实践。如学校内部管理体制和机制的缺陷可能影响学生奖惩制度的正常运行；学生诚信意识的淡薄可能使得奖惩制度失去应有的激励与约束效力；学校外部周边环境管理不善与学校内部严格管理形成的反差，可能导致学生对学校管理规定的逆反和不信任等。这些有的需要学校自身逐步完善，有的需要政府、学校、社会的共同协调和努力，为学生管理制度的创新与完善创造更好的内外环境。

第五节 高校学生的法治化管理路径

在高校学生管理工作中，班级管理是管理工作的"细胞"，是最基本的管理形式。即使在真正实行学分制以后，行政班级不存在了，也会形成以导师为主的自然班级，也离不开班级管理。可见，发挥班主任的主观能动性，调动班级管理的一切积极因素，是高校学生管理工作中最重要的部分之一。

一、高校学生班级管理

班级是一种教学组织形式，高校班级也是班级授课制的产物。由于它有组织、有领导、有制度、有计划，因此，也可以把它看成一种社会组织。其目的就是要从社会学的角度，运用行政管理学的观点来分析高校班级的构成、班级的类型、班长的类型以及班级成员间的相互联系,为班级管理提供一点理论依据,从而促进高校学生管理工作。

(一) 班级的构成要素

在社会学中,社会组织被看成一种复杂的社会群体。社会学意义上的高校班级在构成上也具有如下几方面构成要素:要有共同的奋斗目标;要有一套全体成员共同遵守的并以此来维系班级的规章制度;要有一个领导班子,这个领导班子通过一定的形式把班级的全部工作从学习、生活到工作全部抓起来。另外,在班级的存在和发展过程中还必然有如下几方面的内容作为班级的构成要素:班风;全体成员所认同的权威和活动方式;在全体成员中占主导地位及非主导地位的思想意识;全体成员的课外活动及内容;全体成员对国家及学校大事的关心程度;对学校组织的活动的参与情况及结果等。

班级在学校中是以一个集体的身份来执行学校的规章制度,完成它的行政职能的。所以根据行政管理学的理论,它又具有三层含义:一是班级是一种活动,除了内部成员的学习生活,还通过各种活动(包括自发组织的和学校组织的)来达到自己的目标;二是它是一种形式,除了本身以一个班级的形式存在,还通过各种活动形式和组织的形式来发展;三是班级也是一种关系,关系发生于不同的活动和形式之间。

从社会学角度将高校班级作为一种社会组织进行其构成上的解剖,其意义就在于可以使其在抓学生班级管理的过程中,能有针对性地对班级构成要素进行系统管理,避免学生管理工作中的盲目性和盲动性。

(二) 班级的类型

社会组织是分类型的。按照马克思主义的观点,社会组织是人们社会结合的一种形式,是人与人之间的一定社会关系的表现。因此,在社会组织的分类上就应以人及其行为结果为依据。若从班级目标的表现程度及实现结果处着眼,可将班级分为以下几种类型:

1.理想型

这是最高类型的班级。其特点表现为有明确的奋斗目标,有健全的组织系统,有严格的规章制度和纪律,有强有力的领导核心,有正确的舆论和优良的传统、作风。因此,全体成员能正确处理国家、集体、个人三者之间的利益,积极开展和参加健康的活动。班集体一旦形成,便有强大的教育力量和自我约束力量,集体荣誉成为每个成员的最高道德标准。维护集体利益,发奋学习,成为每个成员的第一需要。集体的民主气氛浓厚,各项工作和活动能够协调一致。

2.一般型

突出表现是缺乏共同的奋斗目标，领导力量薄弱，整个班级缺乏凝聚力。由于班级成员的素质较为接近且层次略低，集体观念比较淡薄，因此班级成员比较墨守成规，囿于个人的圈子内，较少出现违反校规校纪的现象。班级学生很少参加各项活动，大多埋头学习，学生的学习成绩大都较好，知识面广，但其他方面的能力发展较差。

3.涣散型或分离型

这是一种较为复杂的班级，这种班级的出现，大多数是因为班级同时存在几个权威，且班委不能团结一致。所以学生听命于不同的核心，各项活动不能统一，形成和班委会对立的小集团，即一般理论所说的非正式组织，从而严重地干扰和破坏班级的正常生活、学习和工作，使班级涣散或分离。这类班级违反校规校纪的现象较多。

从上述班级类型的分析可以看到，影响班级类型形成的因素体现在几个方面：高校班级成员各自不同的性格、兴趣、爱好、思维方式，决定成员彼此之间会发生各种矛盾。这些矛盾、矛盾的影响程度和范围，以及对矛盾的处理都影响班级的发展，形成不同的班级类型。班委会群体力量的模式可以塑造班级的类型，班级中权威言行或思想意识可能支配班级的类型，班级的参照体可能"束缚"班级的类型，辅导员、班主任或其他有关教师的影响和参与可能引导班级的类型。对于班级类型的形成有影响作用的这几个方面，又是相互交织共同起作用的，在现实生活中很难区分它们之间的界限。但是一般刻意地追求和规范化地塑造是起主导作用的。以上的几个方面都能给管理者提供一种协调或者渗透的可能，使之可按预期的模式发展。

（三）班级中存在的人际关系类型

社会组织的理论认为，社会生活是相当复杂的，人们在社会生活中交互作用而形成的关系也是多种多样的。但班级成员间的人际关系，由于其附属于学校班级这个正式组织，故在表现形式上就显得相对独立。大体说来，一个班级一般存在以下几种类型的人际关系，具体如下：

1.同学关系

这是普遍的关系，存在于所有成员之间。这种关系，包含着其他所有的关系，这种关系空间感不强。

2.同乡关系

离开家乡的学生，当他乡相遇时会形成同乡关系。这种关系，地方保护色彩较浓。

3.同舍关系

住在同一宿舍的学生是生活上的亲密者。关系相处得好的同一宿舍的学生常常有同步的效应和默契，空间感缩小，内心交流扩大，成为知己的较多。宿舍将成为毕业后回忆和留恋最多的地方，同时也是向其他人进行表白的谈资。

4.同趣关系

志趣相投的学生容易成为知音。这些人在生活中某些方面步调一致，同心协力。在他们的周围形成一个流动性的圈子，但这种关系较为松散，成员不固定，随着兴趣的发生与转移，关系容易形成亦容易解除。

5.同源关系

这里"源"是指相同的家庭状况、经历和遭遇，由于同源关系双方的性格上有些相似，属于精神上的挚友，合作态度较好。

6.同事关系

这种关系一般表现在班级的学生干部身上。他们的关系可能在事实上并非很好，但为了班级工作或其他原因，干部之间必须合作。这种关系和同学关系较为类似。

以上的这几种人际关系可以说存在于所有的班级中，有的表现较为明显，有的表现较为隐秘。这些关系在其发展中有的可能继续加固和扩大，有的可能削弱和解体，扩大和加固的就有可能形成一些非正式组织。

（四）班级与非正式组织

所谓非正式组织是班级中由于个人的接触、交往和相互影响而自由结合形成的联合体，这种结合纯属偶然、意外而不带目的性，简言之非正式组织就是一种小集团。这种非正式组织一旦形成势力，便会左右和影响班级的各个方面，因此任何正式组织都要重视这种非正式组织。

非正式组织的积极作用一般具体表现在四点：第一，可以调节和弥补班级集体的不足之处，促进班级集体的自身建设。第二，可以了解和沟通正式渠道难以得到的意见和信息，使班级的建设趋于合理和提高。第三，可以规定和影响个别成员，使班级保持和谐一致，从而分担班级干部的任务和责任，改善班级环境，实现班级目标。第四，可以给小集团成员以社会满足感，取得内心平衡。

（五）班级中班干部的类型

高校班级人数较少，一般都在20—30人，因此班级的层次性较少，基本的结构是：班委会5—7人，团支部2—3人，班委会下设几个小组，团支部下设几个团小组。班委会负责班级的日常事务，解决班级重大问题，决策班级的重大活动，团支部带领或协调组织全班学生参加或参与学校组织的各项活动。经观察和调查发现，在班级中一般都是班委会起主导作用。

一个班级的好坏，在其发展中虽然取决于班委会的群体力量的强弱、班级成员平均素质的高低，但班长个人的素质不容忽视，往往还起着决定性作用。从行政管理的角度讲，班长是一个班级的行政首长，他个人的好恶喜怒、思想风格、意志品质，都会辐射给周围，影响班级的发展。班长一般有几种类型，具体如下：

1. 集权型

这种类型的班长如果能力较强，善于控制局势，班级就会众心归一，形成一个集体。这种类型的班长往往在校、系的学生会中任要职。

2. 民主型

这种类型的班长较为常见。班长作风民主，遇事多同班级委员会的其他成员商量，从不妄自独断，高高在上；平均使用权力，分工明确，严格执行"各司其职，各负其责"的原则；能紧紧团结班级委员会并形成核心；能及时有力地化解各种矛盾；和非正式组织相互合作，并最终使之解散。这种班长大多属于温和派，被人承认和接受需要较长一段时间，但最终能使班级成为一个有力的班集体。

3. 放任型

这种类型的班长一般说来学习成绩较好，工作能力较差或一般，没有能力和信心将班级的同学团结在自己的周围；缺乏竞争意识，责任心和事业心均不强，但能埋头学习，成绩一直较好；不注重或很少注重人际关系，和班级同学、老师均无过密之交；遇事不能出头露面，退退缩缩。放任型班长所在的班级一般都是平安型。

目前在学生中出现一个特殊的阶层。这些学生几乎都是干部或学生中的权威，他们凭借手中的优越条件，凌驾于普通学生之上。他们严重脱离班级，影响较坏。这一现象的形成除了个人和社会因素，与辅导员或有关领导平时对他们的特殊态度也不无关系。

要加强校风的建设，整顿班风和系风，必须重视和解决好这一阶层的问题。要在学生干部中实行轮换制，让每个学生都有锻炼能力、施展才华的机会。要待人平等，对学生干部的任用，应注意德、智、体全面发展，不要因为学生有某种特长或学习成绩较好就委以重任，要看他是否具有一定的思想素质、道德水平及工作能力。

当代的组织理论从热力学中引入了"熵"的概念来说明问题。在组织理论中，"熵"是指一个组织是否吸收外部环境中的能量和资源并向社会输出能量，它是衡量一个组织系统秩序是否失调的尺度。"熵"有正负之分，正熵表示组织走向解体或死亡，负熵表示组织的延缓。这种理论对于实行干部轮换制是有积极启发意义的。一个班级要想获得新鲜的血液，健康地向前运行，班级的领导核心就得吸收逐渐崛起的在学生中有一定威望和权威的德才兼备的学生,使新生的班级核心不断补充能量和释放能量。

关于班级问题的探讨与分析,在目前来说,既没有现成的理论依据,也没有专门的研究成果,但它是学校管理中必然遇到的问题,所以必须给予重视。在贯彻教育方针的过程中,班级作为学校管理学生的一种方法和手段,必须加强建设,深入研究与之相关联的各方面的情况,从而将主动权掌握在教育者手中。

二、高校学生班主任工作管理

在大学学习期间,班级是学生最基本的学习、生活单位。一个班集体的好坏,对几十名学生的健康成长和建功成才有着不可低估的导向和熏陶作用。所以,大学的班主任工作依然非常重要,是高校学生管理工作的核心环节,也是高等教育的重要组成部分。做好班主任工作要明确带班方向,选拔、用好学生班干部,政治教育要狠抓信仰这个根本问题,学风建设要侧重于培养能力、造就人才,在培养学生良好生活作风和道德情操时,应注意管理与教育的有机结合。

作为一名优秀班主任,还需要在思想、道德、学术和育人能力等方面有较高素养。总之,班主任工作是一门艺术。

(一)班主任工作的前提是确定目标

作为班主任,必须明确目标。诚然,高校教育不能离开教育方针这个总目标,但是,随着学生年龄、学历的增长,生理、心理的变化,不同类型学校、不同层次班级的学生各有特点,这些特点便是班主任开展工作的出发点。

把教育方针与班级特点有机地结合起来,就形成了一个班级的奋斗目标:在政治上积极向上,保持正确的政治方向,有积极的参与意识;在学业上,勤奋严谨,富有开拓进取精神;在道德品质、生活作风上遵纪守法、团结奉献、文明高雅、生动活泼、有时代感,追求高尚、和谐的境界。教育过程是通过教育主体与教育客体有机结合来完成的,班主任的设想要变为现实,首先必须将其变为学生的共识、学生的愿望。

确立明确的班级奋斗目标,对班主任和学生都具有重要意义。班主任在构思长远班级工作蓝图、制订学期计划、配备学生干部、进行思想教育、开展课外活动时,可以避免盲目性、随意性,做到有条不紊、循序渐进。学生会感受到向上、和谐的氛围和凝聚力,将在自己的潜意识中产生积极的导向作用。

(二)班风建设的关键是配备干部

每个班主任都刻意追求一个良好的班风,如果说确定目标是前提,那么,配备学生干部就是关键。它主要包括三点:第一,当代大学生普遍有强烈的"自我"

意识，班主任事无巨细地过问，往往事与愿违，甚至造成逆反心理。班主任应该利用学生这种心理，变盲目的"自我"为自我管理、自我服务、自我教育。那么，通过班干部使学生更好地完成"三自"，则是他们更容易接受，效果更为理想的方式。第二，班干部与学生朝夕相处，是每个学生生活细节和思想境界的知情人。如果没有学生干部，班主任对学生的情况势必若明若暗，班级管理的思想和措施将很难转变成学生的实践。第三，学生干部多为德才兼备或具有特长者，是学生心目中的领袖，对学生有直接的感染力和凝聚力。总之，学生干部是班主任与学生之间的"桥梁""纽带""信息网"和"催化剂"。所以，配备得力的干部是班风建设的关键。

在选拔任用班干部时，应注意到以下两点：

1.坚持三条标准，即正派、热心、精干

正派，是指班干部必须光明磊落、坚持原则、德才兼备，由这样的班干部组成的班委会才有威信、有凝聚力，班风才能良好。相反，若让一些言行不一、拉帮结伙的学生担任班干部，势必涣散集体，毁坏班风。热心，是指关心集体，有责任感和奉献精神。热心的干部，才可能踏踏实实地开展工作，讲求实效，任劳任怨，积极探索。精干，是指思考周密，独立解决问题的能力强，工作效率高，有开拓精神。

2.选拔方式要做到三种相结合：一是档案与考察结合。从新生中选拔干部，主要参考中学时的档案。但是，不可把中学档案视为唯一依据，因为有些档案对学生的评价赞誉胜过实际，班主任若只是按图索骥，难免出现失误。应该对候选干部先行试用，认真观察考验，再定取舍。二是选举与指定结合。选举是产生干部的基本方式，通过选举产生的班干部有群众基础，有号召力，便于开展工作。随着年级增高，同学关系复杂化以及学生考虑问题角度变化，民主选举也可能会带有局限性。因此，在班干部换届之前应做充分的酝酿和舆论导向工作，以保证优秀学生当选。分工时，班级的核心干部最好由班主任指定。三是稳定与更新结合。一个得力干部班子及其良好作风的形成，需要成员之间的团结协作和实践磨炼，为保持良好传统，班级干部队伍的相对稳定是必要的。但是，如果不适当补充新干部，班子会缺乏活力，而且，学生未来职业的特点也要求他们具备一定的组织、管理和其他社会活动能力。因此，每学期要改选一次，补充一定数量的新干部。

在使用干部时，需要注意两个问题：一是培养干部的工作能力。具体做法是：明确任务、指导方法、敢于放手、认真评估。每届新班委会产生，班主任都要详细布置班级工作任务，明确每个干部的职责，并要求他们制订出各自的工作计划，汇总后形成本届班委会工作方案。班主任要在学生干部的工作方法上予以适当指导，比如，如何调动学生的积极性，如何组织社会调查活动，等等。学生干部的工作能力，主要是从实践中锻炼出来的，班主任要敢于放手让学生自己去干。对他们的工作，既要提倡创新，鼓励开拓，也要允许有失误，吸取教训。对学生干部工作的认真评估，可帮助他们发扬成绩，找出差距，总结经验教训，也是培养干部能力的重要环节。二是爱护干部。主要体现在保护积极的、推荐优秀的、挽救失误的三个方面。对于工作热情高的干部，班主任应大力扶持，参与他们组织的活动并提供便利条件，特别是要妥善保护那些坚持原则、敢讲真话的干部，以免导致他们在学生中陷入窘况，产生矛盾，挫伤积极性；对于经过考验，确属优秀的干部，班主任应及时推荐给校、系学生组织，以使他们能在更高层次中得到锻炼；对于个别犯错误的干部，既要严肃批评，帮助他们认识错误，又要努力挽救，变消极因素为积极因素，如有可能，则提供重新工作的机会，使他们重新振作起来并发挥自己的特点。

（三）思想政治教育的根本是树立信仰

大学生的思想政治教育是一项系统工程，需要齐抓共建。作为班主任，应该有针对性地狠抓信仰这个根本性问题。班主任在培养学生坚定正确的政治方向时，必须狠抓树立马克思主义信仰这个根本问题。

1.先学点基础理论

造成大学生信仰危机的重要因素之一是个别大学生缺乏马列主义理论常识，当各种流派的思潮袭来时，因缺乏鉴别力而随波逐流。另外，大学生思想活跃，求知欲强，崇拜名人名著，但社会阅历不深，容易轻信各种学说。针对这些思想特点，在对他们进行思想政治教育时，要注意理论性、知识性、实践性相结合。马克思主义是经实践检验的最严密、最深刻的理论体系，在实践中，已经引起一场历时一世纪、波及全世界的社会大变革。通过理论常识教育，使学生真正了解一些马克思主义，提高鉴别能力，使他们不至于在面对各种思潮时茫然失措。

2.升华学生的社会实践活动

开展社会实践活动的目的，是使学生了解国情，加深对我国改革开放政策的理解，从而坚定走具有中国特色的社会主义道路的信念。但是，如果对学生活动不加引导，认识不予以升华，就不会收到满意的效果。每次开学初，都要认真阅读学生的社会实践报告，择其优秀者在班内组织的社会实践报告会上宣讲。通过学生耳闻目睹的事实，对他们进行国情教育。

3.采取灵活的教育方式

进行一定的思想政治教育灌输是必要的，如再配合其他方式，效果会更好。要结合青年人的特点，经常举办集思想性、知识性、娱乐性于一体的活动，如读书报告会、演讲会、专题报告会，创办党的知识手抄小报，组织党章学习小组等。实践表明，抓住树立信仰这个根本问题，可以带动班级的整体思想政治教育工作。

（四）学风建设的主题是造就人才

大学工作的中心任务是培养能力、造就人才。作为班主任，忽视班级的学风建设，将是严重失职。抓学风建设，需要从实际出发。近几年，高校学生厌学风气有所形成，究其原因有很多种，其中，对高等教育的认识片面，是干扰大学生积极进取的重要因素之一。大学主要不是传授知识，而是教会学生取得知识的方法。高等教育的任务，应该是根据年级层次，由传授知识为主逐渐转向培养能力和造就人才为主。基于这种认识，班主任在抓班级学风建设时，应始终紧扣培养能力、造就人才这个主题。

1.制定四年一体化的培养方案

高等院校的教师，绝大多数是各有专业，各司其教，如同铁路警察，各管一段。这势必造成在对学生的学习动力、努力方向、研究方法、综合能力等方面的培养和训练上缺乏科学、系统的宏观协调。针对这种情况，结合专业特点，可制订1—4年级系统化的培养方案，核心构思是根据年级层次，由知识型向能力型转变，由培养人才向造就人才转变。

2.有条不紊地实践

从大学一年级开始，配合专业课学习，可从校内外聘请学有专长的学者、教师在班内做系列学术讲座。具体可开辟"发奋读书，立志成才""研究生成功之路""图书馆的利用""职业道德素养""学术论文的表述""报考研究生诸问题"以及人文专题等讲座，这些活动都需依照年级层次有针对性地选定。

选题的基本思路是激励学生有追求、不虚度、爱读书、会读书，掌握获取知识的方法，注意理论和能力的培养训练，鼓励学生脱颖而出和建功成才。与此同时，经常开展读书报告会、书法和演讲比赛、模拟教学等学术活动，并创办墙报、刊物以活跃学术气氛。针对高年级学生两极分化的趋势，可采取抓两极带中间的措施。一方面，大力鼓励优秀学生朝着继续深造的方向努力，对其中突出者给予特殊奖励，例如，凡是通过国家四级英语考试的学生，班内都要予以奖励；另一方面，对个别不够努力的学生，分别做思想工作，引导他们着眼于未来教育，立足于提高专业素质，不负于美好青春；同时，可以组织学生成立社会调查小组，以"社会需要什么样的高素质人才"为题，对不同的企事业单位进行大量的问卷与座谈调查。

社会欢迎的是那些知识丰富、能力突出、思想活跃、品德高尚、具有时代感的优秀人才，所以，大学生群体应抓紧时间读书，扩大知识视野，加强各种能力的培养和自我完善。

（五）优化生活作风的要诀是管、教相结合

树立高尚、和谐的班级生活作风，是一项长期、复杂、细致的工作。对此，在优化班级生活作风时，既需要严格的行政管理，也需要深入细致的思想教育，二者需要有机地结合。

1.管理方面的制度化与定量化

第一，制度化。学校的各项规章制度是维持学生学习、生活秩序的根据、保证，离开校规校纪，建设良好班级风气就无从谈起。因此，班主任严格照章管理是优化学生生活作风的起码要求。新生入校，班主任要配合校、系开展入学教育，反复细致地向学生介绍学校的各项制度和大学生行为规范，使他们清楚什么是不允许做的，哪些是必须做的。并在此基础上制定班级文明公约，张贴于教室醒目之处，通过这些来增强学生的秩序意识。在新生还没有形成一个良好的生活、学习习惯以前，班主任的跟班到位非常必要，可以督促学生尽快适应学校秩序，养成自觉遵守校规校纪的习惯。对违纪的学生，班主任应不隐恶、不护短、照章处罚，以维护制度的严肃性。

第二，定量化。一般来说，校园生活很少有惊天动地之举，学生的优劣是从他们平时德、智、体、美、劳的综合表现中区分开来的。如果班主任平时缺乏对学生各方面情况的详细记载，那么，在评价学生时就难免出现两种倾向：或者凭一时印象，贬褒脱离实际；或者因情况不明，一律半斤八两，优劣难分。这样就很难达到管理的目的。因此，班主任对学生的学习成绩、发明创造、政治活动、生活纪律、社会工作、公益事务等方面情况以及参加次数、名次效果都要有详细准确的记载，并且转换成数量关系，进行比较排队。实行定量化管理，在团员考核定格、评定奖学金和德、智、体综合测评时，就可以大大减少误差，而且公平、合理，使学生心悦诚服，奖励表彰也能发挥其应有的作用。

2.管理方面的正面教育与潜移默化

任何规章制度必须转化为学生的思想，才能真正发挥作用，而思想教育就是这一过程的"催化剂"。更重要的是，人的精神世界深邃复杂，有些是任何规章制度也无法规范和约束的。例如后进学生的思想转化、优良品质、高尚情操的培养等，光靠行政管理是难以奏效的，而思想教育却有其独到之处。在进行思想教育时，要注意坚持正面教育和潜移默化。

（1）坚持正面教育。由于中小学片面追求升学率，从学校到家庭，更关注学生的智力教育，而放松了思想品德的培养。对大多数中学生来说，升学是唯一的任务。大学班主任在优化学生生活作风时，必须从上述实际情况出发，从一年级

开始，就针对大学生行为规范、专业思想、职业道德、集体主义、人际关系等问题进行正面教育。同时也要认识到，做好犯错误学生的思想转化工作，也是思想教育的重要内容。

对违纪学生进行处罚是必要的，但是，处罚只是手段，目的是促使他转变。不配合思想教育的处罚往往会增加消极因素，反而达不到处罚的目的。对犯错误的学生，班主任要采取严肃批评、耐心转化的教育方法。例如，两名学生入学不久就发生违纪问题，这时可及时召开班级生活会，并和学生们一起认真分析违纪的思想根源，严肃指明错误性质，殷切提出希望，并建议组织根据本人的诚恳态度从轻处罚。这些做法能真正达到教育本人的目的。后来，经过多次深入细致的思想转化工作，并为他们提供发挥自己特长的机会，这两名学生终于振作起来，连任学生干部，工作出色，受到学校的表彰。

（2）潜移默化。这里是指优化班级环境，陶冶学生的高尚情操。生活在集体中的人有很强的从众心理，青少年更是如此。因此，优化班级环境对大学生思想情感、道德情操的教育效果有时是正面说教根本无法达到的。可积极引导学生广泛开展有益、高尚的集体活动，举办跨班、跨系、跨校的学生联谊会，经常开展演讲会、书法文体比赛、游览、参观、各种形式的晚会以及创办文艺板报、诗刊等别开生面的课外活动，创造良好的班级环境，用真、善、美占据学生的课余时间和思想空间，以文明、高雅、和谐的校园生活来陶冶学生的情操，从而培养他们热爱生活、热爱集体、热爱祖国和无私奉献的精神。管理和教育同为育人手段，前者是保证，后者是基础，二者的有机结合是优化班级生活作风的要诀。

综上所述，班主任工作要方向对、情况明、讲科学、下功夫，但是这还远远不够。高度的责任感、事业心，对学生的深厚感情和无私奉献精神是当好班主任的思想动力，高尚的道德修养、全面的育人能力、较高的学术水平是优秀班主任应具备的素质。总而言之，班主任工作是对学生的朴素的爱的升华，是奉献精神的提炼，是育人思想性与科学性的高度统一，是一门需要不断探索的综合艺术。

三、高校学生班主任在班集体人际关系中的作用

大学生人际关系是大学生之间通过各种活动必然结成的一种关系，它是一个较复杂的系统，包含了个人与个人、集体与集体、个人与集体、正式群体与非正式群体等种种关系，而班集体人际关系仅是其中的一个分系统，主要包含个人与个人、个人与集体、班级非正式群体与班级正式群体等几种关系。

（一）良好人际关系的作用

融洽、和谐的人际关系对处于一定社会环境的人的身心健康有积极的促进作

用,这一点,对大学生也不例外。而且,对于正处于心理不成熟阶段的大学生来说,融洽、和谐的人际关系更有其特殊而重要的意义和作用,这主要表现在帮助大学生学会正确处理各种人际关系,向社会学习,使其顺利进入甚至完成青年时期的初步社会化阶段,促进他们的个性健康发展。融洽的人际关系具有以下几点作用:

(1) 给青年以稳定感和归属感。
(2) 给青年以健康的娱乐场所。
(3) 使青年获得社交经验。
(4) 使青年提高宽容和理解的能力。
(5) 给青年以学习社交技术的机会。
(6) 给青年以培养社会洞察力的机会。
(7) 发展对集体的忠诚心。
(8) 使青年体验求爱行为。

(二) 影响班集体人际关系的重要因素

班集体人际关系指的是高校班级内部的人际关系。处理好大学生人际关系,既是高校的愿望,也是每一个初入大学校门的学生的真诚所求。

影响人际关系密切程度的主要因素依次为以下几点:

1.时空接近性

时空距离是形成密切人际关系的一个重要条件。大学生或因同乡,或同一寝室,或因同时入学经常接触,从而为建立密切的人际关系打下了良好的基础。

2.态度相似性

如果大学生之间对某种事物和事件有相近或相同的态度,具有共同的追求、兴趣、价值观,则感情容易引起共鸣,形成融洽的人际关系。

3.需求互补性

大学生生活和学习中会产生多种心理需求,如果一方的行为或心理的、个性的特点,正好能满足另一方的心理需求,双方的关系就会密切起来。

4.外表和个性特征

外表包括人的外貌、身高、风度等。这些因素也会影响人与人之间的关系。

上述几种客观因素,对处于自然发展状态的班集体人际关系起着重要的、潜移默化的影响、制约作用,但是,高校班集体人际关系并不仅仅是在自然状态中发展的。作为班主任,一方面由于其所具有的法定权威(靠社会固定程序而获得的权威),另一方面由于班主任在与学生的较长时间的交往中,双方的"心理相容"(主要指受教育者对教育者表示认同,愿意接受其影响)强度较高,所以,在指导、处理班级的各种管理事务、思想教育工作中,班主任必然对班级内部的人际关系有触动、影响作用。因而,加强这方面的探讨,就成为一项很有实际意义的课题。

处理好大学生的人际关系,创造出融洽、温暖的人际关系环境,一方面要依赖上述各种存在于大学生班集体内部的客观因素,另一方面则依赖于班主任强有力的、及时而恰到好处的引导和协调,且后者更为重要,这正是应该着重要讨论并解决的问题。

(三)班主任在班集体人际关系中的积极作用

研究表明,班主任在班集体人际关系中的积极作用主要表现为以下两种:

1.直接的作用

即班主任通过各种方式、手段直接施加影响于大学生个体,如通过谈心、批评、表扬等方式,直接对大学生人际关系的状态发生作用。这种直接作用具体表现为以下两点:

(1)控制作用。即在班集体人际关系中,班主任对人际关系的状态、发展方向、出现的问题等能够予以把握、控制,施加强有力的影响。它的特点是强制性管理手段的成分较大。可以运用非标准化观察法观察到以下几种现象:①由于时空接近性因素的影响,大学生往往与同一宿舍的同学人际关系特别密切,而同其他宿舍的同学关系较平淡。久而久之,这种"宿舍意识"导致同一宿舍的学生对其他宿舍学生产生一种排斥心理,从而影响大学生人际关系的改善。②班内非正式群体的形成、发展,在客观上对班内人际关系的改善起到一定的阻碍作用。③组建不久的班级内的人际交往中某种促进、改善人际关系的个别事件或限制、破坏人际关系的个别事件,对以后班集体人际关系的发展方向起到潜移默化的榜样式的影响作用。

对于以上几种影响到班集体人际关系的现象,班主任均可以发挥控制作用,促进、鼓励有利于人际关系改善的情况、因素,限制、批评不利于人际关系改善的情况、因素。

如对于上述第一种情况,班主任可以在适当时机,将班内几个宿舍的成员重新编排,形成新的宿舍集体,实践证明,这种做法的效果是较好的。对于第二种情况,班主任的控制工作主要是:一是要适当控制班内非正式群体的规模和数量,二是要注意发挥非正式小群体内的"核心人物"的特长和作用,使其在班内发挥良好的作用,三是要坚决限制"破坏型"非正式小群体,切不可任其发展,必要时,可施加压力迫使其解散。对于第三种情况,班主任可发挥其自身特殊权威性地位的作用,对于促进、改善班内人际关系的个别事件,则公开表扬、肯定,对于限制、破坏班内人际关系的个别事件，则公开批评、否定，从而在班集体内部形成一定的心理压力和权威性的行为导向舆论。

(2) 协调作用。即在班集体人际关系中，班主任对人际关系发展中的各种矛盾可以充分发挥调解作用，及时消除、降低人际关系中不良因素的消极、破坏作用和影响。它的特点是说服教育、心理沟通的成分较大。在实际工作中，仅仅依赖班主任的控制作用很难产生良好效果甚至会起反作用，这就需要班主任根据具体情况，灵活变换工作方法，充分发挥协调作用。

班主任的协调作用，主要体现在对以下几种班内人际关系的协调：

来自不同地区的学生之间的人际关系。

学生干部与普通学生之间的人际关系。

男女学生之间的人际关系。

正式群体与非正式群体之间的人际关系。

宿舍之间的人际关系。

这五种纵横交错的人际关系不仅是构成班集体内部基本人际关系的内容，而且是容易触发人际关系矛盾，引起人际关系紧张的最主要的几种人际关系。因而，在深入学生生活圈子，了解真实情况的基础上，班主任结合学生碰到的有关人际关系的具体问题，以及不成熟的处理人际关系的行为，热情地给予指导、解释、调解，乃至于有计划、有重点地谈心，或者通过班会、团的生活会等形式，与全班学生开诚布公地、平等地讨论如何处理好人与人之间的关系，将对学生之间消除误解和纠正不恰当的人际观念及行为，形成融洽的人际关系起到良好的促进作用。

2.间接的作用

即班主任并非直接施加影响于学生个体，而是通过特定的中介物达到目的。

(1) 班风对于集体内部的人际关系状况起着直接的、重要的影响作用。所谓的"班风正"，有三个因素可以说明：一是占主导地位的良好的道德观；二是共同的追求目标；三是积极向上的精神面貌。这三个因素是衡量班风的标准，也是构成班风的内容。

态度相似性是大学生密切人际关系最重要的一个原因。而上述三个因素均与"态度"紧密相关，大学生在上述三个因素方面是否会形成相近或相同的态度和认同感，将直接影响班风的状况，也直接影响到大学生的人际关系。因而，由上述三个因素组成的班风是直接影响班内人际关系的重要根源。良好的班风，必然带来融洽、和谐的人际关系。

(2) 在班风建设中，班主任起着不可替代的重要作用。班主任可以通过指导、培养班级建立良好的班风，间接地对大学生人际关系起到良好的促进作用。班主任既是班风建设的规划者，也是组织者、指挥者，只要班主任恰当地发挥这种具有独特地位的影响力和精心搞好组织工作，班风建设就会循着较健康的方面发展，这一点已为许多班主任的实践经验所证明。那么，班主任就可以充分利用班风对人际关系发生影响这一特性，通过班风这个中介物，达到影响、协调班级人际关系的目的。

班主任在具体处理、引导学生人际关系时，还需重点注意以下几点：①在涉及大学生人际关系方面的各种问题上，班主任须持慎重态度，采用对方能理解、信任、接受的方式方法做工作。②班主任在班内要待人平等，办事公正。③注重发挥正式群体与舆论的作用，协调好班委会、团支部的关系，引导、培养正确的舆论，为融洽的人际关系发展创造一个良好的环境。

大学生人际关系问题不仅关系到大学生自身的健康成长，也关系到能否培养出全面发展的、符合社会要求的合格人才，期待着广大的高校基层思想政治工作者从实践到理论，都有更深入更广泛的探讨。

第九章 "三全育人"理念下高校学生工作管理创新趋势

第一节 "微时代"下高校学生工作管理创新措施

面对新的时代背景,高校可从转变学生工作管理理念、优化学生工作管理队伍、健全学生工作管理平台、丰富学生工作管理方式四个方面来积极探索高校学生工作管理创新措施,不断增强学生工作管理的创造力、号召力和影响力。

一、实施"微管理",转变和创新学生工作管理创新理念

(一)实施学生工作管理思维的转型

"微时代"下,随着微媒体在校园内的普及,学生工作管理者可以借助微媒体平台作为新的学生工作管理阵地和载体,使学生工作管理不断现代化和科学化,从而提高工作效率,这就需要学生工作管理者进行思维的转型。

1.学生工作管理者应该从思想上重视微媒体平台所具备的潜在管理功能

"微时代"下,随着微博、微信等微媒体在大学生中的普及,管理者如果能运用这些平台作为和学生互动及管理的新方式和新途径,那么就能更好地融入学生的学习、生活中去,就有可能发挥潜在的管理功能。这就需要学生工作管理者转变思维方式,不对微媒体抱有偏见,反而要正确认识微媒体、认真研究微媒体、大胆使用微媒体。

2.管理思维可尝试由现实管理向虚拟管理转型

与学生进行面对面的交流是管理者普遍采用的方式,他们认为这种方式能较好地实现对学生的管理。但是在"微时代",这种方式可能并不为学生们所普遍接受,甚至容易使部分学生产生厌烦的情绪,因此,应该将这种思维向虚拟管理转

型,重视并尝试通过以学生喜闻乐见的虚拟微媒体平台实施宣传、交流、管理、服务等功能。

3.积极转变管理理念

把握"微时代"带来的机遇,树立"以学生为本"的理念,打造民主和谐的校园环境、构建科学完善的学生管理制度、重视学生的主体性地位,使管理更加的科学化、民主化和正规化,从而实现学生的全面发展。

学校也应适应潮流,转变学生工作管理思维,适应新环境、新要求,将微媒体平台纳入学校整体学生工作管理战略之中,加大资金和技术的投入,谋求可持续发展的创新之路,为推进高校学生工作管理健康、有序地发展奠定坚实的基础。

(二)重视微媒体使用的价值引导

大学阶段是学生形成正确世界观、人生观和价值观的重要阶段,而与各种层出不穷信息的接触,容易对大学生的思想观念和道德认知造成不良影响,甚至出现理想信念不坚定、价值观混乱等问题,如果不及时加以引导,就可能造成难以弥补的遗憾。"微时代"既有利于学生更新思想观念,又容易使他们受到不良信息的误导,影响他们正确观念的形成。但是,如果能引导学生正确使用微媒体,使他们具有良好的微媒体使用素养,有选择地利用微媒体平台中的资源,从而抵制不良信息,促进自身的全面发展。首先,高校可尝试开设微博、微信等微媒体使用技术的培训班或选修课,向学生传授微媒体的基本知识和主要用途,使他们了解微媒体的传播途径和方式,提高对微媒体信息的独立思考、理解和批判性选择的能力,远离不良微媒体环境,并强化学生微媒体使用的道德意识和法制观念;其次,指导和鼓励学生参加微媒体实践活动,提高微媒体使用技能。如:制作微视频、微电影、举办微公益校园活动项目等。

二、打造"微队伍",推进和优化学生工作管理队伍

(一)建立"四位一体"的学生工作管理队伍

"微时代"下,可尝试利用微媒体平台的便捷、快速、易互交的特性建立辅导员、教师、学生干部和家长"四位一体"的学生工作管理队伍。辅导员、教师、学生干部、家长不仅要在学生工作管理中发挥好各自的作用,相互之间还要加强配合、加强交流、优势互补、协调一致,从而实现"1+1+1+1>4"的效果,最大力度地发挥"四位一体"学生工作管理队伍的功用。

1.辅导员方面

辅导员是学生思想政治工作和日常管理的骨干力量,是学生健康成长的指导者和引路人。他们的主要职责是负责学生思想政治教育工作,学生党团、班级工

作、学生学业、就业、交友、心理指导咨询工作、学生宿舍管理、奖助困补、安全维稳等工作，在大学校园中与学生接触得最多、关系最为密切，学生对他们的依赖程度比较高。辅导员所带学生比例一般不低于1∶200，工作量大，任务较重。"微时代"下，辅导员可以利用微媒体平台提高工作效率，扩大学生受众面，如，利用班级微信、微博、QQ等微媒体准确地传达信息，巧妙地描述事件，积极地交流互动，有序地管理引导，以达到更好地服务学生的目的。

2.教师方面

可从已有校园资源入手，一是加强对学生工作管理相关部门如学校学工处、保卫处、招生就业处、后勤处、团委、各（院）系学工办、学院/班级等教师的培训，提升他们使用微媒体的能力，鼓励他们利用微媒体平台开展工作。在具体工作中，他们既要维护好部门或个人的微媒体平台，又要关注和参与到学生媒体平台中去，才能达到较好的管理效果。如：通过微博、微信或QQ与学生交流，既能增进师生感情，又能及时了解学生动态；或是利用自己的微媒体平台在学生中传递正能量，引导学生树立正确的三观。二是专业教师。专业教师也可以通过微博、微信、微课程等学生所喜闻乐见的方式来组织课堂，并积极地与学生在学习上交流互动，甚至可将课堂延伸到课堂之外、课余时间，以增强学生学习的积极性，巩固教学效果。

3.学生干部方面

除了学生会、团总支、社团联合会、青年志愿者等学生组织的学生干部，还可以组建一支作风好、纪律强、技术强的学生干部队伍深入学生中间，积极转发传播学校官方信息，及时关注学生中的舆情动态，传递正能量，发挥学生朋辈相互影响的积极作用。如：组建学生干部微团队，专门从事微电影、微故事、微公益、微访谈等微素材的制作，并发布到微媒体平台上，以达到教育管理的目的。

4.学生家长方面

随着"微时代"的到来，越来越多的家长也使用微博、微信、QQ等微媒体，这就为教师、学生、家长三方互动、共同关注学生的成长提供了更好的平台。如，教师可将学生在校园学习、生活、心理等情况通过微媒体平台向家长反馈，特别是部分重点关注的学生对象，这样家长就不受限于时间、空间，能及时了解学生最新动态。

为了更好地发挥"四位一体"的学生工作管理队伍的作用，学校也可通过开展微媒体培训、社会考察、知名媒体机构交流经验等学习活动加强他们对微时代的认识，鼓励他们提升使用微媒体的技术、能力。

（二）激发学生"意见领袖"的积极引导作用

学生中的"意见领袖"发挥的作用具有两面性。一方面，如果他们在微媒体平台上发布的信息是正能量的、与浏览学生的互动是友好的、对校内事件和热门观点的探讨是积极的，就能引导舆论朝着积极的方向发展，且有利于事情的妥善解决；另一方面，如果他们发布的信息负能量爆棚或是对学校稍有不满就煽风点火引起校园风波，这种消极的舆论导向就给事情的解决造成更大的障碍。高校可尝试培养一批"意见领袖"，并加强对他们的培养和引导，充分发挥他们的积极引导作用。通过他们在学生中解释、宣传、展开工作，使他们成为学生工作管理的重要力量，以便更好地为学生服务。如：在2016年全国"两会"期间，学生"意见领袖"可以通过微博、微信等平台转发"两会"期间的热点话题，引导同学们共同关注时事政治，提高同学们热爱祖国、参与社会的积极性。总之，学生"意见领袖"在学生工作管理中的积极作用不容小觑，高校可从人才发展的角度出发，充分尊重学生主体地位，多渠道构建培育机制，并形成一个系统科学的培养体系，从而实现以学生管理学生、学生服务学生、学生影响学生的自我发展模式。

三、搭建"微媒体"，建立和健全学生工作管理平台

（一）建设微媒体基础设施

"微时代"下，为了使微博、微信等微媒体平台顺利进驻高校并发挥其作用，学校必须建设满足微博、微信等微媒体平台使用的基础设施、硬件环境和软件设备，并且长期管理维护，以保障微媒体平台在校园内的广泛运用。如，校园 Wi-Fi 覆盖面要广，能到达包括教室、实训室、图书馆、运动场、食堂、学生宿舍等区域。总而言之，就是要创造以硬件条件为基础、以相应软件程序为补充、以长期维护为支撑，这样才能保障学生工作管理能够运用微媒体平台长期有效地开展。

（二）搭建多元微媒体平台

首先，注册学校的官方微博、微信公众号等平台，构建家庭、学校、企业、社会互相关联的平台，并经常更新动态，保持与外界之间的信息交换；其次，建立各院系、部门的微博、微信等微媒体平台，通过双向互动，倾听学生的意见和建议，不断改进学生工作管理的服务质量；再次，鼓励教师开通个人微博、微信等微媒体平台，并与学生进行互动，为学生学习、生活提供帮助；最后，鼓励学生组织、社团、班级构建自由、民主、文明、守纪的交流平台，进行群体之间的互动和思辨，激发学生及学生工作的活力。此外，搭建学校、部门、教师、学生组织多元微媒体平台后，不能只建不管，还应加强监督、管理、维护，统一协调，

相互补充，避免重复，以达到有效利用。

（三）构建精品微媒体平台

"微时代"下，为了更好地发挥微媒体平台在学生工作管理中的作用，还可构建专门的、针对性较强的学生工作管理精品微博、微信公众号平台。如，注册"校园百事通"微信公众号，并有针对性地以学生工作管理内容来开发微信公众号的模块。如在"校园百事通"微信公众号中创建学生教育、学生管理、学生服务等模块菜单。在学生教育模块中设计党团教育、理想信念教育、法制教育、心理健康、安全教育、主题教育等栏目；在学生管理模块中设计校纪校规、奖惩通报、学生动态、档案管理、事务管理等栏目；在学生服务模块中设计文件通知、学习园地、就业创业、主题活动、校园生活、课表成绩查询、奖助困补贷、虚拟社区、联系我们等栏目。每个栏目下还可以添加子栏目，如事务管理下开设宿舍管理、勤工助学、请假申请等栏目。所有栏目中的内容运用文字、图片、视频、音频等素材，且贴近学生、贴近生活，用具有地方特色、学校特色、学生容易接受的语境，引起学生的认同和共鸣，吸引学生注意力，满足学生需求，增加学生关注、点击、阅读、参与、转发、评论的兴趣，使得平台能够受到学生的广泛关注，从而不断提升学生工作管理的服务质量。

（四）强化使用微媒体平台的监督管理机制

"微时代"下，微媒体技术在校园广泛运用，在这种环境下，信息的发布和使用比以往更加自由，且信息的传播在某种程度上处于一种"时间、空间、资讯无障碍"的状态，具有不确定性和难以控制性。另外，由于平台太多，且呈现自发、松散、无序的状态，缺乏统一组织，加上平台之间没有相互协调机制，难以实现有效利用。因此，"微时代"下，系统化的制度建设和科学的监督管理机制的落实显得尤为重要，可尝试采取如下措施。首先，研究制定科学、有效、统一的微媒体运行规章制度，加强对微媒体的有效监管。其次，对校园内多层次的微媒体平台进行监督和引导，并实时检查，从源头上净化过滤不良有害信息，确保学生拥有健康环境，但又要注意留有适当空间，避免挫伤学生参与的积极性。最后，实施线上、线下两手抓的监管机制，结合传统的管理方式，扩大监管的范围。"微时代"下，高校只有与时俱进地研究出科学的微媒体使用管理方法，并建立合理的微媒体使用管理机制，才能营造安全、有序的校园环境，维护校园稳定。

四、开展"微活动"，丰富与创新学生工作管理方式

（一）构建"微活动"校园文化，形成润物无声管理特色

大学生十分注重校园文化生活，营造良好的"微活动"校园文化氛围可以调

动学生参与活动的积极性。高校学生工作管理者可以尝试将微博、微信等微媒体平台运用于构建校园"微活动"中,并通过"微活动"向大学生传播教育知识信息、弘扬社会主旋律和树立正确的价值观念,以凸显"春风化雨、润物无声"的管理特色,为更好地开展"微时代"下高校学生工作管理奠定基础。首先,可尝试挖掘和培养一批思维活跃、现代意识强、善于策划组织且多才多艺的教师或学生干部队伍,使他们深入学生中间,并能够顺应时代需求,不断创建新的活动形式;其次,加入"微时代""微时尚"元素推广校园文化活动,广泛地吸引大学生积极地参与进来;创新校园文化活动形式,在传统的校园文化活动形式的基础上,举办一些符合"微时代"发展、以"微时代"为主题的校园文化活动,比如,微电影比赛、微博摄影评比、微商创业活动等。通过开展"微时代"校园文化活动,既丰富了学生的课余生活,又锻炼了学生的人际交往能力,有利于学生积累社会实践经验。

(二)推广"微公益"校园项目,凸显"育人无形"管理效果

"微公益"指的是通过微不足道的小事来进行公益事业的传播,汇微小成巨大,微公益强调积少成多。在"微时代"中,人人都是"微公益"的践行者。在学生中开展"微公益"校园活动项目,既能够帮助一些特殊学生,解决他们的困难,又能弘扬互帮互助精神,增进学生之间的感情,传播正能量,实现"育人无形"的效果。高校举办校园"微公益"活动项目意义深远。校园中的"微公益"不仅仅是一种简单意义上的校园文化活动,更重要的是通过"微公益"活动,培养学生感恩的生活态度,提升学生的社会责任感,升华学生的思想道德品质,以达到"我为人人,人人为我"的人生境界。因此,高校学生工作管理者要了解有关"微公益"的基本知识,并结合工作中的实际情况,经常举办一些适合学生参与的"微公益"校园活动项目,并在学生中积极地宣传。如,在学生中发起一月捐献一元的"微公益"校园活动,帮助校园中家境困难、患有严重疾病的同学;向同学们倡议捐出自己用旧了的书籍等学习用品或衣服等生活用品,寄给偏远山区的学生。

第二节 大数据时代高校学生工作管理创新探究

一、大数据时代高校学生工作管理的背景

(一)大数据的内涵和特征

麦肯锡全球研究所报告《大数据:创新、竞争和生产力的下一个前沿》对大

数据的含义做了界定，认为大数据是指大小超出了传统数据库软件工作的抓取、存储、管理和分析能力的数据群。我国学者涂子沛认为，大数据是指那些大小已经超出了传统意义上的尺度，一般的软件工作难以捕捉、存储、管理和分析的数据。由此可见，大数据主要是指数据规模巨大的数据库，其主要内涵包括两个方面：一是数据规模之大，达到无法用传统的软件工具来进行提取、存储、管理、分析和应用的程度；二是数据处理技术之新，对如此大规模的数据进行提取、存储、管理、分析和应用需要全新的技术体系来支撑。

大数据以其鲜明的特征展示其巨大的力量，使信息产生和传送的速度、方式、范围都发生了前所未有的变化，对高校学生工作管理也带来了深刻的影响。

（二）一切皆可数据化

根据中国互联网络信息中心（CNNIC）2018年8月发布的《第42次中国互联网络发展状况统计报告》，我国互联网的普及率达57.7%，手机网民规模稳步增长。大学生网民的概率更高，几乎所有大学生都会使用互联网上网，在网上学习、交友和购物，网络已经成为大学生的一种生活方式。互联网改变着大学生的学习、工作和生活方式，它所带来的即时性、简洁性、便捷性适应了现代大学生的心理需求和社会需求。随着智能手机和Wi-Fi网络的进一步普及，大学生使用互联网将更加方便。网络为学生展开了一幅丰富生动的画卷，其中蕴含着无限的可能性，大学生可以在其中尽情学习海量知识，可以毫无顾忌地发表看法、发泄情绪，可以享受网络购物的便捷和实惠，还可以方便迅速地与五湖四海的亲朋好友沟通交流。应该说，在与学生面对面的交流中展示的自我相比，大学生在网络上的表现更丰富和真实。在小数据时代，由于数据收集能力和处理技术的局限性，要通过互联网全面了解学生是非常困难的，但在大数据时代，学生的衣食住行、喜怒哀乐、吃喝玩乐等情况都以数据形式存在。在大数据时代，互联网和移动终端，可以实时快速完整地收集大学生的各类信息，包括定位、通话、消费、评论等各种数据，通过数据分析和挖掘，可以全面地了解大学生的个性、兴趣、习惯、情感和思想，为开展学生工作打下良好的信息基础。

二、大数据时代高校学生工作管理的理念

面对新时代，高校学生工作管理者应及时树立大数据思维，改变传统的学生理念和工作理念，为开展大数据时代的高校学生工作管理奠定基础。

（一）理性化决策

高校学生工作管理的主要对象是大学生，作为最具活力、最具潜力的自主个体，大学生的思想、行为和个性是最丰富的。由于思想的无形性和复杂性特征，

要了解一个人的思想是比较困难的,以往我们只能依赖于个人学生工作经历的经验来做出判断。这种传统的主观决策方式和基于经验的学生管理模式会有失偏颇,但在大数据时代,我们可以有效地做出更科学的判断、更加理性化的决策。大数据为我们提供了有关大学生的方方面面的信息,是我们做出理性决策的数据依据。"大数据时代已经来临,在商业、经济及其他领域中,决策将日益基于数据和分析而做出,而非基于经验和直觉。"在大数据时代,我们可以通过互联网收集大学生群体的思想、行为特征,通过云计算和分析技术形成对大学生群体思想行为的规律性认识,通过对海量数据的分析实现科学决策,而不是仅仅凭借主观经验和感受。

(二)精准化预测

预测是大数据的核心,它把数学运算法运用到海量的数据上,从而来预测事情发生的可能性,实现预估的目的。海量数据使我们对事物发展状况的预测成为可能,也使我们对人类行为的预测成为可能。在大数据时代,大学生的行为都被记录保存下来,这些行为数据是相互依存和关联的,通过大学生行为数据的深度分析和整合,可以找到这些行为之间的联系,发现大学生行为的趋势和可能性,从而对大学生的行为进行预警和预测。通过检测大学生的行为数据,发挥预警机制的作用,我们就能迅速做出反应,提前对学生进行指导和干预。

(三)个性化服务

大数据时代使个性化教育成为可能。通过对学生学习过程的数据跟踪、分析,可以发现学生的学习模式,为其制订个性化教育方案。大数据时代对个性化的关注,将使学生工作管理发生重大改变。以往学生工作管理只能从整体上制订工作方案,忽略学生的差异性和个性化需求。大学生是极具个性的群体,他们注重个性,希望被作为独特的个体来看待。大数据让我们能重新审视学生工作管理,不仅从整体上把握学生工作管理的规律,更注重从个体上来开展具体的工作,促进每个大学生的个性化发展。大数据通过全面、及时、动态地记录每个学生的学习、生活和社交情况,形成对每个学生的准确认识,能准确把握学生的个性和成长需求,从而有针对性地开展思想政治教育、职业生涯规划、心理辅导、综合素质教育,实现对学生的个性化服务。

(四)科学化评价

在以往的高校学生工作管理实践中,无论是对学生的思想评价还是对学生的家庭经济情况评价,都很难采用量化的方法,只能从辅导员、班主任、同学等各种渠道尽可能多地了解情况,从而形成主观性极强的评价,这样难免会存在一定偏差。但通过对大数据的使用,以评价学生的家庭经济状况为例,我们可以通过学生校园卡的消费记录、购物网站的消费记录、手机缴费清单、个人账户的往来记录等清晰地把握学生某一段时间的具体收支情况，从而对其个人经济情况做出准确判断，以此作为判断其家庭经济状况的一个重要依据，避免由主观分析带来的失误。在对学生的思想状况做出评价时，通过对海量数据的分析，也可以更加准确地把握其思想和行为动态，将反映其思想特征的信息进行数据化处理，从而使量化分析成为可能。在评价学校、二级学院的学生工作时，可以采用定性与定量相结合的方法，将单项评价与综合评价、过程评价与结果评价结合起来。这种定性和定量相结合的方法，将极大地提高学生工作评价的科学性。

三、大数据时代高校学生工作管理的路径

（一）建设一个集成型的学生工作管理数据平台

大数据时代开展高校学生工作管理的基础是数据，只有掌握了大数据才能真正了解大学生的思想行为特点，有效地开展各项教育、管理和服务工作。首先，高校层面要进行顶层设计，建设一个集成型的数据平台。各高校在轰轰烈烈地开展智慧校园建设时，往往是各自为政，只考虑本部门的工作需求，学校内部都很难实现数据共享和整合。学校层面应该设立一个协调部门或数据中心，集成学工部、教务处、后勤处、图书馆等与学生相关的各部门的信息平台，整合所有与学生相关的信息，建设一个系统的在线数据收集平台，形成一个全校范围的学生工作管理数据库，以保证及时全面地收集所有学生的所有数据。同时，各高校还要从整体的角度做好数据分类、分层的收集规划工作，确保数据来源和方式的多样化，确保数据类型的多元化，确保覆盖所有与学生工作相关的因素，确保数据采集的广度、深度和细分度，建立一个数据收集的立体化系统。其次，高校要主动共享社会数据库。大学生的主要活动阵地涉及互联网和移动手机等多个平台，单靠学校内部的数据库无法全面掌握学生的所有情况，而且社会各界的数据收集力量和技术可能更加强大，所以更需要高校突破校园围墙，主动与相关网络媒体、社会组织、政府部门、其他高校建立协同机制，共享数据资源，动态地把握学生数据，充分借助社会力量，充实高校的学生工作管理信息库。

（二）建设一支复合型的学生工作管理队伍

大数据时代的到来，给高校学生工作管理队伍提出了更高的要求，除了具备以往的素质能力，对学生工作管理者的大数据意识和处理信息的能力提出了新的要求。首先，学生工作管理队伍要具备大数据意识。学生工作管理者要充分认识到大数据对改进高校学生工作管理的重要价值和意义，从思想层面重视大数据的采集、整理和分析工作；还要有意识地培养自身对数据信息的敏感性，培养大数

据所要求的整体性、混杂性和相关性思维。其次，学生工作管理队伍要具备运用大数据的能力。高校要加强对学生工作管理队伍的培训，学生工作管理者也要积极地融入大数据时代，主动学习大数据所需要的收集、分析和处理技术，提高信息的筛选和甄别能力，提高自己运用大数据的能力。学生工作管理者在具备了大数据的相关能力之后，还要主动将分析的结果运用到学生工作管理的实践之中，提高大数据技术的指导性作用。最后，学生工作管理队伍的建设要有梯队规划。大数据时代既要求学生工作管理者有过硬的学生管理能力，又要求具备大数据的知识和能力，这在短时间内很难做到。为尽快适应大数据时代的要求，高校可以在对现有学生工作管理队伍进行培训的同时，重点建设一支有计算机、互联网专业背景的大数据专业团队，专门负责大学生数据平台的建设、数据采集、分析和整理及相关培训工作。通过梯队建设和不断地培训，建设一支兼具学生管理能力和大数据处理能力的复合型学生工作管理队伍。

（三）建设一批保障型的学生工作管理制度

在享受大数据带给我们的海量信息和高效便捷服务的同时，也要清醒地认识到，大数据的急剧膨胀和数据滥用可能带来的威胁以及由此引发的伦理问题和法律问题。"信息垄断挑战公平，信息披露挑战尊严，结果预判挑战自由。"在大数据面前，我们都是透明人，每一个人的行为都会在网络上留下痕迹，通过数据存储、追踪和分析，我们能非常容易地了解一个人的所有信息，包括极其隐秘的个人信息。大数据的普遍使用有可能暴露学生的隐私，学生的个人信息安全受到挑战。学生的海量个人信息如果不能妥善保存，就有可能被他人利用，使学生受到伤害。因此，无论是大学生数据信息的收集、使用范围还是使用权限，都应该建设相关的制度加以保障。高校学生工作要在确保学生个人信息安全的前提下，有效开展数据挖掘。高校还要建立和完善数据采集、管理、使用和决策的标准化流程，通过制度化来规划大数据的管理和使用。高校还可以成立相关部门或组织，监督和指导大数据的采集和管理人员，使其具备较强的安全意识和责任意识，做好信息保密工作。

大数据时代是高校学生工作不可回避的新浪潮和新环境，为学生工作带来了新的机遇。学生工作者应主动强化大数据意识，提高大数据的技术能力，利用大数据探索高校学生工作规律，提升高校学生工作的实效性，提高高校的人才培养质量。

第三节 互联网技术在高校学生工作管理中的应用探究

互联网技术的发展改变了人们的学习、工作、生活方式,尤其对身处新时代的大学生来说,他们的思维意识活跃、学习能力强,是互联网使用者的重要组成部分。在互联网技术飞速发展的背景下,高校也在与时俱进,运用互联网技术加强管理工作。

一、互联网技术下高校学生工作管理的现状

当下中国的在校大学生,几乎都是网民中的一分子。在互联网如此普及的背景下,高校也在积极搭建互联网管理平台,为高校的学生工作管理、教育教学管理等提供更高效、便捷的平台,拓宽互联网技术在高校管理中的应用空间。

利用互联网技术加强高校管理,可以及时对各项教育资源更新换代,以提升高校教育教学管理的质量。同时,互联网技术在高校中的成熟应用,更加便于管理者针对学生的不同情况采取相应的措施,同时也方便学生对所需资料实现随时随地的浏览、下载,实现资源的高效利用。互联网技术在高校管理中的应用,使高校形成了更加开放的教育管理模式,促进了学校管理者、教师、学生三者之间的交流与沟通。

二、互联网技术在高校学生工作管理中的应用及优化

(一)促进高校管理参与主体的多元化

信息时代学生的思想变得更加活跃,高校与学生之间的关系正在发生改变。学生的主体地位逐渐提升,教师在教学中的绝对权威有所减弱。在这一发展背景下,高校的管理工作,尤其是涉及学生的管理工作,要更多地关注学生的诉求,重视学生参与的主体地位,实现高校管理参与主体的多元化,这也是高校践行以学生为本理念的必然选择。

(二)整合高校各部门网络资源

互联网技术将网络中复杂的信息反馈回路变得简便,实现了机器和人的结合,信息传递变得异常通畅,互联网技术的重要性可见一斑。高校在运用互联网技术开展管理工作时,要加强各部门之间的信息管理,做好统一、协调,消除中间环节,提高信息传播的畅通性,以此提高管理工作的效率。

(三)加强高校网络信息的监管

互联网技术在高校学生工作管理中的应用,一方面便利了学生和学校之间的

信息沟通,另一方面也存在很多的网络安全隐患。健康合理地应用互联网技术,净化高校网络环境,是高校义不容辞的责任。首先,高校要规范机房建设与应用,净化学生个人以及校园机房、办公区域的集体电脑,安装绿色软件。其次,加强师生在娱乐休闲、网页浏览、社交购物等方面的网络环境建设,及时对校园网络中的不良信息进行清理。最后,通过有关网络信息环境守则进行规范,建立网络信息检测系统,一旦发现不良信息,第一时间找到信息源头,并即刻控制信息的传播。互联网技术在高校学生工作管理中的应用是一把双刃剑,学校要用好这把剑,将网络的优势发挥到最大,构建健康的高校网络环境,提高管理水平。

(四)加强移动互联网在高校学生工作管理中的应用

移动互联网技术的成熟,使掌上办公成为可能。掌上办公就是利用运营商的无线网络信号,将传统的办公自动化(Office Automation,OA)从电脑扩展到移动终端上,实现随时随地的掌上办公。掌上办公,可以方便领导在外出途中审批文件,方便员工不在学校时查阅信息、接收通知公告等。掌上办公系统的应用,可以有效地提升工作效率,节约办公的成本。当下掌上办公主要是由移动互联网、手机、OA办公系统三部分组成,但是由于手机性能和移动网络的制约,OA办公系统尚不能实现完全的移动化。OA系统的掌上办公主要由三种方式实现:第一,利用手机的wap实现,通过互联网技术将web网页显示在手机的wap中;第二,开发OA办公系统的手机客户端,使用者可以下载安装客户端,实现移动办公;第三,可以在服务器终端适配开发,通过第三方中间软件实现OA系统的掌上办公。这三种方法各有利弊,在实际应用中可根据具体情况进行选择使用。

第四节 基于法治视角的高校学生工作管理改革探索

依法治国作为中国共产党领导人民治理国家的基本方略,受到全党、全国人民的认同。在法治化社会不断深入推进的过程中,依法治校成为高校教育管理的重要指导思想。高校学生工作管理作为高校工作的重要一环,如何实现法治化管理以促进高校依法治校成为需要我们不断探索的问题。

一、高校学生工作管理法治化的必然性

(一)时代发展需要与国家政策引导

依法治国,建设社会主义法治国家,是人民当家做主的根本保证。党的十六大提出,要把依法治国作为"党领导人民治理国家的基本方略";2014年10月,十八届四中全会首次专题讨论了依法治国问题;2017年10月18日,习近平总书记

强调，成立中央全面依法治国领导小组，加强对法治中国建设的统一领导。可见，法治已成为全社会受到尊重和认可的价值观。基于法治视角的高校学生工作管理改革是时代对我们提出的更高要求，应该得到高度重视。

（二）高校依法治校的必然要求

我国已步入法治化建设阶段，在社会主义现代化建设宏伟目标中，依法治校是必然。在大学生权力意识不断提升的情况下，也必然要求高校学生工作管理法治化。加之，在社会不断发展过程中，高校和学生之间因为管理所产生的法律纠纷也在不断增加，高校学生工作管理的法治化有利于依法治校的推进。

（三）提高高校学生工作管理实效的现实诉求

当前，高校学生工作管理缺乏法治基础，管理过程中无法可依现象突出。高校在发展过程中如果能够在实际工作中做到法治化管理，不仅能够进一步促进高校学生工作管理质量，还能突出高校办学特色、促使高校办学理念更为明确，最终就能形成较为合理的高校学生工作管理制度和程序，为国家培养具有法治精神的创新人才，最终促进整个高校建设质量的提升。

二、高校学生工作管理法治化建设的具体措施

（一）对学生工作管理准则进行细化

在基于法治视角进行高校学生工作管理改革的过程中，首先需要高校按照自身办学特色来对管理工作准则进行细化。在现如今高校学生工作管理体系当中，法规和细则的实施本身就是对我国基本法的拓展，在不违反上位法的基础上能够结合学校实际情况对学生工作管理准则进行细化，就能进一步提高学校内部管理结构的规范性，让学校学生工作管理更加民主化。具体而言，可以结合现有的《宪法》《教育法》《高等教育法》以及《学位管理条例》，对学生受教育权利与义务相关内容进行细化，通过法律的标识来进行高校学生工作管理；同时，以此来对学生行为进行规范，真正保障学生合法权益。

（二）加强法治化学生工作管理队伍建设

要想真正实现基于法治视角下的高校学生工作管理改革，相应的学生工作管理队伍在其中起着非常重要的作用，这也是高校人才培养过程中的核心环节，因为只有确保高校学生工作管理队伍质量，才能进一步促进法治化学生工作管理效果。为此，在实际改革过程中可以从以下两点着手。首先，提高法治意识。思想是行动的先导，高校学生工作管理队伍作为高校学生工作管理的实施主体，必须要提高法治意识。其次，加强自身法治教育。高校学生工作管理队伍是大学生思

想政治教育的骨干力量,高校学生工作管理的法治化建设需要鼓励他们积极参与到法治知识学习中去,通过法治教育来提高自身法律素养。

(三)促进学校法治治理合力形成

要想真正实现基于法治视角下的高校学生工作管理改革,高校还需要构建多种多样的实施渠道,完善学校法治治理合力。依法治校这一任务不单单只是学校管理人员的责任,学校内部所有人员都应该参与其中。具体而言,教师不仅要在学校当中肩负起教书育人的责任,还需要在完成知识传授的基础上加强对学生的思想道德以及法治教育,积极借用课堂来作为教育的主要方式,这样就能进一步提高学生对自身权利和义务的认识,提升学生法治观念。另外,学生作为高校的一员,也是学生工作管理的主体,需要明确自己受教育的机会以及权利。最后,学校还可以在校园内做好宣传工作,通过宣传教育的方式来将法治思想和观念渗透到每一位学生的心中。

综上所述,基于法治视角下的高校学生工作管理改革是新时期对高校学生工作管理提出的更高要求,应该得到足够重视。高校学生工作管理的法治化建设不仅有利于促进依法治校,同时有助于创新高校学生工作管理方式,提高大学生思想政治教育工作实效。高校应切实从学生管理准则细化、法治化工作队伍建设、法治治理合力形成这三方面出发,逐步实现高校学生工作管理法治化。

参考文献

[1] 杨杰著.文化渗透视角下高校思政教学探究［M］.长春：吉林大学出版社，2023.

[2] 石国华著.高校思政课程改革与教师职业素养提升［M］.长春：吉林大学出版社，2023.

[3] 李娜，曹莲娜著.师说心语 "三全育人"再出发［M］.天津：南开大学出版社，2023.

[4] 李亚娜，梁晓倩著.三全育人背景下课程思政教学理念与实施路径研究［M］.天津：天津社会科学院出版社，2023.

[5] 云长海.高等医学院校"三全育人"体系研究及实践探索［M］.北京：北京大学医学出版社，2023.

[6] 莫江平著.高校"三全育人"的理论体系与实践路径［M］.长春：吉林人民出版社，2023.

[7] 孙小博著.高教视界 课程思政与高校思想政治教育的整合与互动研究［M］.北京：北京教育出版社，2023.

[8] 苏基协著.新时代高校"三全育人"理论与实践创新研究［M］.西安：西北工业大学出版社，2022.

[9] 陈仕俊，陈军强著.润物无声风化于成 三全育人的校本探索与实践［M］.杭州：浙江工商大学出版社，2022.

[10] 廖成中，程晓娟，夏玉姣，刘真君著.高校"三全育人"改革实践研究 基于显性教育与隐性教育的融合统一［M］.四川大出版社，2022.

[11] 张恩祥，范宝祥编.潜心育人 三全育人的理论与实践探讨［M］.北京：中国政法大学出版社，2022.

[12] 梁笑莹著.高校三全育人的理论探索与实践创新研究［M］.北京：北京

燕山出版社，2022.

[13] 付瑞红著.高校"三全育人"教育体系评估及实践探索［M］.燕山大学出版社，2021.

[14] 武耀廷，廖清林.新时代高校"三全育人"综合改革模式创新与探索［M］.海口：海南出版社，2021.

[15] 曹都国著.三全育人视域下高校思想政治工作多元协同的理论与实践探索［M］.上海：复旦大学出版社，2021.

[16] 马志强，周国华.新时代高校组织育人理论与实践［M］.镇江：江苏大学出版社，2021.

[17] 任旭东，马国建编；李洪波总主编.新时代高校科研育人理论与实践［M］.镇江：江苏大学出版社，2021.

[18] 王永主.高校思政工作者心理育人实务［M］.合肥：中国科学技术大学出版社，2022.

[19] 黄河，朱珊莹，王毅著.高校思政课程实践教学探究［M］.长春：吉林大学出版社，2022.

[20] 陈彦雄著.高校思政课教学质量问题研究［M］.北京：北京工业大学出版社，2021.

[21] 张艳青著.新时代高校思政课教学改革的研究与实践［M］.长春：吉林大学出版社，2023.

[22] 王静主编.全球治理人才培养背景下的思政教育体系建设［M］.北京：中国商务出版社，2021.

[23] 吴春笃，陈红编；李洪波总主编.新时代高校服务育人理论与实践［M］.镇江：江苏大学出版社，2021.

[24] 王静主编.全球治理人才培养背景下的思政教育体系建设［M］.北京：中国商务出版社，2021.

[25] 周涛.新时代高校辅导员价值引领功能探索［M］.上海：同济大学出版社，2020.

[26] 黄瑞宇主编.新时代高校学生工作的创新研究与实践探索［M］.北京：中国政法大学出版社，2020.

[27] 傅莹主编.新媒体时代高校思政工作创新［M］.汕头：汕头大学出版社，2019.

[28] 梁捍东著.高校思政教育科学化探索［M］.延边大学出版社，2019.

[29] 谢玲玲主编.智慧班主任育人锦囊［M］.杭州：浙江少年儿童出版社，2017.

据所要求的整体性、混杂性和相关性思维。其次，学生工作管理队伍要具备运用大数据的能力。高校要加强对学生工作管理队伍的培训，学生工作管理者也要积极地融入大数据时代，主动学习大数据所需要的收集、分析和处理技术，提高信息的筛选和甄别能力，提高自己运用大数据的能力。学生工作管理者在具备了大数据的相关能力之后，还要主动将分析的结果运用到学生工作管理的实践之中，提高大数据技术的指导性作用。最后，学生工作管理队伍的建设要有梯队规划。大数据时代既要求学生工作管理者有过硬的学生管理能力，又要求具备大数据的知识和能力，这在短时间内很难做到。为尽快适应大数据时代的要求，高校可以在对现有学生工作管理队伍进行培训的同时，重点建设一支有计算机、互联网专业背景的大数据专业团队，专门负责大学生数据平台的建设、数据采集、分析和整理及相关培训工作。通过梯队建设和不断地培训，建设一支兼具学生管理能力和大数据处理能力的复合型学生工作管理队伍。

（三）建设一批保障型的学生工作管理制度

在享受大数据带给我们的海量信息和高效便捷服务的同时，也要清醒地认识到，大数据的急剧膨胀和数据滥用可能带来的威胁以及由此引发的伦理问题和法律问题。"信息垄断挑战公平，信息披露挑战尊严，结果预判挑战自由。"在大数据面前，我们都是透明人，每一个人的行为都会在网络上留下痕迹，通过数据存储、追踪和分析，我们能非常容易地了解一个人的所有信息，包括极其隐秘的个人信息。大数据的普遍使用有可能暴露学生的隐私，学生的个人信息安全受到挑战。学生的海量个人信息如果不能妥善保存，就有可能被他人利用，使学生受到伤害。因此，无论是大学生数据信息的收集、使用范围还是使用权限，都应该建设相关的制度加以保障。高校学生工作要在确保学生个人信息安全的前提下，有效开展数据挖掘。高校还要建立和完善数据采集、管理、使用和决策的标准化流程，通过制度化来规划大数据的管理和使用。高校还可以成立相关部门或组织，监督和指导大数据的采集和管理人员，使其具备较强的安全意识和责任意识，做好信息保密工作。

大数据时代是高校学生工作不可回避的新浪潮和新环境，为学生工作带来了新的机遇。学生工作者应主动强化大数据意识，提高大数据的技术能力，利用大数据探索高校学生工作规律，提升高校学生工作的实效性，提高高校的人才培养质量。

学生校园卡的消费记录、购物网站的消费记录、手机缴费清单、个人账户的往来记录等清晰地把握学生某一段时间的具体收支情况，从而对其个人经济情况做出准确判断，以此作为判断其家庭经济状况的一个重要依据，避免由主观分析带来的失误。在对学生的思想状况做出评价时，通过对海量数据的分析，也可以更加准确地把握其思想和行为动态，将反映其思想特征的信息进行数据化处理，从而使量化分析成为可能。在评价学校、二级学院的学生工作时，可以采用定性与定量相结合的方法，将单项评价与综合评价、过程评价与结果评价结合起来。这种定性和定量相结合的方法，将极大地提高学生工作评价的科学性。

三、大数据时代高校学生工作管理的路径

（一）建设一个集成型的学生工作管理数据平台

大数据时代开展高校学生工作管理的基础是数据，只有掌握了大数据才能真正了解大学生的思想行为特点，有效地开展各项教育、管理和服务工作。首先，高校层面要进行顶层设计，建设一个集成型的数据平台。各高校在轰轰烈烈地开展智慧校园建设时，往往是各自为政，只考虑本部门的工作需求，学校内部都很难实现数据共享和整合。学校层面应该设立一个协调部门或数据中心，集成学工部、教务处、后勤处、图书馆等与学生相关的各部门的信息平台，整合所有与学生相关的信息，建设一个系统的在线数据收集平台，形成一个全校范围的学生工作管理数据库，以保证及时全面地收集所有学生的所有数据。同时，各高校还要从整体的角度做好数据分类、分层的收集规划工作，确保数据来源和方式的多样化，确保数据类型的多元化，确保覆盖所有与学生工作相关的因素，确保数据采集的广度、深度和细分度，建立一个数据收集的立体化系统。其次，高校要主动共享社会数据库。大学生的主要活动阵地涉及互联网和移动手机等多个平台，单靠学校内部的数据库无法全面掌握学生的所有情况，而且社会各界的数据收集力量和技术可能更加强大，所以更需要高校突破校园围墙，主动与相关网络媒体、社会组织、政府部门、其他高校建立协同机制，共享数据资源，动态地把握学生数据，充分借助社会力量，充实高校的学生工作管理信息库。

（二）建设一支复合型的学生工作管理队伍

大数据时代的到来，给高校学生工作管理队伍提出了更高的要求，除了具备以往的素质能力，对学生工作管理者的大数据意识和处理信息的能力提出了新的要求。首先，学生工作管理队伍要具备大数据意识。学生工作管理者要充分认识到大数据对改进高校学生工作管理的重要价值和意义，从思想层面重视大数据的采集、整理和分析工作；还要有意识地培养自身对数据信息的敏感性，培养大数